메이지유신이 조선에 묻다

일본이 감추고 싶은
비밀들

메이지 유신이 조선에 묻다

일본이 감추고 싶은 비밀들

글·사진 조용준

차례。

메이지 유신 150년은
우리에게 어떤 의미인가

메이지 유신明治維新 5년 전인 분큐文久 3년 5월 12일, 1863년 6월 27일 일본 요
코하마横浜 항구에서 자딘 매디슨 상회Jardine Matheson Holdings Limited 소속의 상선
한 척이 조용히 항구를 떠났다. 상하이로 향하는 이 배에는 조슈長州 번주藩主
모리 다카치카毛利敬親, 1837~1869의 밀명密命을 받고 영국으로 유학을 가는 다섯
명의 번사藩士들이 있었다.

당시 해외로의 밀항은 사형에 처해지는 중범죄였다. 그러니 이들 모두 죽음
을 무릅쓰고 유학을 떠나는 길이었다. 일본인 최초의 유학은 이렇듯 목숨
을 걸어야 하는 비장한 각오기 선행되어야 하는 일이었다. 이 다섯 명의 유
학생 가운데 스물두 살의 이토 슌스케伊藤俊輔, 나중의 이토 히로부미伊藤博文,

^{1841~1909}가 있었다.

이들 유학생, 소위 '조슈 5걸' 가운데 야마오 요조山尾庸三, 1837~1917는 나중 도쿄제국대학 공학부를 창설한 일본 공학의 아버지가 되었고, 엔도 긴스케遠藤謹助, 1836~1893는 영국 기술자가 만들던 화폐를 독자적으로 주조하는 데 성공한 조폐술의 개척자가 되었으며, 이노우에 마사루井上勝, 1843~1910는 1872년 일본 최초로 도쿄 신바시新橋와 요코하마 구간 29km를 철도로 이은 일본 철도의 아버지가 되었다.

조슈 번에서 처음 유학생을 내보낸 때로부터 일 년 9개월 후인 1865년 3월 22일, 일본 최남단오키나와 제외 가고시마鹿兒島에서 십리 정도 떨어진 구시키노串木野의 포구마을 하시마羽島. 이곳에서도 사쓰마薩摩 번의 번사 19명이 중 4명은 인솔자와 통역이 영국 무기상 글로버Glover 상회 소유의 배를 타고 영국 유학길에 올랐다. 이 역시 사쓰마 영주 시마즈 히사미쓰島津久光, 1817~1887의 허락을 얻고 실행에 옮

메이지 유신 150주년을 맞아 가고시마시에 만들어놓은 메이지 유신 관련 전시판. 이 전시판은 영국 유학생 관련 역사를 알려주고 있다.

신정부군과 바쿠후군 사이의 보신전쟁이 끝났음을 알리는 1869년 「사가유신신문(佐賀維新新聞)」

겨진 번 개혁의 일환이었다.

이처럼 조슈와 사쓰마는 에도 바쿠후江戶幕府 말기 270여 개의 번 가운데 가장 먼저 개혁 인재 양성을 위해 젊은이들을 유학 보냈다. 그러니 이 두 번이 가장 강경했던 존왕양이尊王攘夷 태도를 버리고 개항開港과 '영이迎夷'에 가장 적극적인 세력으로 바뀌는 것이 당연했다.

사쓰마와 조슈가 손을 잡고 바쿠후 척결에 나서는 소위 '삿초동맹薩長同盟'의 배경에는 지금 상황에서 '양이'가 불가능하므로, 오랑캐와 맞설 수 있는 힘을 키워야 한다는 현실 인식과 부국강병론이 깔려 있다. 이런 생각이 결국 1868년 메이지 유신의 가장 핵심 동력이 되었다. 조슈에서 첫 유학생이 영국으로 떠난 지 5년 만에 바쿠후가 붕괴하고 비로소 중세 봉건제에서 벗어나 세상이 뒤바뀐 것이니, 실로 놀라울 만한 속도의 경천동지驚天動地요, 상전벽해桑田碧海다.

2018년은 메이지 유신 150주년이다. 이런 말을 하면 으레 이런 반응이 따라온다. "그래서? 그게 뭐 어쨌다고?", "그게 우리랑 무슨 상관인데? 우리가 그걸 알아야 하나?" 등등.

혹시라도 이런 생각을 하시는 분이 계시다면, 오늘날 한반도가 열강列强의 틈바구니에서 험난하고 힘겨운 세월을 시나고 있고, 결과적으로 우리의 삶도 침으로 팍팍한 근본 원인에 대해 눈감고자 하는 것과 같다. 메이지 유신은 일본

만의 역사가 아니라 이 땅에서 살고 있는 우리들의 역사이기도 하다. 우리가 왜 이 풍진 세상을 만났는가. 그 이유는 가깝게는 열강들이 자신들의 입맛대로 우리 땅을 반으로 딱 쪼개놓았기 때문이고, 자신들의 이익을 항구적으로 유지하기 위해 남과 북이 평화 체제에 들어가는 것을 원하지 않기 때문이다. 이는 국내에서 여전히 힘을 가지고 있는 친일과 수구 모리배들도 마찬가지다. 메이지 유신에 의해 일본은 비로소 근대국가가 되었고, 그들이 그토록 원하던 '서양식 군제와 무기에 의한' 부국강병을 이룰 수 있었다. 이 힘을 바탕으로 그들은 도요토미 히데요시豐臣秀吉, 1537~1598가 일찍이 꿈꾸었으나 실패했던, 대륙 진출을 재차 도모했다. 그 길목의 초입에 조선이 있었기에, 그들은 가장 먼저 조선 병탄倂呑에 나섰다.

이후 이 땅에서는 열강의 힘과 실리에 의해 이리저리 휘둘리고 능욕을 당하는 치욕의 역사가 지속되었다. 이는 지금도 마찬가지다. 우리가 세계 10위권 경제 규모에다 올림픽에서 메달깨나 탄다고 해서 이런 현실을 벗어났다고 생각한다면 정말 헛된 착각이고 망상이다.

조슈, 사쓰마,
사가 번이 가진 공통점

다시 메이지 유신 얘기로 돌아가자. 메이지 유신은 실질적으로 조슈, 사쓰마, 사가佐賀, 이 세 개 번에 의해 달성되었다. 나중 도사土佐 번도 합류했지만 다 된 밥에 숟가락 얹기였다. 곰곰이 생각해보자. 이들 연합은 바쿠후 말기 270여 개 번 가운데 고작 세 개의 번에 불과하다. 심정적으로 이들을 지지하는 번을 다 합치더라도 10개 이상을 넘어서지 못했다. 실로 엄청난 수적 절대 부족, 힘의 열세를 이들은 어떻게 극복할 수 있었던 것일까? 그 해답은 조슈, 사쓰마, 사가 이 세 번이 가진 공통점에서 찾을 수 있다.

첫째, 이들은 모두 임진왜란과 정유재란에서 조선 침략에 가장 앞섰던 번이었다. 임진왜란 당시 조슈의 모리 데루모토毛利輝元, 1553~1625가 제6군(병력 3만 명), 사쓰마의 시마즈 요시히로島津義弘, 1535~1619가 제4군(병력 1만 명)으로 조선 침략의 주축 부대를 형성했다. 사가의 나베시마 나오시게鍋島直茂, 1538~1618는 1만 2,000명의 병력으로 제2군에 속했다. 조슈의 병력은 모든 번을 통틀어 가장 많은 숫자다. 메이지 유신의 핵심 세 개 번이 임진왜란에서 가장 많은 병력을 출정시킨 번이라는 사실은 역사의 아이러니, 그 엄중함을 다시 한 번 각인시켜준다.

당시 이 세 개 번을 제외하고 다른 번 출정 병력은 모두 몇 천에서 몇 백 명 수준에 지나지 않았다. 제1군 선봉을 맡아 가장 유명한 히고 우토肥後宇土 성의 고니시 유키나가小西行長, 1558(?)~1600도 7,000명이었고, 2군의 구마모토熊本 번주 가토 기요마사加藤清正, 1562~1611도 1만 혹은 8,000 명이었다.

이 사실을 거꾸로 뒤집어보면 이들 세 개 번이 270여 개 번 가운데 매우 부유한 축에 들었다는 것을 말해준다. 당시 가장 부유한 랭킹 1위의 번은 고쿠다카石高 01 103만 석의 가가 번加賀藩이었는데, 히데요시 최측근으로 도쿠가와 이에야스德川家康, 1542~1616와 쌍벽을 이루었던 마에다 토시이에前田利家, 1538~1599 번주는 '분로쿠의 역文禄の役 02'에 참가하지 않고 병사도 보내지 않았다.

---

01 미곡의 수확량 혹은 에도시대 다이묘나 사무라이 녹봉의 수량
02 일본에서 임진왜란을 지칭하는 말

에도시대 평균으로 보자면 사쓰마는 네 번째인 77만 석, 조슈는 37만 석, 사가는 35만 석, 도사는 20만 석이다. 조슈의 경우 원래 120만 석의 톱 랭킹이었는데, '세키가하라 전투関ヶ原の戦'에서 서군에 가담해 도쿠가와 이에야스의 동군에게 패배하는 바람에 영지를 상당수 몰수당해 36만 9,000석으로 삭감되었다. 사쓰마 역시 서군이었으나 무사들의 용맹함을 높이 평가한 이에야스가 고쿠다카 삭감의 불명예 처분을 내리지 않았다.

이 세 개 번이 조선에 가장 많은 병력을 내보냈다는 것은 이들이 조선인을 가장 많이 납치해왔다는 사실을 의미한다. 납치인들의 상당수가 바로 사기장도공03이었고, 그중에 일본에서 처음으로 백자를 만들어낸 이삼평이 있었다. 이로 인해 사가의 아리타有田는 일본 전역에 도자기를 전파한 도자기 메카가 되었고, 조슈의 하기萩는 일본인들이 가장 갖길 원하는 찻사발, 다완의 생산지가 되었다. 사쓰마의 나에시로가와苗代川도 '사쓰마야키薩摩焼'라는 브랜드로 명성을 날리게 되었고, 바쿠후 말기부터 메이지에 걸쳐 서양에 엄청난 양을 수출해 부국강병에 필수적인 자금 확보에 튼튼한 받침대가 되었다. 세 개 번이 다른 번보다 앞서서 서구식 군제 개혁에 나설 수 있었던 것은 이렇게 도자기 수출과 내수를 기본으로 탄탄한 경제력을 갖추고 있었기에 가능한 일이었다.

이들의 공통점은 또 있다. 모두 도쿠가와에 맞섰던 서군 세력이었다는 점이다. 그러니 도쿠가와 바쿠후와 애초부터 좋은 감정이 있었을 리 만무하다. 게다가 이들은 모두 일본 열도 서쪽에 위치한 지리적 환경으로 인해 예부터 선진문명을 가장 일찍 받아들인 지역이다. 한반도로부터의 각종 선진 기술은

---

03 도공(陶工)은 일본식 단어이기에, 이 책에서는 우리말 '사기장'으로 바꾸어 쓰겠다.

물론 유럽의 총과 가톨릭도 가장 먼저 받아들였기 때문에, 그만큼 세상을 보는 눈이 개방적이라고 할 수 있다.

공통점은 또 있다. 모두 영국 무기상 글로버Thomas Blake Glover, 1838~1911와 밀착 관계를 유지하며 그로부터 무기를 사들였다는 사실이다. 책 속에서 자세히 살펴보겠지만 메이지 유신은 어쩌면 글로버와 그 뒤의 배후 세력인 영국 자본 자딘 매디슨이 없었더라면 시작하지도 못했을 운명이었는지 모른다.

'조슈 5걸'의 영국 유학은 자딘 매디슨 상회의 일본 지사에 해당하는 글로버 상회의 주선으로 그 첫 단추를 꿰었다. 이들은 자딘 매디슨 상회 지배인 가워Gower의 도움으로 요코하마를 몰래 떠날 수 있었고, 상하이에서는 역시 자딘 매디슨의 지점장 윌리엄 케직William Keswick의 도움을 받았으며, 런던에서는 사장 휴 매디슨Hugh Mackay Matheson의 보증과 지원으로 학교에 들어갈 수 있었다. 사쓰마에서 유학을 갔던 15명 가운데 한 명은 나이가 너무 어려서 입학할 수 없게 되자 휴 매디슨이 아예 자신의 집에서 머무르며 어학을 배우도록 했다.

이들이 왜 이런 도움을 주었을까? 죽음을 무릅쓰고 유학을 떠나 선진 문물을 배우겠다고 하는 그 마음이 가상해서? 진짜 이유는 삼척동자도 안다. 당

15인의 영국 유학생들

시 일본은 중국에 이어 가장 욕심을 낼 만한 시장이었고, 그 시장을 선점하기 위해서는 어떠한 일도 마다하지 않았다. 이렇게 글로버와 자딘 매디슨 상회의 도움으로 영국 유학을 다녀온 이들이 조슈와 사쓰마의 중추세력이 되었다. 이들을 영국에서는 '매디슨 보이즈Matheson Boys'라 부른다. 바라보는 시각 자체가 다르다. 따라서 이들은 글로버에게 무기와 상선배을 살 수밖에 없었고, 영국 자본의 입맛에 맞도록 개혁 정책을 펴나갔으며, 바쿠후와의 대결 역시 상당수는 영국 정부의 포석대로 진행되었다.

철혈 연설에서
새로운 일본의 미래를 그리다

그랬던 메이지 유신 신정부가 영국 입김에서 벗어난 것은 유신 성공 3년 후인 1871년 무려 100명이 넘는 사절단을 구미 각국으로 시찰을 보낸 일이 기폭제가 됐다. 이들은 일 년 10개월 동안 구미 12개 나라를 도는, 전대미문의 시찰을 통해 여러 가지 각성을 하게 된다. 그중 가장 커다란 깨우침이 바로 프로이센독일의 비스마르크Otto Eduard Leopold von Bismarck식 군국주의 노선이었다. 유신의 핵심 세력은 1862년 비스마르크의 이른바 '철혈鐵血 연설'에서 새로운 일본의 미래를 보고, 그 길로 나서기로 작정한다.

'독일이 기대하고 있는 것은 프로이센의 자유주의가 아니라 그 실력이다.
… 프로이센의 국경은 건전한 국가 생활을 하기에 합당하지 못하다. 당면
한 큰 문제는 언론이나 다수결에 의해서가 아니라, 쇠鐵와 피血에 의해서
만 해결되는 것이다.'

도사 번 상급무사 출신으로서는 이례적으로 일관되게 무력으로 바쿠후를 토벌하자는 주장을 하고, 나중에 자유당 총재가 된 이타가키 다이스케板垣退助, 1837~1919는 1892년에 쓴 그의 책 『식민론植民論』에서 이렇게 주장하고 있다.

'일본은 머지않아 인구 과잉이 되기 때문에 이제 일찍부터 식민植民을 번창시켜야 하며, 설사 인구 과잉이 되지 않더라도 세계 각국이 다투어 식민을 하고 있기 때문에, 우리도 뒤떨어지지 말아야 한다. 우리가 동양을 벗어나 부강한 각국과 세력을 다투기 위해서는 해권海權과 상권商權을 지니지 않으면 안 된다.'

이렇게 해서 메이지 신정부는 아시아 수탈收奪의 군국주의 채비를 차근차근 갖춰 나갔다. 그리고 바쿠후 말기부터 메이지 유신을 성립시키는 동안 영국과 프랑스, 미국에 의해 이리저리 휘둘렸던 쓰라린 경험에서 얻은 교훈을 통해 조선의 마지막 숨통을 끊기 위한 능수능란한 마수를 뻗쳐온 것이다. 그런데 메이지 신정부가 그 해 재정 수입의 2%라는 엄청난 돈을 투자해 대규모 사찰단을 파견한 바로 그때, 조선은 서양을 철저히 배척하겠다며 대원군의 지시로 전국 곳곳에 척화비斥和碑를 세우고 있었다.

양이침범 비전즉화 주화매국洋夷侵犯 非戰則和 主和賣國
서양 오랑캐가 침입하는데 싸우지 않으면 화해를 하는 것이니,
화해를 주장하면 나라를 파는 짓이 된다.

척화비에 쓰여 있는 문장이다.

이렇게 메이지 일본은 '압박받는 나라'에서 '압박하는 나라'로 변모했다. 1894년 7월 25일 일본 해군은 선전포고도 없이 청나라 함대를 기습하여 수송선을 격침시키고, 29일에는 조선 아산과 성환에 주둔하고 있던 청군에게 공격을 했다. 선전포고는 이날로부터 3일 뒤에나 나왔다.

청나라에게 선전포고를 한 직후인 8월 20일 일본은 우리에게 '조일잠정합동조관朝日暫定合同條款'을, 26일에는 '대조선대일양국맹약大朝鮮大日兩國盟約'을 강요했다. 앞의 것에서는 한성-인천, 한성-부산 간의 철도부설권을 따냈고, 뒤의 것은 일본군 작전 및 식량 공급을 위한 모든 편의를 일본군에게 제공하는 것을 의무로 부과하는 내용이었다. 이 모두 청일전쟁과 한일합방을 위한 포석이었다.

당시 이토 히로부미 내각의 무쓰 무네미쓰陸奧宗光, 1844~1897 외무대신은 이 맹약이 "(조선을) 깊게 우리 수중에 넣어 감히 다른 생각을 할 수 없게 하는 일거양득의 책략"이라고 강조했다. 청일전쟁에서 청나라는 애초부터 상대가 되지 않았다. 개시 5개월 만에 전쟁은 청나라의 일방적 항복으로 끝났고, 12만 명이 동원된 일본 육군에서 전투로 인한 사망자는 고작 5,147명뿐이었다.

청나라는 항복 조건으로 일본에게 약 3억 4,500만 엔의 전비보상금을 지불해야 했는데 이는 일본이 이 전쟁에서 실제 들인 전비 총액 2억 47만 엔의 1.5배가 넘었다. 청나라는 이 과도한 배상금을 지불하기 위해 어쩔 수 없이 영국, 프랑스, 러시아의 금융 지배를 받게 되었다.

그런데 청일전쟁의 '대승리'는 군인과 고위관료에게는 훈장과 작위를, 자본가에게는 막대한 이익을 안겨주었지만 일본 국민에겐 괴로움밖에 주지 않

청일해전지도(淸日海戰之図)

앗다. 이 전쟁의 임시군사비 예산 2억 5,000만 엔은 전쟁 이전 경상수입의 2배 이상이어서, "그것은 마치 도쿠가와시대의 군용금軍用金 징수와 같았다"고 회계 당국자가 자인할 정도였다. 메이지 정부는 이 예산을 공채 강요와 증세增稅로 조달했는데, 배상금의 75% 이상은 전쟁 뒤처리와 군비 확장에 사용했고, 2,000만 엔은 왕의 재산이 되었다. 국민을 위한 항목으로는 재해준비기금과 교육기금으로 고작 2,000만 엔만 할당됐다.

메이지 정부는 그 후에도 계속 군비 확장에 몰두해 증세에 증세를 거듭했다. 애초부터 하급무사들의 군벌이 핵심 세력이 되었으니 필연적인 진로라고 할 수 있다. '일본 제국'의 영광은 기존 다이묘大名04를 대체한 신흥 군벌과 관료,

04 헤이안시대에 등장하여 19세기 말까지 각 지방 영토를 다스리고 권력을 행사했던 유력자. 무사 계급의 우두머리로 출발했으나 점차 그 권한이 확대되어 지역 내에 군사권 및 사법권, 행정권, 경

귀족만을 위한 것이었을 뿐, 일반 국민에게는 고통 그 자체였다. 국민들의 불만이 높아지는 것은 당연했다.

그러자 메이지 정부는 국민들이 느끼는 현실 생활의 고통을 얼버무리고, 군벌과 관료, 귀족을 위한 영광을 국민의 영광으로 착각하게 만들기 위해서 조선인과 중국인을 멸시하는 '지배민족의 오만감'을 국민들에게 주입시키기 시작했다. 조선과 중국인보다 우수한 민족이라는 우월감으로 현실의 고통을 잊게 하는 의식 조작이었다. 이른바 '조센징'으로 대표되는 이런 왜곡된 오만감은 바로 이렇게 시작되었다. 이로 인해 일본 국민은 정신적으로 크게 타락하게 되었고, 이 점에 관한 한 지금까지도 별로 나아지지 않은 상태다.

일본이 악착같이 감추고 싶어 하는 것과 그 이유들에 대해

애초에 이 책을 기획한 것은 우리 국민들이 메이지 유신에 대해 몰라도 너무 모르고 있다는 생각 때문이었다. 설혹 알고 있다고 해도, 일본 사가들의 극우적인 시각에 의해 정리된 메이지 유신을 알고 있다고 판단했다. 왜냐하면 국내에서 출간된 메이지 유신 관련 서적(그나마 얼마 되지도 않지만)의 대다수가 메이지 유신을 정당화하고, 그 공적만을 강조하는 관점을 지향하고 있기 때문이다. 이는 우리 역사학계 일부가 아직 친일사관을 청산하지 못하고, 여전히 친일적 사고에 눈멀어 있는 풍조와 그 궤를 같이 한다.

제권을 가지기에 이른다. 에도시대 서약을 통해 쇼군 아래로 편입되어 자신의 싱(城)에서 가신들을 거느린 봉건 영주의 삶을 살았다. 메이지 유신으로 영지의 통치권을 박탈당하고 귀족이 되어 연금을 받았다.

아울러 기존의 메이지 유신 관련 서적들은 필자의 호기심을 전혀 충족시켜 주지 못했다. 필자가 공부한 바에 따르면 메이지 유신은 '총과 대포에 의한 승리'의 결과물이요, 상급무사만을 위한 세상에 하급무사들이 항거해 성공한 쿠데타다. 바쿠후군과 비교해 압도적으로 우수한 조슈, 사쓰마, 사가의 무기가 없었더라면 이들 세 번이 바쿠후를 대항할 수는 없었다.

그런데 어떤 책들도 이 점에 대해서 속 시원한 내용을 담고 있지 않았다. 그저 '유신 세력은 매우 위력적인 군비로 바쿠후와의 전쟁에서 승리할 수 있었다' 정도로만 설명을 맺었다. 그 대신 소위 유신 지사들이 어쩌고저쩌고 하는 자화자찬의 활약상만 잔뜩 늘어놓았다. 그래서 많은 고민을 하며 더 자세히 들여다본 결과, 일본은 메이지 유신이 총과 대포에 의해 달성되었다는 사실을 몹시 감추고 싶어 한다는 결론을 내리게 되었다. 다시 말해 일본은 메이지 유신이 시대를 앞선 혁신 사상가들의 이념으로 성공한 것이라고 강조하면서, 그렇게 믿어주길 원하는 것으로 보였다.

왜냐하면 그 많은 책들이 조슈, 사쓰마, 사가는 어떻게 해서, 무슨 돈으로 우수한 무기들을 사들였는지에 대해 한결같이 침묵하고 있기 때문이다. 게다가 요즘은 사카모토 료마坂本龍馬, 1835~1867 한 사람에 의해 유신이 성공한 것이라도 되는 양 신화가 만들어지고, 날조되고 있기도 하다.

아주 상식적으로 생각해보자. 앞서도 말했지만 270여 개 번 가운데 고작 세개 번이 힘을 합쳐 나머지 바쿠후군과 상대하는 열세의 전쟁에서 화력이 우수하지 않으면 승리할 가능성이 전혀 없다는 데 모두 동의할 것이다. 어떤 이들은 정신력이 뛰어나면 이길 수도 있다고 말하고 싶겠지만 그런 건 과거 칼로 하는 육박전에서나 가능한 일이고, 대포 한 방에 수십 명씩 나가떨어지

메이지 유신 때 만들어진
소메쓰게(染(め)付け) 접시.
'부국강병'을 내세운 글과 그림이
들어 있다.

는 전투에서는 불가능한 일이다. 신정부군과 바쿠후군의 보신전쟁戊辰戰爭.
1868~1869은 이미 최신 총과 대포, 군함에 의한 현대전이었지, 사무라이 영화에
서 보듯 칼로 하는 '낭만적인 결투'가 아니었다.

그렇다면 당연히 이들 세 개 번이 무기 구입 자금은 어떻게 구했고, 어떤 무기
에 얼마를 썼는지에 대한 내용이 나와야 정상이다. 그런데 거의 대부분 책에
서 이런 내용은 쏙 빠져 있다. 다분히 의도적인 은폐라고 하지 않을 수 없다.

당연하겠지만 국내 발간 일본 관련 책에서도 이런 내용을 담고 있는 것은 단
하나도 없다. 메이지 유신 150주년이 돼서야 이런 이야기를 하게 된 것 자체
가, 우리의 너무도 안이한 역사 인식과 수준을 말해준다. 그러면 일본은 왜
이 내용을 감추면서 쉬쉬하고 싶어 할까. 많은 이유가 있다. 이 책 본문의 상
당수는 바로 이런 내용을 다루고 있다. 일본이 악착같이 감추고 싶어 하는
것, 그리고 그 이유들! 지금부터 그 실체를 알아보도록 하자.

CHAPTER
1

일본과 유럽인의
최초 만남
(메이지 -325년)

1543년 덴몬天文 12년 8월 23일. 일본 정사에 따르면 이 날 일본이 유럽인과 처음으로 조우했다. 1543년은 조선 11대 중종中宗, 재위 1506~1544 37년으로 중종이 승하하기 한 해 전이다. 이 해 조선에서 일어난 가장 큰 사건은 서당과 함께 관학官學인 성균관과 향교에 대응해서 사학私學 교육기관인 백운동서원白雲洞書院이 세워짐으로써 서원書院이 처음으로 시작된 일이었다. 서구에선 코페르니쿠스Nicolaus Copernicus, 1473~1543가 지동설을 발표해 가톨릭교를 경악시켰고, 동양에선 에도 바쿠후江戶幕府 01 1대 쇼군將軍인 도쿠가와 이에야스가 태어났다.

8월 23일, 규슈九州 남단 가고시마 밑에 있는 다네가시마種子島 가도쿠라 곶門倉

---

01   흔히 '막부'라고 표현하지만 이 책에서는 일본 발음 그대로 '바쿠후'로 표기하겠다.

화승총의 위력을 한눈에 알아본
다네가시마의 도주였던
다네가시마 도키타카

岬에 명나라에서 좌초한 한 선박이 떠밀려왔다. 배에는 포르투갈 상인 3명을 포함해 100여 명의 인원이 타고 있었다. 배에 타고 있는 어느 누구와도 말이 통하지 않았지만 니시무라 도키쓰라西村時貫라는 사람이 배에 타고 있던 명나라 유학자 오봉五峯과 필담筆談을 통해 어느 정도 사정을 알게 되었다. 8월 25일 배는 다네가시마 도주島主의 성이 있는 아카오기赤尾木까지 견인되었다. 당시 16세의 나이 어린 도주였던 14대 다네가시마 도키타카種子島時堯, 1528~1579는 법화종法華宗 승려 주조인住乘院에게 시켜 오봉과 다시 필담을 나누게 했다. 그 자리에는 배에 타고 있던 포르투갈 상인 프란치스코Francisco zeimoto와 안토니오Antonio da mota가 배석했는데, 이 두 명의 남만南蛮 상인은 일본인이 처음 보는 길이 1m 정도의 화승총火繩銃을 갖고 있었다.

어린 도주 도키타카는 과녁이 박살나는 이들의 총 사격 시범을 보고 그 위력에 깜짝 놀라 현재 시세로 수억 원에 달하는 2,000냥兩을 주고 이를 구입한다. 당시 10냥은 병사 한 명의 일 년 봉록에 해당했다. 그러니 2,000냥이면 200명 군대를 일 년 동안 유지할 수 있는 어마어마한 금액이다. 어린 나이였지만 눈만 뜨면 전쟁을 치러야 하는 전국시대 험난한 세상을 살아온 무장의 자식답게 총이야말로 가장 필요한 것임을 직감적으로 알아보았던 것이다.

도키타카는 이 중 하나를 칼 만드는 장인이었던 야이타 긴베 기요사다八板金兵衛淸定에게 맡겨 총을 똑같이 만들도록 하고, 화약 제조는 사사가와 고시로 우히데시게笹川小四郎秀重에게 맡겼다. 사사가와는 자신의 집에 작업장을 만들고 남만 상인의 도움을 얻어 화약 제조법을 익히기 시작했다. 그는 3명의 남만 상인 가운데 특히 총과 화약에 통달했던 어떤 이에게서 흑색화약 제조법을 배웠다. 사사가와는 원료로 유황과 숯 그리고 질산염焰硝을 사용해 시행착오를 거듭한 끝에 드디어 총에 쓰는 화약 제조에 성공한다. 그가 질산칼륨 75.75%, 황 10.6%, 숯 13.65%의 비율로 혼합하여 완성한 화약은 공교롭게도 그 성능에 있어 당시 세계 최강이었다고 알려져 있다. 지금도 화약 제조에는 질산칼륨 75%가 포함된다고 한다.

사쓰마 번, 일본 최초로
총의 대량생산에 성공하다(메이지 -323년)

한편 다네가시마는 독자적인 영토를 유지하다가 1555년 사쓰마 번에 복속되었다. 이에 따라 도키타카 도주는 시마즈 다카히사島津貴久, 1514~1571와 시마즈 요시히사島津義久, 1533~1611 2대에 걸쳐 시마즈가를 섬긴다. 그의 자손들도 대대로 시마즈가를 섬겼고, 이들 관계는 메이지 유신까지 이어진다.

이렇게 해서 다네가시마가 속한 사쓰마 번은 우리가 흔히 조총鳥銃이라 부르

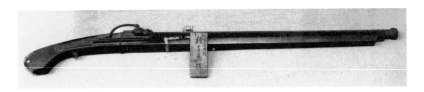

일본 최초의 서양식 화승총인 '다네가시마 총'

는 일본 최초로 강력한 철포鐵砲, 뎃포인 '다네가시마 총種子島銃'의 대량생산에
성공했고, 시마즈 다카히사는 '다네가시마 총'을 실전에 사용한 최초의 다이
묘가 되었다. 일본은 임진왜란 40여 년 전에 이미 매우 강력한 무기를 만들
줄 알았고, 이를 실제 전투에서 사용하고 있었던 것이다.

도키타카의 이 총은 나중 시마즈 가문을 통해 무로마치 바쿠후室町幕府의 쇼
군 아시카가 요시하루足利義晴, 1511~1550에게 갔다. 다네가시마의 혼겐지本源寺에
서 사카이堺의 겐혼지顯本寺로 건네졌다가 최종적으로 그에게 헌상된 것이다.
이에 따라 당시 아시카가 밑에서 간료우管領[02]를 지낸 호소카와 하루모토細川
晴元가 두 절을 중개한 법화종法華宗의 총본산 혼노지本能寺에 감사 편지를 보낸
기록이 있다.[03] 이 총은 나중에 다네가시마로 돌아왔는데, 메이지 10년1878 세
이난 전쟁西南の役 때 소실되었다.

그렇다면 도키타카가 거금을 주고 산 총 가운데 나머지 한 자루는 어떻게 되
었을까? 도키타카 부하들이 총의 사용에 익숙해질 무렵, 현재 와카야마 현

02   쇼군을 보좌해 정무를 총괄하는 매우 높은 직책의 관리
03   『혼노지 문서(本能寺文書)』

和歌山縣에 해당하는 기이 국紀伊國 한자키 성叶前城의 영주 쓰다 가즈나가津田算長, 1499~1568가 이 소식을 듣고 총을 요구해옴에 따라 도키타카는 그 총을 그에게 선물한다.

이 총 역시 나중 소실되고 말았지만 쓰다 또한 총을 얻은 데 그치지 않고 칼을 만드는 대장장이 시바쓰지 세이에몬芝辻清右衛門에게 복제를 명령했다. 이에 따라 시바쓰지가 1545년 자신의 총인 '기슈 1호紀州一号'를 완성한다. 시바쓰지가 복제에 성공하자 쓰다는 철포의 대량생산을 장려했고, 이후 쓰다 본거지인 네고로根來가 총의 유력 생산지가 되었다.

쓰다는 그 자신이 총의 명사수로서, 그가 고안한 총술 활용 전법은 '쓰다류포술津田流砲術'로 불리며 철포의 실전화에 선구적 역할을 했다. 쓰다 일족은 네고로지根來寺라는 사찰을 본거지로 두었는데, 쓰다 밑에서 총으로 무장한 이곳 승병들은 '네고로슈根來衆'라 불리며 전국시대의 전란 속에서 강력한 전투력을 갖춘 용병 집단으로 활약했다.

한편 사카이 상인인 다치바나야 마다사부로橘屋又三郎도 소문을 듣고 총을 구입하기 위해 다네가시마로 달려갔다. 처음에 그는 직접 포르투갈 상인에게 총을 구하려 했지만 그게 그리 쉬울 리 없었다. 그러자 그는 장사치답게 꾀를 내어 총을 처음 복제한 야이타 긴베 기요사다에게 자금을 미리 주고 미래에 완성될 총을 계약하는 일종의 '선물先物 거래'를 계약하는 데 성공한다. 그러는 한편 그 자신도 두어 해에 걸쳐 총의 제조와 사용법을 깨우치고 돌아왔다. 그렇게 만들어지기 시작한 다치바나야 철포는 오사카와 교토의 긴키近畿 지역은 물론 멀리 간토關東 일대에까지 알려져 구매 주문이 끊이지 않았고, 다치바나야는 '뎃포마타鐵砲又'로 불리는 대상인이 되어 막대한 부를 거머쥐었다.

매년 11월이 되면 와카야마 현의 네고로지에서 '가쿠반마쓰리(かくばん祭)'를 열고 총을 든 승병(僧兵)인 '네고로슈' 모습을 재현한다.

네고로에서 총을 복제했던 시바쓰지도 사카이로 옮겨가 그곳에서 총을 만들었다. 사카이가 총 제조의 중심지로 일약 도약하게 된 배경이다. 현재 오사카 부大阪府에 속한 무역 항구 사카이는 그 이전에도 교토에 선진 문물과 필수적인 일용잡화를 전달했던 배후 도시로 중세 이래 일본에서 가장 중요한 항구의 하나였다. 오다 노부나가織田信長, 1534~1582와 도요토미 히데요시의 천하 쟁패에 기틀이 되었던 도시이기도 하다.

사실 사카이는 5세기 고분古墳시대에 한반도로부터 연철 기술을 받아들였고, 헤이안平安 말기부터는 이를 통한 칼 제조업이 발전했다. 이로 인해 철을 다루는 장인들이 많이 배출되었고, '사카이 우치하모노堺打刃物'라 하여 칼을 만드는 곳으로 이름을 떨쳤다. 사카이에는 회칼로 명성을 떨치고 있는 '사카이보초堺包丁' 등 몇 백 년 역사를 자랑하는 칼 전문점이 지금도 성업 중이다. 철을 다루는 이런 전통이 이어져 사카이가 전국시대 일본 화승총 주요 생산지가 된 것은 결코 우연이 아니다.

위에서 말했던 대로 도키타카 도주가 산 총 두 자루는 나중 모두 소실돼버렸다. 그런데 명나라 난파선과 필담을 통해 처음 대화를 시도했던 니시무라 가문에서 포르투갈 상인에게 총 한 자루를 받아 비밀리에 보관해오고 있었다. 이 가문은 세월이 한참 지나 이를 다네가시마 지자체에 헌상했다. 그리하여 개머리판 부분은 후에 제작돼 장착되었지만 총신만은 당시 것 그대로 다네가시마개발총합센터種子島開發總合センタ '철포관鐵砲館'에서 전시하고 있다.

포르투갈 상인에게 구입한 총은 1544년 1월 4일 야쿠시마 전투屋久島の戰에

사카이의 철포 상점을 묘사한 삽화들

다네가시마의 조총 발사
재현 장면

서 시범적으로 사용되었다. 명나라 배가 표착한 이후 겨우 4개월여밖에 지나지 않은 시점이다. 당시 이 총은 불발탄이 많았지만 그 폭발음과 유탄에 놀라 야쿠시마 영주 네지메禰寝 가문이 항복했다고 한다.

'다네가시마 총'은 각종 전투에서 혁명을 가져왔다. 실제로 국산 제1호 다네가시마 총을 실전에 사용한 것은 1549년 5월 시마즈 가문의 가신 이주인 타다키伊集院忠朗가 오스미 국大隅國04 가지키 성加治木城을 공격할 때였다.

오다 노부나가의
철포대

그런데 사실 일본에서 총을 처음 받아들인 것은 1543년이 아니다. 왜냐하면 이때로부터 10년 전인 1533년에 이미 총과 관련한 기록이 나오기 때문이다.

04 현재의 가고시마 현 동부와 아마미오 섬(奄美大島)에 해당하는 지역

1533년 4월 하순, 당시 열아홉 살인 오다 노부나가가 장인인 미노美濃의 다이묘 사이토 도산齊藤三을 처음으로 만나러 갈 때 궁수대弓手隊와 철포대鐵砲隊 500명을 거느리고 쇼도쿠지聖德寺05로 행진해갔다는 기록이 있다. 정확한 총의 숫자는 알 수 없지만 적어도 수백 자루 이상은 되리라 추정할 수 있다.

당시 노부나가는 도산의 딸 노히메濃姬를 정실로 맞았지만 그녀의 아버지는 만난 적이 없었다. 어떻게 장인을 한 번도 만나지 않고 결혼할 수 있었는지 지금 관행으로서는 이해가 되지 않겠지만, 전국시대의 결혼은 반드시 양가 부모가 참석하는 것이 아니고, 아내가 될 여자는 시녀 몇 명만 데리고 남편이 될 집에 알아서 가는 것이 보통이었다.

그러면 이때 노부나가의 철포대가 갖고 있던 총은 무엇이었을까? 포르투갈에서 건너온 화승총 이전에도 일본에는 '사키고메쥬先込め銃'라는 총이 있었다. 이는 영어로 'muzzle loader'라고 하는 것으로, 총구에서 총알을 장전하는, 즉 전장식前裝式의 원시적 총이다. 총구에 화약을 주입하고 그 위에 얇은 천이나 종잇조각으로 포장한 납 탄을 막대기로 눌러 장전했다. 1400년대에는 오스만투르크Osman Türk 제국의 군대가 이 같은 총으로 무장한 대규모 총기부대를 운용하고 있었다. 이 총은 화승총보다 구조가 단순하고 위력도 작지만 총의 일종이라는 사실은 부인할 수 없다.

또한 그보다 훨씬 이전인 1274년과 1281년 몽고가 일본을 쳐들어갔을 때 몽고군은 이미 크고 작은 화기火器를 갖고 있었고, 가마쿠라 바쿠후鎌倉幕府의 무장들은 그 위력을 실감했다. 몽고 침략 이후 바쿠후와 조정은 그들이 다시 쳐

---

05 지금의 아이치 현(愛知縣) 이치노미야 시(一宮市) 토미오호리(富田大堀)에 절터가 있다.

예수회 신부 조반니 니콜로(Giovanni Niccolò)가 그린 오다 노부나가의 초상

들어올까 두려워하면서 대륙의 전법과 무기를 열심히 연구했다.

원元나라와 명明나라의 원시적인 총이 언제 일본에 전해져, 얼마나 생산되었는지는 기록이 남아 있지 않다. 아마 이때만 해도 총은 전쟁에 사용하는 무기로 평가를 받지 못했을 가능성이 높다. 원시적인 총은 사냥꾼이 새를 쏘는 것과 같은 목적으로 사용되고 있었지만 위력이 약했기 때문에 당시 사무라이들은 활과 창을 더 중시했다.

겐나元和 연간1615~1624의 기록인 「북조오대기北條五代記」에 따르면 포르투갈 상인이 도착하기 30년 전인 1510년에 일본은 이미 중국으로부터 총을 받아들였다. 이 총은 '화룡창火龍槍'이라고 불린 명나라의 소총통小銃筒이었다. 1526년에는 다케다 신겐武田信玄, 1521~1573의 다케다 가문도 철포를 구입했다고 기록되어 있다. 그러니 다네가시마 이전부터 일본에는 구식 총이 존재하고 있었고, 오다 노부나가가 1553년에 행진시킨 철포대의 총도 서양식 총이 아니라 아시아 전래의 구식 총이었다고 볼 수 있다.

따라서 다네가시마에서 단기간에 신식 총의 양산화가 가능했던 것은 원시적인 구조이나마 중국에서 건너온 구식 총에 대한 개념이 있었기 때문인 것으로 주측할 수 있다. 다네가시마 화승총은 일본이 서양에서 처음 받아들인 실상용 병기로서의 총이라고 할 수 있다.

캘리포니아주립대학의 손래신孫來臣 교수는 대략 1390년에서 1683년까지 동아시아에서 '화기의 시대'가 있었다고 주장한다. 이 시대가 시작된 1390년 무렵 중국의 화기 기술은 이미 조선과 동남아시아 북부에 전파되었고, 정화鄭和의 원정[06]을 통해 동남아시아 해역에도 확산되었다. 아시아에서 시작한 중국의 첫 번째 총기 기술의 물결은 개량된 '유로파유럽' 화기 기술이 아시아에 확산되는 16세기까지 계속되었다.

첫 번째 파도의 시대에는 중국 화기가 중요한 역할을 담당해 대륙아시아인 중국, 조선, 동남아시아가 해양아시아인 일본, 대만, 베트남 등 동남아 해역을 압도한 것이 전반적 추세였다. 그러나 포르투갈, 네덜란드, 스페인이 경쟁적으로 아시아에 밀어닥친 16세기의 두 번째 파도로 인해 첨단무기 기술이 보급되자 해양아시아인 일본, 대만, 미얀마Myanmar, 아유타야Ayutthaya, 코친차이나Cochinchina[07] 등이 대륙아시아인 중국의 명과 청, 조선, 아삼Assam, 동남아시아 북부 등에 도전하면서 추세를 역전시켰다.

다네가시마 총의 양산으로 초반에 가장 큰 득을 본 다이묘는 오다 노부나가였다. 기존 전술이나 전법에 대항할 수 있는 총의 위력을 보여준 대표적 사례로는 1575년 6월 29일에 벌어진 '나가시노 전투長篠の戰'가 꼽힌다.

이 전투는 현재 아이치 현愛知縣 신시로 시新城市에 해당하는 미카와 국三河國 나가시노 성長篠城을 둘러싸고 오다 노부나가와 도쿠가와 이에야스 연합군 3만

---

06 명나라 영락제의 명을 받고 환관 정화가 중심이 되어 떠난 남해 원정. 1405~1433년 28년 동안 7회에 걸쳐 이루어진 대규모 해상 활동이다. 국위 선양과 해상 무역을 위해 동남아시아와 서남아시아의 30어 나라를 원정했다. 이는 유럽의 신항로 개척보다 70여 년 더 빠른 것이다.

07 주로 유럽인들이 프랑스령 인도차이나에서 베트남 남부의 메콩 강 삼각주와 사이공(현 호치민)을 중심으로 한 남부 지역을 가리키는 명칭이다.

8,000명과 다케다 신겐의 아들인 다케다 가쓰요리武田勝頼, 1546~1582의 군 1만 5,000명이 격돌한 싸움이다. 이 전투에서 노부나가와 이에야스 연합군은 총 3,000정을 투입했고, 가쓰요리는 아버지 때부터 최강으로 평가받고 있던 기마대를 믿고 전통적인 방식 그대로 밀어붙였다. 그 결과는?

이에 대해 노부나가 집안 기록인『노부나가 공기信長公記』는 '다케다 기마군단이 밀려올 때 총의 일제 사격으로 기마 대부분이 전복되어 순식간에 군병이 사라졌다'고 기술하고 있다. 영화「라스트 사무라이The Last Samurai」에서 총과 기관총으로 무장한 메이지 정부군에 저항하던 마지막 다이묘의 기마대가 무참히 살육 당하던 장면이 실제로 벌어졌다는 것이다.

그러나 기마대가 엄청나게 빠른 속도로 들이닥칠 때 과연 한 번의 사격으로 이들을 물리칠 수 있을까,라는 의문이 드는 사람이 있을 것이다. 더구나 당시 화승총의 유효 사거리는 50~100m에 불과했기 때문에 기마대에 효과적인 타격이 되었을까 하는 의심이 드는 것도 사실이다.

이런 의문에 대한 대답으로 노부나가는 당시로서는 새로운 전법인 '3단 공격'을 실시했다고 전해져온다. 즉, 맨 앞 열의 소총수가 사격을 하고 앉으면 뒤의 열 소총수가 또 사격을 하고 앉고, 그 뒤의 열 소총수가 재차 사격하는 '시간차 타격'을 가했다는 것이다. 그런데 영화에서나 등장하는 이런 장면이 과연 그 당시에 실제 시행되었을까?

노부나가의 '3단 공격'은 1942년에 출판된『대일본전사大日本戰史』에도 기록될 정도로 유명해졌지만 실제로는 에도시대에 간행된 통속소설의 한 장면을 메이지시대의 한 육군이 병법 교과서에 사실로 기재한 깃으로부터 기인한 오류라고 한다. 즉, 허구가 굳어져 역사적 사실처럼 되었다는 것이다. 이 전법에

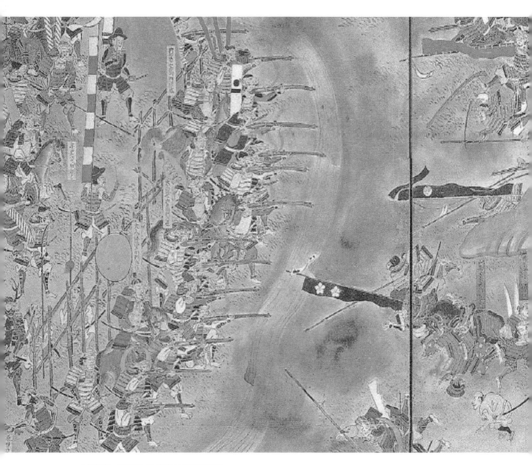

나가시노 전투를 묘사한 그림(부분도)

오다 노부나가의 에치젠 국(越前国) 공략을 그린 우타가와 요시타로(歌川芳虎)의 우키요에(1871년작)

대해서는 『노부나가 공기』에도 등장하지 않는다. 다시 말해 굳이 3단 공격을
하지 않고 한 빈의 사격만으로도 기마대에 커다란 타격을 입히기에 충분했다
고 볼 수 있다.

마지막으로 따져볼 것은 3,000명에 달하는 철포대소총수의 숫자다. 지금 생각
으로는 이 숫자가 별로 많지 않다고 볼 수 있지만 당시 상황에서 이 숫자는
사실 엄청난 규모라 할 수 있다.

나가시노 전투로부터 6년 뒤인 덴쇼天正 9년^{1581년}에 정해진 아케치 미쓰히데 明智光秀, 1526~1582 ⁰⁸ 가문의 군법에 따르면 전투에 나가는 다이묘는 봉록 1,000 석당 군역軍役 60명에 총 5자루를 준비해야 한다고 규정하고 있다. 그러니 총 500자루면 병사가 6,000명이고, 1,000자루면 병사 1만 2,000명이다. 그런데 나가시노 전투 당시 노부나가와 이에야스의 연합군은 3만 8,000명. 그러니 소총수가 3,000명이었다는 숫자가 실제 들어맞는다.

그럼 오다 노부나가는 과연 어떻게 해서 철포대를 구성할 수 있었을까? 점차 많은 곳에서 총 생산이 이루어졌으나 그 중심지는 앞서 말했듯 사카이, 네고로와 함께 3대 철포 생산지로 명성을 떨친 오미 국近江國의 구니토모國友, 지금의 시가 현滋賀縣 나가하마 시長浜市였다.

구니토모는 당시 집권 세력인 무로마치 바쿠후가 직접 나서서 총을 전력화한 사례다. 앞서 말했듯 1544년 다네가시마로부터 총을 헌상 받은 쇼군 아시카가 요시하루는 즉각 이의 생산을 명령한다. 당시 무로마치 바쿠후는 내분과 하극상下剋上으로 큰 위기에 처해 있었으므로, 첨단 무기가 절대적으로 필요한 때였다.

그리하여 쇼군의 명을 받은 간료우 호소카와 하루모토가 구니토모 젠베에國友善兵衛, 후지 규사에몬藤九左衛門, 효에 시로兵衛四郎, 쓰게다 유우助太夫 등 명성이 높은 구니토모 대장장이들과 접촉하고, 그 해 8월에 2정의 복제품을 완성하

---

08 미노(美濃) 아케치(明智) 성주로서 사이토 도산의 가신이었다가 뒤에 오다 노부나가의 가신으로 활약했다. 하시바 히데요시(羽柴秀吉, 나중의 도요토미 히데요시)와는 라이벌이었고, 히데요시가 1582년 주고쿠(中國) 정벌을 명받아 출진하고 없던 차에, 소수의 병력만을 거느린 채 노부니가가 미물던 혼노지(本能寺)를 들어 급습하여 노부니가가 그곳에서 지걸하게 만들었다. 그러나 그가 병력을 미처 정비할 틈도 없이 11일 후 주고쿠로부터 돌아온 히데요시에게 패전해 사카모토(坂本)로 도망가던 중, 토착농부의 손에 최후를 맞았다.

여 요시하루에게 헌상한다.

사카이 총이 상감象嵌으로 화려한 장식을 하는 등 주로 외적인 미를 강조한 반면, 구니토모 총은 기능에 충실하여 정교한 수작이 많은 것으로 전해진다. 당시 일본 총 가운데 약 4분의 1은 구니토모 제작으로 사카이와 인기를 양분했다. 따라서 '구니토모'라 하면 단순히 지명에 머물지 않고, '구니토모의 대장장이'나 '구니토모의 총'을 함께 가리키는 용어가 되었다.

오다 노부나가는 1549년에 500정의 구니토모 총을 주문했다. 이듬해인 1550년 8월 26일 교토 히가시야마東山에서 벌어진 호소카와 하루모토와 미요시 나가요시三好長慶 사이의 전투에서도 총격에 의해 미요시 측에 다수의 전사자가 나왔다는 기록이 남아 있다.[09]

도요토미 히데요시는
노부나가 철포대 담당 총 전문가였다

이렇게 해서 구니토모도 최신 전략 병기를 생산하는 중요 거점이 되었는데, 이를 가장 먼저 낚아챈 사람이, 앞으로 총이 경쟁력의 판도를 바꿀 것을 직감한 오다 노부나가였다. 그는 주문 생산에 만족하지 못하고 1570년 아네가와 전투姉川の戰를 통해 아예 구니토모를 점령하고 자신의 직할 영토로 삼아 총 생산에 박차를 가한다. 이때 노부나가 부하로 총 생산을 관장한 사람이 바로 도요토미 히데요시였다.

노부나가는 철포대를 활용해 경쟁 다이묘들과의 전투에서 승승장구하면서

09 『도키쓰구 경의 기록(言継卿記)』. 전국시대의 귀족인 야마시나 도키쓰구(山科言継)가 1527년부터 1576년에 걸쳐 쓴 일기다.

일본은 임진왜란
20년 전에 이미
기마대를 무너뜨릴 수 있는
화력의 철포대를 운용하고 있었다.

전국 통일을 향한 기선을 잡았다. 히데요시 역시 총의 생산과 사용에 있어 둘째가라면 서러워할 전문가가 된 것은 물론이다. 일본은 임진왜란 20여 년 전에 이미 기마대를 무너뜨릴 정도의 막강한 화력을 지닌 철포대를 운용하고 있었고, 히데요시 자신이 그 중심에 있었다.

이렇게 무장한 일본군이 조선을 침략해 들어온 것이니, 당시 불과 몇 개월 만에 부산포동래, 양산, 밀양, 청도, 대구, 경주, 문경, 충주 등을 거쳐 서울을 점령하고 평양성까지 진출한 일이 가능했던 것이다. 우리 조상들이 이에 맞서 얼마나 눈물겨운 피땀의 전투를 힘겹게 치른 것인지 능히 짐작하고도 남음이 있다.

히데요시 뒤를 이어 '천하인天下人, 덴카비토 10'으로 부상한 도쿠가와 이에야스 역시 구니토모를 직할령으로 편입하고, 1607년 핵심 기술자 4명에게 '뎃포다이칸鐵砲代官'이라는 공직을 부여해 관리하게 했다. 또한 구니토모 이외의 무허가 총 생산을 금지했다. 이에 따라 이에야스의 에도 바쿠후 치하에서 구니토모는 실질적으로 총의 생산과 관리를 독점하는 국가기관으로 작용했다.

에도 바쿠후가 도요토미 가문을 멸망시킨 1614년 오사카 전투大坂の役 시점에 구니토모에는 총을 만드는 대장간 73개에 500여 명의 총 제조 장인이 있었다는 기록이 남아 있다. 그러나 천하통일 이후 태평 시기가 오면서 그 수요도 급감했다.

황금이 많은 동쪽 부귀한 섬나라 '지팡구'

그런데 일본에 서구식 화승총을 처음으로 전한 3명의 포르투갈 상인에 대해서는 앞과 다른 내용의 기록들이 있다. 1542년 샴 왕국太국의 도도라에 정박해 있던 포르투갈 배에서 정확한 이유는 밝혀지지 않았지만 3명의 선원이 선장의 압박으로부터 탈출해 정크선을 타고 중국으로 떠났다. 그들의 이름은 앞에서도 나왔던 안토니오 다모타, 프란치스코 제이모토 그리고 안토니오 페소토Antonio pexoto였다.

이들은 북위 30도 근처에 있는 닝보寧波로 진로를 잡았다. 그러나 폭풍에 휩쓸려 육지에서 떨어져버린 결과, 북위 32도에서 커다란 섬에 도달했다. 그곳이 바로 마르코 폴로Marco Polo, 1254~1324가 『동방견문록』에서 황금이 무진장하게 많은 동쪽 부귀한 섬나라 '지팡구', 즉 재팬Japan이었다.

이 같은 얘기는 인도네시아 동쪽 끝 몰루카 제도Moluccas의 포르투갈 총독을 지냈던 안토니오 갈바노Antonio Galvano, 1503~1557가 1563년에 출간한 『신구 세계

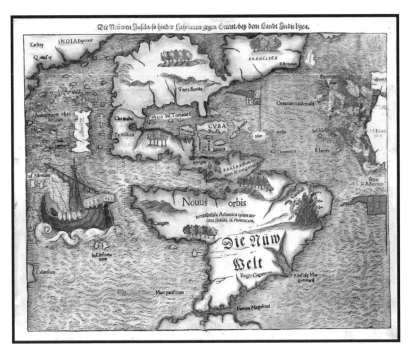

독일 지리학자 세바스찬 뮌스터(Sebastian Münster)가 1561년에 제작한 지도. 지팡구가 'Zipangni'라 표기되어 태평양 복판에 있는 것으로 그려졌다.

발견기』Tratado, que compôs o nobre & notáve capitão A. Galvão』에 나온다. 앞서 일본에 처음으로 도착한 포르투갈 상인들이 명나라 배를 타고 있었다는 것과 다른 내용이다. 서구에는 이밖에도 포르투갈인의 일본 진출에 대해 내용이 조금씩 다른 저술들이 많이 있어, 일본에 대한 그들의 뜨거운 관심을 엿보게 한다.

그러면 이쯤에서 포르투갈이 일본에 진출할 수 있었던 항로 개척과 아시아 진출의 역사를 간단히 살펴보자.

1492년	이탈리아인 콜럼버스(Christopher Columbus)가 에스파냐 이사벨 1세의 원조를 받아 대서양을 횡단해 서인도 제도에 도착
1496년	포르투갈인 바스코 다 가마(Vasco da Gama)가 아프리카 희망봉을 경유해 인도 서남 해안의 캘리컷(Calicut) 해안에 도착
	포르투갈을 선두로 하는 대항해시대 개막
1510년	포르투갈은 인도 서해안 고아(Goa)를 점령하여 동아시아 진출 근거지 확보
1513년	말라카에서 출발한 포르투갈 탐험가 호르헤 알바레스(Jorge Álvares)가 5월에 중국 남부 광저우(广州) 인근의 섬에 도착. 처음으로 중국과 교역 시작(일본 진출은 1543년, 조선은 1577년)
1519년	포르투갈인 마젤란(Ferdinand Magellan)은 에스파냐 함대 5척을 이끌고 9월 20일에 출항하여 카나리아 제도(Canary Islands)를 거쳐 그해 12월 리우데자네이루만(Rio de Janeiro)에 도착
1521년	마젤란이 태평양으로 가는 통로를 찾아 괌(Guam) 섬을 거쳐 4월 7일 필리핀 제도의 세부(Cebu) 섬에 도착. 세부 섬의 왕과 우호를 맺어 그리스도교를 전하고 에스파냐 왕에게 복종하게 했으나 이를 거부하는 근처 막탄(Mactan) 섬의 왕 라푸라푸((Lapu-Lapu)를 징벌하기 위해 출전했다가 4월 27일 전사
1522년	마젤란 사망 후 남은 일행은 항해를 계속해 역사상 최초의 세계 일주를 완성하고 9월 6일 에스파냐로 복귀. 출발 인원 260명 가운데 돌아온 사람은 거우 18명

| 1553년 | 포르투갈은 해적을 격퇴한 공적을 앞세워 마카오 일부를 명나라로부터 조차(租借). 당시 중국에 존재하는 유일한 외국인 전용 거류지가 됨. 인도양과 남중국해를 넘어 동중국해 일원에 이르는 방대한 지역을 포르투갈 해양로 거점으로 삼음 |

| 1571년 | 아메리카 대륙에 식민지를 넓힌 에스파냐는 태평양을 횡단해 필리핀 제도를 점령하고 마닐라 시를 건설. 마닐라와 멕시코 아카폴코(acápolco)를 연결하는 정기 항로 시작 |

일본에 가톨릭을 전한 사람은 스페인 나바라Navarre 왕국, 지금의 바스크Basque 지방 출신인 성 프란치스코 하비에르Francisco Javier, 1506~1552[11]다. 그가 험난한 항해를 거쳐 동방까지 진출한 배경에 대해서는 먼저 그가 속한 예수회Jesuit, 라틴어로는 Societas Iesu의 특성을 알아야 한다.

예수회는 바스크 영주의 아들로 태어나 세속적 욕망에 충실한 군인이었던 이냐시오 데 로욜라Ignacio de Loyola, 1491~1556가 세운 가톨릭 수도회다. 로욜라는 스페인 팜플로나Pamplona에서 프랑스군과의 전투로 중상을 입고 오랜 병상 생활을 하던 20대 후반에 『그리스도 전』과 『성인열전』 등의 책을 반복해서 읽으면서 가톨릭교에 눈을 뜨고 순례자가 될 결심을 했다.

---

11 영어로는 프란시스 자비에르(Francis Xavier)이지만 이 책에서는 스페인어 발음인 '하비에르'로 통일하겠다.

예수회의 'AMDG' 표어를 들고 있는
성인 로욜라 스테인드글라스

훗날 스페인과 프랑스에서 신학을 공부한 그는 1534년 8월 15일 파리 외곽 몽마르뜨Montmartre에 있는 생드니Saint Denis 교회 지하실에서 6명의 동료들과 함께 청빈, 정결, 순명을 서원하고, 영혼 구원에 헌신할 것을 맹세하며 예수회를 설립했다. 당시 예수회 설립에 참여한 6명 중 한 사람이 로마 가톨릭교회 사제였던 프란치스코 하비에르다. 나중에 로욜라와 하비에르 모두 성인으로 추대되었다.

대항해시대와 맞아떨어진
예수회의 '제4서원'

예수회는 전통적인 수도회가 내세우는 3대 서원인 청빈, 정결, 순명 외에 한 가지 서원이 더 덧붙여져 있다. 그것은 바로 구원과 믿음의 전파를 위해 맡겨지는 교황의 파견 사명을 지체 없이 실행하겠다는 내용이다. 이에 따라 예수회는 전통적인 정주settlement 생활양식에서 벗어나 최초로 활동적인 수도회 성격을 가졌고, 가톨릭 교리와 가르침을 따르되, 선교 활동이나 형식은 선교 지역의 상황과 문화에 맞추는 '적응력'을 유지했다.

예수회 표어는 '하느님의 더 큰 영광을 위하여Ad majorem Dei gloriam'이며, 예수회의 영성을 대표하는 표현으로는 '활동 중의 관상Contemplation in Action', '모든 것 안에서 하느님 발견하기Finding God in All Things' 등이 있다. 이 모두 예수회의 활동성을 잘 나타내준다.

예수회의 설립 시점은 마침 스페인이 활발하게 동방 진출을 도모하던 때였으므로, 그들의 네 번째 서원에 매우 부합하는 환경이 조성돼 있었다. 당연히 예수회는 대항해시대의 흐름 속에서 미개척 지역으로 가톨릭 성당을 확장하는 운동에 적극 참여했다. 학문 능력이 뛰어난 선교사들은 인도 고아를 근거지로 하여 동아시아로 선교 활동을 떠났다. 이 지역에서 예수회 선교사들은 적응주의 선교 전략에 따라 현지 언어와 문자를 학습하여 그들의 사상과 문화를 익힌 다음 지배층이나 지식인들과의 학술적 교류를 통해 가톨릭 교리를 전파하는 전략을 채택했다.

로마 교황청 입장에서 보자면 이보다 더 마음에 드는 수도회는 없을 터였고, 네 번째 서원에 의해 예수회는 종교개혁의 물결로부터 가톨릭을 지키고, 내적 쇄신을 이루는 데 중요한 역할을 수행한다. 하비에르는 그가 35세가 되던 날인 1541년 4월 7일 리스본Lisbon을 떠났다. 떠나기에 앞서 그는 교황으로부터 동쪽 포교 특사apostolic nuncio로 임명한다는 간단한 임명장을 받았다. 그기 포르투갈령 모잠비크Mozambique를 거쳐 인도 고아에 도착한 것은 리스본을 떠

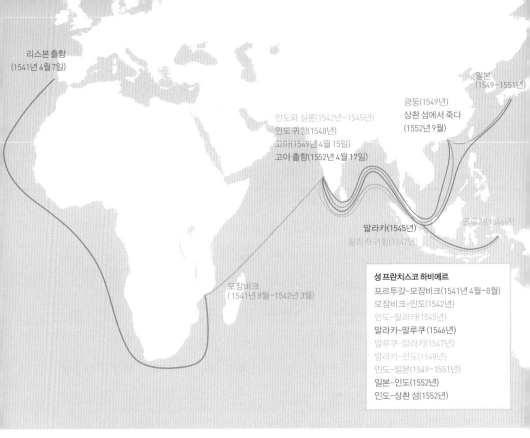

리스본 출항
(1541년 4월 7일)

일본
(1549~1551년)

광둥(1549년)
상촨 섬에서 죽다
(1552년 9월)

인도와 실론(1542년~1545년)
인도 귀항(1548년)
고아(1549년 4월 15일)
고아 출항(1552년 4월 17일)

모잠비크
(1541년 8월~1542년 3월)

말라카(1545년)
말라카 귀항(1547년)

몰루카(1546년)

성 프란치스코 하비에르
포르투갈-모잠비크(1541년 4월~8월)
모잠비크-인도(1542년)
인도-말라카(1545년)
말라카-말루쿠(1546년)
말루쿠-말라카(1547년)
말라카-인도(1548년)
인도-일본(1549년~1551년)
일본-인도(1552년)
인도-상촨 섬(1552년)

하비에르 신부의 항해 및 체류도

난 지 13개월이 지난 1542년 5월 6일이었다.

고아는 35년 전에 이미 포르투갈 식민지가 되어 도시가 형성되어 있었다. 그러나 정착민 상당수는 포르투갈 교도소에서 선발한, 매우 난폭한 사람들이었다. 군인이나 선원, 상인들 역시 아무도 신앙의 미션을 수행하려 하지 않았나. 또한 그들의 상당수는 현지 여성과 살면서 인도 문화를 따르고 있다. 이에 따라 고아에는 교회도 있고 성직자와 주교도 있었지만 실제로 믿음을 전파하는 설교자와 사제는 없었다. 선교사들은 고아 가톨릭교 신자들의 무질서하고 향락적인 행동을 비판하는 보고서를 본국에 자주 보냈다.

요한 3세의 명령에 따라 하비에르는 포르투갈 정착민 사이에 가톨릭교를 회복시키는 일에 주력했다. 원주민보다 우선 포르투갈 사람부터 가르쳐야겠다고 생각한 그는 병원 환자들을 대상으로 설교하는 데 첫 5개월을 보낸 다음 종을 울리며 거리를 걸어 다니면서 아이들과 하인들을 교리문답서로 불러들였다. 이후 그는 세속적 성직자 교육의 선구자인 세인트폴대학교Saint Paul's College의 학장으로 초청되었고, 이 대학은 아시아 최초의 예수회 본부가 되었다.

하비에르는 인도 남부와 실론스리랑카 사람들에게 설교하는 데 거의 3년을 바쳤다. 그는 해안을 따라 거의 40개의 교회를 세웠다. 1545년 봄, 그는 포르투갈령 말라카Malacca까지 진출하여, 그해 말까지 거기서 머물렀다. 1546년 1월에는 말루쿠Maluku 섬에 도착해 일 년 반 동안 머무르며 복음을 전파했고, 이후 암본Ambon 섬과 말루쿠 제도의 다른 섬들을 다니다가 1547년 말에 다시 말라카로 돌아왔다. 그가 일본 사람 안지로Anjirō[12]를 만난 것은 바로 그 시점이었다.

일본 최초의 가톨릭 신자가 된
사무라이 도망자

안지로는 원래 사쓰마 번의 사무라이였다. 신분이 높았지만 잘못된 살인을 저질러 고향에서 도망쳐야만 했다. 그는 외국으로 나가기 위해 가고시마에서 포르투갈 무역선 선장 알바로 바스Alvaro Vas를 만났다. 바스 선장은 포르투갈

---

12 안지로는 야지로(Yajiro, 弥次郎)라고도 한다. 안지로는 서양인에 의한 호칭이고, 아마 야지로가 더 본명에 가깝지 않나 싶다.

배에서 일할 수 있는 자리를 마련해주었지만 안지로는 그 배가 마음에 들지 않아 또 다른 선장인 호르게 알바레스Jorge Álvares를 만나 자신을 소개했다. 이 호르게 선장이 바로 하비에르와 친분이 있는 사이였다. 그는 안지로의 고백을 듣고, 이런 이야기를 들어줄 사람은 하비에르가 더 적합하다고 생각하여 안지로를 말라카로 데려갔다.

그러나 이들이 말라카에 도착했을 때 하비에르가 말루쿠로 떠났음을 알았다. 실망한 안지로는 그를 다시 일본으로 데려갈 배에 몸을 실었으나 중간에 태풍을 만나 중국의 한 해변에 표류하게 되었는데, 거기서 또 다른 포르투갈 선장을 만났다. 그 선장은 하비에르가 말라카로 다시 돌아갔다고 알려주면서, 안지로를 말라카로 데려갔다. 이 같은 우여곡절 끝에 안지로가 마침내 하비에르 신부를 만난 것은 1547년 12월이었다.

안지로는 일부 피진pidgin 13으로 하비에르와 직접 대화할 수 있었다. 하비에르는 안지로에게 하느님의 말씀을 전했고, 안지로는 일본의 풍습과 문화에 대해 자세하게 알려주었다. 이 말에 매료당한 하비에르는 결국 일본 땅에 가기로 결심한다.

안지로는 하비에르에게 '파울로 데 산타페Paulo de SantaFe, 신성한 신앙의 바울'라는 이름으로 침례를 받아 일본 최초의 가톨릭 신자가 되었고, 포르투갈어로 훈련을 받으며 세인트폴대학교에서 교리 수업을 받았다.

안지로를 포함해 다른 2명의 일본인과 다른 3명의 예수회 선교사를 포함해 총 7명으로 구성된 하비에르 일행은 1549년 4월 14일 고아를 떠나 4월 25일

---

13 영어와 포르투갈어, 네덜란드어의 제한된 어휘들이 토착 언어와 결합되어 사용되는 말

17세기 일본에서 그려진 하비에르
신부(고베시립박물관 소장)

말라카에 도착했다. 그들은 거기서 가고시마로 갈 수 있는 유일한 배인 중국 해적선에 몸을 실었다. 하비에르가 일본으로 떠나기 전 유럽의 동료들에게 쓴 편지 내용을 보면 다음과 같다.

'나는 안지로의 고국 일본에서 많은 날을 보냈던 포르투갈 상인들에게 물어보았다. …그들은 그 땅과 사람들에 대한 많은 정보를 주었다. 일본에서 온 상인들은 내가 거기에 가면 인도의 이교도들보다 훨씬 많은 사람들에게 하느님의 위대한 봉사를 할 수 있을 것이라고 말한다. 일본인들은 매우 합리적인 사람들이기 때문이라는 것이다. …'

– 로마의 친구들에게 1548년 1월 20일 코친Cochin에서

하비에르 일행이 가고시마에 도착한 것은 1549년 7월 27일이었다. 포르투갈

상인들이 최초로 일본에 와 총을 전해준 지 이미 6년이라는 세월이 지난 시점이었다. 그러나 이들은 8월 15일까지 상륙 허가가 나지 않아 배에서 기다려야만 했다.

이들은 불교 발상지로 알려진 인도에서 온 외국인으로서 관심을 모으기 시작했다. 안지로는 인도에서 있었던 자신의 경험을 생생하게 묘사하여 군중을 모았다. 그해 9월 29일이 되면 당시 사쓰마 다이묘였던 시마즈 다카히사도 호기심에 가득 차서 이들을 자신의 영지로 불러들여 환영했다. 앞에서도 나왔듯 다카히사는 일본에서 처음으로 '다네가시마 총'을 실전에 사용한 다이묘였다. 또한 다카히사는 인도의 포르투갈 총독에 친서를 보내는 등 외교에도 매우 적극적이었다. 이런 성향 때문이었는지 하비에르는 다행히도 젊은 다이묘에게 좋은 인상을 남겼고 다카히사는 자신의 신하들이 하비에르의 교리에 따라가는 것을 허가했다.

그러나 당시 일본인들은 하비에르 일행이 단지 인도에서 왔을 뿐이고, 불교와는 전혀 다른 새로운 종교를 설교하고 있다는 사실을 알지 못했다. 이 혼란은 안지로가 가톨릭교를 설명하면서 유일신을 뜻하는 일본 단어 '다이니치大日'를 사용했기 때문에 더욱 가중되었다. '다이니치'는 불교의 비로자나불毘盧遮那佛을 지칭하는 것이기도 하다. 나중에 안지로는 일본에 단 한 명의 창조주 하느님만 있다고 해서 더더욱 어려운 처지가 되었다. 처음에는 하비에르를 존경하고 따르던 불교 승려들이 예수회의 노력에 장애물이 되었던 것이다.

이리하여 다음 해인 1550년이 되자 상황은 더욱 악화되었다. 사찰과 일반 대중의 반대가 심해지고, 기대한 만큼 포르투갈 선박도 방문하지 않자 다키히사는 가톨릭교로 개종하는 사람들을 사형에 처한다고 공포하면서 포교를

하비에르 신부를 안내하는 안지로. 가노 나이젠(狩野 內膳, 1570~1616) 병풍 그림의 일부

금지시켰다. 가고시마의 가톨릭 신자들은 이후 몇 년 동안 어떤 종교 활동도 할 수 없었다.

이에 따라 안지로 집에 머물렀던 하비에르도 그해 10월 가고시마를 떠나 멀리 떨어진 규슈 북부의 야마구치山口로 떠나야 했다. 그리고 하비에르는 1551년 여름이 되어서야 야마구치에서 설교를 하면서 자신들이 실수를 깨달았다. 그는 안지로가 중국어로 쓰인 교재로 공부하지 못했으므로 가톨릭에 대해 충분한 설명을 할 수 없다는 사실을 알았다. 그는 라틴어 '데우스Deus'를 사용하며 '다이니치'를 악마의 발명품이라고 비난했다.

1550년 10월부터 12월까지 야마구치에 머물렀던 하비에르는 크리스마스 직전에 교토로 떠났지만 천황을 만나는 데는 실패하고 1551년 3월에 야마구치로 되돌아왔다. 다행히도 야마구치의 다이묘는 그의 포교 활동을 허락했다. 그러나 일본어를 잘하지 못했기 때문에 그는 교리문답 번역을 큰 소리로 읽는 수준으로 활동을 제한할 수밖에 없었다.

유럽이나 인도에서와 달리 일본에서는 복음주의가 호소력이 없다는 사실을 깨달은 그는 접근 방식을 바꾸기로 했다. 때마침 포르투갈 배가 지금의 규슈 오이타大分 현에 해당하는 분고豊後 지방에 머물렀고, 그 지역 다이묘가 자신을 보고 싶어 한다는 소식을 들은 그는 다시 남쪽으로 서둘러 떠났다. 한편 안지로는 하비에르가 인도로 돌아간 후에도 가고시마에서 계속 선교 활동을 하려고 했지만 그것이 여의치 않았을 뿐만 아니라 종교 박해로 중국으로 추방당했다. 공교롭게도 그는 중국에서 일본 해적의 습격을 받아 사망했다.

반 다이크 그림에도 나오는
일본 가톨릭교 다이묘 나라에 온 코끼리

오토모 소린大友宗麟, 1530~1587의 본명은 요시시게義鎭다. 1550년 분고 국 오토모 가문의 가독家督[14]을 계승한 그는 한때 북규슈의 여섯 나라를 지배하는 패자로 군림했으나 후반에는 사쓰마의 시마즈島津 가문에 밀려 도요토미 히데요

---

14 가부장제에 따르는 가장권을 뜻하는 말. 가부장제도 아래 가장 또는 가장의 권리를 의미한다. 일족(一族)의 수장(首長)이라는 뜻도 있다.

규슈 오이타 시 후나이 성(府內城)에 있는
오토모 소린의 동상.
목에 걸린 십자가가 그가
기리시탄 다이묘임을 알려준다.

시에게 의지했다.

그의 삶은 1551년 주고쿠 지방의 야마구치에 머물고 있던 하비에르를 초빙하여 가톨릭 교의와 서양 사정을 전해들은 뒤 완전히 달라졌다. 그와의 만남 이후 분고 국에서는 가톨릭 포교가 전폭 허용되었다. 하비에르는 다시 인도로 돌아갔지만 그를 대신한 후임 신부가 포교를 담당하여 분고 국에 예배당을 건립했다. 그는 하비에르의 포교 방침을 답습하여 일본의 풍속과 관습을 연구하고 이를 바탕으로 포교를 시도했다. 그 과정에서 일본어 복음서를 작성하고, 사회복지시설을 건립하여 빈민과 병자를 돌보기도 했다. 이러한 노력이 결실을 맺어 소린의 영역 내에서 가톨릭 신자는 급증했다.

그러나 소린은 가톨릭 포교에 반대하는 가신들과 잦은 마찰을 빚었고, 항의를 받기도 했다. 이에 그는 1562년 가신들의 불만을 무마하는 차원에서 형식적으로나마 불가에 입적하는 절차를 밟았고 이름을 요시시게에서 소린이라는 법명으로 변경했다. 가톨릭 포교를 위해 자신의 이름을 불교 법명으로 바꾼 것이니 참 아이러니하다 하겠다.

1578년 미미가와耳川 전투를 앞두고 소린은 드디어 세례를 받고 가톨릭교로 개종한 다이묘가 된다. 소린은 하비에르 신부를 추모하여 세례명을 '돈 프란치스코Don Fransisco'라 지었다.

미미가와 전투에서 소린은 남규슈의 떠오르는 태양, 사쓰마 번의 시마즈 요시히사에게 대패하고 많은 가신을 잃었다. 그러나 역으로 가톨릭 신자는 급증하여 그 수가 1만 명에 육박함으로써 소린의 근거지 분고는 일본 내 3대 교구의 하나로 성장할 수 있었다.

소린은 어렸을 때 동생이 포르투갈 상인이 가져온 총으로 사격 연습을 하다가 총이 폭발하여 손에 부상을 입었지만 당시 서양의학에 의한 응급 처치를 경험한 적이 있었다. 그런 경험의 연장선상으로 1557년 후나이의 현재 오이타 현 청사 본관이 있는 장소에서 일본 최초 서양 외과수술이 시행되는 사실에도 거부감이 없었다. 이 수술은 포르투갈인 의사 1명과 일본인 조수 2명이 실행했다. 당시 분고 국은 문둥병이 발생한 상태로, 나병 수술을 한 기록이 오이타 현 역사에 남아 있다.

소린은 당시 수술을 도운 일본인 조수 2명에게 살구나무 잎 무늬杏葉紋 문장과 성씨, 칼을 하사함으로써 사무라이로 신분을 격상시켜주었다. 현재 오이타 현 청사 본관 앞에서는 '일본에서의 서양 외과수술 발상지日本における西洋外科手術發祥の地'라 쓰인 기념비가 세워져 있다. 소린은 선교사들에 의한 서양의학 병원을 만들고, 자신의 영지에 거주하는 사람은 무료로 진료를 받게 하는 등 매우 진취적이고 혁신적인 정책을 펼쳤다.

서양의학 병원을 만든 데서도 알 수 있지만 소린은 국내 및 국외 무역에도 매우 열심이어서 소린의 분고 국은 아시아 무역 네트워크 주요 거점 가운데 하

코끼리를 타고 있는 포르투갈 상인과 흑인 시종(노예). 가노 나이젠 병풍 그림의 일부. 오다 노부나가는 실제로 포르투갈 상인에게 선물 받은 흑인 노예를 시종으로 두고 있었던 것으로 전해진다.

나가 되었다. 중국, 동남아시아 등지에서 유입된 물품들은 분고를 거쳐 세토내해瀬戸内海를 경유하여 사카이까지 흘러 들어갔다.

16세기 후반, 소린은 세토내해를 장악하고 있던 무라카미 다케요시村上武吉, 1533~1604에게 편지를 보내 자신이 보내는 선박의 안전 보장과 입항료 면제를 요청했다. 이 기록은 분고규슈와 사카이혼슈를 연결하는 무역 네트워크의 존재를 확인시켜준다.

분고악 사카이를 잇는 해상 무역로는 출토 유물에서도 확인할 수 있다. 분고의 중심 도시였던 후나이와 상대 도시였던 사카이에서는 조선, 중국, 베트남,

타이, 미얀마산의 도자기류가 대량 출토되었다. 출토 유물에서는 저울과 분동[15]도 있어 출토 지역이 교역 거점임을 말해준다.

규슈는 일본에서도 조선이나 중국, 동남아와 가까운 지역 특성상 해상 무역이 활발할 수밖에 없었고, 이를 통해 유통된 물품들도 실로 다양했다. 1543년 소린의 아버지 오토모 요시아키大友義鑑는 지금의 구마모토 현에 해당하는 히고 국肥後國 슈고守護[16] 자리를 차지할 요량으로 쇼군 아시카가 요시하루에게 다종다양한 '가라모노唐物'[17]를 헌상했다. 그 가운데는 '대모玳瑁'라 불리는 바다거북의 등껍질로 만든 술잔도 보이는데, 이는 중국 혹은 동남아시아산 물품으로 보인다. 1579년에는 캄보디아 국왕이 소린에게 사자를 파견하였는데, 그는 구리총銅銃과 봉랍蜂蠟 등의 물품과 함께 코끼리를 보냈다. 아마 일본에 들어온 최초의 코끼리가 아닌가 싶다.

소린이 파견한 무역선에 대한 기록도 심심찮게 등장한다. 1557년 소린은 40여 명을 태운 무역선을 중국에 파견했다.『명세종실록明世宗實錄』에 따르면 이 '큰 배'는 저장성浙江省의 한 항구에 도착했지만 명 정부군과 왜구의 교전에 휩쓸려 침몰했다고 한다. 1559년에도 소린이 보낸 무역선이 푸젠 성福建省 아모이 만灣에 출현했다는 기록이 보이며, 1573년에는 소린이 '남만국南蠻國', 현재의 베트남에 무역선을 파견했다고 기록하고 있다.

이처럼 소린이 활발한 해외 교역을 시도했기 때문에 일본 바깥에서는 소린이 일본을 대표하는 실력자로 인식되었다. 1555년 명나라는 저장성 총독인 정순

---

15   물건의 무게를 측정할 때 이용되는 저울의 추
16   나라 단위로 중앙 바쿠후에서 파견한 지방의 군사와 행정관
17   중국 등 외국에서 들어온 물건

공鄭舜功을 일본 사신으로 파견해 왜구 단속을 요청했다. 정순공은 정작 자신은 분고에 체류하면서 자신의 대리인을 무로마치 바쿠후에 파견했다. 소린은 정순공이 귀국할 때 한 승려를 동행시켜 왜구 단속 요청에 대한 회신을 보냈다. 이러한 일련의 동향을 볼 때 명나라는 소린을 왜구를 단속할 수 있는 실력자로 인지하고 있었으며, 소린 역시 자신이 왜구를 제어할 수 있다고 자임했다는 사실을 미루어 짐작할 수 있다.

정순공은 거의 2년 동안 일본에 체류했는데, 귀국 후에 쓴 『일본일람日本一鑑』에서 총 생산지의 하나로 분고를 언급하고 있다. 분고의 구니사키 반도國東半島는 유명한 철 산지로, 오토모 가문은 철 자원을 관리하면서 철포 생산에도 관여하고 있었던 것으로 추정할 수 있다.

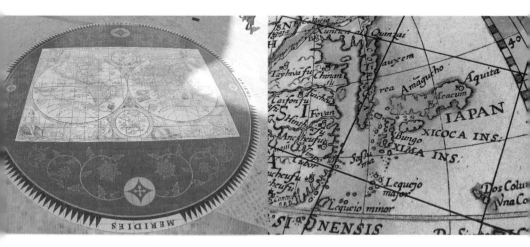

오이타 시 역 앞 광장에는 포르투갈 선교사가 제작한 지도를 재현해놓았다. 오른쪽은 이 지도의 부분 상세도. 규슈 전체가 '분고'로 표시되었다.

소린에 대한 높은 평가는 중국만이 아니었다. 1595년 한 포르투갈 선교사가 그린 일본 지도에는 규슈 전체가 '분고Bungo'라고 표기되었다. 1595년이면 이미 오토모 가문이 몰락한 다음인데도, 소린이 구축했던 분고의 황금시대가 그만큼 강렬한 인상을 남겼던 것이다.

소린의 유명세는 안토니 반 다이크Anthony van Dyck의 그림에도 나올 정도였다. 1622년 하비에르가 성인의 반열에 오르면서 유럽에서는 그의 포교 장면을 묘사한 그림들이 다수 제작되었는데, 반 다이크 역시 '하비에르를 맞이하는 분고의 왕'이란 그림을 그렸다.

또한 스페인 식민지시대1542~1824를 거치며 라틴아메리카 종교예술 전통을 키워온 키토 스쿨Quito School에서 같은 제목으로 그린 그림도 있다. 신원 미상의 이 화가는 물론 일본을 가본 적이 없었기에, 소린과 그 신하들을 페르시아 사람처럼 터번을 쓰고 있는 이상한 모습으로 그렸다. 또한 하비에르의 동행자들도 중국 사람들이 쓰는 모자를 쓰고 있다.

소린의 신앙 활동과 관련해 매우 흥미롭고 특기할 만한 사실은 이른바 '덴쇼 소년사절단天正遣歐少年使節'의 파견이다. 이는 공식적으로 유럽에 간 일본 최초의 사절단, 그것도 당시 나이 13~14세의 소년들로 구성됐다는 점에서 매우 파격적인 결정이었다.

이 계획은 하비에르 후임으로 와서 분고 국에서 포교 활동을 하던 알레산드로 발리냐노Alessandro Valignano, 1539~1606가 의견을 낸 것이었다. 사절단을 매개로 하여 유럽과 일본 양쪽에서 가톨릭 포교에 대한 보다 깊은 관심과 지원을 이끌어낸다는 것이 빌리냐노의 구상이었다. 일본에서 활동적인 가톨릭 신사의 수가 1582년에 벌써 약 20만 명으로 늘어난 것으로 추정되니, 이런 계획을 하

17~18세기 라틴아메리카의 종교예술적 전통을 형성한 '키토 스쿨'에서 1750~1767년 무렵 그린 '하비에르를 맞이하는 분고의 왕'

는 것도 무리가 아니었을 성 싶다.

이 구상에 오토모 소린과 오무라 스미타다大村純忠, 1533~1587, 아리마 하루노부
有馬晴信, 1567~1612 등 기리시탄 다이묘들이 찬성함에 따라 덴쇼 10년1582년 실행
에 옮겨졌다. 그리하여 이토 만쇼伊東マンショ를 대표로 하고 치지와 미구엘千石ミ
ゲル을 정사正使, 나카우라 줄리앙中浦ジュリアン과 하라 마르티노原マルティノ를 각각
부사副使로 선발한 4명의 소년 사절단을 유럽에 보낸다.

나가사키 항구는
어떻게 시작되었나

위 기리시탄 다이묘 중에서 오무라 스미타다는 현재 나가사키 현長崎縣 오무
라 시大村市에 해당하는 산조조三城城의 영주로, 일본 최초로 가톨릭교로 개종
한 다이묘이고 나가사키를 무역항구로 개항한 장본인이다. 일본 개항 역사에
서 매우 중요한 인물이다.

1561년 포르투갈 상인들과 예수회가 제일 먼저 정착한 섬인 나가사키 현의
히라도平戸에서 포르투갈 사람이 살해되는 사건이 벌어졌다. 일본인 상인과
의 말싸움이 살인으로 번진 것이다. 이 사건이 벌어지고 분위기가 험악해지자
포르투갈 상인들은 이전할 새로운 항구를 물색하기 시작했는데, 마침 오무
라 스미타다가 1562년에 히라도에서 그다지 멀지 않은 자신의 영토에 있는 나
가사키 현 사이카이 시西海市의 요코제 항구橫瀬浦를 제공할 수 있다고 제안한
다. 오무라는 예수회 선교사가 포르투갈에 큰 영향력을 가지고 있다는 사실
을 알고 있었기에, 예수회에 주기지를 마련해주는 등의 편의도 제공했다. 이
리하여 요코제 항구는 곧 새로운 무역항으로 번창한다.

蘭館図絵巻』(部分) 長崎歴史文化博物館収蔵

일본인들과 교역하는 네덜란드 무역선

오다 노부나가나 히데요시 등과의 만남을 바탕으로『프로이스 일본사フロイス 日本史』를 써서 일본 전국시대 연구에 귀중한 자료를 남긴 선교사 루이스 프로이스Luis Frói, 1532~1597도 1563년 요코제 항에 도착해 자신의 염원이었던 일본 포교 활동을 시작했다.

그러나 요코제 항구는 1563년 8월 평소 오무라와 대립하던 고토 다카시後藤貴明의 공격으로 불타서 기능을 상실한다. 서자였던 고토 다카시는 원래 오무라 가문의 유력한 후계자였는데, 스미타다가 입양되어 후계자가 되는 바람에 반감을 가질 수밖에 없던 사이였다.

이렇게 요코제 항이 불타버리자 오무라는 1570년 포르투갈에 나가사키를 새로 제공했다. 이렇게 해서 한가롭기 짝이 없던 어촌이 일본 근대사에 가장 중요한 항구로 발전해간 것이다.

1572년 히라도 번주 마쓰라松浦 가문의 지원을 받은 고토 다카시가 1,500명의 군대를 이끌고 또 다시 오무라의 본성인 산조조를 급습했다. 당시 성내에는 오직 80여 명의 병력밖에 없었지만 용케도 원군이 올 때까지 버텨서 이를 격퇴했다. 1578년에도 나가사키 항이 '히젠의 곰'이라는 별명을 가진 기타큐슈의 유력 다이묘 류조지龍造寺 가문에게 공격을 받았지만 포르투갈 병력의 지원으로 이를 격퇴했다. 1580년이 되면 오무라가 나가사키 항구뿐만 아니라 나가사키 남쪽 모기茂木 땅을 예수회 교회령으로 기부한다.

오무라는 1563년 가신들과 함께 코스메 데 토레스 신부Cosme de Torres, 1510~1570에게 세례를 받아 일본 최초의 기리시탄 다이묘キリシタン大名가 되었다. 그는 자신의 영지 주민들에게도 가톨릭 신앙을 매우 상려했으므로, 그 결과 그의 영지에서만 가톨릭 신자 수가 6만 명이 넘었다. 이 숫자는 당시 일본 전국 가톨

요코제 항구에 세워져 있는
루이스 프로이스 동상

릭 신자의 절반에 해당했다고 한다.

그가 이렇게 열성적인 신자가 된 것은 약소국인 자신의 나라를 안정시키기 위해서는 포르투갈에 의존해 부와 무기를 손에 넣어야 한다는 목적의 실리를 기대했기 때문이라는 견해가 강하다. 그럼에도 그는 세례 이후 정실부인과 가톨릭식으로 다시 혼약을 올려 첩을 물리치고, 아내 이외의 여자와 관계를 갖지 않는 등 가톨릭 교리에 충실하게 따르면서 죽을 때까지 헌신하는 등의 면모도 보였다.

그러나 그의 믿음은 너무 과격했다. 요코제 항구를 열었을 때 무역 상인에게 10년간 세금을 면제하는 우대 정책을 실시했고, 심지어 불교 신자는 거주를 금지하는 차별을 가했다. 그것도 모자라 영내 불교 사찰을 파괴하고 조상 묘소도 없애버렸다. 또한 영내 주민들에게 강제로 가톨릭교를 믿게 하는 과정에서 승려와 신사의 신관神官을 살해하거나 개종하지 않는 주민이 살해되고

토지를 몰수당하는 등의 사건이 잇따르면서 가신과 백성들의 거센 반발을 초래했다. 또한 서양 무기를 입수하는 대가로 개종을 거부한 사람들을 해외에 노예로 팔아버렸다는 기록도 있다.

말년에 병으로 쇠약해진 오무라는 신부를 자주 불러 세상일에 대해 많이 이야기했으면 하는 바람을 가지면서 신부와 대화하는 것에 매우 만족해하며 눈물을 흘렸다고 한다. 그는 자신의 죽음을 깨닫고 영내에 구속하고 있던 포로 200명을 석방하고, 사망 전날에는 아끼던 새 한 마리를 새장 밖 하늘로 날려 보냈다. 이때 그는 움직일 기력도 없어 시녀가 대신 했는데, 시녀가 새를 함부로 다루었기 때문에 화가 났지만 화를 내는 것은 하느님의 뜻에 어긋난다고 하여, 시녀에게 오히려 귀중한 허리띠를 선물로 주면서 "새도 하느님이 창조한 것이므로 아끼는 마음을 가져야 한다. 앞으로도 애정을 가지고 대우해 달라"고 말했다고 한다. 『프로이스 일본사』에 나오는 얘기다. 그가 히데요시의 바테렌 추방령이 내리기 직전에 사망한 것은 정말 축복이었을 것이다.

아리마 하루노부는 오무라의 조카로 히젠肥前 히노에 번日野江藩[18]의 초대 번주다. 처음에는 가톨릭교를 혐오했지만 1580년 세례를 받은 다음부터는 열렬한 가톨릭 신자가 되었다. 그는 류조지 가문의 침략으로 빈번하게 전투를 치러야 했고, 지방 호족의 반란도 잇따랐다. 그러나 그는 동남아시아와의 무역에 매우 열성적이어서, '주인선朱印船'[19] 파견 횟수가 규슈 다이묘 중에서도 손꼽힐 정도로 많았다. 이는 사쓰마의 시마즈 가문이나 히라도의 마쓰라 가문

18　나중 시마바라 번(島原藩)
19　16세기 말과 17세기 초에 걸쳐 일본 쇼군이 허가한 대외 무역선을 일컫는 말

과 맞먹을 정도였다. 이 때문에 비옥한 땅은 없었지만 남만 무역을 통해 막대한 이익을 올릴 수 있었고, 많은 선교사와 기리시탄의 협력을 통해 대량의 총과 군량 지원을 받을 수 있었다.

그 역시 삼촌인 오무라처럼 가톨릭교에 열성적이어서, 한번은 포르투갈 선교사의 요구에 따라 답례품으로 영지 주민 자식들을 포르투갈령 인도 총독에게 노예로 보내려고 한 적도 있을 정도였다. 마른하늘에 날벼락 같은 이 시도로 당시 아리마有馬 영지 전체가 비탄에 뒤덮였고, 공포에 싸인 부모들은 아이들을 데리고 서둘러 숲으로 피신했다고 한다.[20] 그 역시 삼촌처럼 불교 사찰을 파괴하고, 그 자재로 신학 교육 시설을 영내에 짓게 했다. 이 정도로 열렬했기에, 히데요시와 이에야스가 가톨릭을 금지시키고 혹독하게 처벌하는 기간에도 영지 안에 많은 가톨릭 신자들을 숨겨주었다.

그러나 아리마의 아들이 이에야스의 증손녀를 아내로 두었고, 무역에서 얻은 막대한 이익을 바쿠후에 헌납하고 있었기 때문에 아리마 영지는 그렇게 심한 감시를 받지 않았다. 이에 따라 점점 많은 가톨릭 신자들이 모여들었다. 그에 대한 얘기는 매우 중요하므로 잠시 뒤에 다시 보기로 하자.

조선의 존재를 알린
일본 최초의 유럽 사절단

덴쇼 사절단은 위 기리시탄 다이묘들과 혈연관계에 있거나 아리마 하루노부가 히노에 성日野江城 밑에 지은 '세미나리오seminario'에서 공부하던 소년들이다.

---

20 『시마바라의 난-그리스도 신앙과 무장 봉기(島原の亂―キリシタン信仰と武裝蜂起―)』 간다 치사토(神田千里), 중앙공론신사(中央公論新社), 2005, 81~82쪽

독일 신문 「노이에 차이퉁(Neue Zeyttung)」이 1586년 보도한 '덴쇼 사절단' 관련 기사. 왼쪽부터 시계 방향으로 나카우라 줄리앙, 이토 만쇼, 치지와 미구엘, 하라 마르티노. 가운데는 안내 겸 통역을 맡은 메스키타(Mesquita) 신부(교토대학교 사본 소장)

'세미나리오'는 예수회가 일본에서 처음 시작한 신학교로, 1580년 처음 설립되었다.

사절단 대표인 이토 만쇼는 소린의 혈통으로 휴가 국日向國 번주인 이토 요시스케伊東義祐의 손자다. 후일 사제 서품을 받았고, 1612년 나가사키에서 사망했다. 치지와 미구엘은 오무라 스미타나의 조카이자 아리마 하루노부의 사촌으로 후일 순교했다. 나카우라 줄리앙도 사제 서품을 받았고, 1633년 나가사키에서 순교했다. 막내인 하라 마르티노 역시 사제 서품을 받고 1629년 추방돼 마카오에서 사망했다. 대표단 모두 종교 박해의 희생양이 되었다.

이 사절의 첫째 목적은 로마 교황과 스페인, 포르투갈 두 왕에게 일본 선교의 경제적, 정신적 도움을 요청하고, 유럽 가톨릭 세계를 견문하고 체험하여 귀국 후 그 영광과 위대함을 소년들 스스로 말하게 함으로써 포교에 도움을 주고 싶다는 것이었다. 이들은 1582년 2월 나가사키 항구를 떠나 1590년 7월 나가사키로 돌아왔으니, 꽤 오랜 기간 유럽에 머물렀다. 마카오에서 말라카, 말라카에서 코친, 코친에서 고아를 거쳐 이들이 포르투갈 리스본에 도착한 것은 1584년 8월 10일의 일이다. 나가사키를 떠나 리스본에 도착하는 데만 꼬박 2년 6개월이 걸렸다. 그러니 이 당시의 유럽 사절이라는 것은 실로 엄청난 도전이자 모험이었다.

유럽에서 이들은 엄청난 환영을 받았다. 리스본에서는 근교 신트라^{Sintra} 왕궁에 초대돼 추기경을 만났고, 스페인 마드리드에서는 당시 유럽에서 가장 넓은 영토를 소유하고 막강한 권력을 쥐고 있던 펠리페^{Felipe} 2세의 환대를 받았다. 또한 스페인 마요르카^{Majolica} 섬을 거쳐 이탈리아 토스카나^{Toscana} 대공국에 들어가서는 피사^{Pisa} 궁전에서 제2대 토스카나 대공인 프란체스코 1세 데 메디치^{Francesco I de' Medici}를 알현한다. 피렌체에서는 베키오 궁전에서 머물렀고, 1585년 3월 23일 로마 교황 그레고리오 13세^{Gregorius XIII}를 알현, 로마 시민권을 받기에 이른다. 또한 그해 5월 1일에는 그레고리오 13세의 뒤를 이은 교황 식스토 5세^{Sixtus V}의 대관식에 참석했고, 이후 베네치아, 베로나, 밀라노 등의 도시들을 방문했다.

이 같은 여정만 보아도 이들이 유럽 가톨릭 사회에서 얼마나 극진한 대접을 받았는지 금방 알 수 있다. 그 배경에는 포교를 목적으로 동양에서 최초로 온 종교사절단이라는 점과 '황금의 나라 지팡구'에 대한 호기심 및 진출 욕심이 작용했다고 봐야 할 것이다. 이들의 유럽 방문을 계기로 일본에 대한 유럽인들의 관심도 한층 높아져 1585~1593년 사이 무려 90여 종에 이르는 사절단 관련 서적이 출판되었다.

이들은 1586년 4월 리스본을 출발해 귀로에 올라 일 년 정도 지난 1587년 5월 인도 고아에 도착했다. 여기서 이들을 이끌었다가 고아에 남았던 알레산드로 발리냐노 신부와 재회해 신학 공부를 더했고, 다시 4년의 여정을 거쳐 1590년 7월 나가사키로 돌아왔다.

그러나 이들이 고아에 머무르는 동안 후원자였던 오무라 스미타다와 오토모 소린이 사망했다. 또한 1587년 7월에는 도요토미 히데요시가 바테렌 추방령을 내렸다. 따라서 이들이 귀국할 때에는 종교 박해가 이미 진행되고 있었던 시점이었기 때문에 포르투갈령 인도 총독 사절 자격으로 입국해야만 했다.

그럼 이들 '덴쇼 소년사절단'이 남긴 자취는 무엇이 있을까? 가톨릭 포교를 제외하고 이들이 일본에 남긴 가장 위대한 유산은 바로 근대적 인쇄술이다. 효율적인 포교를 위해서는 성서가 필요했고, 성서를 만들기 위해서는 서양의 인쇄술을 들여와야 했기 때문에 이들 사절단에는 처음부터 인쇄술을 습득할 목적의 소년 두 명이 동행했다. 인쇄술은 지체 높은 무사 가문의 소년들이 배울 수 없는 것이므로, 아예 이를 배울 평민 자제를 뽑아 같이 보냈던 것이다. 그리하여 그들이 가져온 구텐베르크 인쇄기로 일본 최초의 인쇄본 일본어 성서가 만들이지게 되니, 일본 근대 인쇄술의 출발 역시 이들 가톨릭 사절단에 의해 시작된 것이다. 이들이 가져온 서양 문물에는 인쇄기 말고도 서양 악기

오무라 시에 세워져 있는
'덴쇼 소년사절단'의 기념 동상

와 항해용 지도 등이 있다.

일본의 소년사절단 파견이 우리에게 중요한 이유가 있다. 바로 이들에 의해 조선이라는 나라의 존재가 유럽인들 사이에 본격적으로 알려지기 시작했다는 사실이다. 이들이 유럽에서 '자신들의 이웃나라'에 대해 말하기 이전 조선은 그야말로 '고요한 은둔의 땅'이었다. 그러나 이들로 인해 조선에도 서서히 개국의 여명이 밀어닥치게 되었던 것이다.

'덴쇼 소년사절단'이 출발하던 1582년은 선조 15년이다. 이 해에는 율곡栗谷 이이李珥가 혁신적인 군제개혁안을 제안했던 때다. 당시 이이는 서얼서자도 군역軍役에 참여시키고, 변방에서 군복무를 하는 노비는 면천免賤[21]을 시키며, 10만 군사를 양성해야 한다는 내용을 주장했다.

그러나 우리가 익히 알다시피 '10만 양병설'을 비롯해 그 어떤 제안도 채택되

21 노비 신분에서 벗어나 평민이 되는 것

지 않았다. 그리하여 이로부터 딱 10년 후인 1592년 임진왜란의 치욕을 당한다. 일본에서는 이미 유럽에 소년들로 구성된 사절단을 파견하여 인쇄술을 도입하고, 서양식 총을 대량으로 만들던 시점에, 조선은 바깥세상과 아무런 소통 없이 그저 세월만 보내고 있었다. 이미 이때부터 조선과 일본의 대외 환경은 엄청난 격차가 벌어져 있었던 것이다.

'바테렌 추방령' 때문에 조선 침략 선봉에 선 예수회와 기리시탄 다이묘들

소년사절단은 도요토미 히데요시를 알현하기는 했지만 가톨릭교 탄압이 극심한 환경에서 이렇다 할 활동은 할 수 없었다. 히데요시는 원래 오다 노부나가의 정책을 이어받아 가톨릭교 포교를 용인하는 입장이었고, 가톨릭교가 가진 힘도 파악하고 있었다. 규슈와 서부 지역을 장악하기 위해서는 오토모 소린이나 고니시 유키나가 등 기리시탄 다이묘들에게 수월하게 접근할 수 있는 예수회 선교사들의 존재는 히데요시에게도 중요했다. 1586년 3월에는 오사카 성에서 예수회 일본 선교 총책임자인 가스파르 코엘료Gaspar Coelho를 접견하고, 같은 해 5월 4일에 예수회의 포교에 대한 허가증을 발급해주기도 했다.

1586년 5월 오사카 성에서 코엘류와 접견했던 히데요시는 규슈 정복과 조선 출병 이후 명나라를 침공할 계획을 털어놓았다. 그러면서 대륙 정복에 성공하면 각지에 교회를 지을 수 있도록 선교사들을 지원해줄 테니 그때가 오면 포르투갈 선박 2척을 지원해달라고 요청했다. 이에 고엘류는 이 계획에 찬성 의사를 보이면서 자신의 영향력이 미치는 규슈의 기리시탄 다이묘들과의 합동 작전을 제안했다.

이보다 앞서 일 년 전인 1585년 코엘류는 기리시탄 다이묘들과 이들을 앞세운 선교 활동을 지원하고자 루손^{필리핀}에 함대 파견을 요청하고 있었다. 이러한 생각은 코엘류뿐만 아니라 당시 많은 예수회 선교사들의 공통된 견해였다.

코엘류는 권력자 히데요시의 기분을 맞춰주면서 선교를 더욱 수월하게 하려는 목적이 다분했지만 이는 거꾸로 규슈의 기리시탄 다이묘들 사이에서 예수회 선교사들이 생각 이상으로 강한 힘을 가지고 있다는 사실을 히데요시가 확인하게 해주었다. 더불어 1586년 7월부터 그 다음 해 4월까지 진행된 히데요시의 규슈 정벌은 예수회에 대한 경각심을 더욱 굳히게 되는 계기가 되었다.

그러던 차에 히데요시는 앞서 말한 오무라 스미타다나 아리마 하루노부 등 지나치게 열성적인 기리시탄 다이묘에 의해 파괴된 사찰들의 승려에 의한 봉기를 목도하게 되었다. 그는 이를 예사로 볼 수 없었다. 히데요시는 많은 사람들이 가톨릭교로 개종하는 과정에서 기리시탄 영주들이 매우 강압적이었다는 사실과 나가사키에서 노예무역이 이뤄지는 것이 자신의 권위를 실추시키고 반역으로 이어질 수 있다는 사실을 경계하기 시작했다. 아울러 소와 말을 식용으로 도살한다는 사실도 그의 불교적 감성으로는 못마땅했다.

규슈 정벌 후인 6월 10일 히데요시가 하카타^{博多, 후쿠오카}에 왔을 때 코엘류는 자신의 푸스타 호^{Fusta船}을 타고 하카타만 해상에서 히데요시를 접견했다. 히데요시는 그 배를 상세하게 관찰하고 칭찬하면서 "이것은 틀림없이 군함"이라고 말했다. 포르투갈 전함을 갖고 싶다는 욕망과 배에 대한 공포심을 동시에 느낀 것이다.

이런 불편한 심기에 있던 그는 하카타에서 나가사키로 왔는데, 예수회 영지가 되어 있는 나가사키가 요새화되어 있는 것을 보면서 막강한 군사력으로 기리시탄 영주들을 거느린 예수회에게 더욱 위기감을 느끼게 되었다. 또한 나가사키에 예수회 깃발이 게양돼 있다는 사실을 알게 되고는 더욱 놀라 특단의 조치를 내리지 않을 수 없었다.

그리하여 히데요시는 '덴쇼 15년 6월 18일 각서天正十五年六月十八日付覺'에 이어, 다음 날인 6월 19일양력 7월 24일에 드디어 예수회 신부를 내쫓는 '바테렌 추방령伴天連追放令 22'을 내리게 된다. 바테렌 추방령을 내리기 전날에 히데요시는 코엘료에게 네 가지 조항으로 이루어진 힐난의 문서를 보냈는데, 그 내용은 다음과 같다.

- 어째서 신부들은 그렇게도 열심히 사람들을 강제로 가톨릭교로 전도하는가?
- 어째서 신이나 부처의 신사와 사찰을 파괴하고 주지들을 박해하며 그들과 융화하지 않는가?
- 어째서 도리에 벗어나는 일임에도 불구하고 말과 소를 먹는가?
- 어째서 다수의 일본인들을 사들여 노예로 삼아 국외로 방출하는가?

'바테렌 추방령'은 포르투갈 통상책임자와 코엘료가 나가사키에서 히데요시를 알현할 때 직접 전달되었다. 추방령은 '천하의 군君이 정한 바의 규칙'이

---

22 바테렌은 'Padre(신부)'의 일본어이고, '반천련(伴天連)'은 '바테렌'의 한자식 표기다.

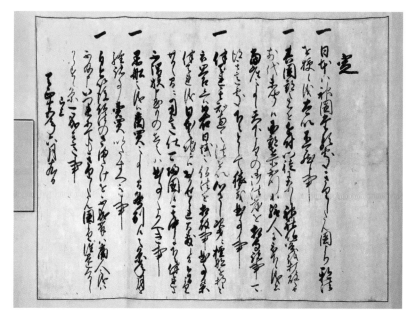

도요토미 히데요시의 '바테렌 추방령'

라는 제목으로 반포되었는데 총 5개조로 되어 있다.

기리시탄 바테렌 추방령 吉利支丹伴天連追放令

- 일본은 신국이기 때문에, 가톨릭의 나라에서 온 신부들이 악마의 가르침을 펴기 위해 이 땅에 오는 것은 몹시 나쁜 일이다.

  日本ハ神國たる處きりしたん國より邪法を授候儀太以不可然候事。

- 그들은 일본의 여러 영지에 와서 우리를 그들 종파로 개종시키고 있다.

이 때문에 그들은 신과 부처들의 사원을 파괴하고 있다. 이런 일은 사람들이 일찍이 보고 들은 적이 없는 일이다. 영주는 영지를 하사받은 것이고 무사들도 봉록을 받고 있으므로, 그들도 천하의 법도를 완전하게 준수할 의무를 지닌다. 이런 것을 어기고 소요^{사찰과 신사 파괴}를 일으킨다면 처벌받는다.

其國郡之者を近附 門徒になし 神社佛閣を打破らせ 前代未聞候 國郡在所知行等給人に 被下候儀者 當座之事候 天下よりの御法度を相守諸事可得其意處 下 として 猥義曲事事。

- 가톨릭 나라 사람들이 그 가르침을 통해 신자를 점점 늘리려고 생각하는 것은, 앞서 적은 바와 같이 일본의 가르침을 파괴하는 것이 된다. 그런 일은 나쁜 일이므로, 나는 신부들이 일본 땅에 있지 말아야 한다고 정하는 바다. 이 결정에 의해 오늘부터 20일 이내 일본에서 자신들의 일을 정리하고 자국으로 돌아가야 한다. 만일 이 기간에 누구든 그들에게 해를 입힌다면 그 자는 그 일 때문에 처벌 받는다.

伴天連其智惠之法を以 心さし次第二檀那を持候と被思召候ヘバ 如右日域之佛法を相破事前事候條 伴天連儀日本之地ニハおかせられ間敷候間 今日より廿日之間二用意仕可歸國候 其中に下 伴天連儀に不謂族申懸もの在之ハ 曲事たるへき事。

- 흑선^{포르투갈 상선}은 거래를 행하기 위해 내항하는 깃이므로, 그깃과 진혀 별개의 일이다. 거래는 지장 없이 행할 수 있다.

黑船之儀ハ商賣之事候間 各別に候之條 年月を經諸事賣買いたすへ

き事。

• 앞으로는 상인뿐만 아니라 인도에서 오는 사람들은 신과 부처의 가르

침에 방해를 가하지 않는 한, 누구라도 자유로이 일본에 올 수 있다.

自今以後佛法のさまたけを不成輩ハ 商人之儀ハ不及申いつれにて

もきりしたん國より往還くるしからす候條 可成其意事。

이 금지령을 발포한 직후 히데요시는 나가사키를 예수회로부터 몰수해, 천령

天領 즉 자신의 직할령으로 삼았다. 다만 이를 기회로 선교사에게 위해를 가한

다거나 하는 행위는 처벌한다는 점을 명시했다. 가톨릭교로 강제 개종하는

것혹은 강제 개종시키는 것은 금지되었지만 백성이 개인적으로 자기 의사에 따라 가

톨릭교를 믿는 것은 자유로 해서 사실상 신앙의 자유를 보장했다. 다만 다이

묘가 신도가 되는 것은 히데요시의 허가를 받고 나서야 가능하도록 제한했

다. 그러나 바테렌 추방령으로 실제 신부들이 국외로 추방되지는 않았다. 예

수회가 자숙을 하고 히데요시에게 복종하는 태도를 보였고, 실제 국외로 나

갈 마땅한 배가 없기 때문이기도 했다.

『프로이스 일본사』에 따르면 바테렌 추방령이 발포되고 나가사키 등 예수회

영지가 몰수당하자 코엘류는 기리시탄 다이묘들을 규합하여 무력으로 히데

요시에 대항할 것을 도모하고, 나가사키와 모기, 우라카미浦上 영지를 되찾기

위해 군수물자를 획보히고지 시도했다. 그러나 코엘류의 이러한 태도를 싫어

하던 고니시 유키나가나 아리마 하루노부 등은 이 계획에 동참하지 않았다.

선물을 든 포르투갈 상인들.
가노 나이젠 병풍 그림의 일부

그러자 코엘류는 마닐라, 마카오, 고아에 연락해서 200~300명의 병력을 시급히 파견해줄 것을 요청했다. 하지만 이것 역시 보고를 받은 고아의 알레산드로 발리냐노예수회 동인도 선교 총책임자가 찬성하지 않아 무위에 그치게 되었다.

대신 발리냐노가 선택한 것은 유화책이었다. 기리시탄 다이묘처럼 그는 일본의 강력한 통치자에 대한 군사 작전이 일본 가톨릭에 재앙을 가져올 것이라는 것을 깨달았다. 그는 히데요시의 추방령이 어떻게든 무효가 되도록 분주하게 움직였다. 그리하여 그는 코엘료에게 모든 잘못의 책임을 지우고, 예수회가 다이묘 사이의 싸움에 개입하는 것을 금지하며, 스스로 무장 해제하기로 결정했다. 그러면서도 그들은 기리시탄 다이묘에게 물품과 재정적 지원, 은밀한 선적 등은 계속 제공했다.

아울러 발리냐노는 1590년 귀국한 덴쇼 소년사절단과 함께 인도 총독대사 자격으로 1591년 3월 3일 주라쿠다이聚樂第23에서 히데요시와 회견했다. 발리냐노는 히데요시에게 황금 장식을 붙인 매우 아름답고 훌륭한 밀라노Milano산 백색 갑주甲冑 2벌, 모두 은으로 된 매우 훌륭한 장식이 붙은 커다란 검 두 자루, 진귀한 두 자루의 총포, 야전용 천막 한 세트, 뛰어난 유화, 괘포掛布 4매, 아라비아산 명마 두 필 등을 선물했다. 이에 히데요시는 발리냐노에게 커다란 쟁반 두개를 주었는데 하나에는 은 100매, 다른 쟁반에는 솜을 넣은 비단옷 4벌이 있었다. 또 그를 수행한 예수회 사제들에게도 똑같이 은과 비단옷을 선물했다.

그런데 이 대목에서 가장 중요한 사실은 발리냐노가 히데요시를 달래기 위해 결국 조선 출병임진왜란에 전면 협력을 할 수밖에 없었다는 점이다. 그래서 그는 기리시탄 다이묘들에게 히데요시의 조선 출병에 협력하도록 부탁했고, 실제로 조선을 침략한 일본군 대부분이 고니시 유키나가를 비롯한 가톨릭교 영주들이었다. 지나친 불교 탄압으로 말썽을 빚었던 아리마 하루노부 역시 2,000명 병력으로 고니시 유키나가 등의 다이묘들과 함께 일진으로 부산에 쳐들어갔다. 그는 귀국할 때까지 6년이나 조선에 머물렀다.

발리냐노가 히데요시를 예방했다는 소문은 곧바로 일본 땅 전체에 전달되면서 예수회 추방령은 이전 상태로 되돌아갈 것이라는 정보가 널리 퍼졌다. 이로 인해 각지의 가톨릭 신도들은 대단히 기뻐하며 이내 십자가를 다시 세우기 시작했다고 한다.

---

23 도요토미 히데요시가 교토에 만들었던 자신의 대저택. 온통 황금으로 치장되어 있었다고 한다.

한 가지 흥미로운 점은 덴쇼 소년사절단이 주라쿠다이의 도요토미 히데요시 앞에서 조스캥 데 프레Josquin des Prés의 곡을 연주했다는 사실이다. 조스캥 데 프레는 15~16세기에 활약한 가장 위대한 프랑스 다성음악organum 작곡가로, 1505년부터 1509년까지 파리에서 루이 12세의 교회악장을 지냈다. 화성법과 대위법에 기초한 성가를 히데요시가 과연 어떻게 들었을지 무척 궁금하다.

조선 침략 군자금으로 쓰인
스페인 상선의 화물

그러나 히데요시를 달래기 위한 예수회의 노력은 한시적일 수밖에 없었다. 화근은 바로 스페인이었다. 스페인은 1580년 포르투갈과 서로의 식민지에 개입하지 않겠다는 협약을 맺었음에도 불구하고, 일본에서 포르투갈의 성공을 시기했다. 이에 따라 스페인의 프란체스코수도회Franciscan Order 선교사들이 일본의 예수회 독점을 깨려고 직접 움직였다. 그들은 1593년 필리핀을 통해 일본에 입국해 교토 근처에서 활동하기 시작했는데, 히데요시와 가신들은 그들의 활동을 긍정적으로 바라보았다. 물론 예수회는 1587년 프란체스코수도회의 불법 활동에 대해 즉시 비난하고, 칙령을 무분별하게 무시한 것에 대해 경고했지만 프란체스코회는 아메리카 대륙에서의 성공에 따른 자신들의 방법을 확신하면서 이 경고에 신경 쓰지 않았다.

1596년 포르투갈 예수회와 스페인 프란체스코수도회 알력이 마침내 부딪치는 사건이 발생했다. 이 해 7월 12일 마티아스 데 랜데초Mathias de Landecho 선상이 보는 스페인 선박 산 펠리페San Felipe 호가 마닐라에서 멕시코 아카풀코Acapulco로 1백만 페소 이상의 가치가 있는 화물을 싣고 항해를 시작했다. 그러나 배의 출발이 늦어져 태풍 시즌에 출발하게 되었고, 두 번의 태풍을 맞아 배를 재정비하기 위해 일본으로 향했다. 그러나 일본으로 가다가 세 번째 태풍을 만나 돛이 부러지는 등 엄청난 타격을 입고 표류하다가 10월 19일 시코쿠四國의 도사土佐 해안에 도달했다.

스페인 선박 산 펠리페 호 선장은 히데요시가 스페인 수도사들을 환대한다는 얘기를 들은 터라, 나가사키로 데려가줄 것을 부탁했다. 그러나 도사의 다이묘 조소카베 모토치카長宗我 部元親, 1539~1599는 외국인에게 비우호적이었고, 200명의 병력을 보내 산 펠리페 호를 현재의 고치高知에 해당하는 우라도浦戸로 데려왔다. 배는 우라도에 도착하자 모래톱에서 난파되었다.

조소카베는 60만 페소 상당의 화물을 압수했다. 나머지는 폭풍우 속에서 이미 잃어버린 상태였다. 조소카베는 일본에서 좌초되거나 파손된 선박은 화물과 함께 지방 영주에 속한다는 일본 해상 규정을 내세워 화물 압수가 표준 절차라고 주장했다. 그로서는 처음 보는 서양 화물의 유혹을 뿌리치기 어려웠을 것이다. 시코쿠는 오지라서 규슈와 달리 해상무역과 관련한 배가 거의 오지 않는 곳이었기 때문이다.

그러나 조소카베의 바람과 달리 화물은 결국 교토의 히데요시 창고로 이동하게 되었는데, 이를 운반하러 히데요시 고부교五奉行24 가운데 세 번째 위치인 마시타 나가모리增田長盛, 1545~1615가 직접 내려왔다. 나가모리는 화물을 100척의 일본 배에 실어 나르는 동안 스페인 상인들에게 이런저런 이야기를 들

---

24 히데요시가 자신이 죽은 다음 아들 히데요리(豊臣秀頼) 정권의 안정을 도모하기 위해 서명을 하도록 한 유력한 6명의 다이묘. 이 중 규슈의 고바야카와 다카카게(小早川隆景)가 1597년 히데요시보다 일찍 사망했기 때문에 5명이 되었다. '고다이로(五大老)'라고도 한다.

게 되었는데, 그 가운데 한 항해사가 스페인 식민지제국을 나타내는 지도를 보여주면서 스페인이 선교사들과 함께 원주민을 가톨릭교로 개종시킨 후 정복자를 파견하여 개종한 사람들과 함께 식민제국을 만들었다고 자랑하는 일이 벌어졌다.

이 발언은 히데요시에게 정식으로 보고되었다. 그의 발언은 종교 포교 활동에 대한 히데요시의 의구심을 재확인시켜주는 것이었고, 가톨릭교에 반대하는 중신들의 반감을 더욱 부채질했다. 그리하여 히데요시는 일본의 모든 선교사들을 체포하라는 명령을 내렸다. 하지만 고부교 중 한 명인 이시다 미쓰나리石田三成, 1560~1600가 히데요시의 체포령은 예수회가 아니라 스페인 프란체스코수도회에 국한된 것임을 분명히 했다. 그동안 포교 활동에 신중했던 예수회는 배제되었던 것이다.

그리하여 6명의 프란체스코 선교사, 어린 소년 3명을 포함한 17명의 일본인 프란체스코 평신도, 실수로 포함된 3명의 일본인 예수회원 등 26명이 나가사키로 압송되었다. 이들은 1597년 2월 5일 나가사키 언덕에서 십자가에 묶인 채 창에 찔려 처형을 당했다. 산 펠리페 호에 있던 선교사들도 이 순교자 속에 포함됐다.

히데요시는 산 펠리페 호의 선장을 해적으로 몰아 처형하려 했지만 그를 살려두는 쪽으로 결정을 내렸고, 선장은 배의 다른 선원들과 함께 일본에 남아 거주하는 것이 허용되었다. 배에 있던 흑인 노예들은 히데요시의 시종이 되었다. 또한 압수 화물의 일부는 조선 침략을 위한 군자금 조달에 쓰였고, 나머지는 히데요시의 측근들이 나눠 가졌다.

산 펠리페 호 사건은 26명의 순교로 끝나지 않았다. 137개의 예배당이 철거

1597년 나가사키 26인의 순교를 그린 판화(1628년작)

되고 궁극적으로는 예수회 선교사들 역시 일본을 떠날 것을 명령 받았다. 그러자 예수회는 일반 포르투갈인에게 사제복을 입혀 마카오로 가는 배에 태워 보내는 꾀를 부렸다. 자신들은 몰래 남아 1598년 히데요시가 죽을 때까지 일본에서 은밀하게 복음 전도를 계속했다.

산 펠리페 호 사건의 여파는 유럽에서 스페인과 포르투갈의 심각한 갈등으로 이어졌다. 스페인은 포르투갈 예수회가 히데요시에게 스페인 사제들을 해적과 정복자로 몰아 화물을 빼앗기게 만들었으며 스페인 국왕을 모욕했다고 맹렬하게 비난하고, 예수회가 이 사건의 실제 주동자라고 주장했다.

반면 예수회는 이를 부인하면서 프란체스코수도회가 히데요시의 바테렌 추방령을 무시하고 너무 무모히게 선교 활동을 한 것이 원인이리고 반박했다. 여하튼 이 사건은 해외 각지 포르투갈과 스페인의 식민제국에 빠른 속도로 소문이 번졌고, 그들의 헤게모니 쟁탈전에 기름을 더 붓는 격이 되었다.

가톨릭교 탄압을 재촉한 포르투갈과의 충돌과 '다이하치 사건'

1609년 2월, 앞에서 자주 언급한 히젠 히노에 번의 번주 아리마 하루노부의 주인선이 참파Champa, 베트남 남쪽에 있던 나라로 가다가 잠시 포르투갈령 마카오에 머무르던 중 '노사 세뇨라 다 그라사Nossa Senhora da Graça' 호의 선원들과 거래를 하다 충돌하는 사건이 벌어졌다. 소요가 벌어지자 당시 마카오 총사령관 안드레 페소아Andre Pessoa가 이를 진압하는 과정에서 하루노부의 부하 선원 60여 명이 사망하고 말았다.

다음 해 5월 페소아는 나가사키에 와서 나가사키 부교奉行 하세가와 후지히루長谷川藤廣, 1567~1617에게 사건의 조서를 제출하고 슨푸駿府[25]에 가서 도쿠가와 이에야스에게 자신의 사정을 고하겠다고 나섰다. 처음에 하세가와는 이 사건이 포르투갈과의 무역 단절로 이어질 것을 우려해 페소아의 의향과는 달리, 페소아의 서기인 마테오 레이타오Mateo Leitão를 대리인으로 슨푸에 파견하라고 페소아를 설득했다.

그리하여 대리인이 슨푸로 출발했는데, 이에야스로 인한 상품 선매권 행사에 불만을 품은 포르투갈 상인들이 거래 개선과 나가사키 부교의 잘못을 호소하기 위해 페소아가 직접 슨푸에 갈 것을 결의했다. 이들의 결의는 예수회 권고에 의해 실제 이행되지는 않았다. 그랬어도 하세가와와 페소아 사이의

---

[25] 지금의 시즈오카 시(静岡市). 이에야스는 천하를 얻은 다음엔 주로 이곳에 머물렀다.

관계가 악화되는 데는 충분한 역할을 했다.

하세가와는 종래의 관행을 깨고 거래 방법을 변경하거나 들여온 물건을 매점하면서 포르투갈 상인의 반감을 샀다. 그래서 페소아는 대리인에게 자유무역에 대한 보증과 네덜란드 상인이 일본 무역에 참여하는 것을 막는 합의를 이끌어낼 것을 명령했다. 자신이 직접 나서도 될동말동한 일을 대리인을 통해 추진했으니, 그런 합의는 어림도 없는 일이었다. 그들의 노력은 그 해 7월 25일 일본 주인선의 마카오 정박을 금지하는 주인장朱印狀을 이에야스로부터 받는 데에 그쳤다.

한편 페소아와 사이가 틀어진 하세가와는 페소아에 의해 자신의 부하가 살해당한 사건에 대해 보복하고자 하는 하루노부를 이용해 이에야스에게 페소아를 포박하고 포르투갈 상선의 포획을 청원하게 했다. 하루노부에게 침향나무伽羅木 구입을 위탁했던 이에야스는 처음 보복에 의해 포르투갈 무역이 단절하는 것을 우려했으나 마닐라에서 온 스페인 무역선 상인이 포르투갈 선박이 해왔던 생사 무역의 보완을 보증하고 또 네덜란드 선박이 계속 내항했기 때문에 하루노부의 청원을 허가했다.

또한 이의 실행을 감독할 사람으로 오카모토 다이하치岡本大八를 보내 페소아를 슨푸에 소환할 것을 명령했다. 슨푸로부터 소환령을 받은 페소아는 생명의 위험을 느꼈다. 그는 청을 거부하고 짐을 배에 실어 출항 준비를 시작했지만 하루노부의 행동이 더 빨랐다. 하루노부는 1610년 1월 6일 주인선 선단을 거느리고 나가사키에 쳐들어가 하세가와와 다이하치가 지켜보는 가운데 페소아의 배 데우스Deus 호를 5일에 걸쳐 공격했다. 페소아는 결국 폭발물 창고에 불을 지르고 자결했다.

이 사건의 여파로 포르투갈 선박들은 일본 무역을 중단하고 중국산 생사의 공급을 끊어버렸다. 또한 같은 해 하세가와와 나가사키 다이칸代官[26] 무라야마 도안村山等安이 고발하여 예수회 신부 주앙 로드리게스Joáo Rodrigues, 1562~1633가 마카오로 추방되었다. 로드리게스는 이에야스의 신임이 두터워 포르투갈어 통역을 맡았던 중요한 인물이어서 포르투갈 교역에 엄청난 타격이 되었다. 그러나 로드리게스 신부의 마카오 추방은 그에 대한 견제가 주요 원인이었던 측면도 있다. 무역에 따른 이익 확대로 로드리게스 신부 세력이 커지자, 유럽의 예수회 총장과 교황, 주변 제후 등이 그의 추방을 위해 일본 측에 은밀히 압력을 가했다는 것이다.

1611년 포르투갈은 무역 재개를 도모하기 위해 사쓰마 번의 협조를 얻어 인도함대 사령관 마요르Mayor가 와서 슨푸의 이에야스와 에도의 히데타다德川秀忠, 1579~1632[27]를 알현했다. 이때 먼저 마카오에서의 사건을 해명하면서 나가사키 부교 하세가와를 파면시킴과 동시에 배상을 요구했지만 에도 바쿠후는 이 모두가 페소아의 책임이라면서 무역 재개만을 인정했다. 이러한 경위는 다이하치와 하세가와를 통해 이에야스에게 보고되었다.

한편 하루노부는 대대로 이어진 류조지 가문과의 싸움에서 잃어버린 영토를 회복해야 한다는 아리마 가문의 소원이 있었다. 그는 페소아에게 보복하고, 이에야스에게 침향나무도 헌상했으니 그것으로 실지 회복할 수 있다는 희망을 가지게 되었다. 그러나 하루노부가 선수를 쳐서 침향나무를 헌상한 사실

---

26 중앙 바쿠후 쇼군의 지방 대리인을 뜻한다.
27 도쿠가와 이에야스의 장남으로 2대 쇼군이다.

외국 상선을 감시하는 일본 관리들을 묘사한 인형(나가사키시립박물관)

로 인해 하세가와와 불화가 생기게 되었다.

하세가와는 바쿠후 측의 선매 권한을 강화하기 위해 하루노부와 관계가 깊은 예수회가 아니라 예수회와 대립하는 도미니크수도회에 접근했고, 이런 움직임에 하루노부는 점점 불만을 갖게 되었다. 하세가와가 제우스 호에 대한 하루노부의 공격을 "비굴했다"고 평가하자 하루노부는 화를 내면서 "다음은 하세가와를 가라앉히겠다"고 말할 정도로 둘의 관계가 악화되었다.

다이하치는 이러한 틈을 노렸다. 다이하치는 하루노부와 마찬가지로 기리시탄이었다. 하루노부는 이에야스에게 보고하고 돌아 온 다이하치를 대접하는데, 그 자리에서 다이하치는 "이에야스가 후지쓰藤津, 기시마杵島, 소노기彼杵

세 군郡을 이번 일에 대한 은상으로 당신하루노부에게 주려고 생각하고 있는 것 같다. 자신이 혼다 마사즈미本多正純에게 이를 중재하고 돕겠다"라고 허위로 말하고 중개 자금을 요청했다. 하루노부는 혼다 마사즈미의 압력이 있으면 실지 회복이 확실하다는 생각에 다이하치의 요청에 응하고 말았다. 다이하치는 이에야스의 가짜 주인장까지 주도면밀하게 준비하고, 6,000냥에 달하는 금전을 운동자금 명목으로 가로챘다.

그러나 그 후로 아무 소식이 없는 것에 화가 치민 하루노부가 슨푸의 마사즈미를 직접 만남으로써 다이하치의 거짓이 발각되었다. 마사즈미는 다이하치를 직접 힐문했지만 다이하치가 이를 부인함에 따라 쉽게 결말이 나지 않았다. 또 뇌물을 준 하루노부에게도 잘못이 있지만 하루노부의 아들과 이에야스의 양녀가 혼인한 상태였기 때문에 섣불리 단죄하지 못하고 결국 최종 결론은 이에야스에게 돌렸다.

이에 이에야스는 슨푸 부교에게 사건 조사를 명했고, 1612년 2월 다이하치는 포박당한다. 엄격한 고문으로 그는 주인장 위조를 인정함과 동시에 하루노부가 이전에 "다음에는 하세가와를 가라앉혀주겠다"고 했던 말을 인용해 "하루노부가 나가사키 부교 하세가와 암살을 모의하고 있다"고 주장했다.

그해 3월 다이하치는 주인장 위조죄로 슨푸 시가지를 끌려다닌 뒤 아베安倍 강변에서 화형에 처해졌다. 하루노부도 실지 회복에 대한 참견과 나가사키 부교 살해기도 혐의로 유배를 당하고, 영지인 히노에 번 4만 석은 '가이에키改易'[28] 후 몰수 처리되었다. 이에야스는 자신을 모시고 있던 하루노부의 아들

28 관직에서 면직시키고 다른 사람으로 바꿈

나오즈미가 아버지와 소원해 있다는 이유를 들어 그의 가독과 영지 인도를 인정했지만 나중에 이 영지 역시 하세가와의 청에 의해 나가사키 쇼군 직할령으로 병합되었다. 나중에 하루노부는 할복을 명받았다. 기리시탄으로서 자해를 거부하자 5월 7일 유배지에서 가신에 의해 참수되었다. 향년 46세. 다이하치는 옥중에서 가혹한 고문을 견디지 못하고, 이에야스의 측근에도 다수의 기리시탄이 잠복

2015년 일본에서 연극으로 공연된 '줄리아 오타' 이야기

하고 있다는 사실을 자백했다. 이에 에도 바쿠후는 다이하치를 처형한 1612년 3월 21일 공개적으로 바쿠후 직할지에 대한 기독교 금지령을 반포하고, 모든 다이묘들이 가톨릭을 버릴 것을 종용했다.

영화와 연극으로도 만들어진 '줄리아 오타ジュリアおた, ?~1651' 이야기도 이때 벌어진 사건이다. 줄리아 오타는 임진왜란 당시 평양 인근에서 인질로 잡혀 기리시탄 다이묘 고니시 유키나가에게 넘겨져 고니시 집안에서 키워졌다. 세키가하라 전투關ケ原の戦い[29]에서 패한 고니시가 처형당한 다음에는 이에야스의 시

---

29 도요토미 히데요시가 6살 아들 히데요리를 남기고 죽자 도쿠가와 이에야스가 권력을 장악한 것에 분개해 이시디 미쓰나리가 이에야스에게 도전하면서 생긴 싸움이다. 미쓰나리를 선두로 한 서군과 이에야스를 선두로 한 동군이 치열하게 싸웠지만 결국 서군이 패했다. 전투 승리 3년 후에 이에야스는 쇼군이 되었고 2년 뒤에 그 지위를 27세 아들 히데타다에게 넘겨주었다.

녀로 들어가 총애를 받았다.

일찍 기독교 신앙을 받아들인 그녀는 하타모토^{旗本 30} 하라 다네노부^{原胤信,}
^{1587~1623} 등의 주요 가신들과 다른 시녀들을 신앙으로 이끈 것으로 알려졌다.
'다이하치 사건'으로 에도 핵심부의 기리시탄임이 드러나면서 그녀 역시 이즈
제도^{伊豆諸島}의 하치조지마^{八丈島}와 고즈시마^{神津島}로 잇따라 유배되었다. 그녀
가 험난한 섬으로 계속 유배를 당한 것은 이에야스의 공식 측실이 되기를 거
부한 이유도 있다고 한다.

기독교 금지령에 따라 기리시탄 다이묘들은 '가이에키' 등 엄격한 처분을 받
았지만 하라 다네노부 등 일부는 이에 응하지 않고 은신을 도모했다. 그러나
1613년 2월 19일 바쿠후는 금지령을 전국으로 확대하고 이에야스는 '바테렌
추방지문^{伴天連追放之文}'을 도쿠가와 히데타다 이름으로 반포시켰다. 이에 따라
상당수 수도회 사제나 선교사 등은 마카오와 마닐라로 추방되었다.

지방으로 잠적해 포교를 계속했던 하라 다네노부는 1614년에 체포돼 다시
한 번 종교 포기의 기회를 얻었지만 이를 또 거부해서 격노한 이에야스의 명
에 의해 이마에 십자가 낙인이 찍히고 손가락과 발가락, 다리 근육이 모두 잘
린 상태에서 추방되었다. 그럼에도 그는 종교 활동을 그치지 않았고, 1623년
47명의 선교사와 함께 화형을 당했다.

나가사키 부교 하세가와는 포교와 무역을 동시에 추진한 포르투갈과 스페
인 등 가톨릭 국가들을 배척하는 한편, 종교활동보다 무역에 더 열심인 개신
교 계통의 네덜란드와 영국에게는 주인장을 내주고 통상을 허용했다.

---

30   에도시대 직접 쇼군을 만날 자격이 있는, 녹봉 1만 석 미만 500석 이상의 자격을 가진 무사

1623년 교토에서의 순교를 그린 그림으로 가톨릭 신자의 목을 베고 불에 태워 죽이는 장면을 묘사했다.

마카오로 추방된 포르투갈 신부 로드리게스 대신 이에야스의 측근이 된 영국인 윌리엄 애덤스미우라 안진, 三浦按針의 활약으로 히라도에 1609년 네덜란드 상관이, 1613년에 영국 길드 사무소가 설립되어 무역이 더 활발해졌지만 3년 후에는 명나라 이외의 외국 선박 입항을 나가사키와 히라도에 한정함으로써 안진의 역할도 축소될 수밖에 없었다. 이것이 결국 바쿠후 쇄국 체제의 단초가 된다. 미우라 안진에 대해서는 바로 뒤에서 자세히 알아보도록 하자.

'시마바라의 난'과
쇄국의 시작

'시마바라의 난'은 에도시대 초기에 일어난 일본 역사상 최대 규모의 민중 봉기이고, 에도 바쿠후 말기 이전의 마지막 본격적 내전이다. '시마바라 아마쿠사의 난島原 天草の亂'으로도 불린다. 1637년 12월 11일에 시작되어 다음 해 4월 12일 종결되었다.

앞에서 보았던 것처럼 '다이하치 사건'에 따라 아리마 하루노부의 영지가 쇼

'시마바라의 난'을 묘사한 삽화

군 직할령으로 들어간 이후 마쓰쿠라 시게마사松倉重政가 이를 관리하는 새 영주로 부임했다. 그는 1618년 '일국일성一國一城'의 제한에 따라 종래에 있던 히노에 성을 없애고, 새로운 시마바라 성을 쌓게 했는데 이것이 새로운 화근이 되었다. 녹은 4만 3,000석인데 새로 쌓는 성은 10만석 영주의 성에 필적하는 대규모 공사였던 것이다. 이에 따라 그는 영민에게 수확량의 세 배가 넘는 세금을 부과해 가혹하게 착취하고, 옛 성

시마바라 아리마기리시탄유산기념관(有馬キリシタン遺産記念館)

에서 돌을 옮기게 하는 등 매우 심한 노역을 부과했다. 이에 그치지 않고 중앙 바쿠후에 충성을 보이기 위해 그의 지위에 맞지 않는 규모의 에도 성 개축을 떠맡아 그 비용을 마련하기 위해 착취를 거듭했다.

아울러, 중앙 바쿠후에 잘 보이기 위한 수단으로 가장 잔혹한 기독교 탄압책을 실시했다. 신도 얼굴에 기리시탄이라는 낙인을 찍고 손가락을 자르고 온천수를 이용한 물고문을 하는 등 각종 악랄한 고문과 처형을 했다. 앞에서도 보았지만 이 지역은 규슈에서도 가장 많은 가톨릭 신도들이 있던 곳이었다. 따리시 이들의 신음과 피눈물은 히늘을 찌를 듯 높기만 했다.

시게마사는 이에 그치지 않고 1629년에는 필리핀 루손이 가톨릭의 근거지라고 하면서 이를 공략할 것을 바쿠후에 제안하고, 선봉대를 파견하는 등 원정 준비에 들어갔다. 그가 1630년 출병을 앞두고 운젠雲仙 온천에서 급사하는 바람에 이 계획은 없던 일이 됐지만 전비戰費를 마련하기 위한 새로운 착취는 결국 폭동의 직접적 원인이 됐다. 난의 직접적 계기는 학정과 세금이었지만 이의 윤활유는 결국 가톨릭교 탄압이었다.

1632년 9월 10일 이른바 '겐나元和의 대순교' 때 나가사키에서 55명의 신도가 순교했고, 이후 가톨릭교가 공식적으로 금지되었다. '시마바라의 난'이 진압되고 일 년 반이 지난 후에는 모든 포르투갈인이 일본에서 추방되는 '쇄국'이 시작됐다. 1640년 이후에는 무역 재개를 위해 방일한 포르투갈인도 모두 사형에 처해졌다.

이렇게 가톨릭교에 대한 철저한 탄압 체제로 인해 가톨릭 신자들은 지하로 숨어들 수밖에 없었다. 앞에서 이미 보았던 대로 소년사절단 역시 사제 서품을 받은 다음 순교를 하거나 추방을 당하는 비운을 겪었다.

그러나 기나긴 저항의 역사를 통해 규슈 지역에는 가톨릭교 신앙의 지하수맥이 형성되어, 오늘날에도 타 지역에 비해 월등히 많은 가톨릭 신자가 분포해 있다.

앞에서 말했듯 포르투갈의 일본 무역 독점이 네덜란드와 영국으로 넘어가는 데 가장 많은 공헌을 한 사람은 윌리엄 애덤스William Adams, 1564~1620, 바로 미우라 안진이다. 영국 켄트Kent의 길링엄Gillingham 출신으로 12년 동안 배를 만들었다. 이후 조선술보다 항해에 관심을 가져 영국의 유명한 해적인 프란시스 드레이크Sir Francis Drake의 화물보급선 선장으로 1588년 영국과 스페인 전쟁에 참전했다. 이듬해 1589년에는 하녀였던 메리와 결혼하지만 북극과 아프리카 항로를 개척하는 항해에 바빠 집에는 거의 없었다.

34살이 되던 1598년 그는 네덜란드 동인도회사VOC31 전신인 로테르담 해운

31 Vereenigde Oostindische Compagnie 혹은 Verenigde Oost-Indische Compagnie의 약어. 1600년 영국 동인도회사가 세워진 것에 자극받아 로테르담, 암스테르담, 델프트(Delft) 상인들이 힘을 합쳐 1602년 설립했다.

윌리엄 애덤스

회사에서 극동으로 가는 항해를 위해 베테랑 항해사를 찾고 있다는 소문을 듣고 동생 토마스Thomas와 함께 지원한다.

이 선단은 5척의 배, 즉 기함인 호프Hoope, 희망, 리프데Liefde, 사랑 또는 박애, 트라우Trouw, 충의, 헤로우프Geloof, 믿음, 보토스하프Blijde Boodschap, 좋은 흐름 또는 복음로 구성돼 있었다.

윌리엄은 처음 호프 호의 항해사로 1598년 6월 24일 로테르담 항구를 출발했다. 그러나 항해는 매우 참담해서, 마젤란 해협을 빠져나온 배는 고작 두 척에 불과했다. 투라우는 포르투갈 배에, 보토스하프는 스페인 배에 각각 나포되었다. 헤로우프는 항해를 포기하고 109명 선원 가운데 36명만이 살아남아 로테르담으로 겨우 돌아갔다.

이런 와중에 윌리엄과 토마스 형제는 리프데 호로 옮겼고, 겨우 살아남은 두 척으로 태평양을 횡단하는 도중에 호프 호도 침몰해버리고 말았다. 결국 극동에 도달한다는 목표를 달성한 것은 리프데 단 한 척이었으나 식량 공급을 위해 기항하는 곳마다 인디오의 공격을 받았고, 동생 토마스도 인디오에 살해되고 말았다. 게다가 이질이나 괴혈병이 만연하여 일본에 표착할 때는 110명이었던 선원이 19개월 만에 24명으로 줄었다.

세키가하라 선무가 벌어지기 약 반년 선인 1600년 4월 29일, 게이초慶長 5년 3월 16일. 표류하던 리프데 호는 규슈의 분고 지방, 지금의 오이타 현大分縣 우스

사세보 '하우스텐보스(홀란드 빌리지)'에 복원해 전시 중인 리프데 호

키日杵의 구로시마黑島에 도착했다. 이들은 자력으로 섬에 오르지 못하고 우스키 성주 오타 가즈요시太田—吉가 내어준 작은 배를 통해 마침내 일본 땅을 밟았다.

성주는 즉시 나가사키 부교 데라자와 히로타카寺澤廣高에게 이를 통보했고, 데라자와는 윌리엄 애덤스 등을 구속하고 배에 실려 있던 대포와 총, 탄약 등 무기를 몰수했다. 이는 오사카 성 도요토미 히데요리豊臣秀賴의 지시에 따른 것으로, 얼마 전 포르투갈 예수회 선교사가 그를 방문해 네덜란드인과 영국인을 발견하는 즉시 치형할 것을 요구한 것이 받아들여진 것이다.

고다이로 수석인 도쿠가와 이에야스의 지시에 따라 중태에 빠져 움직이지 못하는 선장 대신 윌리엄 애덤스 등이 오사카로 불려갔다. 이에야스가 그들을 처음 만난 것은 5월 12일로, 처음에 그는 예수회 주장에 따라 리프데 호가 해적선이라고 믿고 있었다. 그러나 애덤스 등이 항해의 목적과 노정, 네덜란드와 잉글랜드 등 개신교 국가와 포르투갈, 스페인 등 가톨릭 국가와의 분쟁 등에 대해 소상히 설명함에 따라 오해를 풀었다. 또한 집요하게 처형을 요구하는 예수회 선교사들 주장을 묵살했다. 이에야스는 애덤스 등을 5월과 6월에 걸쳐 세 번이나 접견한 다음 석방하고 오사카가 아닌 에도에 머물게 했다.

한편 리프데 호에는 교역을 위한 11개의 커다란 화물상자가 실려 있었는데, 모직으로 만든 옷, 유리구슬, 거울과 망원경, 또한 망치 등 철로 만든 도구들이 실려 있었다. 이 중에서 일본에 가장 획기적인 것은 역시 무기였다.

이 배에 실려 있던 19문의 청동대포와 5,000개의 대포알, 500정의 머스킷 musket 총, 300개의 사슬탄chain-shot 32은 도쿠가와 이에야스가 엄청난 관심을 갖기에 충분했다. 이에야스는 리프데 호를 에도만으로 끌고 와 무기를 육지로 옮겼다.

결국 19문의 대포는 배에서 내려져 6개월 후인 10월 21일 세키가하라 전투에서 사용된다. 일본 역사에서 서양의 청동대포를 사용한 첫 전투라고 할 수 있다. 이 전투에서 이에야스의 동군이 서군을 무찌르게 된 데에는 네덜란드 청동대포가 한 몫을 톡톡히 해냈다고 생각해도 결코 이상하지 않다.

이에야스는 에도에 머무르고 있는 애덤스에게 외국 사절과의 대면이나 외교 교섭 때 통역을 맡기고 수시로 불러 조언을 구했다. 또한 자신의 측근들에게

---

32 해전에서 돛대 등을 파괴하기 위해 쓴 쇠사슬로 이은 2개의 대포알

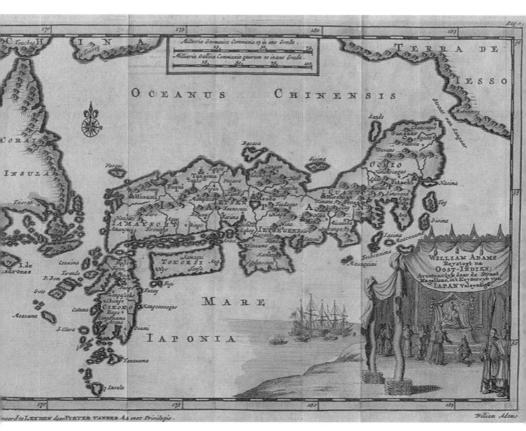

애덤스 일행이 도쿠가와 쇼군을 접견하는 장면이 그려진 지도. 1707년 레이든(Leiden) 제작. 조선이 '코라이(Corai)라고 표기돼 있다.

기하학과 수학, 항해술 등의 지식을 가르치게 했다. 이렇게 쓸모가 많았으므로 애덤스가 몇 번이나 본국으로 돌아가게 해달라고 요청했지만 이루어지지 않았다. 대신 이에야스는 그에게 녹봉을 주어 달랬다.

애덤스는 이에야스를 처음 만났을 때의 일을 나중 1707년에 그의 영국인 아내에게 보낸 편지에서 이렇게 기술하고 있다.

'왕(이에야스를 말함)을 만나러 갔을 때 그는 우리를 매우 친절하게 대해 주었다. 그는 내게 많은 제스처를 보여주었는데, 어떤 것은 이해할 수 있었고, 어떤 것은 그렇지 못했다. 결국 한 사람이 와서 포르투갈어로 말했다. 왕은 그에게 내가 사는 땅이 어디고, 멀리 떨어진 이곳에 어떻게 오게 되었는지 물어보게 했다. 나는 내 조국이 동쪽의 인디아를 찾기 위해 오랫동안 애써왔고, 우리가 가진 다양한 상품을 우리가 갖지 못한 물품들과 바꾸는 교역을 희망하며, 아울러 모든 제후들과 친선 교류를 맺기를 원한다고 말했다. 그 다음 왕이 우리가 전쟁을 하고 있느냐고 물었을 때, 스페인과 포르투갈과 전쟁을 하고 있지만 다른 나라와는 평화를 유지하고 있다고 말했다. 그 다음 그는 나의 믿음(종교)을 물었고, 나는 신을 믿고 있으며 그가 하늘과 땅을 창조했다고 대답했다. 그는 우리가 일본에 도달하기까지 경험한 다른 많은 것들에 대해서도 질문을 했다. 나는 항해도를 보여주면서 마젤란 해협을 통과해 이곳에 왔다고 했지만 그는 이에 대해 의문을 가지며 거짓말을 한다고 생각하는 듯 보였다. 나는 밤늦은 시간까지 그와 있었다.'

애덤스, 일본 최초의
서양식 배를 만들다

이에야스는 에도만에 정박해 있던 리프데 호가 이윽고 침몰하자 애덤스에게 서양식 범선을 만들라고 지시한다. 이에야스의 업적 중에서 가장 의미 있는 일의 하나다. 애덤스는 오랫동안 조선의 현장에서 멀어져 있었다는 이유로 이를 고사했으나 결국은 받아들이지 않을 수 없어 이즈^{伊豆} 반도의 이토^{伊東}에 일본 처음으로 조선 도크를 마련하고 80톤 선박을 건조했다. 이것이 1604년의 일이다.

이에야스는 이 일에 고무되어 더욱 큰 선박을 만들 것을 지시해 1607년에는 120톤 선박을 완성하게 된다. 이는 150톤의 리프데 호와 비교해 약간 작은 규모였다. 이에야스는 크게 기뻐하면서 애덤스 업적을 인정하고 그를 달래는 방편으로 하타모토 직위의 사무라이로 치하하고 두 자루의 칼을 하사하여 휴대를 허용했다. 이는 지금까지 네덜란드 항해사로서의 삶을 버리고 사무라이로 살아가라는 뜻이었다.

이에 따라 애덤스는 사기미 국^{相模國} 헤미^{逸見} 지역, 지금의 가나가와 현^{神奈川縣} 요코스카 시^{橫須賀市} 헤미초^{逸見町}에서 250석 녹봉을 받게 되었다. 80~90명에 달하는 가신 및 하인들도 두게 되었다. 애덤스는 그의 일기에 이를 두고 '신은 엄청난 불행^{표류를 의미} 뒤에 이러한 보상을 준비했다'고 적었다.

애덤스는 사무라이로서 미우라 안진이라는 일본 이름도 하사받았다. '안진^{按針}'이라는 이름은 일본 말로 도선사^{導船士} 직업을 뜻한다. 미우라^{三浦} 성은 그의 영지가 있던 당시 미 우라 군^{三浦郡}에서 따온 것이다. 이 영지와 이름은 나중 애덤스의 아들 조셉에게도 계승되었다.

일본 최초의 서양식 배를 만든 이토에 세워져 있는 윌리엄 애덤스 동상(왼쪽)과 배 기념물(오른쪽)

배를 만들어내자 이에야스는 안진을 더 총애하면서 그를 성에 초청해 환대하고, 그가 원할 때마다 궁에 들어오게 했다. 이에 따라 안진은 서양 열강과 문화에 대한 모든 것을 이에야스에게 자문하는 고문이 되었다. 안진은 결국 그때까지 쇼군의 공식 통역사였던 포르투갈 예수회 로드리게스 신부 자리를 차지했다. 로드리게스 신부에 대해서는 앞서 말한 바 있다.

발렌팀 카르발로Valentim Carvalho 신부는 애덤스에 대해 이렇게 적고 있다. '그가 인어일본어를 습득한 다음부터, 그는 언제라도 궁에 들어가 이에야스를 만날 수 있었다.' 또 안진은 '매우 뛰어난 엔지니어이자 수학자'라고 기록했다

한편 안진이 만든 120톤 배는 1610년, 배가 부서진 스페인 선원들에게 대여되어 '산 부에나 벤투라San Buena Ventura'라는 이름을 얻게 되었다. 일본 바쿠후는 이 배가 출항할 때 22명의 일본 선원들에게 누에바 에스파냐Nueva Espana New Spain[33]로 가는 임무를 맡겨 함께 보냈다.

리프데 호에서 생존한 다른 선원들도 특혜를 받고 대외 무역에 나설 수 있었다. 그들 대부분은 히라도 번주의 도움으로 1605년 일본을 떠났다. 비록 애덤스는 1613년까지 일본을 떠날 수 있는 허락을 받지 못했으나 멜키오루 반 상트포르트Melchior van Santvoort와 얀 우스텐 반 로덴스틴Jan Joosten van Lodensteijn은 일본과 동남아 국가 무역에 가담해 정기적으로 나갈 수 있는 행운을 얻었다. 이들은 1613년 아유타야에서 화물을 가득 실은 배를 타고 있는 것이 네덜란드 선원에 의해 보고되었다.

안진은 1614년 동남아시아로 가는 주인선을 담당하는 최초의 외국인 선장이 되었다. 1600년에서 1635년 사이 350척 이상의 주인선이 해외로 나갔다.

17세기 일본의 해외 거류자 1만여 명, 일본 배로 태평양 횡단

주인선으로 해외에 도항한 사람은 모두 7만 명 이상으로 추정된다. 1600년대 초라는 사실을 감안하면 대단한 숫자다. 조선 왕조에서 선조와 광해군이 잇따른 전란을 수습하느라 허둥대고 있던 사이 일본에서는 이미 7만 명 이상이

---

33 북아메리카와 아시아-태평양에 위지한 스페인의 영토 행징 단위. 누에바 에스파냐의 영토는 오늘날 미국 남서부, 멕시코, 중앙아메리카, 카리브해, 필리핀을 아울렀다. 이곳은 스페인 국왕을 대신하여 멕시코시티에서 총독이 다스렸다. 여기서는 필리핀을 의미한다.

해외 교역을 떠나고 있었다는 얘기다. 주인선을 탄 사람만 7만여 명이니 포르투갈이나 스페인, 네덜란드 배를 타고 나간 사람들까지 포함하면 그 숫자가 더욱 늘어난다. 이 중에는 도항지에 정착하는 사람들도 적지 않았다.

16세기 중엽 포르투갈과의 통교가 시작되고 17세기 중엽 쇄국에 이르기까지 1세기도 안 되는 기간 동안 1만 명 이상의 일본인이 대만, 루손, 안남베트남, 캄보디아, 샴태국, 말레이시아, 자바인도네시아 등 동남아시아 곳곳에서 정착했다. 그들은 일정한 구역에 '일본인 지역'을 형성했고, 대개는 그 지방의 지배자로부터 어느 정도의 자치를 인정받았다.

베트남 호이안(Hoian)의 일본 다리. 호이안은 중국과 일본과의 중개무역이 성행해서 일본인 거류지가 있었다.

필리핀의 데이라오와 산 미구엘, 베트남의 페프오, 태국의 아유차야 등 일본인 지역은 상당히 넓었으며, 한때 산 미구엘에는 3,000여 명이, 아유차야에는 1,500여 명 정도가 거주했다. 거의 모든 거류 일본인은 주인선 무역을 위한 화물 수송이나 여러 가지 잡역에 종사했으나 네덜란드 등 외국인 배에서 노예와 같이 일하는 자들도 있었다.

이렇게 적극적인 해외 진출은 일본 조선술과 항해술을 비약적으로 발전시켰다. 무로마치시대室町時代 명나라와 교역을 위한 '감합선勘合船'은 보통 100톤 전후였지만 주인선은 200~300톤이 보통이고 800톤 이상 나가는 배도 있었다. 히고의 이케다 요에몬池田與右衛門은 포르투갈 배에서 습득한 항해술과 천체 관측술을 토대로 1616년 『겐나항해기元和航海記』라는 책을 펴냈다. 나침반이나 항해도 및 각종 천측 항해 기구도 빈번히 사용되었다.

당시 일본 항해술을 가장 잘 보여주는 예는 센다이 번仙台藩 초대 번주인 다테 마사무네伊達政宗, 1567~1636의 가신 하세쿠라 쓰네나가支倉常長, 1571~1622가 태평양 횡단을 한 사실이다. 그는 도쿠가와 이에야스의 지시를 받은 주군으로부터 스페인령 멕시코와의 무역 개시를 위해 스페인 국왕 및 로마 교황청에 파견되었다.

그는 바쿠후 조선소에서 만든 서양식 범선을 타고 선원 180여 명과 함께 게이초慶長 18년1613년 10월 28일 쓰키노우라月浦 항구를 출발해 90일에 걸쳐 태평양을 횡단해 다음 해 1월 25일 멕시코 서해안 아카폴코에 상륙했다. 이는 일본 해군을 근대화하고 해안 방어 체제를 발전시키는 데 공헌한 가쓰 가이슈勝海舟, 1823~1899 등의 증기선 군함 간린마루咸臨丸에 외한 태평양 횡단보다 225년이나 앞서는 것이다. 더구나 간린마루는 네덜란드에서 만든 배지만 하세쿠라의 배는 일본 목선이었다.

하세쿠라가 멕시코에 상륙한 뒤에 선원들은 다시 태평양을 횡단해 귀국했는데, 이 배는 나중 필리핀에 기증되었다. 하세쿠라는 멕시코 반도를 가로질러 동쪽 해안에 가서 다시 배를 타고 대서양을 건너 스페인과 로마에 갔다. 그는 돌아올 때도 태평양을 가로질러 돌아왔다. 그 동안 내정 변화로 일본이 스페인을 적대시하면서 처음의 교역 목적은 이루어지지 않았지만 그는 7년이 걸린 대장정으로 아메리카와 유럽을 다녀온 최초의 일본인이 되었다.

예수회,
안진을 제거하려다 실패하다

포르투갈과 다른 가톨릭 국가에서 파견된 사람들은 영국 개신교도인 애덤스를 라이벌로 여겼다. 애덤스의 권력이 점차 강해지자, 예수회는 그를 제거하기 위해 그를 몰래 포르투갈 배에 태워 내보내려는 계획을 세웠다. 그러나 이에야스가 애덤스를 일본 밖으로 내보내는 것을 완강히 반대했으므로 예수회 시도는 실패할 수밖에 없었고, 그의 영향력 증가에 대한 두려움은 더욱 커졌다. 1614년 카발로는 교황에게 보내는 그의 편지에서 애덤스와 다른 상인들에 대한 불만을 다음처럼 적고 있다.

> '그들(애덤스와 동료들)은 그릇된 비난으로 이에야스로 하여금 우리 설교자들을 의혹의 시선으로 바라보게 하고, 그의 영토에서 (우리가) 신성한 믿음의 종이라기보다는 스파이라는 믿음을 부추겨 겁먹게 하고 있다.'

마침내 이에야스는 1614년 예수회를 일본으로부터 완전히 추방하고, 대대적인 가톨릭교 금지령을 내린다.

네덜란드 동인도회사와 일본의 최초 접촉은 1605년 이루어졌다. 1604년 이에야스는 리프데 호 생존자 가운데 선장인 야콥 퀘케르나에크Jacob Quaeckernaeck와 회계 담당자 멜키오루 반 상트포르트를 파타니Patani 왕국[34]에 보내 1602년 그곳에 설립된 네덜란드 동인도회사 관계자들과 교섭에 나섰다. 이는 서양과 일본의 교역을 늘려 포르투갈 독점 체제를 깨기 위한 의도였다. 그렇지만 교섭은 느리게 진행되었다. 네덜란드 동인도회사가 동남아에서 포르투갈과 자원전쟁을 벌이느라 정신이 없었기 때문이다. 이런 상황에 따라 더 빠르게 교섭에 성공한 것은 스페인이었다.

1608년 안진은 이에야스를 대신해서 스페인의 필리핀 총독 로드리고 데 비베로 이 아베루시아Rodrigo de Vivero y Aberrucia를 만났다. 이에야스가 스페인과 직접적인 교역을 원함에 따라 양측이 우호조약을 맺고 교역이 시작되었다.

네덜란드나 영국보다도 스페인이 앞서서 교섭에 성공한 사실에 대해 스즈키 카호루鈴木かほる 같은 학자는 도쿠가와 이에야스가 자신의 영지인 간토 지방 우라가浦賀 항구에 스페인 광부들을 초청하여 멕시코에서 실행 중인 획기적 금은 제련법인 아말감 방법을 도입하기 위한 목적이 컸다고 주장한다.[35] 애덤스를 외교 고문으로 고용한 것 역시 이 같은 이유였다는 것이다.

---

34 파타니 왕국은 16세기부터 19세기까지 말레이 반도에 있었던 말레이인 왕조로, 말레이계 왕조 가운데서도 빠르게 이슬람화했고, 말레이 왕조 중에서 가장 역사가 오래되었다. 영토는 현재 태국의 파타니 주를 중심으로 퍼져 있었다.

35 『도쿠가와 이에야스의 스페인 외교-무카이 쇼칸과 미우라 안진(德川家康のスペイン外交―向井將監と三浦按針)』, 스즈키 카호루, 신인물왕래사(新人物往来社), 2010

1853년 페리 제독의 우라가 입항을 그린 그림

그 근거로 그는 애덤스가 이에야스를 처음 알현했을 때 일본과의 통상을 간청했음에도 불구하고 애덤스가 일본에 온 지 9년이 지난 1609년 7월에야 네덜란드가 교섭에 성공하고, 영국은 이보다 더 늦은 1613년 8월이었다는 사실을 든다. 게다가 이는 스페인처럼 이에야스의 강요에 의해 애덤스가 직접 나선 것이 아니라 두 나라 동인도회사의 사절이 파견되어 애덤스의 중재에 의해 성립된 것이다.

네덜란드와 영국의 교역에 수동적이었던 이에야스가 스페인 상선에는 우라가 입항을 직접 지정할 만큼 적극적이었다. 우라가 항구에 정박했던 것은 스페인 상선이 유일했다. 애덤스에게 우라가에 저택을 주고 인근 헤미 마을 영지를 준 것도 이 사실을 입증한다고 한다. 1613년 애덤스는 우라가 항구에 정박한 스페인 상선의 물품을 판매할 수 있는 권리도 획득했다.

우라가 항구에 스페인 상선이 입항할 때마다 서양 상인들도 함께 들어옴으로써 우라가는 국제 무역항으로 번성하며 세계에 그 이름을 널리 알릴 수 있었다. 이로부터 240년이 지난 1853년 7월 8일 미국의 페리 제독이 이끄는 함대가 우라가 항구에 들어와 교역을 요구한 것은 결코 우연이 아니었던 것이다.

또한 애덤스와 스페인령 마닐라간의 협상에 의해 우라가에 프란체스코수도회 수도원이 건립되어 우라가는 간토 지방 가톨릭교 전파의 기점이 되었다. 그러므로 애덤스가 외교 고문으로 이에야스의 기대에 부응해 그 본령을 발휘한 것은 바로 스페인령 마닐라와의 협상이었다.

네덜란드 동인도회사가 가로챈
포르투갈 무역선의 중국 도자기

1609년 7월 2일 네덜란드령 동인도 총독인 자크 스펙스Jacques Specx, 1588~1652가 이끄는 배가 최종 교섭 완료를 위해 네덜란드 왕의 서한을 가지고 일본에 도달했다. 그는 1607년 무려 11대의 배로 구성된 함대를 구성해 네덜란드에서 출발했다. 1차로 네덜란드 동인도회사 반탐Bantam36 지사에 도착한 함대는 그곳에 나머지 배를 남겨두었고, 두 척은 일본으로 항해를 계속했다. 19문의

---

36 옛 반탐 왕국의 수도로 자바(Java) 섬 북서부 마을로 유럽과의 향료 무역 기지였다.

네덜란드와의 교역을
허가한 주인장

대포를 가진 데 그리피오엔^{De Griffioen}[37] 호와 26문의 대포를 장착한 루데 로이
메트 필렌^{Roode Leeuw met Pijlen}[38] 호였다. 그들은 히라도에 정박한 다음 왕의 서한
을 가지고 에도를 향해 떠났다.

애덤스가 이들을 대신해 협상에 나섰고, 마침내 네덜란드가 일본과 교역할
수 있는 정식 주인장을 손에 쥐었다. 이에야스 인장이 찍힌 주인장의 내용은
다음과 같았다.

> 네덜란드 배의 일본 출입을 허용하고, 사전 예약 없이 어느 해안이라도 정
>
> 박할 수 있다. 원하는 곳은 어디든지 항해할 수 있고, 자유롭게 떠날 수 있

37 그리핀(Griffin)은 싱싱의 동물로 잎발과 날개는 독수리이고 몸통과 뒷발은 시지의 형대를 띠고
    있다.
38 활을 가진 붉은 사자라는 의미다.

다. 네덜란드 배에 대한 적대적 행위는 허용되지 않는다. 이는 지금 이 순간부터 준수한다.

- 1609년 8월 24일, 게이초 14년 7월 25일

포르투갈이 오직 나가사키에서만, 그것도 규정 가격으로만 물건을 팔 수 있었던 사실과 비교할 때 네덜란드에 대해 일본 바쿠후는 매우 너그러운 태도를 보였다. 애덤스가 네덜란드 동인도회사 반탐Bantam 지사에 보낸 편지에는 다음처럼 쓰여 있다.

'네덜란드와 나는 정말 많은 특혜를 받았다. 그것은 포르투갈과 스페인이 일본과 50년에서 60년씩 접촉했어도 얻을 수 없었던 것이다.'

교역이 성립되면서 네덜란드 동인도회사는 그해 11월 20일 히라도에 정식 사무소를 개설했다. 그들은 히라도에 이어 나가사키 데지마에도 진출해 200년 동안이나 영업을 한다.

자크 스펙스는 1610년 네덜란드 동인도회사 히라도 지사의 책임자가 되어 1613년까지 히라도에 머물렀고, 1615년에 귀국했다. 그는 1629년부터 1632년까지 네덜란드령 동인도의 총독을 지냈고, 귀국해서는 아시아에서 축재한 돈으로 예술품 수집가가 되어 렘브란트 그림도 다섯 점이나 사들였다.

한편 스펙스는 히라도 책임자로 일하면서 조선과 직접 교역을 하고자 1610년 배 한 척을 대마도로 보내기도 했다. 이에 대해서는 뒤에서 자세히 보도록 하자.

네덜란드 동인도회사가 쇼군에게 첫 선물을 보낸 것은 1608년이었다. 동인도

회사 파타니아Pattania 지사가 채운 선물 보따리에는 6개의 대형 도자기 항아리도 들어 있었다. 당시 중국 도자기는 매우 값비싼 물품이었기에 일본이 수입을 원하는 여덟 항목 중 세 번째 위치를 차지하고 있었다.

1614년 12월 29일 스펙스가 반탐의 코엔Coen에게 보고한 문서에 따르면 한 해 전에 네덜란드 동인도회사 범선으로 중국 도자기들을 일본에 대량으로 보냈다고 돼 있다. 그들은 이미 포르투갈 카라크carrack 호에 의해 아름다운 도자기들이 대량으로 일본에 수출되었던 사실을 염려했다. 포르투갈은 이미 1583년에 마카오로부터 대량의 실크와 사향, 도자기를 일본에 수출하고 있었다.

회사 설립연도인 1602년 바로 그 해에 네덜란드 동인도회사는 중국에서 물품을 가득 싣고 돌아가던 포르투갈 상선 산타리나Santarina 호를 대서양에서 강탈해 상선에 실려 있던 동양의 '귀한 물품'들을 암스테르담에 가져갔다. 그 물품 가운데는 스물여덟 꾸러미의 청화백자 접시와 열네 꾸러미의 작은 사발들이 들어 있었다.

네덜란드 사람들이 처음 본 그 그릇들은 경이驚異 그 자체였다. 둔탁하고 두터운 석기 아니면 이탈리아에서 건너온 마욜리카만 알던 그들에게 얇은 두께로 하얀 바탕에 아름다운 그림들이 그려진 청화백자는 그 어느 보석보다도 값어치 있는 보물이었다.

그들은 암스테르담 항구에서 청화백자와 중국 그릇들을 경매에 붙였는데 경매에 참여한 사람들의 반응 역시 완전 흥분의 도가니였다. 이 경매야말로 유럽인들이 대규모 중국 자기를 접할 수 있었던 죄조의 사건이었다. 이렇게 1602년은 근대 유럽 도자사陶瓷史에서 커다란 분수령이 되었다.

1700~1720년에 제조된 청나라 청화백자(암스테르담국립박물관)

타일로 만든 네덜란드 상선들의 교역 모습(로열델프트박물관)

네덜란드 동인도회사는 2년 뒤인 1604년에도 포르투갈로 귀국하는 카타리나Catharina 호를 가로챘다. 운 좋게 이 배도 무려 16톤의 중국 청화백자를 싣고 있었다. 배가 암스테르담에 도착하자마자 경매 시장이 열렸다. 이번에는 프랑스 왕 앙리 4세Henri Ⅳ, 영국 왕 제임스 1세James Ⅰ 등 유럽 왕실의 대리인들과 수많은 귀족들이 경매에 뛰어들었고 앞다투어 도자기를 구매했다. 단 며칠 만에 그 많던 물품들이 모두 팔려나갔다. 중국 청화백자에 대한 입소문이 삽시간에 퍼졌다. 청화백자를 알게 된 유럽 왕실과 귀족들 사이에서는 중국 것이라면 뭐든지 좋다는 '시누아즈리Chinoiserie, 중국 취향' 바람이 몰아치기 시작했다.

네덜란드 사람들은 중국 청화백자를 처음에는 '크라크 자기kraak-porcelain'라고 불렀다. 동인도회사가 강제로 포획해온 포르두갈의 배가 카라가스Carracas 양식의 배, 즉 카라크였기 때문이다. 따라서 '카라크 배에서 나온 자기'라 하여 '크라크 자기'가 된 것이다.

카라크 배는 돛대가 세 개 혹은 네 개로 15세기 포르투갈에 의해 발전했으며 오랜 항해에 적합해 탐사와 무역 등을 위해 대서양을 오가는 배로 사용되었고, 나중에는 스페인 등 강대국 해군의 배로 널리 쓰였다. 그러나 포르투갈에서는 이 배를 나우^{Nau}라고 불렀고, 스페인은 카라카^{Carraca} 혹은 나오^{Nao}, 프랑스는 카라크^{Caraque} 혹은 뇌프^{Nef}라고 불렀다. 이 배야말로 대항해시대를 이끈 선구자적 함선이라 할 수 있다.

애덤스의 1611년 기록에 따르면 1609년 두 척의 네덜란드 배가 마카오로부터 히라도로 가는 포르투갈 무역선을 나포할 목적으로 히라도로 갔다고 돼 있다.[39] 그러니 앞서 포르투갈 배를 나포하면서 상당한 재미를 본 네덜란드 동인도회사가 마치 해적처럼 계속 전투적이고 공격적인 자세로 동아시아 무역에 나서고 있음을 알려준다.

도쿠가와 이에야스에게 전달된
영국 제임스 1세 서한과 런던탑의 일본 갑옷

1611년 안진은 인도네시아 반둥^{Benten}에 영국 동인도회사가 세워진 사실을 알게 되었다. 그는 그들에게 편지를 보내 자신의 소식을 알리고 영국에 있는 가족들과 친구들 근황을 알려달라고 했다. 또한 네덜란드인이 독점하고 있는 일본 교역에 영국을 참여시키기 위해 그들을 초청했다.

39 『도자기와 네덜란드 동인도회사 : 바타비아 성, 히라도, 데시마 그리고 다른 동시대 신문들 (Porcelain and the Dutch East India Company : As Recorded in the Dagh-Registers of Batavia Castle, Those of Hirado and Deshima and Other Contemporary Papers, 1602-1682)』, T. 볼커 (T. Volker), 1954, 243p

영국 제임스 1세에게 선물한 갑주

1613년 영국 동인도회사의 존 사리스John Saris가 클로브Clove[40] 호를 타고 히라도에 도착했다. 당시 히라도는 네덜란드 동인도회사가 이미 주요 위치를 차지한 상태였다. 사리스는 안진에게 이에야스를 알현하고 무역을 허용하는 주인장을 취득하는 데 도와줄 것을 부탁했다.

안진과 사리스는 9월에 시즈오카로 가서 이에야스를 만나 제임스 1세의 서한을 전달했다. 이 서한은 현재 도쿄대학교 아카이브에서 보관 중이다. 그들은 가마쿠라로 가서 1252년에 만들어진 청동대불을 보았고, 에도로 가서 이에야스의 아들이자 쇼군인 히데타다를 만났다.

히데타다가 쇼군이었다 해도 의사 결정권의 대부분은 여전히 이에야스가 쥐고 있는 상태였다. 히데타다는 사리스에게 제임스 1세에게 줄 선물로 이와이 요자에몬岩井与左衛門이 만든 15세기 도마루胴丸 양식의 일본 갑주 두 벌을 주었다. 이 중 하나는 현재 런던타워에서 진열 중이고, 또 하나는 리즈Leeds에 있는 왕립 갑옷박물관에서 보관하고 있다. 이와이 요자에몬은 당시 가장 유명한

---

40 클로브는 매우 값비싼 향신료인 정향(丁香)을 말한다. 후추, 계피와 함께 3대 향신료의 하나로 상쾌하고 달콤한 향이 특징이다. 정향나무의 꽃봉오리를 말려 사용한다.

갑옷 제조사로 히데요시와 이에야스의 갑옷을 만들던 어용장인이었다.

그들은 귀환하면서 이에야스를 다시 알현했고, 이에야스는 일본에서 영국인들이 자유롭게 교역할 수 있는 특권을 제공하는 주인장을 주었다. 이 자리를 통해 안진은 영국으로 돌아갈 수 있도록 허락해달라고 요청해 마침내 승낙을 얻어냈다. 그들이 다시 히라도에 돌아온 것은 10월 9일이었다.

미우라 안진, 영국으로의 귀향을 포기하다

그동안 귀국 허락이 받아들여지지 않자, 애덤스는 1602년 무렵 니혼바시 오덴마초大伝馬町의 이에야스 어용상인이었던 마고메 카게유馬込勘解由의 딸 오유키お雪와 혼인했다. '오유키'라는 이름은 1973년에 나온 이시 이치로石一郎의 소설 『바다의 사무라이海のサムライ』에 처음 등장한다. 그러나 이는 마키노 마사牧野正의 『파란 눈의 사무라이, 미우라 안진青い目のサムライ三浦按針』이 영문으로 번역되면서 생긴 오류가 잘못 퍼진 것이고 실제로 애덤스 부인의 이름이 나오는 사료는 없다고 한다. 어쨌든 그녀와 애덤스 사이에서는 아들 조셉Joseph과 딸 수잔나Susanna가 태어난다.

히라도에 세워진 미우라 안진 동상

1613년 이후 안진은 영국과 네덜란드

동인도회사를 통해 영국 부인에게 정기적으로 경제적인 지원을 했다. 이 사실은 그가 영국으로의 귀향을 포기한 것으로 이해할 수 있다. 이에야스의 허락도 얻었고 사리스도 함께 가자고 했지만 1614년 클로브 호가 귀환할 때 안진은 귀국을 보류했다. 아마도 사리스와 마음이 맞지 않은 것도 한 이유가 되지 않았나 싶다. 안진의 일기는 다음처럼 적고 있다.

'내가 그(사리스)와 함께 갈 수 없는 이유는 그가 내게 다양한 상처들을 주었기 때문이다. 그것들은 내가 예상하지 못한 것들이어서 매우 힘들었다.'

존 사리스는 어느 사안에나 일본식을 강요하는 안진이 마음에 들지 않았고, 안진은 사리스가 건방지고 무례한 망아지 같다고 싫어했다. 존 사리스는 나중에 '안진의 일본에 대한 감탄과 애정 어린 찬사를 보면서 우리는 그가 태생적인 일본인 같았다고 생각했다'고 적었다. 실제로 안진은 일본 문명을 상당히 높게 평가했다.

'이 땅 사람들은 본질이 좋고 더할 나위 없이 공손하며, 전쟁에서는 용감하다. 그들의 정의는 매우 엄격해서 법을 어기는 사람은 가차 없이 처형된다. 그들은 훌륭한 통치를 받는다. 내 말은 여기보다 좋은 시민 정책에 의해 통치되는 곳은 없다는 뜻이다. 그들의 종교는 매우 초월적이어서 다양한 견해를 갖고 있다.'

일본에서 15년을 보낸 안진은 새롭게 도착한 영국 상인이나 선원들과의 관계

설정에서 어려움을 겪었다. 그러나 히라도에 새로 세워진 영국 동인도회사 지사장인 리처드 콕스Richard Cocks는 안진이 습득한 일본의 자기 절제와 그의 품성을 높게 평가했다. 그의 편지는 이렇게 적고 있다.

'나는 자기가 할 수 있는 최고의 서비스를 다하기 위해 애쓰는 사람을 보았다. 나는 다른 어떤 언어가 우리 사이를 방해한다고 하더라도 적어도 7년 이상은 이 사람과 함께 살 수 있다는 확신을 얻었다.'

히라도에서 안진은 영국 조계에서 머무르는 것을 거부하고, 대신 일본인 민간 지역에서 거주했다. 그는 일본식 옷을 입고 주로 일본어를 사용한 것으로 기록돼 있다. 안진은 또 클로브 호가 가져온 화물인 주석이나 정향 등에 대해서도 "팔 만한 물건들이 아니다"라고 낮게 평가했다고 한다.

그러나 안진은 히라도에 새롭게 만들어진 영국 상관에서의 근무를 받아들여 11월 24일 계약서에 서명했다. 급여는 연봉 100파운드였다. 히라도 다른 상관들의 평균 급여인 40파운드보다 두 배 이상 많은 액수였다. 안진은 리처드 콕스와 다른 6명의 동료들[41]과 함께 히라도의 영국 동인도회사를 정착시키는 데 많은 공헌을 했다.

안진은 사리스에게 히라도가 오사카와 에도의 주력 시장에서 멀리 떨어진 작은 곳임을 일깨워주고, 에도 근처의 우라가에 전초 기지를 세워야 한다고 충

---

[41] 그 여섯 명은 템페스트 피콕(Tempest Peacock), 리처드 위크햄(Richard Wickham), 윌리엄 이튼(William Eaton), 월터 카워든(Walter Carwarden), 에드몬드 세이어스(Edmond Sayers), 윌리엄 넬슨(William Nealson)이다.

고했다. 그러나 사리스는 그렇게 적극적으로 진출하기보다는 네덜란드 동향을 가까이서 지켜보기를 더 원했다.

흐지부지 시들고 만
영국과 일본 교역

클로브 호가 떠난 후 1613년부터 1623년까지 10년 동안 영국 동인도회사는 오직 세 척의 배만 런던에서 일본으로 물건을 싣고 왔다. 상품도 일본 시장에서 값어치가 별로 없는 것들이었다. 히라도 영국 상관은 일본과 동남아시아 교역을 지원하는 선에서 그쳤다. 안진은 이 루트를 통해 중국 상품을 팔고 일본 은을 벌었지만 큰 금액은 아니었다. 당시 교토京都에 살던 리처드 콕스는 1617년 그의 일기에 이렇게 적었다.

> '중국과의 교역은 별로 희망이 없었다. 시암Siam이나 파타니아, 코친차이나로부터의 이익도 마찬가지였다. 그러나 우리가 상품들을 일본에 싣고 오면 기쁘게도 은을 얻을 수 있으리라는 희망으로 버텼다.'

안진이 일본에 정착하던 초창기엔 유럽과 일본의 항해 거리를 단축시킬 수 있는 북서항로 개척에 나서고자 했다. 이에야스는 만약 일본에서 이 항로를 찾지 못하면 동인도회사의 도움을 얻어서라도 이를 찾고자 했고, 이에 따라 안진도 이를 지원하기 위해 동인도회사와 접촉했지만 항로 개척 항해를 실제로 떠난 적은 없었다.

안진은 1616년에 시암, 1617년과 1618년에 코친차이나와 교역을 위한 항해를 떠났다. 영국 동인도회사를 위한 무역이었지만 때로는 오로지 자신만의 교역일 때도 있었다. 그는 일본 500톤급 주인선의 선주이기도 했다. 위에서도 말했지만 무역을 위해 영국에서 직접 온 배는 몇 척 안 되었고, 그들이 가져온 물품인 직물, 칼, 망원경, 인도 면 등의 가치도 매우 미미했으므로, 안진은 쇼군의 영향력을 빌어 동인도회사의 배들을 직접 주인선 시스템에 합류시켰다. 그렇

히라도 보리소주로 브랜드 이름이 '히라도 네덜란드상관(平戶蘭館)'이다.

게 7척의 배로 구성된 선단을 만들어 동남아 무역에 나섰다. 이 중 4척의 배 함장은 안진이 맡았다.

영국 상관 재정 상황이 악화되자 1614년 안진은 시암으로의 항해를 계획했다. 그는 200톤급 일본 배를 구입해서 120명의 일본인 선원과 상인, 몇 명의 중국, 이탈리아, 스페인 상인들을 고용했다. 영국 상관의 리처드 위크햄과 에드먼드 세이어스도 참여했다. 물품을 가득 실은 배는 태풍 시즌이었던 1614년 11월 출항했다.

배는 생사와 중국 상품, 인도네시아와 말레이시아의 소목蘇木, 사슴 가죽, 칼 손잡이에 사용하는 가오리 가죽 등을 구입할 목적으로 1,250파운드의 은과 175파운드의 일본 무기, 옷칠 그릇 등을 실었다. 그러나 도중에 태풍을 만나 배를 수리하느라 1614년 12월 27일부터 1615년 5월까지 오키나와에서 머물

러야 했다. 결국 그들은 아무런 무역도 하지 못하고 일본으로 돌아왔다.

안진은 1615년 11월 히라도를 떠나 시암의 아유타야로 떠났다. 그의 배에는 지난해 항해에서 판매하지 못한 상품들이 실려 있었다. 이번 항해에서는 고수익을 줄 수 있는 많은 생산품을 살 수 있었다. 안진과 동료들은 물품을 일본으로 싣고 가기 위해 시암에서 두 척의 배를 더 구입했다. 안진의 배도 143톤의 소목, 3,700장의 사슴 가죽을 싣고 히라도에 돌아왔다. 배는 1616년 6월 5일에 출발해 7월 22일 돌아왔으니 돌아오는 항해에만 47일 걸린 셈이다. 새로 고용한 중국 배에 탔던 에드먼드 세이어스는 44톤의 소목을 싣고 10월에 돌아왔다. 세 번째 배는 4,560장의 사슴 가죽을 싣고 계절풍 시즌을 피해 1617년 6월에 나가사키에 도착했다.

안진이 도착하기 며칠 전에 이에야스가 사망함에 따라 안진은 동료들과 함께 새로운 지배자 히데타다에게 줄 선물을 가지고 에도로 향했다. 이에야스의 사망은 안진 영향력의 쇠퇴를 의미하는 것이었지만 히데타다는 영국의 교역 특권을 계속 인정했다. 그는 안진에게 새로운 주인장을 써주었고, 쇼군의 보호 아래 계속 무역 활동을 할 수 있게 해주었다. 그의 직책인 '하타모토'도 계속 유지되었다. 안진은 또한 자신의 영지 부근에 살고 있던 일본 수군 제독 무카이 쇼겐向井將監[42]을 만나 가톨릭 필리핀의 침공 가능성에 대해 상의했다.

1617년 3월 안진은 코친차이나로 떠났는데, 그의 배는 세이어스가 시암에서 구입했던 정크선을 사들여 이름을 바꾼 것이었다. 이번에 그는 옛 동료 선원인 템페스트 피콕과 월터 카워든를 찾고자 했다. 그들은 2년 전 히라도에서

---

42 정식 이름은 무카이 타다카쓰(向井忠勝)로 쇼겐은 수군 직함을 말한다.

동남아로 간 첫 항해 때 나갔다가 실종된 상태였다. 안진은 코친차이나에서 피콕이 술에 취해 은 때문에 살해당한 사실을 알게 되었다. 또한 카워든은 작은 보트에서 피콕을 기다리고 있었는데 그가 죽음을 당했다는 얘기를 듣고 급히 배로 돌아가려다 보트가 뒤집히는 바람에 익사하고 말았다. 안진은 면사 직물 일부를 팔아 인도산 물품과 상아 351파운드어치를 사서 귀항했다. 1618년 안진은 코친차이나와 통킹만으로 교역을 떠났다. 그의 마지막 교역 항해이자 히라도 영국 상관에서 동남아로 떠나는 마지막 항해이기도 했다. 배는 3월 11일 히라도에서 출발했는데 도중 날씨가 나빠져 오키나와 북쪽의 오시마大島에서 정박해 있다가 5월에 히라도로 다시 돌아오고 말았다.

히라도 영국 상관이 버틸 수 있었던 것은 동남아 소목을 일본에서 200% 수익을 내고 팔 수 있었기 때문이다. 그러나 그마저도 바닥이 나자 히라도 영국 동인도회사는 영업 비용 과다 지출로 인해 파산하고 말았다.

1616년 4월 이에야스가 사망하고 뒤를 이은 히데타다의 정책은 대외 무역을 히라도에 국한하는 쇄국 체제였다. 이에 따라 안진의 활동 역시 매우 제한되었고, 그의 역할은 별자리 연구를 담당하는 천문관으로 축소되었다. 히데타다의 뒤를 이을 도쿠가와 이에미쓰德川家光 역시 그를 경계함에 따라, 안진은 1620년 5월 16일 히라도에서 우울하게 세상을 떠났다. 향년 55세였다.

리처드 콕스는 일기에 이렇게 적고 있다.

'윌리엄 애덤스 선장의 죽음이라는 큰 손실에 슬퍼할 수밖에 없다. 그는 우리 세계에서 두 명의 **일본 절대자와 교분을** 가졌던 유일한 기독교도였다.'

그의 유언에 따라 에도의 집, 헤미의 영지, 500파운드 현금 등 재산은 영국과 일본에 있는 그의 가족들에게 분배되었다. 콕스는 안진의 사망 이후에도 그의 가족과 좋은 관계를 유지했다. 안진이 죽은 다음의 크리스마스 때 그는 안진의 아들 조셉에게 아버지 칼과 단검을 주었다. 한편 히데타다는 영주 지위를 조셉에게 물려줘 헤미의 영지를 보존할 권리를 주었다.

조셉은 미우리 안진의 이름을 계속 지켰고, 일본이 1635년 외국과의 교역을 단절할 때까지 성공적인 무역상으로 살았다. 안진이 사망하고 3년이 지난 1623년, 이익을 남기지 못하는 영국 상관은 영국 동인도회사와의 관계를 해지했다. 대신 네덜란도 동인도회사가 조셉의 주인선과 교역을 했다.

1635년 이후 그에 대한 사료는 모두 사라지고 없다. 1600년 안진과 함께 살아남았던 두 명의 동료 멜키오루 반 상트포르트Melchior van Santvoort와 빈센트 로메인Vincent Romeyn은 1629년까지 나가사키에서 살았다.

도쿄 니혼바시의 '안진마을'

미우라 안진은 히라도 영국 상관 부근에 있던 외국인 묘지에 묻혔다. 프란치스코 하비에르 신부 기념비의 옆이었다. 그러나 그 후 기독교 탄압 시절 히라도 외국 상관과 함께 외국인 묘지가 파괴되어 묘지의 정확한 위치는 명확하지 않다.

그러던 중 1931년 히라도 영국 상관이 있던 사키가타崎方 지역의 미우라 가문의 '안진묘'로 일러진 무덤에서 유골과 유품 일부가 발굴됐다. 미우라 가문은 이에야스가 집권할 당시 통역사의 후예로, 안진 유골의 일부를 몰래 받아 매장했다는 구전이 내려왔다고 한다.

1954년 히라도 오쿠보초大久保町 영국 상관 터 근처의 사키가타 공원에 '미우라 안진의 무덤'이 다시 만들어졌다. 1964년 애덤스 탄생 400주년에는 영국 아내의 묘지에서 자갈을 가져와 부부 무덤으로 만들었다. 히라도는 지금도 매년 5월 하순에 그의 무덤에서 제사를 지낸다.

에도 니혼바시에 애덤스의 집이 있던 곳은 '안진 마을'로 불렸다. 이곳에는 '미우라 안진 집 유적지 비석三浦按針屋敷跡の碑'이 빌딩 사이 조그만 공간에 세워져 있으나 유심히 살펴보지 않으면 알기 힘들다.

히라도와 도쿄 이외에도 안진을 기념하는 곳은 일본 곳곳에 흩어져 있다. 리프데 호가 처음 상륙한 오이타 현 우스키 시 사시우佐志生 해안의 구로시마에는 '미우라 안진 상륙 기념비三浦按針上陸記念碑'가 세워져 있고, 기념공원도 조성돼 있다.

안진의 영지가 있던 가나가와 현 요코스카 시 니시헤미西逸見에 있는 조도지淨土寺는 그의 보리사菩提寺[43]로, 그가 동남아시아에서 가져왔다는 만다라인 '보이다라요唄多羅葉'와 개인 불상인 '넨지부쓰念持仏'가 있다. 에도시대 후기까지만 해도 니혼바시 안진초와 조도지에서는 그를 위한 법회가 열렸다고 한다.

또한 이 마을 쓰카야마 공원塚山公園에는 안진 부부를 위한 두 개의 위령 공양탑인 '호우쿄인토宝筐印塔'와 또 하나의 안진묘라고 불리는 '안진쓰카按針塚'가 있다. 이 묘지는 안진이 살아생전 자신의 영지에서도 에도를 멀리서 내다볼 수 있는 곳에 묘를 만들어달라고 유언했다는 일화에 따라 만들어진 것이다.

---

[43] 가문 선조의 위패나 유골 등을 대대로 모시는 절

미우라 안진 가족으로 분한 '안진 축제' 가장행렬

'호우쿄인토' 공양탑은 일본 개국 이후 애덤스의 무덤을 찾기 위한 영국인들의 노력으로 발견된 것이다. 1874년메이지 7년 요코하마의 사업가 제임스 월터스 James Walters가 요코하마에 거주하는 영국인들과 헤미 지역 주민의 지원을 얻어 공양탑도 발견하고, 황폐해진 안진쓰카 주변도 정리했다.

1902년 일영동맹이 맺어진 것을 계기로 묘역 주변의 대규모 정비가 다시 이루어지고 공원도 만들어졌다. 또한 이곳에 안진의 유해 일부가 묻혔다는 전승에 따라 발굴 조사를 했지만 내장지는 없는 것으로 확인되있다. 그럼에도 그의 이곳 무덤은 1923년에 국가 사적으로 지정되었다. 쓰카야마 공원에서는 제2차 세계대전 이전부터 '안진 축제按針祭'를 열었는데, 이는 전쟁 중에 중단되었다가 종전 후 다시 재개되었고, 1997년부터는 '미우라 안진 축제 벚꽃놀이三浦按針祭觀櫻會'라는 이름으로 매년 4월 8일에 열린다.

안진이 서양식 배를 만들었던 시즈오카 이토伊東 시 나기사초渚町에도 안진 기념공원按針メモリアル公園과 동상이 있다. 이곳에서는 매년 여름 '안진 축제'가 열리고 마지막 날에는 불꽃놀이가 벌어진다.

한편 네덜란드 학자 에라스무스Desiderius Erasmus를 형상화해 리프데 호의 선미에 만들어놓았던 나무 조각상은 이에야스 집권 당시 하타모토였던 마키노 나루사토牧野成里에게 넘어가 그 집안의 보리사인 도치기 현栃木縣 사노 시佐野市 료에인龍江院에 '가데키손자貨狄尊者'로 전해 내려오다가 국가 중요문화재로 지정되어 현재는 도쿄국립박물관에서 소장하고 있다.

이처럼 일본 곳곳에 그의 흔적이 남아 있고, 그와 관련한 사적이 잘 보존되고 있는 것은 그가 그만큼 일본과 유럽을 잇는 데 지대한 공헌을 했다는 사실을 말해준다. 네덜란드 난파선의 한 항해사로 말미암아 일본은 알 수 없는 미래를 향해 또 한 번 성큼성큼 걸어가기 시작한 것이다.

17세기를 전후하여 중국과 일본 나가사키를 오가던 서양 상선이 난파하여 조선에 표착하는 경우가 종종 발생했다. 조선에 상륙했던 서양인에 관한 최초의 기록은 1582년^{선조 15} 마리이^{馬里伊}가 제주도에 표착하여 한양으로 압송되었다가 곧 명나라로 이송된 사실이다. 당시 이 지역에선 포르투갈 상인만이 해상에서 활동했던 시기였기 때문에 마리이는 포르투갈인으로 추정된다. 17세기로 들어와 서양인의 조선 표착이 여러 차례 발생했는데 1604년^{선조 37} 스페인 출신 후안 멘데스^{Juan Mendes}가 첫 번째 사례다. 그는 캄보디아에서 일본의 나가사키로 가기 위해 일본 함선에 승선했다가 난파되어 조선 수군에 포로로 잡혔는데 이후 명나라로 송환되었다.

멘데스 이후에 조선에 표착한 서양인은 수로 네덜란드인이었다. 17세기 숭엽 이후 네덜란드인은 동양 무역에서 포르투갈과 스페인을 제압하고 패권을 장악했다. 1602년 동인도회사를 설립한 네덜란드는 아시아 교역 중심지로 인도네시아 자바 섬에 바타비아^{Batavia 44}를 건설하여 활발한 무역 활동을 전개했다. 조선에 표착한 네덜란드인 가운데 대표적인 인물은 박연朴燕이다. 박연의 본명은 얀 야너스 벨테브레이^{Jan Janse Weltevree}이며, 네덜란드 드 레이프^{De Rijp} 출신으로 1626년인조 4 본국을 떠나 일본으로 가던 중에 경상도 경주 근해에 표류하게 되었다. 이때 그의 동료 디레크 히아베르츠^{Direk Gijsbertz}, 얀 피에테르츠 ^{Jan Pieterz}와 함께 물과 양식을 구하기 위해 육지에 상륙하였다가 주민들에게 발견되었다.

박연 일행은 경주로 압송되었고 경주 부사는 그들이 일본 나가사키로 가는 것을 알고 동래에 있는 왜관倭館으로 보냈다. 그러나 왜관에서는 그들이 일본 표인漂人이 아니라는 이유로 돌려보냈고, 이후 한양으로 압송하라는 조정의 명령이 있기 전까지 부산에 억류되어 있었다.

또한 정재륜鄭載崙, 1648~1723의 『한거만록閑居漫錄』에 실린 기록에 따르면 박연 일행은 '고려인은 인육을 먹는다'라는 인식을 가지고 있었다는 점도 발견할 수 있다. 이 때문에 군졸들이 지핀 횃불을 자신들을 구워 먹기 위한 것이라 여기고 극도의 공포심을 느꼈다고 한다. 당시 서양이 조선을 인육을 먹을 정도로 야만적인 비문명 국가로 인식하고 있음을 알 수 있다. 정재륜은 효종의 부마 駙馬로서 박연을 가까이에서 접촉한 인물로 추정된다. 박연이 조선을 여전히 고려라는 명칭으로 인식하고 있었다는 사실로 보아 이 시기까지도 서구에서

44 현재 자카르타 북부(Kota Tua)에 해당되는 바타비아는, 17세기 이후 아시아 무역을 주도한 네덜란드 동인도회사 무역망의 중심지였다. 성곽, 운하, 벽돌집 등 유럽 도시 모습이 재현된 바타비아는 흔히 '열대의 네덜란드'로 불렸다. 유럽인뿐만 아니라 중국인을 비롯한 다양한 종족과 문화가 동인도회사 선박을 통해 이 도시로 유입되었다.

네덜란드 드레이프 시에 세워진 박연 동상

는 조선에 대한 구체적 정보가 거의 없었음을 알 수 있다.

부산에 억류되어 있던 박연 일행은 1628년인조 6에 한양으로 이송되었고, 인조에게 본국으로의 귀환을 호소했다. 당시 조선은 풍랑 등의 이유로 외국 선박이 조선 해안에 표박하는 경우 필요한 물자를 공급하고 본국이나 그들의 목적지에 송환하는 것이 관례였다. 중국이나 일본 선박이 표박하는 경우에는 거의 예외 없이 이러한 관례를 적용했다.

그렇지만 박연 일행은 끝내 본국으로 돌아가지 못했다. 국내에 중대한 사건이 생기면 명나라에 보고해야 했던 관계가 크게 작용했을 것으로 보인다. 특히 외국과의 관계에 대해서는 반드시 보고해야 했다. 그런데 박연이 한양으로 이송되기 직전인 1627년인조 5에 청나라 침입을 받았고, 육로로 베이징北京에 가는 길이 막혔기 때문에 억류하는 쪽으로 방침을 정한 듯하다.

이후 박연 일행은 훈련도감訓鍊都監에 편입되었고, 박연은 항왜降倭와 표한인漂漢人으로 구성된 부내의 장將이 되었다. 이들은 1636년인소 14에 발발한 병자호란에도 참전했는데, 박연을 제외한 나머지 두 명은 전사했다. 혼자 살아남은 박연은 조선인 여성과 결혼하여 1남 1녀를 두고 조선에서 생을 마감했다. 그는 서양의 화포 제조술에 관한 지식을 조선인에게 전하기도 했다.

앞에서도 말했지만 조선에 표착했을 당시 박연은 조선에 대한 구체적 정보가 거의 없었다. 박연이 일본, 류큐琉球, 베트남 등지를 여러 차례 다니면서 얻은 견식見識이 상당하였던 점에 비추어 볼 때, 17세기 이전까지 조선의 존재는 서양에 거의 알려지지 않았던 듯하다. 조선 역시 서양에 대한 이해 정도가 매우 낮았으며, 박연을 통해 비로소 서양 세계에 대해 진전된 인식을 하기 시작한 것으로 여겨진다. 그러나 박연은 조선에서 생을 마감했기 때문에 조선을 서양 세계에 알리지는 못했다.

조선의 존재를 처음으로 안 유럽인은 포르투갈인이었다. 1543년 이래, 그들은 히라도에 무역항을 두고 있었고, 대마도쓰시마를 가로지른 북서쪽에 그들이 '코라이Cooray, 네덜란드어로는 Cooraij'라고 하는 나라가 있다는 것을 알고 있었다.

네덜란드 출신이지만 포르투갈 상선 함대에 있던 상인 및 사학자로 나중 포르투갈 고아의 총독 비서관도 지냈던 얀 하위헌 판 린스호턴Jan Huyghen van Linschoten, 1563~1611은 이 사실을 '더르크 차이나Dirck China'라는 별명을 갖고 있던 더르크 헤리츠존 폼프Dirck Gerritszoon Pomp로부터 들었다.

더르크는 포르투갈 배의 네덜란드 선원으로, 1584년 포르투갈 상선 '산타 크루즈Santa Cruz' 호를 타고 항해를 떠났다. 화물을 가득 실은 이 배는 고아와 마카오를 거쳐 1585년 나가사키에 도착했다. 아마 일본 땅에 도착한 첫 네덜란드인이었을 것이다. 더르크는 린스호턴에게 조선에 대해 알려주었는데, 린스호턴은 1595년에 출간한 그의 책 『항해일지Reisgheschrift』에서 다음처럼 적고 있다.

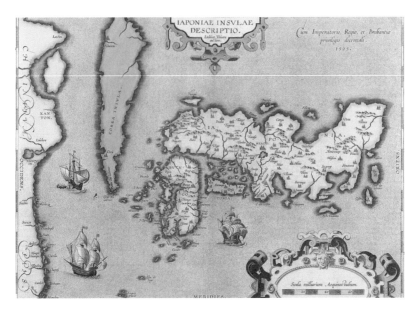

조선이 섬으로 표시된 고지도

'일본 해안에서 북서쪽으로 올라가면 일본과 무역을 하는 '코라이'라고

하는 나라의 해안에 도달한다. 나는 항해를 통해 그 나라 상황에 대해 많

이 알고 있는 항해사를 만나 확실하고 폭넓은 정보들을 얻었다.'

또 이로부터 일 년 뒤에 발행된 책 『여정Itinerario』의 37쪽에서는 다음과 같은

문장을 발견할 수 있다.

'일본에서 조금 위쪽인 위도 34도에서 35도에, 중국 해인에서 그리 멀리

떨어져 있지 않은 곳에 '코레 섬Insula de Core'이라고 불리는 또 다른 큰 섬이

있다. 지금까지 그 크기와 살고 있는 사람, 어떤 교역이 있는지에 관해 확실한 게 아무것도 없다.'

1613년 존 사리스 선장의 『존 사리스 선장의 일본으로의 항해 일지The Voyage of Captain John Saris to Japan』 170쪽에는 이런 내용이 적혀 있다.

'히라도 영국 상관에 돌아왔을 때, 나는 거기에서 서너 명의 플랑드르 Flanders 지방 사람을 발견했다. 그중 한 명은 코레가 보이는 대마도에서 왔다고 했다. 나는 그들이 거기서 후추와 다른 상품들을 팔았다는 사실을 알았다. 나는 그들이 코레와 비밀스런 거래를 했거나 그럴 가능성이 매우 높다고 생각했다.'

나중에는 대마도 영주도주가 코레와 독점으로 무역을 하고 있다는 사실이 포르투갈 상인에게 알려졌고, 이 역시 네덜란드 상인의 귀에 들어갔다. 네덜란드 정부가 일본 정부로부터 히라도에 상관을 만들 수 있도록 허가를 받은 지 일 년 후인 1610년, 앞에서 나왔던 네덜란드 인도 총독 자크 스펙스는 '코레'와 교역하기 위해 이 나라로 갈 후추를 실은 배를 대마도로 보냈다. 그러나 대마도 도주는 이 배를 히라도로 돌려보냈다.
스펙스가 네덜란드 동인도회사 17인 집행위원회에게 보고한 편지에는 다음과 같은 내용도 있다.

'일본은 코레에서 주석을 많이 구입해서 여기(일본)에 많이 있습니다. 일

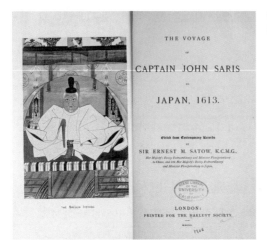

본에서 코레와 무역이 가능한지 요청했습니다. 이를 위해 여기서 30마일 쯤 떨어진 대마도(코레와 거래를 하는)에 3월 마지막으로 20피콜 후추를 보냈습니다. 대마도에서 코레는 또 25마일쯤 떨어져 있는데, 그들은 일 년에 3~4회 배로 가서 거래를 합니다. 그러나 전에 말씀드린 바와 같이 엄 격한 규제로 인해 거래가 불가능하다면 그에게 해가 되기 때문에 대마도 도주 역시 동의하지 않을 것입니다. 만약 동의를 한다면 큰 이익을 얻을 수 있기 때문에 더 요구하겠습니다.'

– 나가사키에서 1610년 11월 3일

조신과 무역을 하려는 네덜린드의 의지는 본국 왕자까지 동원될 정도로 강 렬했다. 머나먼 헤이그에서 마우리츠Maurits 왕자가 직접 일본 통치자에게 편지를 보낸 것이다. 그러나 1610년 12월 18일에 보낸 '일본의 전능한 황제이자 국왕에게'란 제목의 왕자 서신도 결국 일본의 마음을 돌리지 못했다. 여기서 마우리츠 왕자는 다음과 같이 적고 있다.

> '나의 국민들이 앞으로 더욱 많은 나라를 방문하여 교역을 하고자 하니, 폐하의 도움으로 코레에서도 동등한 교역을 할 수 있도록 도움을 요청하는 바입니다. 적당한 시기에 일본 북부 해안을 항해할 수 있다면 그곳에서 우리의 특별한 우정이 생겨날 것입니다.'
>
> – 1610년 12월 18일

네덜란드 왕자는 이렇게 온갖 미사여구를 동원했으나 에도 바쿠후는 이를 무시했다. 네덜란드 동인도회사에게 그들과 멀리 떨어진 조선과의 독점 무역권을 차지하기란 너무 힘든 것이었으나 그들은 이 상황을 계속해서 변화시키고자 했다.

1622년 네덜란드 동인도회사 상선 '드 혼드de Hond 호'는 공식적으로는 항해 오류였다고 하나 실제로는 고의로 조선 해협으로 항해한 것이나 마찬가지였다. 그러나 드 혼드 호는 대포, 화승총, 활과 수많은 목창 등 적어도 36가지의 무기로 즉시 공격을 받았다. 이처럼 환영받지 못한 접대에 관한 보고서에서 드 혼드 호의 선장은 바타비아에 있는 네덜란드 동인도회사 당국에게 "모든 선장들은 달갑지 않은 이런 충돌에 각별히 주의할 것"을 충고하고 있다.

그럼에도 바타비아 총독부는 여전히 희망을 포기하지 않았다. 1636년 시렁관 퀘스트Matthijs Hendricksz Quast는 '조선으로 항해하라het landt Coree t' ontdecken'는 임무를 받았다. 항해를 떠난 그의 배는 조선 해안을 바로 눈앞에 두었으나 조선 수군에 저지당해 상륙할 수 없었다. 물이 필요해 제주도에서 물을 얻으려고 시도했지만 그마저도 실패하고 즉시 쫓겨났다. 그러자 퀘스트 사령관은 고위 선원위원회의 짧은 회의를 거쳐, 조선 땅에 발 딛으려는 더 이상의 시도를 포기하고 항로를 되돌리기로 결심한다.

1653년 4월 말 포르모사Formosa[45] 총독 니콜라스 베르부르크Nicolaes Verburgh, 혹은 Nicolaas Verburg가 사임을 표명했다. 그는 재직 기간 중 별 성과를 거두지 못했기 때문에 그의 사임은 바로 받아들여졌다. 대만은 공식 문서에서도 '귀중한 지역'이라 불리는 만큼 비상한 지혜와 신중함 그리고 대담성을 지닌 새로운 총독이 필요했다.

우여곡절 끝에 상인으로 네덜란드 동인도회사 특별 자문역을 맡았던 코르넬리스 카이사르Cornelis Caesar가 새 총독으로 결정되었다. 부임을 위해 카이사르는 가족과 함께 6월 16일 바타비아에서 스페르베르Sperwer 호에 올랐다. 대만으로 향하는 배에는 질란디아Zeelandia 요새[46]의 인원을 보충하기 위해 50명의 군인들이 수용되었다. 1653년 6월 18일 스페르베르 호는 닻을 올리고 대만으로 향했다. 이제 이야기는 저 유명한 『하멜 표류기The Journal of Hendrick Hamel』로 넘어간다.

이 표류기는 네덜란드 동인도회사의 스페르베르 호가 조선의 제주도 해안에

---

45 포르투갈어로 'formosa'는 '아름답다'는 뜻이다. 그들 눈에는 대만이 매우 아름다웠기 때문에, 대만을 포르모사라 불렀다.

46 1624년에서 1634년까지 10년에 거쳐 네덜란드 동인도회사에 의해 긴립된 요새. 오늘날 대만 디이난의 안핑(安平) 마을에 건립됐으며 대만 서부를 38년 넘게 지배했다. '열란차성(熱蘭遮城)'이 원 이름이지만, 지금은 '안평고보(安平古堡)'라고 불린다.

서 좌초된 1653년 8월 16일부터 선원 중 8명이 탈출하여 1666년 9월 14일 일본 나가사키에 도착하기까지 13년의 기록이다. 이 표류기는 당시 조선의 모습을 생생하게 묘사하고 있고, 또한 당시 조정이 외국에 대해 어떤 태도를 갖고 있었는지 잘 알 수 있지만 전문을 그대로 게재하기는 어려움이 있으므로 그 일부만 보기로 하자.『하멜 표류기』는 다음처럼 시작한다.

하멜 표류기

네덜란드 동인도회사 평의회 명령으로 우리는 1653년 6월 18일 스페르베르 호를 타고 바타비아에서 포르모사로 항해를 하게 되었다. 이 배에는 코르넬리스 카이사르 경이 함께 승선하고 있었는데, 포르모사 총독으로 있던 니콜라스 베르부르크 경을 대신하여 그곳 총독으로 부임하러 가는 길이었다. 순조로운 항해 후 우리는 7월 16일에 타오위엔桃園, 현재 대만 국제공항이 있는 곳 정박지에 도착하여 카이사르 경과 화물들을 그곳에 내려 놓았다. 7월 30일 우리는 평의회 명령으로 다시 '야빤Japan, 일본'으로 출항하게 되었다. 순조로운 항해가 되길 하느님께 기도 드리며 항해를 시작하였다.

- 중략 -

8월 15일 커다란 충격과 함께 배가 해안에 부딪치면서 배는 산산조각으로 부서졌다. 갑판 밑에 있던 선원 대다수는 미처 손 쓸 틈도 없이 바다로 쏟아졌다. 일부만이 갑판 위로 올라왔고, 나머지는 파도에 이리저리 쓸려 다녔다. 천신만고 끝에 해안에 도착했을 때 우리 숫자는 15명밖에 안 되었고, 그나마도 헐벗었거나 심한 부상을 당한 상태였다. 우리는 바위에 앉아 구조를 기다리는 것 이외 어떤 것도 할 수 없었다. 바다에서는 여전히 신음 소리가 들리고 있었지만, 짙은 어둠 속에서 보이지도 않았고 어느 누구도 도울 수 없었다. 8월 16일 아침녘, 몸을 조금이라도 움직일 수 있는 사람들은 다른 생존자가 있는지 찾아보기 위해 해안으로 갔다. 여기 저기에서 사람들이 나타났다. 난파에서 살아남은 사람은 36명이었으며 대부분은 부상 정도가 심했다. 짧은 시간에 그렇게 아름답던 배가 난파선으로 변하고, 선원 64명 중 오로지 36명만 살아남았기 때문에 우리는 매우 낙담하며 서로를 쳐다보았다.

- 중략 -

우리는 남은 삶을 노예같이 보내고 싶지 않아서 가능하면 빨리 이곳을 벗어나야겠다고 결심하게 되었다. 우리는 다음 날 달이 지고 썰물 전인 9월 4일 출항하기로 했다.

- 중략 -

9월 6일 아침, 멀리 떨어지지 않은 곳에서 일본의 첫 번째 섬들 중 하나를 보았다. 그날 저녁에 나중에 들은 바로는 '히라도'라는 섬에 도착했다. 우리 중 누구도 일본에 와본 적이 없었기 때문에 해안을 알지 못했다. 조선인들로부터 우리는 나가사키에 닿으려면 어떠한 섬도 오른쪽에 두면 안된다고 들었다. 그래서 우리는 최초에 매우 작게 보이는 섬을 끼고 돌려고 했고 저녁에야 일본의 서쪽에 있다는 것을 알았다.

9월 7일 섬을 끼고 약한 바람의 변화를 받으면서 항해했다. 우리는 섬이 줄줄이 이어져 있다는 것을 알았다. 저녁이 되자 돛을 내리고 만에 닻을 내리기 위해 어둠을 틈타 해변까지 노를 저어갔다. 바람의 변화가 심해서 어둠 속에서 계속 항해한다는 것은 위험하다고 생각했기 때문이다. 만으로 들어가려 했을 때 수많은 선박의 불빛을 보고 돌아가는 것이 현명하다고 생각했다. 날이 밝자 우리는 여전히 어제 저녁과 같은 장소에 있다는 것을 알았다. 우리는 물결을 타고 뒤로 표류한 게 아닌가 의심했다. 우리는 해안에서 섬 위쪽으로 더 좋은 곳에 닿기 위해 배의 키를 조정했다.

해안에서 약 2마일 떨어진 지점에서 앞쪽으로부터 강한 바람을 만났다. 이 때문에 부서지기 쉬운 작은 배를 숨길 수 있는 만까지 끌고 가는데 엄청난 노력을 해야 했다. 우리는 돛을 낮추고 닻을 내리고 식사 준비를 하기 시작했다. 그때 우리는 어디에 있는지 몰랐다. 가끔 일본 어선이 별 관심 없이 스쳐 지나가곤 했다. 저녁이 되자 바람이 잠잠해져서 항해를 계속하려 할 때쯤 6명이 승선한 배가 만으로 항해하는 것을 보았는데 우리는 재빨리 달아나기 위해 닻을 올렸다. 맞바람만 없었으면 달아날 수 있었을 텐데 그러지 못했다. 게다가 더 많은 배가 만에 나타났다.

그래서 우리는 닻을 내리고 이럴 때 사용하려고 특별히 만들어둔 오렌지색의 조그만 왕의 연대기를 게양했다. 일본인들이 소리쳤을 때 - 우리는 그들이 그렇게 하는 줄 알았다 - 우리도 일제히 "홀란다^{Hollanda}, 나가사키"라고 외쳤다. 처음에 만으로 들어섰던 배가 우리를 향해 왔다. 일본인 중 한 명이 우리의 배에 건너와서는 키를 잡고 있던 우리 동료에게 자신들의 배에 승선하라는 동작을 취했다. 그들은 우리를 견인해서 작은 갑^岬으로 항해했다.

자그마한 어촌이 있었다. 여기에서 그들은 우리가 타고 온 배를 큰 닻과 두꺼운 밧줄로 정박시켰다. 키 조종 장치에 앉아 있던 한 명은 놓아두고 우리 중 나머지를 해변으로 데리고 갔다. 한 차례의 심문이 있었으나 서로의 말을 알아들을 수가 없었기 때문에 큰 성과는 없었다. 우리의 키잡이는 계속 "홀란다, 나가사키"라고 외쳤다. 그들이 한쪽 방향을 가리키며 우리를 향해 고개를 끄덕이는 걸로 봐서 마지막 말은 알아듣는 것 같았다. 우리의 출현은 그들에게 큰 놀라움을 가져왔다. 모든 게 혼란에 휩싸였다. 모든 마을 사람들이 우리를 보기 위해 밖으로 나왔다.

저녁이 되자 큰 배 한 척이 돛을 내린 채 노를 저으면서 만 쪽으로 왔다. 우리는 그 배에 승선했는데 거기에는 강한 인상을 주는 한 남자가 앉아 있었다. 나중에 나가사키에 도착하고 나서 그가 섬에서 서열 3위의 고관이라는 말을 들었다. 그는 친절했고 우리에게 미소를 지었다. 그는 우리를 가리키면서 네덜란드인이냐고 말했다. 우리는 강하게 고개를 끄덕였다. 우리를 4~5일 지나서 나가사키로 데려갈 거라고 했다. 그리고 다섯 척의 네덜란드 배가 거기에 있다고 했다. 말할 기회가 왔을 때 우리는 조선에서 왔으며 13년 전에 난파되어 그 이후로 조선에서 줄곧 머물렀고 우리나라 사람을 만나기 위해 나가사키로 오려고 했음을 알리려고 했다.

매우 친절한 접대에 우리는 안심했다. 결국 외국인이 일본 땅에 발을 들여놓게 되면 즉시 맞아 죽게 된다는 조선인의 말은 거짓이었다. 이것으로, 국가 간에서 서로 얼마나 많은 근거 없는 말들이 떠돌고 있는지 알 수 있었다.

9월 9일, 10일, 11일까지 우리는 계속 한곳에 정박했다. 산책하고 싶은 사람은 해변에 가는 것이 허락되었으나 엄한 경비가 뒤따랐다. 우리는 일본 물품과 물, 장작 그리고 필요한 것들을 더 받았다. 비가 오기 시작했기 때문에 젖지 않고 앉아 있을 수 있게 조그만 텐트를 만들 수 있는 짚으로 된

거적을 받았다. 9월 12일 나가사키로 떠날 모든 준비가 갖추어졌다. 오후에 닻을 올리고 저녁쯤에 섬의 반대편에 도착해서 닻을 내리고 하룻밤을 지냈다. 13일 해가 뜰 무렵, 전에 보았던 그 고관이 승선했다. 그는 문서와 황제가 준 것으로 보이는 물건을 가지고 있었다. 닻을 올리고 큰 배 2척과 작은 배 2척이 함께 항해했다. 처음에 해변으로 갔던 동료 2명은 큰 배에 타고 있었다. 우리는 나가사키에 도착하기 전까지 그들을 볼 수 없었다.

저녁에 나가사키만에 도착해서 한밤중에야 정박지에 도달했다. 그러나 밤이 밝았기 때문에 전에 그들이 말해준 다섯 척의 네덜란드 배를 뚜렷이 볼 수 있었다. 감동적인 순간이었다. 우리 모두는 눈물을 흘리고 서로 껴안고 기쁨에 겨워 목이 쉴 정도로 소리쳤다.

14일 아침에 우리는 나가사키에 발을 딛고 우리의 모험에 대해 수많은 질문을 한 네덜란드 동인도회사 측 통역사에 의해 환영받았다. 모든 이야기를 듣고 난 후 그는 그런 작은 배로 위험을 극복하고 알지도 못하는 바다를 건너 자신들을 만나기 위해 탈출했다는 것에 대해 매우 감탄했다. 우리는 다리를 넘어 데지마 섬으로 갔는데 여기에서 빌렘 볼게르^{Willem Volger} 장관과 그의 대리자인 니콜라스 데 레지^{Nicolaas de Reij} 그리고 많은 네덜란드 동인도회사 직원들에게 환영을 받았다. 우리는 따뜻한 환영회에 이어 네덜란드 옷을 받았다. 우리는 이것이 정확히 13년 28일간 지속된 위험한 모험의 끝이라는 것을 믿기 어려웠다. 우리의 기도를 들어주시고 우리의 노력에 좋은 결말로 보상해주신 하느님께 감사드렸다. 우리는 조선에 남아 있는 8명의 동료들이 속박에서 벗어나 조국과 그들을 기다리는 사람들 곁으로 돌아갈 수 있기를 희망했다. 전능한 하느님이 그들을 도와주실 수 있을 것이다.

일본인의 심문 보고서

10월 25일 통역관은 우리를 나가사키 장관에게 데리고 갔다. 여기에 우리가 알고 있는 내용을 성심껏 답변한 질문 내용들이 있다. 아래의 글은 심문 내용을 꾸밈없이 적어놓은 것이다.

1. 당신들은 어떤 사람들이고 어디에서 왔나?
    우리는 네덜란드인이고 조선에서 왔다.
2. 언제 어떻게 조선으로 가게 되었나?
    1653년 8월 16일 닷새 동안 계속된 폭풍우로 스페르베르 호가 좌초되었다.
3. 어디에서 좌초되었나? 몇 명이 승선하고 있었고 대포는 얼마나 가지고 있었나?
    우리가 켈파르트라 불렀던 조선의 제주도란 곳이다. 64명이 승선했고 포 30문이 있었다.
4. 켈파르트는 얼마나 크며 본국에서 얼마나 떨어져 있는가?
    15마일 정도의 둘레에 기름지고 인구가 많으며 본토에서 10~12마일 떨어진 남쪽에 있다.
5. 어디에서부터 왔고 어느 항구를 들렸는가?
    1653년 6월 18일 대만을 향해 바타비아를 떠났다. 배에는 대만 총독 베르부르크를 대신할 카에사르가 타고 있었다.
6. 배에 싣고 있었던 짐은 어떤 것이고 어디에 사용하려고 한 것인가?
    사슴 가죽, 설탕, 명반과 다른 물품들이다. 당시 데지마 장관으로 있던 코이제트^{Coijet}에게 줄 것들이었다.

7. 선원들과 스페르베르 호에 있던 대포와 짐은 어떻게 되었는가?

난파로 28명이 익사했다. 포의 일부는 건질 수 있었지만 바닷물로 심하게 손상되었다. 실려 있던 짐도 일부만 구할 수 있었다. 지금 그 물건들이 어디에 있는지는 모른다.

8. 난파 사고 후에 조선인들이 어떻게 대했나?

잠자리와 먹을 것, 마실 것 등 잘 대해줬다.

9. 당신들은 당국으로부터 중국이나 다른 나라에 사략선^{私掠船47}으로 활동하거나 중국의 해안을 습격하라는 명령을 받았는가?

그런 명령을 받지 않았다. 우리의 임무는 곧장 일본으로 가는 것이었다. 그러나 폭풍으로 항로를 벗어나 조선에 이르게 된 것이다.

10. 기독교인이나 다른 국적을 가진 사람은 없었는가?

선원은 회사의 종사자들로만 구성되었다.

11. 제주도에서는 얼마나 있었으며 그 이후로는 어떻게 되었나?

약 10개월 정도 머물렀다. 그리고 한양에 위치한 왕이 살던 곳으로 데려갔다.

12. 한양은 제주도에서 얼마나 떨어져 있고 일정은 얼마나 걸렸는가?

한양은 제주도에서 약 90마일 북쪽에 있다. 제주도와 본국과의 해협은 10~12마일 정도이다. 본국의 남쪽에서부터 말을 타고 14일 동

---

47 사략은 국가로부터 특허장을 받은 개인이 선박을 무장시켜 적성 국가의 상선을 노략질하는 것을 뜻한다. 사략에 동원되는 선박이 사략선이다. 근세 초기 유럽 국가들은 상비 해군력을 보충하기 위해 사략선에 교전 자격을 부여했다. 역사적으로 사략업자들과 해적 행위는 실질적으로 큰 차이가 없었다. 사략선은 국가로부터 권한을 받아 합법적 활동을 했다는 차이가 있을 뿐이다. 1856년 파리선언을 통해 스페인을 제외한 국가들은 이를 폐지했다.

안 여행했다.

13. 한양에는 얼마나 있었고, 무엇을 하며 생계를 유지했는가?

우리는 왕의 호위군으로 임명되어 한 달에 70온스의 쌀을 받았다. 한양에서는 3년간 살았다.

14. 한양에서의 체류는 어떻게 끝나게 되었는가?

키잡이와 동료 한 명이 청나라 사신에게 접근했다. 그들은 중국을 통해 본국으로 가고자 했는데 이것이 실패해서 우리는 전라도로 귀향 가게 되었다.

15. 청나라 사신에게 접근한 동료 2명은 어떻게 되었나?

즉시 감옥에 들어갔다. 나중에 우리는 그들이 죽었다고 들었다. 그러나 어떻게 최후를 맞았는지는 우리도 알지 못한다.

16. 조선은 얼마나 큰가?

남북으로 150마일, 동서로 80마일 정도로 추정한다. 8개의 지방으로 나누어져 있고 360개의 도시에 크고 작은 섬들이 많이 있다.

17. 조선에도 기독교인이나 다른 국적의 사람들이 있었나?

어떤 기독교인도 만나지 못했다. 우리는 얀 야너스 벨테브레이라는 네덜란드인을 만났다. 그는 1627년에 대만으로 가다 조선에 도달해 몇몇 동료들과 붙잡혔다. 전쟁 때문에 자기 나라에서 도망쳐온 중국인들도 있었다.

18. 그는 아직 살아 있는가?

알 수 없다. 우리는 10년 동안 그를 보지 못했고 그는 젊지 않았다.

19. 조선군의 무장 정도는 어떤가?

소총과 칼, 활과 화살을 갖추고 있다. 대포도 가지고 있다.

20. 성이나 요새 같은 것은 있는가?

모든 도시 근처에 요새나 성벽으로 방비한 진지가 대부분 높은 산에 위치해 있다. 여기에는 3년 동안 사용할 음식과 군수품이 있다.

21. 조선은 항해할 수 있는 전함을 어느 정도 갖고 있나?

    모든 도시가 전함을 갖고 있다. 각 진지는 200~300명이 있고, 노 젓는 사람과 병사가 있고 몇몇 작은 포도 갖추고 있다.

22. 조선은 다른 나라와 전쟁을 하고 있거나 공물을 바치는 나라가 있었는가?

    전쟁은 하고 있지 않았지만 일 년에 세 번 청나라인이 공물을 거두기 위해 찾아왔다. 그들은 일본에게도 공물을 바치고 있었는데 얼마나 되는지는 알지 못한다.

23. 조선은 어떤 종교를 가지고 있으며 다른 사람들을 개종시키려고 했는가?

    우리가 알기로는 그들은 중국과 같은 종교를 가지고 있었으며 다른 사람을 개종시키려고 하지는 않았다.

24. 종교의식에 사용되는 사찰과 상像이 많이 있었는가?

    산에는 많은 사찰과 사원이 있었다. 우리가 생각하기로는 중국과 같은 식으로 숭배되었다.

25. 수도승의 수와 그들의 생김새는?

    많은 수도승이 있었다. 그들은 일을 하고 구걸해서 생활을 하고 옷차림은 일본의 수도승과 같은 복장이었다.

26. 조선의 수도승들은 어떤 식으로 차려입고 있었나?

    중국식이었는데 말총이나 소의 머리털로 만든 모자나 때때로 대나무 모자를 썼으며 신발과 양말을 신었다.

27. 벼나 다른 작물이 많이 재배되고 있었는가?

남쪽 지방에는 쌀이 많이 재배되고 있다. 그러나 건기에는 농사가 실패해 기근이 시작된다. 1660년, 1661년, 1662년에 수천 명이 굶주려 죽었다. 목화도 재배되고 북쪽 지역에서는 보리와 기장도 재배된다.

28. 말이나 소가 많이 있나?

    소는 얼마 없지만 말은 많이 있다. 전염병으로 3년 동안 소의 수가 급격히 줄어들었기 때문이다.

29. 조선과 교역을 하기 위해 온 다른 나라는 있었는가?

    조선과 교역을 한 유일한 사람은 일본인이다. 그들은 집단 거주지를 가지고 있었다.

30. 일본인 집단 거주지에 가본 적은 있는가?

    접근을 엄격히 금하고 있어서 가보지 못했다. 그들은 중국인에게 인삼 뿌리와 다른 물건을 판다.

31. 조선은 중국과는 어떤 교역을 하고 있는가?

    조선은 중국으로부터 우리가 일본에 전해주는 것과 같은 종류의 물건들을 얻는다. 게다가 실크도 구입하고 있다.

32. 국내 무역에서 사용되고 있는 교환 수단은 무엇인가?

    오래전부터 광산의 은을 이용하고 있었다. 이익의 4분의 1은 왕의 수입이었다. 우리가 아는 바로는 그곳엔 다른 광산은 없었다.

33. 조선에는 은광이나 다른 광산이 있는가?

    조선인들은 이미 오래전에 금광을 개발했다. 그 이익의 4분의 1은 왕의 몫이다. 우리가 아는 한 다른 광산은 없다.

34. 인삼은 어디에서 생산되고 어디에 사용되며, 수출되는 곳은 어디인가?

    조선의 북쪽 재배 지역에서 생산된다. 그들은 이것을 약으로 사용한다. 수확 중 일부는 청나라에게 공물로 바쳐지고 중국과 일본으로 수출한다.

35. 조선과 중국이 서로 이어져 있다는 것을 알고 있었는가?

산맥으로 연결되어 있다는 말을 들었다. 겨울에는 혹독한 추위로, 여름에는 사나운 짐승들 때문에 산을 통한 교역이 힘들다고 한다. 그래서 두 나라 간의 교역은 바다를 통해 하는데 여름에는 배로, 겨울에는 말을 타고 빙판을 이용한다.

36. 조선에서는 어떻게 지방관을 임명하나?

관찰사는 일 년마다 할 수 있고 평범한 지방관은 삼 년 동안 지낼 수 있다.

37. 전라도에서는 얼마 동안 살았으며 무엇으로 생계를 유지했고 몇 명이나 거기서 죽었는가?

병영이란 곳에서 7년을 살았다. 달마다 50온스의 쌀을 지급받았으며, 이 기간 동안 동료 11명이 사망했다.

38. 왜 다른 도시로 이동되었고 그들 도시의 이름은 무엇인가?

1660, 1661, 1662년에 극심한 가뭄으로 식량이 부족해서 지방관은 우리에게 월 배급량을 줄 수 없었다. 그래서 왕은 우리를 세 곳으로 나누어 이동시켰다. 여수 좌수영에 12명, 순천에 5명, 남원에 5명이다.

39. 전라도는 얼마나 크며 어디에 위치하고 있는가?

본토의 가장 남쪽에 있는 곳이 전라도이다. 52개의 도시가 있고 사람들이 많이 모여 살고 땅이 매우 기름지다.

40. 조선의 왕이 보내줬는가, 그렇지 않으면 달아났는가?

왕은 우리를 절대 보내주지 않을 것이므로 우리 8명은 함께 도망쳤다. 그 나라에서 우리의 여생을 보내느니 차라리 죽음을 무릅쓰는 게 나았다.

41. 탈출 당시 몇 명이었으며 남아 있던 사람들도 당신들의 탈출 사실을 알고 있었나?

16명이 있었고 8명이 다른 사람들에게는 알리지 않고 떠났다.

42. 왜 다른 사람들에게는 알리지 않았나?

우리와 함께 있지 않았기 때문에 알리지 않았다. 8명만이 교대로 밖으로 나갈 수 있었다.

43. 남아 있는 사람들은 어떻게 하면 조선을 떠날 수 있나?

일본 황제가 풀어주라는 서신을 보낸다면 그도 거절하지 못할 것이다.

-결국 황제가 조선에 그들을 자신들의 나라로 돌려보내라는 서신을 보낸다.-

44. 탈출할 시도는 여러 차례 했는가?

2차례 시도했다. 첫 번째 시도 때에는 조선 어선에 대해 잘 몰라 돛대가 2번 부러졌다. 청 사신에게 접근을 시도한 것은 성공적이지 못했다. 왕이 사신에게 뇌물을 주었기 때문이다.

45. 왕에게 가게 해달라고 요청했는가? 그랬다면 그가 왜 거절했는가?

왕은 물론 조정에게도 계속해서 요청했다. 그때마다 조선이 다른 나라에 알려지는 것을 원치 않기 때문에 절대로 외국인은 다시 내보내지 않는다고 했다.

46. 배는 어떻게 구했나?

열심히 일하고 구걸한 돈으로 구입했다.

47. 그것이 당신들이 구입한 첫 번째 배였나?

아니, 세 번째였다. 전에 구입한 두 척은 일본으로 건너가기에는 너무 작았다.

48. 어디에서 탈출했는가?

순천에서 온 3명과 5명이 살고 있던 여수 좌수영에서 탈출했다.

49. 나가사키까지 거리는 얼마나 되었고 시간은 얼마나 걸렸는가?

여수 좌수영에서 나가사키까지 약 50마일로 추정된다. 여수 좌수영에서 고토五島까지는 3일이 걸렸다. 고토에서 4일을 머무르고 나가사키까지 이틀에 걸쳐 왔으니까 전체적으로 9일이 걸렸다.

50. 고토에는 왜 갔으며 멈추라고 했을 때 왜 달아나려고 했는가?

폭풍을 피하기 위해 숨어 있다가 잠잠해지면 항해를 계속하려고 했다.

51. 고토에서는 어떻게 대접받았고 별다른 문제는 없었나?

동료 2명이 끌려가서 심문을 받았을 뿐 나머지는 다 잘 대해주었고 별다른 문제는 없었다.

52. 동료 중 일본에 와본 사람이 있는가? 그렇지 않다면 어떻게 항로를 알았는가?

일본에 와본 사람은 아무도 없다. 나가사키에 가본 적이 있는 조선인 몇 명이 항해하는 법을 말해주었다. 게다가 키잡이가 해줬던 말도 기억했다.

54. 조선에 남아 있는 여덟 명의 동료들의 이름과 임무, 나이는 어떻게 되는가?

① Johannis Lampen, 조수, 36세

② Hendrick Cornelissen, 2등 갑판장

③ Jan Claeszen, 요리사, 49세, 남원에 살고 있음

④ Jacob Janse, 조타수, 47세

⑤ Anthonij Ulderic, 포수, 32세

⑥ Claes Arentszen, 급사, 27세, 여수 좌수영에 살고 있음

⑦ Sander Basket, 포수, 41세

⑧ Jan Janse Pelt, 하급 갑판원, 35세

55. 나가사키에 도착한 여덟 명의 이름과 역할, 이름은?

① Hendrick Hamel, 서기, 36세

② Govert Denijszen, 조타수, 36세

③ Mattheus Ibocken, 이발사, 32세

④ Jan Pieterszen, 포수, 36세

⑤ Gerrit Janszen, 포수, 32세

⑥ Cornelis Dirckse, 항해사, 31세

⑦ Benedictus Clercq, 급사, 27세

⑧ Denijs Govertszen, 급사, 25세

이렇게 1666년 9월 14일 답변은 성심성의껏 이루어졌다. 1666년 10월 23일 볼게르 장관은 배 7척으로 나가사키를 떠났다. 우리는 배가 떠나는 것을 보고 매우 슬퍼했다. 우리 역시 선장과 함께 바타비아로 떠나길 희망했으나 나가사키 총독이 허락해주지 않았다. 우리는 데지마에서 일 년을 더 지낼 수밖에 없었다.

10월 25일 섬에서 온 통역관이 우리를 총독에게 데리고 갔다. 우리는 수많은 심문에 알고 있는 대로 모두 대답했다. 1667년 10월 22일 오후 우리는 새로운 총독으로부터 떠나도 좋다는 허락을 받아 다음 날 동틀 무렵 닻을 올리고 나가사키 항만을 떠났다. 이방인들의 땅에서 14년 이상 고통스런 방황으로부터 우리들을 자유롭게 해준 하느님께 감사하며 우리는 바타비아 항에 도착했다.

『하멜 표류기』의 마지막과 관련한
이런저런 사항들

헨드릭 하멜과 그의 일행의 '고통스런 표류'는 1666년 11월에 끝나지 않았다. 그들은 데지마에서 정확히 일 년간을 더 머물러야 했고 그것은 별로 달갑지 않은 생활이었다. 데지마는 나가사키에 있는 매우 작은 인공 섬으로 본국과 다리로 연결되어 있었다. 네덜란드인은 오직 일본의 허가가 있어야만 이 다리를 지날 수 있었고 그 허가도 거의 주어지지 않았다. 단지 일본인이 네덜란드인에게 물어보거나 말할 것이 있을 때만 소수의 대표가 다리를 통과할 수 있었다. 데지마는 정확히 1헥타르 크기의 길고 작은 섬으로 거리 하나가 있고 양쪽에 집이 있다. 1635~1636년에 일본인들이 세웠는데 정확히는 일본인들이 교역하길 원했던 외국인청나라인을 머물게 할 목적이었다.

이 섬에는 원래 포르투갈 사람이 머물렀으나 일본인들을 기독교로 개종시키

에도시대 후기 데지마 모습을 묘사한 삽화

려다가 1638년에 쫓겨났다. 그리고 몇 년 후에 네덜란드인들이 머물게 되었는데 그것은 일본인들에게 기독교인이 되게 할 어떤 선교 활동도 하지 않겠다는 다짐을 받고 난 다음 가능해졌다.

1641년까지 네덜란드인은 히라도에 공장을 소유했다. 히라도는 나가사키 북쪽의 훨씬 큰 섬으로 네덜란드 동인도회사 활동 시에는 그곳을 로지lodge라 불렀다. 네덜란드인은 1603년부터 1641년까지 38년간 이 섬에 머물렀으며 거기서 이동의 자유가 훨씬 많았다.

그러나 1641년에 네덜란드인은 데지마로 옮겨가야 했다. 철수 작업은 6월 12일부터 24일까지 계속되었고 1641년 6월 25일 히라도의 레 마리Le Marie 사령관이 와서 한 번에 모두 나가사키로 옮겨갔다. 데지마는 완전히 밀집되어 있었다. 섬에는 사무소, 창고와 섬에서 오랫동안 머물렀던 네덜란드 동인도회사 직원을 위한 주택도 있었다.

사령관은 멋지게 갖추어진 비교적 넓은 곳에서 살았고 그 나머지 직원들은 막사 같은 작은 집에 살았다. 항구에 정박해 있는 네덜란드 동인도회사 소속 선박의 고급선원으로 임명된 이들이 머물 수 있는 객사도 있었는데, 이들 중 한 곳에서 하멜과 그의 일행들이 머물렀다. 아마도 그들은 충분한 공간과 사생활을 갖지 못했던 것 같다.

네덜란드인은 기독교 선교 활동을 부여받지 못해서 데지마에는 교회나 신부가 없었다. 그들은 죽은 자를 매장할 수도 없었고 그만한 공간도 없어서 사자死者는 해안에서 5마일 떨어진 바다에 버려져야 했다. 정박지에는 정박한 배에서 돛과 키를 일본인에게 넘겨줘야 했는데, 이것은 그들의 허기 없이 띠나는 것을 방지하기 위해서였다. 『성경』과 총도 내줘야 했고 대포도 잠금장치를 했

여성의 데지마 출입은
오로지 기녀만 가능했다.

다. 식량 일부는 네덜란드 동인도회사에서 제공하고 일부는 일본에서 가지고
왔는데 대부분이 닭고기, 생선, 신선한 채소와 과일이었다.
데지마에 머물렀던 그들 대부분은 괴혈병으로 고생하진 않았으나 성병에 시
달렸다. 사령관은 바타비아에 보내는 공식문서에서 네덜란드 동인도회사 직
원들이 정기적으로 다리를 건너온 일본인 매춘부로 인해 이런 질병에 시달
렸다고 공표했다. 1641년 8월 19일자 일일 보고서에서 사령관은 다음과 같이
기록했다.

'일본은 네덜란드인이 허가 없이 섬을 떠날 수 없게 했다. 매춘부는 출입
이 허용되었으나 다른 여자들은 금지되었다. 일본 승려들과 궁핍한 일본
인 또한 출입을 할 수 없었다.'

공식적인 생활에서 일본인들은 바르게 행동했으나 건방진 태도를 가지고 있

었다. 일본 문헌은 네덜란드인을 불쾌한 냄새를 풍기는 예의 없는 야만인으로 알리고 있다. 조선 관리와의 서신 왕래에서도 보이듯이 네덜란드가 어디에 위치한지도 모르면서 종속국으로 간주했다. 종속국 국민들은 겸손하고 공손하게 일본인들을 대해야 했다.

네덜란드인은 히라도에 있었을 때부터 그런 지침을 받았다. 1633년 5월 31일, 주재 장관인 니콜라스 쿠케바케르Nicolaes Couckebacker에게 보내온 네덜란드 동인도회사 17인 집행위원회Heeren XVII 지침서에는 '네덜란드인은 무난히 교역하기 위해서 모든 것을 참아가며 일본인이 듣기 좋은 말만 해야 한다'는 내용이 있다. 이에 따라 니콜라스 역시 그 대상이 누구든, 교역이 크든 작든 협상하기 위한 조신한 행동을 해야 했다. 교역엔 좋을지는 모르지만 외국인으로서는 참을 수 없는 부분이기도 했다.

대부분 사령관들은 일본인에게 아첨을 잘함으로써 자신들을 좋아하게 하는 데 성공했다. 그들의 보고서를 볼 때, 마찰이 있으면 사령관이 즉시 교체되었던 것으로 보인다. 데지마 무역 결과는 회사에 주는 이익이 대만보다 결코 못하지 않았다. 네덜란드가 일본에 대해 가지고 있던 차별성 있는 접근 방식은 회사에 아무런 해도 되지 않았다. 몇몇 보고서에서도 나타나는 일본과의 교역 상황은 '매우 유리함'이었다. 상대를 기분 좋게 하는 말을 해준 만큼 많은 이득을 얻을 수 있었다.

혹자는 왜 일본이 하멜과 그의 동료들을 가능한 빨리 떠나보내지 않았는지 궁금할 것이다. 여기에는 소위 '일본의 정밀한 계산'과 관련이 있다. 하멜과 그의 일행은 1666년 10월 23일 '에스페린세Esperance 호'를 디고 비티비아로 떠나길 희망했다. 그러나 회사 대표의 반복된 구두 약속과 문서상 요청에도 불구하고 요구 사항은 거절되었다. 다음 해인 10월 22일이 되어서야 하멜과 그의 동료들이 제2의 억압에서 벗어나는 허가가 떨어졌다. 같은 날 그들은 정박해 있던 '스프류Spreeuw, starling 호'에 승선했다. 3개의 돛대를 가진 화물선인 이 배는 1667년 11월 28일 바타비아에 도착했다.

왜 하멜과 그 일행이 나가사키를 떠나기 위한 허가를 얻는 데 오래 걸렸을까? 당시 바쿠후는 그동안 무엇을 했나? 하멜 일행에 대한 심문 보고서는 필요한 허가를 얻기 위해 나가사키 지방관에 의해 바쿠후에 전해졌다. 단지 이 보고서가 전달되는 데 시간이 좀 걸렸을 뿐이다.

지방 영주는 즉각 조치를 취하지 않았다. 그들은 하멜과 그 일행의 답변을 직접 확인하길 원했다. 그 결과 그들은 조선 조정과 서신 왕래를 했다. 이것이 시간을 허비했던 절차였다. 복잡한 조서는 바쿠후가 조선과 직접 교신하는 것을 불가능하게 했고 중재자로서 대마도의 다이묘가 임명되있다. 이것은 그가 조선과 오랫동안 교역을 해왔기 때문이기도 했다. 다이묘는 부산 근처에 조

데지마에서의 거래를 묘사한 그림

그만 거주지도 소유하고 있었다. 그곳에는 다이묘가 연간 21척의 배를 입항할 수 있는 '동래'라고 하는 조그만 항구도 있었다.

일본이 알고자 했던 것은 하멜과 그의 동료들에게 숨겨진 기독교 신봉 의지가 있는가 하는 것이었다. 그래서 다이묘는 필요한 절차 이후 부산에 있는 관계자에게 서신을 보내 이를 확인하는 과정이 필요했다. 그 내용은 아래와 같다.

> 최근 한 조선 어부의 배가 고토 근처에 왔다. 승선했던 사람들이 네덜란드에서 온 이방인으로 의심되어 섬의 통치자가 그들을 나가사키로 보냈다. 거기에서 이들은 심문을 당했다. 그들은 자신들을 네덜란드인이라 했고, 13년 전에 일본으로 가는 도중에 조선 해협에서 배가 좌초되었다고 했다. 그래서 13년 동안 살았고 최근에 탈출했다고 했다. 이방인들은 그들 스스로 상인이라 했으나 사악한 교리로 백성들을 속이기 위해 자국에 온 예수의 추종자 의혹이 다분했다. 우리는 당신네^{조선} 조정이 국가적 동일성에 영향을 미칠 수 있는 사상의 유입에 대해 우리만큼 우려하고 있다는 것을 알고 있다. 그래서 우리는 더 많은 정보를 요구하는 것이다. 상세한 내용은 동래의 대표자에 의해 구두로 통지될 것이다.

이 공식적인 보고서가 조선말로 번역되는 데 시간이 꽤 걸렸다. 그리고 동래에 있는 관계자는 일본과 문서상으로 접할 권한이 없었기 때문에 지방의 통치자에게 연락해야 했다. 통치자는 많은 문제점을 야기시킨 한양으로 서신을 보냈고, 이렇게 답변을 해야 하는지 많은 생각을 해야 했다. 그 당시 네덜란드인들이 탈출한 것은 한양에 알려지지 않았다. 남쪽 지방의 관찰사는 탈출 소식을 만약의 사태에 대비해 감추어두었는데, 어떤 이가 그에게 그 작은 배로는 네덜란드인들이 결코 일본에 도착하지 못할 것이라고 확신시켰기 때문이다. 동래에 있는 일본 대표자가 전한 어투는 서신에 있던 것만큼 예의바르지 못했다. 그는 동래의 조선 감독관에게 당시 바쿠후가 다음 질문들에 대해 받아야 할 답변들을 가능한 빨리 처리해야 한다면서 거만한 말투로 요구했다.

네덜란드 국적의 배가 13년 전에 조선의 해안에 좌초되었다는 것이 사실이며, 너희가 화물을 빼앗았는가? 조선 해안에 좌초된 모든 외국 선박은 즉시 일본 당국에 보고해야 한다는 것을 모르는가? 네덜란드가 일본 속국임을 모르는가?

이런 강경한 어조는 조선인을 닦달하기 위한 목적이었다. 이는 일본이 자주 사용하는 방법이었다. 그들은 매우 예의바르고 상세한 공식적인 보고서를 전달했지만 대표자들에게는 위협적인 태도로 대화에 임하도록 지시했다. 질문은 당시 감독관이 기록하여 지방의 통치자에게 전해졌다. 겁먹은 그는 이를 한양에 보냈고, 조선 조정은 답변을 했다.

사실 13년 전에 배는 좌초했으나 우리는 화물을 빼앗지 않았고 좌초당한 사람들에게 돌려주었다. 우리가 알기로는 중국 배가 좌초될 때만 일본에 보고해야 하는 것으로 안다. 네덜란드가 어떻게 일본 속국임을 알 수 있었겠는가. 이들은 **일본**식 복장을 히고 있지 않았디. 그들은 결코 기기에 가 본 적이 없다고 했다.

조선 조정은 대마도 다이묘에게 서신으로 공식 답변을 보냈는데 매우 정중한 어구로 시작해서 다음과 같이 계속되었다.

1653년 남쪽 섬 앞 해안에 이방인의 배가 좌초되었다. 선원의 절반은 익사했고 36명이 살아남았다. 아무도 그들의 말이나 글씨를 알 수 없었다. 그들은 여기에 14년간 머물렀다. 그들은 고기잡이나 나무를 해서 먹고살았다. 그들은 기독교 교리를 전도하려거나 어떠한 다른 나쁜 사상으로 백성들을 물들이려 하지 않았다. 만약 그런 일이 있었더라면 우리는 즉시 너희에게 알렸을 것이다. 이들 이방인이 진정 기독교인이었다면 일본으로 달아나지 않았을 것이다. 그들은 예수 추종자들이 순식간에 죽음을 당한다고 들었다. 조선에는 여전히 8명의 이방인이 있다. 원하면 직접 만나서 심문을 해도 된다.

그 답변은 일본을 만족시켰다. 그들은 네덜란드인들이 기독교 포교 목적으로 온 것인지 더 이상 의심하지 않았다. 이제 그들은 데시마 장관의 반복된 요구를 만족시킬 수 있었다. 하멜과 그의 일행은 데시마를 떠나도 좋다는 허가를 받았고 대마도 다이묘는 조선에게 다음과 같은 서신을 보냈다.

최근에 우리는 조선 해안에서 13년 전에 표류했던 선박에 대한 정보를 요구했다. 우리는 아직도 8명이 조선에 남아 있는 걸로 알고 있다. 그들은 우리나라 속국의 백싱이므로 이들을 우리의 심으로 즉시 보내줄 깃을 요청한다.

이 서신은 일본 사자에 의해 동래로 보내졌고 1668년 3~4월쯤 조선 사령관에게 전달되었다. 사령관은 한양 조정에 이 서신을 보냈고 왕과 그의 대신들은 기꺼이 요청을 받아들였다. 그들은 처리하기 난처한 네덜란드인들로부터 벗어나는 것이 행복했던 모양이다. 조정의 지시가 담은 서신은 네덜란드인들이 살고 있는 전라도로 보내졌다. 그리고 서신이 일본에 보내졌다. 서신에 있는 내용은 다음과 같다.

> 8명의 네덜란드인 중에 1명이 작년에 사망했다. 7명은 여전히 살아 있다.
> 이들은 동래로 이송해서 사신에게 건네질 것이다.

1668년 7명이 대마도에 도착했다. 영주는 이들을 나가사키로 이송하는 일을 맡았다. 힘든 여정 끝에 그들은 9월 16일 나가사키에 도착했다. 데지마의 일일 기록에는 되돌아온 이들의 이름이 기록되어 있다. 그들은 1666년 일본이 하멜 일행에게 한 심문의 끝부분에 하멜이 언급한 것과 같은 이름들이다. 도르드레흐트Dordrecht에서 온 요리사 얀 클라스젠Jan Claeszen은 남원에서 2년 전에 사망했다고 적혀 있다.

그러나 니콜라스 위트센Nicolaes Witsen, 1641~1717[48]이 쓴 1705년 『북동 타타르지 Noorden Oost Tartarije North and East Tartary』 2판 1부 53쪽에는 당시 얀 클라스젠은 살

---

48 네덜란드 외교관, 암호학자, 해양 작가 겸 암스테르담 시장으로 네덜란드 의회 대표도 지냈고, 1693년에는 네덜란드 동인도회사의 행정 책임자 및 영국 의회 특명대사를 지냈다. 러시아 전문가로서 그의 책은 러시아에 관한 네덜란드에서 간행된 가장 중요한 저작으로 평가받았다. 또한 그는 17세기에 한글을 이용하여 한국어-네덜란드어 어휘집을 만들기도 하였으며, 『하멜표류기』에 없는 조선 잔류 네덜란드인에 관한 기록을 남겼다.

아 있었다고 적혀 있다. 그는 조선에 머무르고 싶어 했다는 것이다.

> '그는 거기서 결혼도 했고 기독교인이나 네덜란드인으로 보이는 어떤 흔
> 적도 지니지 않을 것이라고 맹세했다.
> Hij was aldaer getrouwt en gaf geen hair aen zijn lyf meer te hebben dat
> na een Christen of Nederlander geleek.'

니콜라스 위트센은 책을 집필할 때 많은 문헌을 참조했는데 항상 믿을 만
한 것은 되지 못했다. 그러나 네덜란드 동인도회사 책임자를 지냈으므로 하
나하나 확인하기 위해 네덜란드 동인도회사에 종사하는 사람들과 대화를
나누었다. 하멜과 그의 동료들의 모험에 대해서는 '저널Journael'이란 용어를
사용했다. 그는 스페르베르 호에 승선했던 보조 이발사 마테우스 에이보켄
Mattheus Eibocken도 만났다. 혹자는 저널 도중에 일어나지 않을 일들이 보조 이
발사 입에서 나와 그가 기록했을 것이라 추정할 수도 있다.

일본으로 인해 곤란해지지 않기 위해서 조선은 얀 클라스젠이 죽었다고 서신
에 기록해야 했을 것이다. 같은 이유로 그의 7명의 동료들도 이 서신을 확인
해야 했을 것이다. 그들은 일본에서 고향으로 돌아갈 허가를 받지 못하게 될
위험을 피하고 싶어 했다. 그래서 이 날조된 메시지를 네덜란드 동인도회사
보고서에 기록했다.

위트센에 따르면 얀 클라스젠이 조선에서 결혼해서 자식을 가지고 있었던 스
페르베르 호의 유일한 승무원은 아니었다. 위트센은 '그늘은 자식과 부인늘
을 두고 떠났다Kinderen en wijven, die enige daer getrouwt hadden, verlieten ze'고 적고 있다.

데지마는 현재 나가사키를 대표하는 관광지가 되었다.

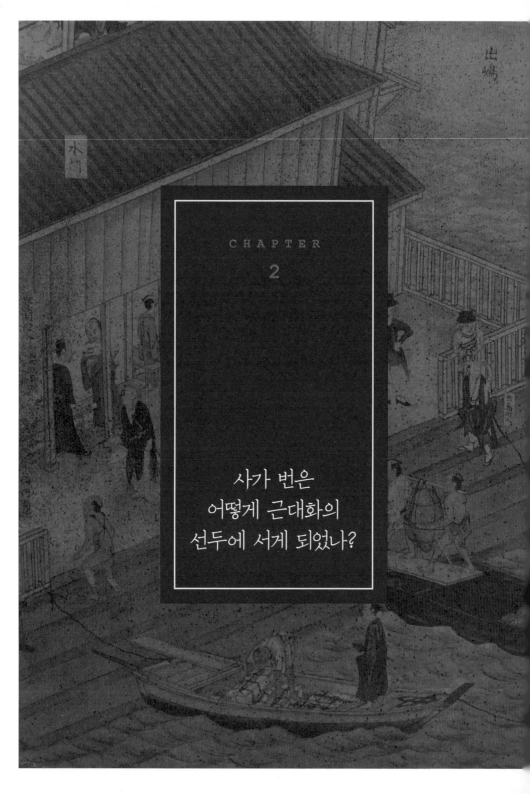

CHAPTER

2

사가 번은
어떻게 근대화의
선두에 서게 되었나?

1808년 분카^{文化} 5년 10월 15일. 메이지 유신 60년 전. 영국 군함 페이톤^{Phaeton} 호가 네덜란드 국기를 달고 네덜란드 선박인 것처럼 가장해서 나가사키 항구에 불법으로 침입하는 사건이 발생했다. 당시 일본은 아직 본격적인 개항을 하지 않았던 때였다. 앞에서 보았듯 나가사키는 1634년 인공 섬인 데지마를 조성하고 이곳에 한정해 네덜란드 상선만 출입을 허용했고, 육지에는 1688년 이후 중국 상인 거주 지역인 '도진야시키^{唐人屋敷}'를 만들어 청나라 상인의 출입과 거주를 허용했다.

영국 왕립해군 소속으로 1780년에서 1782년까지 리버풀^{Liverpool}에서 건조된 페이톤 호는 38개의 대포를 장착하고 있었다. 페이톤 호가 나가사키에 쳐들어간 것은 그곳에 곧 도착할 것으로 예상되는 네덜란드의 무역선 두 척을 나포하기 위해서였다.

네덜란드 상인들과의 교역을 그린 데지마 풍속도(나가사키역사문화박물관 소장)

chapter 2

당시 유럽은 왕실 해군과 해적 행위가 구별되지 않던 야만의 시기였다. 왕실 해군은 다른 나라 배를 약탈하는 등 공공연히 해적질을 했고, 그렇게 약탈한 재화가 왕실의 곳간을 배부르게 하는 것은 물론 국가 경쟁력도 커지던 시절이었다. 영국에서는 영웅이지만 스페인에서는 악명 높은 해적 '엘 드라크El Draque'였던 프란시스 드레이크Francis Drake의 경우가 그랬다. 그가 노략질한 배의 보물을 가득 싣고 런던으로 돌아오면 여왕이 직접 버선발로 뛰쳐나갈 정도였다. 그의 단 한 번의 노략질만으로도 엘리자베스 1세가 얻은 수익은 약 16만 파운드에 달했으니 그럴 만하다.

다시 나가사키 얘기로 돌아오자. 배가 예상보다 이르게 들어왔음에도 불구하고 일본 수비대와 네덜란드 상관 직원들은 별다른 의심을 하지 않았다. 그래서 데지마 관리들은 방문객을 환영하기 위해 노를 저어 배로 접근했다. 그러나 그들이 접근하자마자 영국 해군은 네덜란드 직원을 붙잡았고, 놀란 일본인 호위병은 바다로 뛰어들었다. 페이톤 호의 펠레Pellew 함장은 나가사키 경비대에 음식과 물, 연료를 가져오지 않으면 네덜란드 직원을 처형하는 것은 물론, 항구에 정박해 있는 네덜란드와 중국 선박을 파괴하겠다고 위협했다. 그러나 이에 맞서야 할 일본의 군사력은 형편없었다. 나가사키를 방어하는 일본 대포는 너무 낡은 것이어서 대부분 발사조차 되지 않는 실정이었다. 또한 나가사키 항구는 후쿠오카 번福岡藩과 사가 번01이 교대로 경비를 담당하고 있었는데, 당시 경비 책임을 지고 있던 사가 번은 원래 1,000명이 주둔해야 했지만 100명만이 지키고 있었다.

---

01 번주인 나베시마(鍋島) 가문의 이름을 따 나베시마 번으로도 불린다.

나가사키역사문화박물관에서는 나가사키 부교의 일상을 다룬 소극을 공연한다.

이런 상황에서 경비 책임자인 나가사키 부교 마쓰다이라 야스히데松平康英는 영국 측에 상관 직원의 생환을 요구하는 한편, 사쓰마 번, 구마모토 번, 구루메 번久留米藩, 오무라 번大村藩 등 규슈 일원 번들에게 긴급히 응원군 출병을 요구했다.

다음 날 16일 펠레 함장은 인질 1명을 석방하면서 재차 물과 음식 등의 제공을 요구해왔다. 이에 마쓰다이라 부교는 부득이 요구를 받아들였지만 물은 소량밖에 제공하지 않고 내일 이후 충분한 양을 제공한다고 하면서 응원군이 도착할 때까지 시간을 벌기 위해 애썼다. 한편 페이톤 호는 인질을 통해 그해에 네덜란드 무역선이 오기 힘들다는 사실을 알아냈다. 또한 부교소에서 보낸 쌀과 채소 및 물, 네덜란드 상관에서 제공한 돼지와 소고기가 도착하자 나머지 한 명 데지마 직원도 석방하고 출항 준비를 시작했다.

17일 새벽 인근 오무라 영주 오무라 스미요시大村純昌가 병사를 이끌고 나가사키에 도착했다. 이에 마쓰다이라 부교는 오무라 영주와 함께 페이톤 호를 억

류시키거나 배에 불을 지르는 작전을 시작하려 했으나 그 사이에 페이톤 호는 닻을 올리고 나가사키 항 밖으로 떠나버리고 말았다.

결과만 놓고 보면 일본의 인적, 물적 피해도 없었고, 네덜란드 상관의 인질도 무사히 풀려났으므로 사건은 평온하게 해결된 셈이었다. 그러나 이는 영국의 명백한 침략 행위에 대해 나가사키 부교가 제대로 대항하지 못하고 협박에 굴복하고 만 사건이었다.

이에 따라 마쓰다이라 부교는 스스로 할복자살하는 것으로 국위를 욕보인 것에 대해 책임을 졌다. 마음대로 경비 병력을 줄이고 있었던 사가 번 역시 사건의 책임을 지고 번의 가로家老 몇 명이 할복해야 했다. 아울러 중앙 바쿠후는 나베시마 9대 번주인 나베시마 나리나오鍋島齊直, 1780~1839에게 100일 동안 문 밖 출입을 금지하는 폐문 징계를 내렸다.

이 사건은 그만큼 중앙 바쿠후는 물론 지방 다이묘들에게 서양 열강의 무력 도발에 대한 경각심을 일깨우기에 충분했다. 사건 이후 후임 부교로 온 마가리부치 가게쓰구曲淵景漸는 검문 체제 개혁을 실시해, 비밀 신호기를 이용하는 등 외국 선박의 입국 절차를 한층 강화했다.

일본 최초의 영어사전이
만들어진 사연

사건의 여파로 일본 지식인 사이에서 영국은 침략 성향을 가진 위험한 나라인 '영국 오랑캐'로 간주되기 시작해 조직적인 연구 대상이 되었다. 이에 따라 바쿠후는 1809년 네덜란드 도움을 얻어 모토키 마사히데本木正榮 등 6명의 나가사키 통역원에게 영어와 러시아어 연수를 시켰다. 이들은 네덜란드 상인에

1 니가시기 영어전습소의 교육생들. 모두 번시 들이리 칼을 치고 있는 모습이
   이채롭다. 중앙에 영어 강사가 있다.

2 일-네덜란드어 사전

게 영어를 배우고, 1811년 영어사전 『영어흥학소전譜厄利亞興學小筌』 10권을 완성했다. 바로 일본 최초의 영어사전이다. 그러나 이 사전은 10권이라고 하지만 실제 영어 단어가 6,000자에 불과했다. 따라서 3년 후인 1814년 바쿠후의 명령에 의한 본격적인 사전인 『영어어림대성譜厄利亞語林大成』 15권이 재차 완성되었다.

한편 페이톤 호 이후에도 영국 선박 출현이 잇따라 일어나자 바쿠후는 1825년에 외국 선박 추방령인 '이국선타불령異國船打拂令'를 내렸다. 이는 일본 해안에 접근하는 모든 외국 선박은 발견 즉시 포격을 가해 쫓아내고, 상륙 외국인은 체포하라는 명령이었다.

'서양'으로부터의 위협이자 기회였던 나가사키

사가 번은 어떻게 다른 번에 앞서서 근대화를 이룰 수 있었던 것일까? 그것은 역시 10대 번주 나베시마 나오마사鍋島直正, 1815~1871의 진취적인 기질, 관리 능력, 리더십을 빼놓고는 말할 수 없다. 다음에서 기술된 것들은 사가현립박물관과 역사관 학예연구원인 우라가와 카즈야浦川和也와 작가 우에마쓰 미도리植松三十里가 『역사가도歷史街道』에 발표한 논문에서 주로 참조한 내용이다.

사가 번은 난학蘭學[02]의 등장도 다른 번보다 더 빨랐다. 1774년에 와카사 국若狹國 오바마 번小浜藩[03] 의사 스기타 겐파쿠杉田玄白와 부젠 국豊前國 나가쓰 번中津

---

[02] 일본 에도시대에 네덜란드에서 전래된 지식을 연구한 학문으로 에도시대 서양의학과 과학 지식은 주로 네덜란드를 통해 전해받았다.

[03] 현 후쿠이 현(福井縣)의 오바마 시

藩[04] 의사 마에노 료타쿠前野良澤가 『해체신서解体新書』를 번역했을 무렵에는 이미 시마모토 료준島本良順,?~1848이 사가 번에 란보蘭方[05] 의사 간판을 내걸었고 그 문하에서 이토 겐보쿠伊東玄朴,1800~1871, 오이시 료에이大石良英, 야마무라 료데쓰山村良哲 등의 명의가 자라고 있었다.

시마모토 료준은 사가 번에서 난학의 선구자였고, 그 문하의 이토 겐보쿠는 1846년 영주 나오마사에게 종두법 실시를 진언하고, 1858년에는 에도에 종두소種痘所를 개설하는 한편, 나중 도쿄대학 의학부가 되는 서양의학거래소의 토대를 마련한 인물이다.

이렇게 일찍부터 난학을 받아들인 것은 나가사키가 가까운 지정학적 영향으로 네덜란드 상인과 접촉한 영향이라고 봐야 하겠지만 나가사키와 인접한 지역이 사가 번만 있는 것은 아니다. 따라서 직접적인 영향은 사가 번이 바쿠후의 지시로 에도시대 초기부터 나가사키 경호를 맡은 것에서 찾을 수 있다.

에도시대 일본의 대외 관계는 오랜 기간 나가사키, 대마도, 사쓰마, 마쓰마에松前의 4개의 창구를 가진 이른바 '네 개의 입四つの口' 체제를 취하고 있었다. 나가사키는 중국과 네덜란드, 대마도는 조선, 사쓰마는 류큐오키나와와 동남아 일부, 마쓰마에는 북해도 아이누 민족과의 교역을 담당했다. 페리에 의한 개항 이전까지는 나가사키가 '서양'을 엿볼 거의 유일한 창구였던 것이다.

이러한 '네 개의 입' 체제가 되기 전에 16세기부터 일본과 활발히 무역을 하고 있던 포르투갈은 1640년 무역 재개를 요구하며 나가사키로 사절단 선박을 파견했지만 앞에서 얘기한 것처럼 바쿠후는 이를 거절했다. 그리고 3대 쇼군

04 현 오이타 현의 나가쓰 시
05 네덜란드에서 전해진 의술로 에도 말기와 메이지 유신기에는 일반적인 서양의학을 지칭했다.

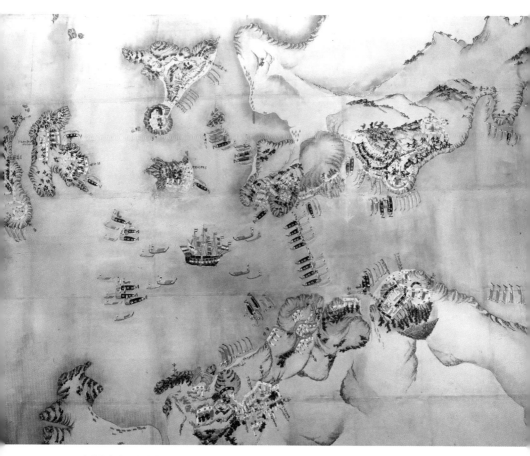

나가사키 항구 경비대를 묘사한 그림(나가사키역사문화박물관)

이에미쓰가 포르투갈의 보복이 두려워 시작한 것이 나가사키 경비대였다. 나가사키 경비는 처음 1641년에 후쿠오카 번에게 맡겼고, 그 다음 해는 사가 번으로 옮겼다가 그 다음부터는 교대로 하게 했다.

나가사키 경비에는 큰 재정 부담이 필요했지만 다른 한편으로 '서양'에 접할 기회가 생겼다. 사가와 후쿠오카 번 번사들은 『네덜란드풍설서阿蘭陀風説書』이나 『중국배풍설서唐船風説書』를 읽을 수 있었고, 나가사키의 서양인은 물론 이곳으로 유학을 온 국내 지식인들을 만날 수 있었다. 사가 번의 글로벌 마인드는 이러한 배경에서 자연스레 조성되었다.

18세기 후반 영국에서 시작된 산업혁명의 물결은 곧 유럽 각국과 미국에 전파되었다. 산업혁명은 가내공업의 발전과 제철 기술의 향상, 증기기관의 실용화와 증기 자동차, 증기선 개발을 가져왔다. 구미 열강은 철제 대포와 증기선으로 무장하고 해외 시장과 식민지 획득을 위한 아시아 침략을 시작했다. 앞서 보았던 1808년 영국 군함 페이톤 호의 나가사키 항 침입도 그런 흐름 속에서 일어난 사건이다.

'페이톤 호 사건'이
사가 번의 근대화를 촉진하다

페이톤 호 사건으로 제일 큰 충격을 받은 것은 당연히 사가 번이었다. 가로가 할복자살하고 번주가 근신을 당하는 굴욕을 당한 사가 번은 나베시마 번주 자신부터 근대화와 신식 무기에 급격한 관심을 갖게 된다. 페이톤 호 사건에 의한 사가 번의 '흑선 내항'은 페리 내항보다 45년 빨리 외압에 노출되었다고 할 수 있다.

페이톤 호 사건과 관련해 사실 사가 번은 억울한 측면이 많았다. 나가사키 경비에 막대한 비용이 소요되어 번의 재정에 압박을 주면서 대대로 괴롭혔기 때문이다. 나베시마 나리나오도 자신이 번주를 물려받을 때부터 빚이 많은 상태여서 어떻게든 나가사키 경비로부터 벗어나고 싶어 했다.

나베시마 나오마사

고심 끝에 그는 중신인 아리타

겐시인有田權之允에게 밀명을 내려 나가사키 경비 임무를 구마모토 번으로 인계시키려 했다. 그러나 이 계책이 사전에 발각되어 아리타 겐시인은 할복을 해야 했다. 경비 병력을 100명만 둔 데에는 이런 사연이 있었다. 페이톤 호 침략은 이렇게 어수선한 와중에 벌어진 사건이었던 것이다.

엎친 데 덮친 격으로 1819년에는 에도에 있는 영주 저택이 불에 타 소실되었고, 1828년에는 커다란 태풍으로 무려 1만 명의 사망자가 발생하는 등 큰 피해를 입어 재정이 더욱 악화되었다. 결국 1830년 나베시마 나리나오는 13만 냥의 엄청난 부채와 함께 번주 자리를 열일곱째 아들인 나베시마 나오마사에게 물려주고 은거하기에 이른다.

아버지의 은거로 인해 17살 나이에 10대 번주에 오른 나오마시는 이름을 니리마사齊正로 스스로 바꾸고 야심찬 출발을 계획했다. 그러나 에도 집에서 사가 번으로 가는 도중 시나가와品川 숙소에 도착했을 때 아버지에게 대출을 해준 상인들이 길을 지키고 있다가 그에게 상환을 요구했기 때문에 부임 행렬이 중단되는 등 처음부터 굴욕적인 경험을 겪었다.

이런 상황이 그로 하여금 초반부터 강력한 번정 개혁을 추진하도록 만들었다. 그렇지만 아버지 때부터의 가신들 저항에 부딪쳐 그가 초기에 실행할 수 있는 개혁은 검약령을 내리는 정도가 고작이었다.

그러던 중 번주가 된 지 5년 만인 1835년 기회가 찾아왔다. 그가 22세가 되던 때 사가 성의 니노마루二の丸, 성 중심의 바깥 건물가 화재로 전소되었다. 니노마루는 번청藩廳으로 사용하던 건물이니만큼, 더 이상 정무를 볼 장소도 없는 상태에 이르렀다. 그는 업무 보는 곳을 본성인 혼마루本丸로 옮기고 성을 재건하면서 번청 직원을 5분의 1로 줄여 세출을 감소시켰다. 이런 관리 절감과 함께 번정 기구를 개혁하고 출신에 관계없이 유능한 신하들을 적극적으로 정무 중심에 등용했다.

그러는 한편 바쿠후로부터 2만 냥을 빌려 급한 곳에 융통을 했다. 바쿠후에서 빌리는 것이 에도와 오사카의 거상들보다 훨씬 이자가 낮았으므로, 나리마사는 자신의 정실부인 모리히메盛姬가 쇼군가의 공주라는 인연에 의지한 것이었다.

그는 또한 상인들에게 번이 진 빚의 80%를 포기시키고, 나머지 20%도 50년 할부로 받게끔 했다. 그리고 도자기, 차, 석탄 등의 산업 육성과 교역에 힘을 쏟는 재정 개혁을 실시했다. 아울러 번의 학교藩校인 고도칸弘道館을 확충하여 우수한 인재를 육성 등용하는 등 교육 개혁을 실시하고, 소작료 면제 등에 의한 농촌 부흥을 꾀하는 등 개혁을 단행했다.

고도칸 자리에 들어선 사가 신사. 신사 도리이 옆에 철제 대포가 놓인 유일한 신사다.

그러나 가장 의미 있는 개혁은 독자적으로 서양 군사기술 도입을 도모하고 철의 정제 방법을 연구해 반사로反射爐를 설치하는 등 과학기술 도입 및 확산에 노력한 사실이었다. 그 결과 사가 번은 일본에서 처음으로 반사로 설치에 성공해 철제 대포를 만들 수 있었고, 일본 최초의 증기선인 '류후마루凌風丸' 도 만들기에 이른다. 이는 또 암스트롱 포 등 최신식 서양 대포와 기관총 도입으로 이어진다.

증기선을 만들다

일본 최초의 반사로와

二。
사가 번,

　　　　　　가에이嘉永 5년¹⁸⁵², 사쓰마 번은 철제 대포 등을 주조하
는 반사로 축조에 착수했다. 그때 에도 바쿠후 말기 문명개화파의 핵심 인
물로 사쓰마 번의 부국강병을 이룩한 11대 번주 시마즈 나리아키라^{島津齊彬,}
^{1809~1858}는 기술자들을 한자리에 모아 이렇게 격려했다고 한다. 『시마즈 나리
아키라 행언록^{島津齊彬言行錄}』에 수록된 것이다.

　"서양인도 사람입니다. 사가 사람도 사람입니다. 사쓰마 사람 역시 사람
　입니다. 지루하다 않고 배를(더욱) 연구해야 할 것입니다.
　西洋人も人なり 佐賀人も人なり 薩摩人も同じく人なり.退屈せず 倍
　(ますます)研究すべし。"

사가 성에 복원해놓은 일본 최초의 철제 대포

서양 대포 제작의 첫 관문,
반사로 완성

1850년 사가 번이 일본 최초로 철제 대포 주조에 성공한 사실에 자극을 받은 시마즈 번주는 "우리 사쓰마 사람이 할 수 없는 것은 없다"며 사쓰마 번의 대포 주조를 번사藩士들에게 호소했다. 에도 바쿠후 말기 근대화를 추진한 번이라고 하면, 사쓰마와 조슈 번長州藩을 먼저 떠올리는 사람이 많겠지만 사실은 시마즈 번주의 말에서 알 수 있듯 시기 번이야말로 '근대화의 선두주자'였다. 지난 2015년 유네스코 세계문화유산에 등록된 '메이지 일본의 산업혁명 유산 제철 제강, 조선, 석탄 산업'의 구성 요소에는 사가의 '미에쓰 해군기지 유적三重津海軍所跡'이 포함돼 있다.

이외에도 사가 시내에는 일본에서 처음으로 철제 대포 주조에 성공한 '쓰키지 반사로築地反射爐'와 바쿠후의 주문 대포를 주조한 '다후세多布施 반사로', 증기 기관, 사진, 유리 등을 연구한 이화학연구소理化學研究所인 '정련방精煉方' 등에도 바쿠후 말기 '사가 번 산업혁명' 거점이 된 곳들이 있다. 일본의 국민작가로 통하는 사상가 시바 료타로司馬遼太郎도 '바쿠후 말기 사가만큼 모던한 번은 없었다'라고 사가 번의 선진성을 평가했다.[06]

반사로는 중세시대에도 있었다. 주로 종을 만들기 위한 청동 용해에 사용되었다. 반사로가 다양한 금속 제련에 적용된 것은 17세기 말이다. 클레멘트 클라크 남작Sir Clement Clerke과 그의 아들 탤버트Sir Talbot Clerke가 1678년 영국 브리스톨Bristol 에이번Avon 강기슭에서 처음 만들었다. 처음에는 납 제련에 사용하다 나중 구리 제련용으로 바뀌고, 이후 주석과 다양한 금속 제련에 사용되었다.

1690년대에 들어와 반사로는 산업용 철 용해에 사용되기 시작했다가 18세기 말 용광로가 등장하면서 점차 사라졌다. 당시 반사로는 갈탄이나 목탄 대신 석탄을 연료로 사용할 수 있다는 장점이 있었다. 일본에서 반사로를 도입한 것은 앞서 본 것처럼 에도시대 후기 일본 근해에 외국 선박의 출몰이 늘어나면서 해안을 지켜야 할 필요성이 급증했기 때문이다. 외국 선박에 대항하기 위해서는 정밀도가 높고 비거리가 긴 서양식 대포가 필요했지만 전통적인 일본의 주조 기술로는 대형 서양 대포를 제작하기에 어림없었다. 옛 주조 기술

---

06 『암스토롱 포(ア ムストロング砲)』, 시바 료타로, 코단샤문고(講談社文庫)

은 포신을 철로 만들 경우 재질을 균일하게 할 수 없어 포신이 파열되는 사고가 자주 발생했다. 철이 아닌 청동 대포를 만드는 단계에서 기술이 정체된 일본으로서는 첨단의 철 제련 방식과 시설이 필요했다.

그러나 당시는 외국 기술자를 초빙할 수 있는 시기가 아니었다. 다른 방법을 모색한 나베시마 나오마사는 고생 끝에 네덜란드 포병대장 울리히 후구에닌 Ulrich Huguenin, 1755~1833이 저술한 『로익Loèche 왕립 철제 대포 공장의 주조법ロイク王立鐵製大砲鑄造所における鑄造法』이라는 네덜란드 책을 손에 넣을 수 있었다. 제목 그대로 철제 대형포의 주조 방법을 해설한 책이다. 책에는 반사로 도면도 실려 있어, 나오마사는 이를 사가에서 만들기로 결심한다.

1837년 나오마사는 철의 원활한 공급을 위해 자신의 여동생 코기光姬를 마쓰에 번松江藩 마쓰다이라松平 가문에 시집보내는 치밀함도 보였다. 마쓰에 번의 오쿠이즈모奧出雲는 일본 유수의 철 산지였다. 그때까지 번주의 자매와 딸들은 중신에 시집가는 예가 많았지만 대량의 철재를 구하기 위한 포석으로 일종의 정략결혼을 시킨 것이다.

1840년이 되면 중국에서 아편전쟁이 발발한다. 수천 년에 걸쳐 기술과 문화를 이끌었던 중국이 영국에 패배한 것은 엄청난 충격이었다. 그 영향으로 나가사키의 다카시마 슈한高島秋帆이 바쿠후에 화포의 근대화를 호소하는 '덴포상서天保上書'라는 의견서를 제출하고 중용되었다. 그는 다음 해인 1841년 6월 27일 무사시 국武藏國 도쿠하라德丸ケ原, 현재 도쿄도 이타바시 구板橋區 다카시마다이라高島平에서 일본 최초의 포술과 포진의 공개 훈련을 가졌다.

그러나 사가 번이 프로젝트를 시작하기까지는 10여 년의 세월이 더 필요했다. 나오마사는 그동안 교육에 주력하고 인재를 육성하면서 적극적으로 재능 있

아편전쟁으로 위기의식을 느낀 사가 번은 철제 대포와 증기선 제조에 돌입한다.

는 젊은이들을 에도와 나가사키에 나가서 공부하게 했다.

점차 인재 육성의 성과가 나타나서 스기타니 요스케杉谷雍助는 후구에닌 책을 일본어로 번역하기에 이르렀다. 또한 나오마사의 측근인 모토지마 토다유本島藤太夫는 포술을 익히고 신형 청동 대포 주조 기술을 습득했다.

나오마사는 성 밑 마을의 주물과 칼 제조 장인들을 이용해 1850년 대포제조방大銃製造方이라는 프로젝트 팀을 정식으로 발족시켰다. 당초 8명의 인원으로 반사로 건설에 착수했는데 장소는 쓰키지築地라고 하는 사가 성 밑 장인마을 뒤편이었다.

프로젝트를 시작할 때 나오마사는 바쿠후에서 다시 10만 냥을 빌렸다. 바쿠

쓰키지 반사로 유적지의 모형과 철제 대포 모형

후의 로주老中[07]들은 해양 방위에 개혁이 필요한 사실을 잘 알고 있었다. 그러나 바쿠후는 조직이 너무 커서 과감한 신사업에는 움직이기 어려웠다. 따라서 자금을 빌려주고 나가사키 방위는 사가 번에 맡긴다는 자세를 취했다. 사가 번 기술이 최첨단임을 바쿠후는 잘 이해하고 있었던 것이다.

나오마사 번주는 이즈 국伊豆國 니라야마韮山의 다이칸으로 나가사키에 와서 근대 포술을 공부한 적이 있는 에가와 히데다쓰江川英龍에게 앞서 말한 바 있는 네덜란드 기술서[08]를 참고해 반사로를 만들게 했다.

---

07 쇼군에 직속하여 정무를 총찰하고 다이묘를 감독하던 직책으로 4~5명으로 구성되었다.
08 『철공주감도(鐵熕鑄鑑図)』. 울리히 후구에닌 원저, 가나모리 겐사쿠(金森建策) 옮김

에가와 히데다쓰는 1849년 에도의 집에서 작은 반사로 제작 실험을 시작했고, 이듬해인 1850년메이지유신 18년 전 드디어 사가 번에서 일본 최초의 '쓰키지 반사로築地反射爐'를 만드는 데 성공한다. 일본 스스로 서양식 대포를 만들 수 있는 길이 열린 것이다.

1850년 12월 12일에 일본에서 처음으로 철을 주조하는 반사로를 만든 것을 기념해 사가에서는 지금도 매해 '반사로 축제'를 성대하게 개최하고 있다. 다시 강조하지만 반사로 설치로 철제 대포 주조가 가능해진 것이야말로 '새로운 일본'으로 나가는 데 가장 중요한 역사적 사건이다. 군국주의로 나가는 첫걸음이 사실상 이때 시작된 것이라 할 수 있다.

사가 번이 반사로 제작에 성공하자 다른 번에서도 본격적으로 경쟁에 나섰다. 1853년에는 히데다쓰의 아들인 히데토시江川英敏가 사가 번에서 기술 지원을 받아 이즈 국 니라야마에 반사로를 설치했다. 1855년에는 시마바라 번島原藩이, 1856년에는 조슈 번이, 1857년에는 미토 번水戸藩과 사쓰마 번, 돗토리 번鳥取藩이 각각 반사로를 완성해 운용했다. 이 중 사쓰마 번의 반사로는 일본에서 처음으로 현대적 기술에 의한 대량 제철을 할 수 있게 되었다는 의미를 지닌다.

중앙 바쿠후가 대포 주조를 위해 에도, 현재의 도쿄 북부 다키노가와瀧野川에 반사로를 설치한 것은 사가 번보다 한참 늦은 1864년이다. 무려 14년이나 지나서, 제일 늦게 만들었다. 반사로 설치로 인한 철제 대포 제조는 쇄국 상태의 일본에 있어 서양 열강의 개항 요구에 맞서는 기술 혁신이란 가장 큰 상징적 사건임과 동시에 바쿠후와 긴장 관계에 있던 지방 세력의 든든한 지강방비책이었던 것이다.

나리야마 반사로 유적

지금 오이타 현大分縣 우사 시宇佐市 아지무마치安心院町 사다 신사佐田神社 자리에 있었던[09] 시마바라 번의 반사로는 특이하게도 민간 사업가인 가쿠 고레다케賀來惟熊, 1796~1880에 의해 건설되었다. 일종의 무기 제조업, 즉 무기 장사를 목적으로 민간에 의해 반사로가 만들어진 것이다.

1855년부터 1866년까지 11년 동안 운영된 이 반사로는 6파운드 포 4문, 12파운드 포 2문, 18파운드 포 2문 등 50문 이상의 대포를 생산한 것으로 알려져 있다. 또한 이렇게 주조된 대포는 시마바라 번뿐만 아니라 사에키 번佐伯藩이나 히지 번日出藩에 배치되었고, 이곳 대포 주조 기술은 멀리 돗토리 번까지 전해졌다.

그러나 1866년에 이르러 가쿠 고레다케는 스스로 사다 반사로를 해체하고, 남아 있던 대포도 모두 부셔버리고 만다. 그 이유는 제2차 조슈 출병長州出兵 등 부젠豊前 지방 전체가 매우 혼란한 시기였기 때문이다. 1866년의 제2차 조슈 출병은 도쿠가와 바쿠후가 15만 명의 병력을 동원해 바쿠후에 반기를 든 조슈 번을 응징하고자 한 전쟁인데, 수적으로 훨씬 열등한 조슈 번이 오히려 바쿠후군을 물리침으로써 바쿠후의 몰락을 재촉하게 된다. 절대적인 열세에 있던 조슈 번이 바쿠후군을 물리칠 수 있었던 것은 결국 신식 무기로 대거 무장한 사쓰마 번과 사가 번의 도움 때문이었다. 이에 대해서는 뒷부분에서 다시 자세하게 설명하겠다.

여하튼 가쿠 고레다케는 앞을 내다보기 힘든 정국에서 괜히 싸움에 말려들어 멸문의 화를 당하지 않기 위해 스스로 반사로 철거를 결심했다고 추정된

09   이 반사로의 정확한 위치는 2011년 1월에야 땅 속 레이더 탐사로 확인됐다.

다. 이리하여 현재 이곳에는 반사로 내화벽돌 담의 일부만이 남아 있고, 그 유적은 사다 신사 경내 땅 속 깊이 잠들어 있다.

아리타의 도자기 기술로
내화벽돌을 만들다

반사로는 내화벽돌의 용광로와 굴뚝 꼭대기까지 포함하면 높이 15m 정도다. 사가 번은 이마리 도자기伊万里燒를 굽는 기술의 발달로 사기장들이 영내의 토양 질을 잘 알고 있었다. 그들은 높은 온도에서 굽는 자기 기술을 살려 규조토珪藻土와 흰 점토를 이용해 1,700℃의 고열에도 견디는 양질의 내화벽돌을 구웠다.

다시 말해 임진왜란 때 조선에서 끌려간 사기장 이삼평 공이 아리타有田에서 일본 최초의 자기를 굽는 데 성공하지 못했더라면, 그로 인해 사가 번 일대가 일본 최고 그리고 최대의 자기 생산지가 되지 않았다면 내화벽돌도 만들 수 없었고, 사가 번이 일본 최초로 반사로를 만들지도 못했다는 결론에 도달하게 된다. 사가 번 근대화와 아리타 도자기의 불가분 연관관계는 다음 장에서 자세히 기술하도록 하겠다.

용광로의 내부는 천장이 돔형이고, 숯이나 석탄을 태우는 아궁이와 철재를 투입하는 주조 입과 조금 떨어져 있다. 연료를 태워 열이 돔 천장에 반사되어 철재를 녹이는 방법이다. 그래서 명칭도 반사로다.

지금까지의 주조는 옛 용광로를 이용해 철재를 새빨갛게 타오르는 숯과 섞어 녹이는 방식이었다. 그러나 그렇게 하면 철에 탄소기 들이 무른 쇠밖에 만들지 못했다. 냄비 솥이라면 그런 대로 쓸 수 있지만 대형 대포에는 적합하지 않았다. 반사로는 철재와 연료를 분리시켜 탄소 문제를 해결한 것이다.

이런 이치를 알고 있어도 네덜란드 책의 설명서대로 명확하지 않은 점은 산만큼 많이 있었다. 그래도 개국 이전이라서 메이지 이후처럼 외국인 초빙 기술자의 힘을 빌릴 수는 없었다. 반사로 역시 시작을 수없이 반복한 실패 기록이 남아 있다.

대포 주조의 책임자였던 모토지마 토다유와 스기타니 요스케는 여러 번 실패 끝에 대포 제조가 결국 불가능하다고 판단하고 할복하여 책임을 지고 싶다고 청원하기에 이르렀다. 그러나 나오마사 번주는 이를 받아들이지 않고 끝까지 계속 진행하도록 하여 책임자들도 다시 마음을 바꾸었다. 이처럼 반사로와 대포 제조는 목숨을 건 프로젝트였다.

5번째 실험에서 철이 녹아 마침내 철 대포의 형태가 만들어졌다. 그런데 시험 발사에서 포신이 찢어져버렸다. 포신을 만들 때는 완제품과 같은 치수의 목형 木型을 만들고 그것을 바탕으로 모래와 점토로 외부 주형을 완성해 거기에 녹

서양 제복을 입고 서양식 포술을 연습하는 일본 바쿠후군 모습

은 철을 흘려 넣는다. 처음에는 포탄이 통과하는 포도^{砲道} 부분의 내부를 만들 때 거푸집을 활용했다. 내부와 외부 주형의 틈새에 철을 흘려 넣은 것이다. 그러나 이렇게 하면 그 과정에서 기포가 쉽게 들어간다. 그래서 포신이 찢어졌다.

이 문제를 해소하기 위해서는 흠이 없는 대포 형을 주물로 만들어 속을 도려낼 필요가 있었다. 속을 비우는 칼을 만들 수는 있었지만 이를 돌릴 회전 동력이 문제였다. 이를 위해 처음에는 오로지 사람 힘으로 하다가 나중에는 물의 압력을 이용했는데, 그래도 구멍을 만드는 데 3개월 가까이 걸렸다.

서양에서는 증기기관 동력으로 포신 구멍을 뚫었으므로 훨씬 빨리 속을 비울 수 있었다. 이를 위해 나오마사 번주는 가에이 5년^{1852년} '정련방'이라는 새로운 프로젝트 팀을 출범하여 증기기관 개발에도 착수했다. 일본 최초로 증기기관을 만들어 증기선과 기관차에 사용할 목적을 가진 야심찬 계획이었다. 이리하여 1853년 페리 내항 전까지 나가사키만의 개척지 포대가 정비되어 반사로에서 주조한 25파운드와 35파운드의 철제 대형포를 포함해 60문의 대포가 설치되었다.

그러자 페리 함대가 우라가에 내항했을 때 바쿠후 중신들 가운데는 이들을 나가사키로 회항시켜 나가사키의 사가 번 포대와 일전을 벌이자고 주장하는 사람도 있었다. 물론 페리가 그런 일에 응할 리도 없었기 때문에 그는 개국을 권고하는 공식 문서를 바쿠후 측에 전달하고 이듬해 다시 내항을 예고하고 돌아갔다.

이에 대비히기 위헤 비쿠후는 곧비로 에도민 오디이비^{御台場} 긴설에 칙 수하여 현재 도쿄의 오다이바를 비롯하여 시나가와에서 후카가와^{深川}까지 매립

도쿄 오다이바는 미국의 개항 압력에 대비한 해안 포대를 건설하기 위한 매립지에서 시작됐다.

하여 11개 내지 12개소 포대 시설을 일정한 간격으로 축조할 계획이었다. 공사는 급속도로 진행되어 약 8개월의 공사 기간에, 1854년 페리가 두 번째 내항을 하기 전까지 포대의 일부가 완성되었다. 일부나마 이렇게 빠른 기간에에도만 오다이바의 포대가 구축된 데에는 물론 그 이전에 나가사키에서 오다이바 포대를 건설한 사가 번의 기술 제공이 큰 공헌을 했다.

원래 단어인 '다이바台場'에 경어인 '오御'자가 붙은 것은 이 매립지 건설을 바쿠후가 주도했기 때문에 이에 대한 경의를 표한 것이 굳어진 것이다. 지금 도쿄의 유닝 관광시가 된 오나이바 역사는 이렇게 시작되있다. 오다이바에 잎힐 50문의 철제 대포 역시 바쿠후는 사가 번에 주문했다. 이에 부응하기 위해

사가는 쓰키지 반사로의 북쪽에 해당하는 다후세에 새로운 반사로를 건설
했다. 여기서 완성된 대포는 배로 실어 날라 오다이바에 설치했다.

하지만 시나가와 일부에만 포대를 건설하고 전체가 완성되기 전에 페리 함
대가 예상보다 빨리 찾아왔다. 그 때문에 바쿠후는 강한 태도로 나가지 못
하고 미국의 요구를 받아들여 일미화친조약을 맺었다. 이후 바쿠후는 예정
의 절반인 6개소를 완성한 단계에서 중단했다. 조약을 맺어버린 이상, 오다
이바 건설은 불필요하다고 생각했던 것이다. 그런데 오다이바 건설 자금은
에도의 거상들에게 거뒀기 때문에 그들은 목적을 제대로 거두지 못하고 불
필요한 지출을 하게 된 사실에 불만이 높아졌다. 페리에 대한 저자세와 오다

이바 건설 중단이 겹쳐 바쿠후는 권위를 실추했다. 사가 번은 충분히 책임을 완수했지만 이를 주도한 바쿠후가 힘을 잃어간 것이었다.

맥아더 장군보다
100년 앞선 농지개혁과 혁신

앞에서 보았듯 사가 번이 반사로를 만든 것은 나베시마 나오마사 번주 시절이다. 그는 아버지에게 13만 냥이라는 막대한 부채와 함께 번주 자리를 물려받았다. 형들을 다 물리치고 열일곱째 아들에게 번주 자리를 준 것은 그가 그만큼 현명했기 때문이겠지만 이를 알아보고 결단을 내린 아버지도 그만큼 탁월한 선택을 했던 것이다.

나오마사 번주가 첫 개혁 조치로 내린 검약령은 에도의 사치 풍조에 물들어 화려해진 번의 생활 관습을 고치기 위해서라도 필수적인 것이었다. 이 검약령에 따르면 아침 식사는 반찬으로 된장국과 채소 절임만, 점심과 저녁에는 말린 생선 혹은 익히거나 구운 생선 정도만 내놓을 수 있도록 규제했다. 옷도 무명 이외에 입어선 안 되고, 여성의 비녀도 은제품 이상은 금지되었다. 그의 검약령은 복잡한 관혼상제를 단순화시키고, 가부키歌舞伎 등 유흥을 목적으로 하는 공연예술도 금지시키는 등 매우 과감한 것이었다.

나오마사의 개혁은 기본적으로 학자이자 신하인 고가 고쿠도古賀穀堂, 1778~1836의 가르침에 따른 것이었다. 그는 번정 개혁의 기본을 인재 등용, 근검 장려, 한시藩士, 번에 속한 사무라이들 사이에 만연해 있는 세 가지 병病의 제거에서 찾았다. '세 가지 병'이란 시기嫉妬, 우유부단, 억지를 지칭한다. 나오마사는 이처럼 번의 폐습을 없애는 동시에 번의 특산품인 쌀과 도자기로 적극적인 산업 장려

사가 현 바쿠후 말기 유신박람회에 세워져 있는 사가 번 위인들의 동상. 좌로부터 고가 고쿠도, 나베시마 나오마사 번주, 서양식 포술 연구가인 나베시마 시게요시(鍋島茂義)

정책을 실시했다.

덴포天保 7년 1836년. 전대의 대화재에 이어 전국적인 기근이 모처럼 맞은 사라야마皿山[10]의 부흥과 개발을 위협하자, 나오마사 번주는 창고의 자금을 가마에 빌려줘 구제했다. 그럼에도 불구하고 잇따른 천재지변에 의한 최악의 상황으로 민심은 거칠어지고 세상이 어수선해져 분쟁이 끊이지 않았다. 그러자 나오마사는 1838년 가미고히라上幸平에 '교도소教導所'라는 부서를 마련하여 관리 두 명을 배치하고 풍기 문란을 엄벌로써 단속하게 했다. 지금 교도소의 명칭이 이렇게 생겨난 것이다.

그러나 나오마사는 이에서 한 걸음 더 나아갔다. 그는 법에 의한 규제만으로는 충분하지 않다고 판단했다. 그리하여 민심을 정신적으로 교화할 목적으로 번의 최고 유학자로 번의 학교인 '고도칸'의 교장인 구사바 하이센草場佩川을 교도소에 파견했다. 범죄자에 대한 교화 활동이 이때 벌써 시작된 것이다.

덴포 12년 1841년 8월. 나오마사 번주는 농민 경제의 기본은 농지農地의 균등 분배에 있다고 강조하면서 니시마쓰우라 군西松浦郡에 한해서 가지시加地子라 부르는 소작료를 5년 동안 3분의 1로 경감할 것을 명령했다. 동시에 소농에 대해서는 감소한 소작료를 저축하여 토지를 매입하도록 명령하니, 세상 사람들은 이를 '가지시 밧타리加地子バッタリ, 소작료 중단'이라고 칭송했다. 나오마사 번주의 이 같은 정책은 태평양 전쟁이 끝나고 맥아더 장군이 실시했던 농지개혁보다 100년이나 앞서는 매우 과감한 혁신이었다.

한편 이 같은 토지개혁으로 타격을 입은 사람들도 나오게 되었는데, 그들은

---

10 도자기를 생산하는 주요 본거지. 가마가 산에 있었기 때문에 이런 명칭이 붙었다.

일본과 중국,
네덜란드 의사들의 회합을 그린 풍속도

아리타의 대지주였던 나카노하라中野原의 호상 히사도미 요지베久富与次兵衛, 니무라新村의 마에다 기우에몬前田儀右衛門, 마쓰무라 조우에몬松村丈右衛門 등이었다. 히사도미 요지베는 아리타와 사가 번의 부흥에 크게 기여한 인물로 뒤에서 다시 보도록 하겠다.

나오마사는 당시 불치병이었던 천연두를 근절하기 위해 아무 대책도 실시하지 않고 있던 바쿠후에 앞서 네덜란드에서 우두牛痘 백신을 수입하고 장남인 나오히로直大에게 직접 시험하고 안전성이 입증되자 오사카의 오가타 고안緒方洪庵에게 그 방법을 알려주었다. 오가타는 바쿠후 말기의 대표적인 의사이자 난학자蘭學者다. 우두 백신이 진짜 안전한 것인지 어떤 치유 능력을 가진 것인지 확신할 수 없는 상태에서 이를 자신의 장남에게 시험할 정도로 나오마사는 양민 구제에 헌신적인 군주였다.

일본 최초의 천연두 치료법은 아키즈키 번秋月藩 번의藩医인 오가타 순사쿠緒方春朔, 1748~1810가 영국 의사 에드워드 제너Edward Jenner, 1749~1823의 우두법 성공1796년보다 6년이 앞선 1790년 무렵 번의 아이들에게 접종해 성공한 때로 거슬러 올라간다. 물론 당시 예방 접종은 사망자도 발생하는 불완전한 것이었다.

가에이 6년1853년 페리 호가 내항했을 당시, 에도 바쿠후 수석 다이묘 아베 마사히로阿部正弘, 1819~1857가 각 다이묘들의 의견을 모집하자 나오마사는 미국의 무력 외교에 대해 강하게 양이론攘夷論11을 주장하면서 오다이바 건설에 적극 협력했지만 개국 이전부터 네덜란드와의 밀무역으로 커다란 이익을 올리고 있었던 만큼 무역의 중요성을 알고 있었으며, 나중 영국의 친선 외교에는 개국론을 주장한다.

일본 해군의
기초를 만들다

앞에서 말했듯 17세 나이에 번주에 오른 나오마사는 영주 저택을 출발할 때부터 아버지 부채로 인해 굴욕을 당했지만 사가에 도착하자마자 나가사키 시찰에 나섰다. 이를 진언한 것도 역시 유학자 고가 고쿠도였다. 그는 나오마사가 6살 때부터 학문을 가르쳤다. 페이톤 호 사건 6년 후에 태어난 나오마사에게 대외적인 위기감이나 사가 번의 책임을 가르친 것도 바로 그였다.

나오마사는 나가사키에 정박 중이던 네덜란드 선박에 타보고 충격을 받는다. 일본과 서양 열강 군사 기술의 차이가 얼마나 큰지를 실제 몸으로 느낀 것

11 외국을 오랑캐로 낮춰보고 외세의 배격을 주장한 봉건적 배외사상

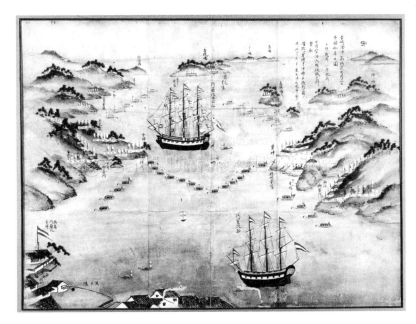

팔렘방 호의 내항을 묘사한 그림

이다. 매년 내항하는 네덜란드 선박은 상선이라고 해도 해적에 대비하기 위해 대포를 장비하고 있었고, 선체 크기가 일본 배와는 크게 달랐다.

번주가 직접 외국 상선에 오르는 것은 당시 영주의 행동으로서는 전대미문의 파격적 행보였다. 위험을 수반한 네덜란드 상선에 오르는 것은 나가사키 부교의 특별 허가가 있어서 가능했는데, 이후 그의 네덜란드 상선 견학은 상시적인 것이 되었다. 아편 전쟁1840~42년 이후 덴포 15년1844에 네덜란드 국왕 사신이 일본 개국 권고를 위해 네덜란드 군함 팔렘방Palembang 호를 타고 나가사키를 방문했을 때도 나오마사는 배에 올라 선내를 구석구석 시찰했다.

당시 분위기에서 영주가 그렇게 위험한 행동을 해도 되느냐의 타당성은 제쳐놓고라도, 하여간 덴포 연간에 나오마사는 스스로의 눈으로 서양의 앞선 문명을 직접 보고 체감하고 있었다. 네덜란드 선박의 튼튼한 구조를 직접 느끼면서 해상에서 육지를 바라보는 것만으로도 해양 방어에 대한 감각을 연마할 수 있었을 것이다. 젊은 영주의 이러한 실행력과 리더십에 번사들도 감화되어갔다.

한편, 사가 번이 지켜야 할 나가사키만의 오다이바는 옛날 소형 청동 대포가 놓여 있을 뿐이었다. 만약 페이톤 호의 경우처럼 불법적인 외국 배가 다시 내항하면 이에 대처할 방법이 없었다. 어떻게 해서든지 충분한 준비가 필요했지만 에도 영주 저택의 운영자금도 곤란할 정도로 번은 엄청난 부채를 안고 있었다. 이 때문에 나오마사가 재정 개혁을 실시한 것은 앞에서 얘기한 대로다.

나오마사 번주는 바쿠후가 명령한 나가사키 고반御番[12] 경비라는 막대한 임무에 마주하여 '사가 번이 일본의 국난에 어떻게 준비하느냐'는 과제에 평생 열중했다. 영주에 취임하여 10년 만에 일어난 아편전쟁에 가장 예민하게 반응한 일본인의 한 사람이기도 했다.

그는 대국 청나라가 영국의 잔인한 군사력에 속수무책으로 타격을 입고 반식민지 상태로 전락하는 모습을 나가사키에 온 네덜란드와 청나라 선박의 풍설서風說書를 통해 알게 된다. 풍설서는 세상의 평판, 특히 정치에 관계되는 정보를 기록한 문서로, 풍문서라고도 한다. 오래 전부터 있어온 형태고, 호사가의 수필에도 많이 기록되어 있지만 일본 역사상 '풍설서의 시대'라고 할 수

12 쇼군 직속 관할의 번

있는 때는 아편전쟁 이후와 1853년 페리의 우라가 내항 이후의 일이다. 바쿠후가 아편전쟁 때부터 네덜란드에게 「네덜란드 풍설서」와 별도로 매년 상세한 해외 정보 보고서인 「특별풍설서別段風說書」 제출을 요구한 것은 한치 앞을 내다보기 힘든 이 시절의 급박한 시대상을 상징적으로 알려준다.

이렇게 불안한 정세 속에서 그가 철제 대포의 국산화를 결심한 것은 어찌 보면 지극히 당연한 일이었다. 그는 우선 '화술방火術方'을 신설해 서양 포술은 물론 양학자, 주판을 놓는 셈법 전문가, 칼 만드는 대장장이, 주물사까지 총동원해 화기 개발 연구와 제조, 포술과 소총부대의 훈련에 착수했다.

또한 사가 출신으로 '쇼헤이자카학문소昌平坂學問所'[13] 교수인 고가 도안古賀侗庵의 국방연구서인 『바다 방위 전망海防臆測』을 바탕으로 나가사키 항 방위를 위한 새로운 오다이바를 축조하여 고성능 서양식 철제 대포를 배치한다는 원대한 계획을 세웠다.

재정난 등으로 후쿠오카 번이 이의 동참을 주저하자 나오마사는 바쿠후의 허가를 얻어 사가 번 단독으로 제조, 축조에 종사한다. 이들은 단 한 권의 네덜란드 설명서에 의지해 독학으로 더듬으며 서양식 반사로 건설 및 철제 대포 제조를 2년여 만에 성공했다. 1852년의 일이다. 사가 번 '화술방'의 분투는 일본 과학기술사의 쾌거가 되었다.

이렇게 반사로에서 철제 대포를 제조하는 한편, 같은 해 나오마사는 '정련방'이라고 하는 이화학연구소를 사가 성 밑에 출범시켰다. 정련방은 화학제품 연구와 카메라, 통신 기계, 유리 등의 제작도 진행했지만 가장 큰 과제는 증기기

---

13 1790년에 설립된 에도 바쿠후 직할의 교육기관

'화술방'에서 대포를 주조하는 모습을 묘사한 그림

관 제조였다.

그리하여 번사 사노 쓰네타미佐野常民, 1822~1902, 다나카 히사시게田中久重, 나카무타 구라노스케中牟田倉之助, 1837~1916를 중심으로 다른 번에 앞서는 미증유의 도전이 이루어지는데 이들 모두 메이지 유신 시기에 대활약을 하게 된다. 나오마사가 이 일의 책임자로 사노 쓰네타미를 지명한 것은 정말 현명한 선택이었다. 당시 그는 오사카 근대적인 의학 교육기관인 '데키주쿠適塾'를 거쳐 이토 겐보쿠가 에도에 세운 사숙인 '쇼센도象先堂' 학원장을 하고 있었다.

나오마사 번주와 더불어 '사가 일곱 현인佐賀の七賢人' 중 한 명인 사노는 사가 성 아래에서 태어나 남동쪽으로 6km 정도 떨어진 미에쓰三重津, 현재의 사가 시 가와소에마치川副町에서 자랐다. 이후 에도로 가서 나오마사를 가르쳤던 고가 고쿠도의 동생 고가 도안 문하에서 공부했다. 위해서 말했듯 고가 도안 역시 유학자면서 해상 방어에 매우 정통한 인물이었다. 고가 도안에게 가르침을 받은 다음 사노는 교토와 오사카, 나가사키 등에서 난학을 공부했다. 특히 오사카에서는 오가타 고안의 '데키주쿠'에서 수학했다. 당시 데키주쿠는 후쿠자와 유키치福澤諭吉 등 전국의 수재들이 모였던 학원이었다.

사가에 소환될 때 사노는 32세였다. 그는 정련방의 책임자가 되면서 다른 번 출신도 기용해야 한다고 나오마사에게 진언했다. 그 결과 나중 '동양의 에디슨'으로 불리는 발명가 다나카 히사시게, 난학자이자 과학자인 이시구로 간지石黑寬次, 물리화학자인 나카무라 기스게中村奇輔 4명을 동반한다. 이 중 다나카 히사시게가 나중 도시바東芝 창업자가 되는 다나카 기우에몬田中儀右衛門이다.

이들은 증기기관의 모형을 비롯해 뇌관, 통신기기, 화약, 기계, 금속, 유리, 약품 등 다양한 분야의 기술 개발 성과를 올린다. 정련방은 하이테크 일본의 선구가 되는 초일류 연구기관으로 정립되어, 소속 인재들은 메이지 정부에 인계된다.

페리 함대 내항이 부추긴
나가사키 해군전습소 설치

1853년 페리 함대의 우라가 내항으로 개국을 단행한 바쿠후는 안세安政 2년 1855 해군 현대화를 위해 현재 나가사키 현청縣廳이 된 데지마 북쪽의 '서쪽 관청'에 '해군전습소海軍伝習所'를 설치한다.

바쿠후가 이를 운영하기 위해 나가사키 네덜란드 상관에 협조를 요청함에 따라 네덜란드령 자바에 주둔하고 있던 파비우스Fabius라는 해군 중위가 나가사키에 입항했다. 바쿠후로서는 처음 실시하는 일이었던 만큼, 실제로 보지 않으면 해군 교육이 과연 무엇인지 이해하기 어려웠다.

파비우스 중위는 1854년과 다음 해 여름 각각 3개월 정도 데지마에 머물면

일본 해군이 저음으로
연습을 한 네덜란드 배
간코마루

서, 네덜란드 국왕이 바쿠후 쇼군에게 기증한 범선 숩빙Soembing 호를 조종하는 실제 훈련을 시작했다. 숩빙 호는 나중 일본 이름 간코마루觀光丸로 바뀌는데, 길이 53m에 720톤 나무 외륜 증기선이었다.

나오마사 번주도 나가사키에 가서 숩빙 호에 탑승, 임시 교습을 시찰하는 자리에서 파비우스에 숩빙 호를 팔지 않겠느냐고 제안했다. 증기선을 제조할 때 참고할 모델로 삼고 싶었던 것이다. 이 제의는 정중하게 거절당했고, 배가 중앙 바쿠후에 기증되자 나오마사는 네덜란드에 새로운 배를 발주한다.

앞서 말한 것처럼 나오마사는 17세 때에도 네덜란드 상선을 탔고, 그 후에도 나가사키에 내항한 네덜란드 군함에 타고 군사 조련을 시찰한 경험이 있었다. 이런 경쾌한 자세야말로 나오마사 특유의 개성이다. 각 번도 해군 창설을 시작하고 나가사키도 서양 선박 매입에 나갈 수 있게 되었지만 번주 자신이 매입 협상을 한 것은 사가 번 이외에는 없었다. 나오마사가 직접 눈으로 보고 지식을 축적해 이를 바탕으로 바로 결정할 수 있었기에, 반사로나 정련방 같은 미증유의 대사업도 단기간에 차질 없이 진행된 것이다.

전습소 학생은 모두 130명으로, 바쿠후에서 가쓰 가이슈와 에노모토 다케아키榎本武揚 등 40명의 신하들과 사가 번에서 사노 쓰네타미와 이시구로 간지 등 화술방과 정련방 영재 48명이 참여했다. 전습소는 에도 바쿠후와 사가 번을 위한 훈련소가 되었다. 특히 모토지마 토다유와 스기타니 요스케 등 사가 번 대포 제조의 주요 멤버도 참가했다. 교습을 통해 군함 구축뿐만 아니라 최신 포술의 습득도 꾀한 것이다.

당시 해군 군함의 조선操船은 배를 건조해 유지하는 일도 중요한 과제였다. 증기기관에 바닷물을 사용하고 있었기 때문에 부식하기 쉬워 항상 유지 보수

나가사키 해군전습소를 묘사한 그림

를 해야 했다. 이를 위해서라도 조선소가 필요했다.

원래 사가 번은 다른 번보다 상당히 빨리 서양식 배를 만들기 시작했다. 그리고 페리 내항 6년 전인 1847년에 이미 나가사키 데지마에서 '밧테라^{バッテラ}'라고 부르는 보트를 건조시켰다. 바쿠후의 금지령으로 인해 크기는 작았지만 그 구조는 서양식이었다.

서양식 구조의 배가 필요했던 가장 큰 이유는 대포를 실어야 했기 때문이다. 일본 배는 밑바닥이 평평하고 흘수선^{吃水線 14} 아래가 얕았다. 그러므로 대포를

---

14   잔잔한 물에 떠 있는 배의 선체가 물에 잠기는 한계선

발사할 때 흔들림에 약한 구조였다. 반면 서양 배는 흘수선 아래가 깊고, 뾰족한 배 밑바닥에 추를 실었기 때문에 오뚝이처럼 흔들림에 견딜 수 있었다.

바쿠후는 페리 함대가 내항했을 때 대형 선박 건조 금지령을 풀었다. 이에 따라 바쿠후 파견 기관인 우라가부교소나 미토 번, 사쓰마 번 등에서 일제히 서양 배 건조를 시작했다. 당시 목수 기술은 높았기 때문에 첫 경험임에도 불구하고, 배를 만드는 모든 번들이 수개월에서 2년 반 정도의 단기간에 완성하는 단계에 이르렀다.

그러나 이때 사가 번의 시선은 단순한 선체 건조가 아니라 그 앞 단계인 증기기관을 이미 향하고 있었다. 정련방의 사노 쓰네타미 등이 증기기관차 모델을 건설하고 있었던 것이다. 길이 40cm 미만으로, 자력으로 움직일 수 있는 양식이었다.

전습소 교육을 마친 사노 쓰네타미는 사가 번이 네덜란드에서 구입한 히운마루飛雲丸의 선장이 되고, 나오마사에게 '사가 번 해군 창설 건의서佐賀藩海軍創設建白書'를 제출한다. 이듬해인 1858년 미에쓰에 서양식 해군 교육 시설인 '미후네연습소御船手稽古所'를 만들었다. 이 땅에 주목한 것은 당연히 이곳 출신인 사노 쓰네타미였다.

현재 사가 현과 후쿠오카 현의 경계에는 치쿠고 강筑後川이 흐르고 있다. 치쿠고 강은 하구 근처에서 하야쓰에 강早津江川으로 나뉘어 바다로 들어간다. 하야쓰에 강이 큰 뱀처럼 굽이치면서 흐르는 지점이 미에쓰다. 뱀처럼 굽어진 웅덩이 부분에 예로부터 번의 어용 선착장이 있었고 그것을 전용한 것이다. '미후네연습소'에서는 시노 다음의 나가사키전습소 졸업생들이 후진을 지도하고, 조선소 건설에도 착수했다. 드디어 정련방에서 축적된 기술을 활용하

서양식 해군 교육 시설 '미후네연습소'가 들어선 미에쓰는 뱀처럼 휘돌아간 강이 있어 옛날부터 어용 선착장이 있던 자리였다.

게 된 것이다.

나가사키 해군전습소 1기생으로 앞에서 언급됐던 나카무타 구라노스케라는 번사가 있었다. 그는 사노와 함께 졸업하고 고향에 돌아갔다가 나가사키에 와서 2기생으로 교습을 계속했다. 그는 미에쓰 조선소 계획에 참가해 네덜란드에서 정보를 얻으면서 고향에 있던 사노와 연계했다. 나카무타와 2기생들은 나가사키 슬로프에서 소형 범선을 만드는 성과를 거두었다.

나카무타는 청일전쟁 직전 해군 중장으로 군령부장을 맡고 있었지만 청나라

함대의 전력을 높이 평가한 철저한 비전파非戰派였다. 따라서 사쓰마 출신으로 개전파開戰派였던 야마모토 고노효에山本權兵衛는 그를 해임하고 고향 후배인 가바야마 스케노리樺山資紀를 새 부장에 임명했다. 이 사건은 초창기 해군의 태동에 있어 두 세력이던 사가 번 출신이 사쓰마 번 출신에게 패배한 것으로, 이후 야마모토 고노효에는 해군 장관을 세 번, 총리를 두 번 역임하면서 해군에 사쓰마 세력을 확실하게 굳혀 놓았다.

그러나 이는 한참 후의 일이고 당시 미에쓰는 사가 번이 구입한 함선이 속속 집결해 근대 일본 해군 발상지가 되었다. 게이오 원년1865 일본 최초의 증기선인 10마력의 료후마루凌風丸도 여기서 건조되었다.

나오마사 번주는 전습소도 시찰해 네덜란드 강사들과 활발한 교류를 했다. 전습소 2차 강사를 지낸 네덜란드 해군 장교 카텐디케Willem Huyssen van Kattendijke, 1816~1866의 회고록『나가사키 해군전습소의 날長崎海軍伝習所の日』에 따르면 나리마사는 나가사키만이 내려다보이는 별장에 그를 초대했는데, 이 자리에서 왕성한 호기심과 지식욕, 네덜란드에 대한 친근감을 보여주었다고 생생하게 묘

일본 최초의 증기선
'료후마루'를 그린 현수막

사하고 있다.

1857년 카텐디케가 나가사키에 올 때 그는 바쿠후가 네덜란드에 발주한 군함인 야빤 호, 일본 명으로는 간린마루咸臨丸를 타고 와서 항해술, 포술, 측량 기술 등 현대 해군 교육을 실시했다. 2년 후인 1859년 나가사키 해군전습소가 폐쇄될 때 네덜란드로 돌아가 해군 장군이 되었다가 훗날 외무장관에 올라섰다.

한편 바쿠후는 해군 교습을 진행하면서 1857년 네덜란드에서 기술자를 초청해 공작 기계도 수입하고 나가사키에 본격적인 조선소를 건설했다. 이것은 후에 이와사키 미타로岩崎弥太郎에게 팔려 지금도 미쓰비시중공업三菱重工의 조선소로 가동하고 있다.

1858년 바쿠후는 에도 쓰키지築地의 군함 조련소가 궤도에 올라서자 나가사키 해군전습소 폐쇄를 결정한다. 그리하여 나가사키의 바쿠후 신하들도 에도로 복귀하고, 각 번의 전습생들도 모두 고향으로 돌아갔다. 네덜란드 교관단 역시 귀국 출항을 기다리면서 5개월 정도 나가사키에 머물렀는데, 이때 사가 번사들은 끝까지 남아 교습을 받으면서 가능한 모든 지식을 흡수하기 위해 노력을 기울였다. 이처럼 나가사키 해군전습소 혜택을 최대로 활용한 것은 사가 번이었다.

드디어 미에쓰조선소가 건설되어 사노와 나카무타 등의 손에서 증기기관 생산이 시작되었다. 그러나 보일러에서 증기 누출을 막는 것이 어려워 7년의 세월을 소비했다. 그럼에도 1865년 일본 최초로 충분한 출력을 가진 증기선, 료후마루를 완성했다. 미에쓰는 시기 번 근대 해군의 기점이 되이, 에도 바쿠후 말기까지 네덜란드제 수입 군함이나 항해 선박을 포함해 13척의 함대가 조

1921년 미쓰비시중공업에서 건조 중인 일본 군함

직되었다.

미에쓰조선소는 지요다가타千代田形라는 바쿠후 군함을 위해서도 증기기관을 제작했다. 에도 오다이바에 철제 대포를 만든 것과 마찬가지로 바쿠후의 군비軍備 서구화는 사가 번이 선도했다. 사가 번 해군은 1869년 신정부군과 바쿠후군과의 마지막 전투가 된 하코다테函館 앞바다 고료카쿠 전투五稜郭の戰い에서 전습소 출신 에노모토 다케아키가 이끄는 바쿠후 함대와 격돌한다. 이때 파견한 3척 중 조요마루朝陽丸는 바쿠후군 포격으로 화약고가 폭발을 일으켜 침몰했다. 이때 나중 신정부군 해군 중장이 되는 함장 나카무타 구라노스케도 중상을 입고, 승무원 51명이 즉사하는 대참사를 당했다. 그러나 결과적으로 해전에서 승리하고 에도 바쿠후는 종지부를 찍었다. 삿초동맹과 메이지 유신의 탄생은 뒤에서 보도록 하자.

CHAPTER
3

조선 도자기,
일본의 운명을
바꾸다

一。
사가 번은 무슨 돈으로
근대화를 이룩했나

덴포 연간^{1830~1843}에는 사가 번 나오마사 번주의 개혁 정
책에 힘을 실어주는 행운도 찾아왔다. 그 무렵 네덜란드와 무역을 하고 있던
나가사키의 칠기^{漆器} 상인 아사다야 모헤이^{淺田屋茂兵衛}라는 사람이 도자기에
마키에^{蒔繪}, 즉 상감으로 금분^{金粉}을 박아 넣는 기법을 처음 선보였다. 그러자
나카노하라^{中野原}의 호상 히사도미 요지베가 아사다야와 제휴하여 아리타야
키^{有田燒}를 나가사키로 보내 아사다야 기법으로 재탄생시켜 판매를 했다.

이와 비슷한 시기 히사도미는 네덜란드 선장의 의뢰로 네덜란드 본국에서 가
져왔다는 도자기를 감정하게 되었는데 아리타야키이긴 했지만 100여 년 전
에 우레시노 지로자에몬^{嬉野次郎左衛門, 1686~1725}이 몰래 내보낸 밀수품으로 추
정되고 있다. 우레시노는 아리다의 도자기 호상인 도미무리 간에몬^{富村勘右衛門}의
밑으로 들어가 그와 함께 아리타야키를 인도로 밀수출하다가 붙잡혀 처형

당했다. 도미무라 역시 이 일로 인해 할복자살했다.

도미무라와 우레시노의 밀수출 사건은 아리타 도자기의 수출 판로가 막히는 결과를 초래했다. 이에 따라 상당히 긴 세월 동안 아리타 도자기는 수출이 단절되어 있었다. 그동안 아리타가 있는 사가 번은 도자기 수출로 떼돈을 벌어왔다.

아리타야키,
수출길 다시 열리다

17세기와 18세기 일본에서 수출로 돈을 벌 수 있는 품목이 무엇이 있을 수 있을까? 도자기를 제외하면 거의 경쟁력 있는 상품이 없다고 해도 과언이 아니다. 따라서 도자기 수출 길이 막힌다는 것은 그동안 철철 넘치던 곳간에 거미줄만 치게 되었다는 사실을 의미한다. 나오마사 번주 이전 사가 번의 궁핍한 재정 상태는 자연재해 이외에도 도자기 수출 중단으로 인해 금고가 거덜이 난 것이 가장 큰 이유였을 것이다.

그런데 히사도미가 감정을 하며 친분을 다진 네덜란드 영사와 협상을 해 수출 길이 다시 트이게 되었다. 이것이 덴포 12년, 1841년의 일이었다. 뜻밖에도 히사도미의 네덜란드 도자기 감정으로 수출 부흥의 길이 다시 열리게 된 것이다. 히사도미는 번청으로부터 네덜란드와의 무역 감찰을 획득함과 동시에 나가사키에 지점을 개설했다.

그럼 일본 최초의 도자기 제조와 수출은 언제 어떻게 시작된 것일까? 2016년은 일본 땅에서 희고 고운 조신백자가 처음으로 만들어진 지 400년이 되는 해였다. 정유재란의 끝 무렵인 1598년^{선조31년} 김해에 주둔하던 나베시마 나오시게 영주의 부대가 사기장들을 강제로 끌고 왔는데, 그중의 한 명이 이삼평 李參平, 출생년 미상~1655이었다.

그는 처음에는 가라쓰唐津 부근에서 도기를 제작하다가 사가 시와 아리타 중간쯤에 있는 다쿠多久에 정착하여 '다쿠고가라쓰多久古唐津 도자기'라 불리는 것을 만들었다. 그가 다쿠로 옮긴 것은 나베시마 번주가 그의 가노家老인 다쿠야 스토시多久安順, 1566~1641에게 맡겼기 때문인데, 다쿠야는 다쿠 마을의 수령이었다. 이름도 원래는 류조지 가쿠龍造寺家久였으나 나베시마의 둘째 딸을 며느리로 맞아들여 다쿠 수령이 된 다음 바꾼 것이었다.

이삼평은 다쿠의 흙이 좋지 않아 이에 만족하지 못하고 조선의 것과 같은 도자기를 만들 수 있는 흙을 찾아 이리저리 돌아다니다가 아리타의 이즈미 산泉山에서 백자광을 발견, 1616년광해군 8년 무렵 변두리 시라가와白川에서 덴구다

이즈미 산 근저 신사에
백자로 만들어놓은
이삼평 상

니 가마天狗谷窯를 열고 도자기를 굽기 시작했다. 마침내 일본 최초의 백자 도자기, 이전의 일본 땅에서는 결코 만들 수 없었고 만들 엄두도 내지 못했으며 만드는 방법도 몰랐던 그것이 조선 땅이 아닌 일본에서 만들어지기 시작한 것이다.

이삼평은 이후 일가족 18명과 함께 이곳에 이사하여 도자기의 고향 아리타의 새 역사를 열었다. 나베시마 영주는 이삼평의 공로를 크게 치하하고, 당시 아리타 마을을 다스리던 다쿠 나가토모리多久長門守는 자신의 하녀를 이삼평과 결혼시켰다. 그 후 이삼평은 '가네가에金江'라는 일본 성씨로 이름을 바꾸어 일본인으로서 아리타에 영구히 정착해 살았다. 그와 함께 납치되었던 150여 명의 조선인 사기장들은 아리타 사라야마의 지배권을 확립했다.

이삼평 집안은 자손대대로 번으로부터 부지敷地를 받았으며, 이시바石場의 쇼야庄屋, 지역 관리자가 되었으며, 자석 광산의 채굴권도 부여받았다. 또 그 밑에는 150여 명의 조선인 사기장들이 있었다.[01] 그야말로 아리타 도자산업 전체를 총괄하는 수령이 된 것이다.

이 같은 사실로 볼 때 아리타 주민들의 대부분은 400여 년 전 임진왜란과 정유재란 때 끌려간 조선인 사기장들의 후예임에 틀림없다. 특히 가네가에金江, 후카우미深海, 도쿠나가德永, 마쓰모토松本, 후루타古田, 이와나가岩永, 히사도미久富 등의 성씨를 사용하고 있는 사람들은 의심할 여지없는 조선의 후예들이다.

---

01 '일본 속에 조선 문화 9-히젠 이외 히고 나가사키 현, 사가 현, 구마모토 현(日本の中の朝鮮文化 9-肥前ほか肥後 長崎縣, 佐賀縣, 熊本縣)' 「월간 한국문화(月刊 韓國文化) 4」, 김달수(金達壽), 자유사(自由社), 1988년, 9p

도자기 축제에서 도자기로 만든 캐스터네츠로 소리를 내며 춤을 추는 아리타 주민들

이후 아리타는 대도향大陶鄕으로 불리게 되었고 에도 후기가 되자 아리타와 이마리伊萬里 도자기는 일본 제일로 손꼽히게 되었다. 이마리와 나가사키를 통해 유럽 전역으로 수출되어 규슈의 근대화는 물론 자본 형성 및 축적에 제일 큰 기여를 했다.

현재 아리타에서는 이삼평을 도조陶祖로 우러르는 한편 신사를 건립해 이삼평을 모시고 있다. 신사가 위치한 산꼭대기에는 백자 탄생 300주년 다음 해인 1917년 '도조 이삼평비'라고 새겨진 큰 기념비를 세웠다. 이 비석 뒷면에는 이삼평을 '대은인大恩人'이라고 적었다. 이런 사실만 보아도 이삼평이 아리타에서 어떠한 존재인지, 일본 도자기 문화사에서 어떤 위치를 갖고 있는지 알 수 있다.

이삼평은 조오承應 4년1655년 8월 11일 가미시라가와上白川의 자택에서 향년 77

세의 일기로 고단한 삶을 마쳤다. 77세라는 나이는 그가 첫 백자를 만든 1616년에 38세였다는 기록에 따른 것이고, 이를 추정하면 그가 조선에서 태어난 것이 대략 1579년이 된다. 이를 다시 정리하면 1579년에 태어나 스무 살 무렵에 일본으로 끌려가 다쿠에서 10여 년을 지낸 다음 아리타로 이주해서 서른여덟 살에 일본 최초로 백자 생산에 성공하고 다른 조선인 사기장들과 합류하여 아리타를 일본 최고의 도자기 마을로 도약시킨 뒤 일흔일곱 살에 세상을 뜬 것이다.

이삼평의 묘비에는 '월창정심거사月窓淨心居士'라는 계명이 쓰여 있다. 세상을 떠날 무렵 불교에 귀의한 것이다. 아마 목탁 소리와 향 내음에 기대지 않으면 고향에 대한 간절한 그리움을 진정시키지 못했을 것이다. '달빛 창이 있는 정자에 서서 조선이라는 고향땅을 그리는 거사'라는 계명에서 애절함까지 느껴진다.

이삼평 묘

아리타에서 생산한 도자기는 1651년부터 네덜란드 동인도회사를 통해 유럽으로 수출하기 시작했다. 이후 1653년에는 2,200개, 1664년에는 4만 5,000개를 수출하는 등 가파른 상승 곡선을 그리며 방대한 수입을 올렸다. 이러한 세상의 변화를 말년의 이삼평도 지켜볼 수 있었을 것이다. 그러나

14대 가네가에 쇼헤이가 백자 탄생 400주년을 맞아 지금은 사용하지 않는 이즈미산 백토로 특별히 만든 작품으로 가네가에갤러리에서 소장하고 있다.

참으로 안타깝게도 이삼평 집안은 가문의 영광을 제대로 전승하지 못한다. 현재 14대 가네가에 쇼헤이는 도조 이삼평 가마를 운영하고 있다. 5~6평 규모의 영세한 갤러리다. 그는 딸 한 명만 두고 있어 가업이 계속 이어질 수 있을지 우려하고 있다.

아리타 주민, 일본 신을 모시는 신사 위에 이삼평 기념탑을 세우다

이삼평을 모시는 도산 신사陶山神社는 아리타 마을이 내려다보이는 얕은 산중턱에 있다. 마을에서 올라가다 보면 우선 계단을 오르고 중간에 특이하게도 철길 건널목을 지나야 한다. 철길을 건너면 조그만 광장이 나오고 다시 가파른 계단이 이어진다. 그 계단을 거의 다 올라서면 비로소 아름다운 도자기로 만든 도리이가 나타난다. 높이 3.65m, 폭 3.9m에 연한 블루의 당초무늬가 있는 일본 유일의 백자 도리이다.

메이레키明曆 2년1656년 아리타 주민들은 니리무라二里村의 오자토大里에 있는 하치만구八幡宮의 응신천황應新天皇02 신체를 받아서 오타루大樽 언덕에다 아리타 야마쇼우보하치만구有田山宗廟八幡宮을 건립할 때 이삼평과 나베시마 나오시게를 합사하여 모셨다.

그러나 이 신사는 1828년 대화재로 인해 건물과 기록이 소실되고 만다. 그리하여 조그마한 형태의 사당 이시바 신사石場神社의 경내로 옮겨져 안치되고 있었다. 그러다가 메이지시대에 접어들어 현재의 장소로 옮기고 이름도 도산 신사로 개칭하였다. 1880년에는 건물도 새롭게 지었다. 정면의 편액은 당시 유명한 서예가 나가바야시 고치쿠中林梧竹가 썼다. 제일祭日은 10월 17일로 정하고, 순번을 정하여 각 지역이 맡아서 행하도록 했다.

일본 최초의 백자 탄생 300주년이 되는 1917년에는 드디어 아리타 시내를 내려다보는 렌게이시 산蓮花石山 정상에 '도조 이삼평지비陶祖 李參平之碑'를 세웠다. 이후 이곳에서는 매년 5월 4일에 도자기의 번영을 기원하는 '도조제陶祖祭'가 열린다. 물론 이를 세울 때 문제가 없었던 것은 아니다. 조선인의 기념비를 일본 신인 하치만八幡 신을 모신 신사 위에 세우는 것에 대하여 반대 의견이 만만치 않았다.

---

02 응신천황은 일본 제15대 천왕이며, 일본 『고사기(古事記)』에 수록된 전설에 따르면 왕위에 오르기 전 그의 어머니 신공황후(神功皇后)와 함께 신라를 정벌했다는 고대 인물이다.

1 도산 신사 입구의 청화백자 도리이. 높이 3.65m에 폭은 3.9m다.

2 이마에몬 가마의 명공 이데 긴사쿠(井手金作)가 만든 자기 코마이누(狛犬)

그러나 아리타 주민들은 이를 감행했다. 나베시마 후손들의 찬조를 얻어 이씨송덕회李氏頌德會를 조직하고, 송덕회 명예총재로 사가 현 출신이자 8대와 17대 내각 총리대신을 지낸 거물급 정치인 오쿠마 시게노부大隈重信을 추대했다. 그러자 순식간에 거액의 기부금이 모여서 그해 12월에 이 기념비가 세워지게 된 것이다. 당시가 일제강점기라는 사실을 생각해보면 이 일이 얼마나 대단한 '사건'이었는지 실감이 될 것이다.

이때 비문의 '도조 이삼평지비'라는 글씨는 나베시마 가문 12대 당주였던 후작 나베시마 나오미쓰鍋島直映가 썼다. 비석 뒷면의 찬문撰文은 당시 사가중학교 교장으로 있던 센즈미 다케지로千住武次郎가 지었고, 이를 글씨로 옮긴 것은 이와타 조스이澤井如水였다.

비문 앞의 내용은 어떻게 이곳에 왔는지 소개하는 부분이니까 생략하고, 내용의 뒷부분을 소개하면 다음과 같다.

… 그리하여 겐나 연간元和年間, 마쓰라 군松浦郡 아리타향有田郷 미다레바시亂橋에 와서 도업을 종사하여 드디어 이즈미야마泉山에서 자석瓷石을 발견했다. 그 후 시라가와로 이주하여 처음으로 순백의 자기를 제작한 것이다. 실로 이것이 일본에서 자기 제조의 시작이다. 그 후 줄곧 그 제조법을 계승하여 오늘의 성황을 볼 수 있게 된 것이다. 이러한 것을 생각하면 이씨는 우리 아리타의 도조일 뿐만 아니라 일본 요업계의 대은인이다. 그리하여 도자기업에 종사하여 그 은혜를 입고 있는 자는 누구나 다 이씨가 남긴 공적을 존경히지 않는 사람은 없는 것이디.

2016년 백자 탄생 400주년의 해에
이삼평비에서 제사를 올리는 아리타 주민들

이러한 내용이 담긴 기념비를 세운 다음 아리타 사람들은 이삼평이 도토陶土를 발견한 곳에 이삼평발견지자광지李參平發見之磁鑛地라는 대형 기념비를 세웠고, 또 이시바 신사의 경내에 백자로 만든 이삼평 상을 만들어 모셨다. 이처럼 이삼평은 아리타 사기장들의 수호신으로 받들어 모셔졌던 것이다.

1760년 무렵 이 지역 출신의 유학자 다니구치 시오타谷口鹽田는 다음과 같은 한시를 지어 이삼평을 칭송했다.

> 만산에 구름처럼 도자기가 종횡하고滿山如雲石縱橫
>
> 만국에 좋은 도자기가 서로 이름을 다투며 전한다滿國爭傳良器名
>
> 이백 년 전 이러한 일을 시작한二百年前開此業
>
> 조선의 명사기장 이삼평朝鮮名手李參平

이삼평이 도자기를 생산했던 덴구타니 유적을 발굴하고 그에 대한 조사보고서를 쓴 아리타 군수도 보고서 서문에 다음처럼 썼다.

> '나는 여기 집대성되어 간행을 보게 된 이 보고서를 제일 먼저 도조 이삼평 월창정심거사의 무덤 앞에 바치고자 합니다. 그리하여 우리 아리타 군이 고래의 도자업으로 번영하였으며, 또한 장래에도 생생하게 발전해갈 터전을 열어준 도조 이삼평에게 찬양과 경모의 성의를 다하여 바치고자 합니다.'

이처럼 조선인 이삼평은 누가 뭐래도 아리타 도자기에 있어서 영원히 잊혀질

경남 김해 출신의 김태도와 백파선은 900여 명의 일족을 거느린 거대 사기장 집단이었다.

수 없는 대은인의 존재였다.

아리타 마을이 번성하자 1631년에는 다케오^{武雄}에서 도자기를 굽고 있던 미망인 백파선百婆仙, 1560~1656이 일족 906명을 이끌고 아리타로 옮겨왔다.

임진왜란 직후인 1593년 36세의 나이에 사가 현 다케오 영주 고토 이에노부後藤家信에게 끌려간 사기장 중에는 김태도金泰道라는 인물이 있었다. 그의 부인이 바로 백파선이다.

김태도와 백파선의 자손들이 '후카우미深海'라는 성을 사용하는 것은, 김태도와 백파선의 고향이 경남 김해金海였기 때문이다. 김해는 경상도 방언으로 '심해' 혹은 '짐해'로도 불린다. 그렇게 김해를 지칭하는 방언이 성씨로 굳어져 김태도는 심해종전, 후카우미 쇼덴深海宗傳이라 불리게 되었다. 여기서 쇼덴은 한 종파의 조상이라는 뜻으로 심해종전은 심해씨의 조상이라는 말이다. 김태도의 이름은 신타로新太郎였다. 즉, 후카우미 신타로深海新太郎가 김태도의 일본 이름이다.

김태도는 사가 번 내에서 도자기를 구울 수 있는 곳을 찾아 기시마 군杵島郡 다케우치무라武內村 우치타야마內田山에서 커다란 가마를 열었다. 이곳에서 김태도는 백파선과 함께 고려다완찻사발과 향로 등을 만들어 우치타 가마內田窯 또는 구로무타 가마黑牟田窯의 원조가 되었다. 이에노부 영주에게 상납된 찻사발과 향로는 걸작이었다고 한다. 사가 현 역사인명사전은 김태도 역시 '아국我國 요업계의 대은인으로 전해야 한다'고 기록하고 있다.

김태도는 우치타 산에서 가라쓰 계열 도자기를 굽다가 '소메쓰게染付 자기'를 만들었지만 흙이 나빠서 성공하지 못했다. 소메쓰게는 코발트 안료를 사용해 하회下繪, 유약 바르기전의 밑그림 기법으로 그린 것을 가리킨다.

그러던 중 김태도는 1618년 세상을 떠났고, 백파선은 아들 종해宗海, 일본 이름으로는 헤이자에몬平左衛門과 함께 백자 제작에 몰두했다. 그러나 역시 조선과 다케오 지방의 토질이 달라 원하는 작품을 만들 수가 없었기에, 영주의 허가를 얻어 사기장 일족 906명을 데리고 아리타 히에코바稗古場로 옮겨 도자기 제작을 계속했다. 백파선이 데리고 온 인원이 김태도가 거느리던 사기장 일족의 전체는 아닐 것이다. 백파선이 떠난 이후에도 다케오 계열의 구로무타나 우치타선 계속 도자기가 생산되고 있었기 때문이다.

백파선은 아리다에서 40년 가까운 세월 동안 이심평과 함께 백자 도자기를 만들면서 후계 양성에 여생을 바쳤다. 그러던 1655년 이삼평이 세상을 떠난 이듬해 3월 10일에 백파선 역시 96세라는 긴 인생의 여정을 마감했다. 백파선은 온화한 얼굴에 귀에서 어깨까지 내려오는 귀걸이를 했으며, 큰 소리로 웃었고, 사람들을 편안하게 감싸주는 덕을 지녔다고 한다. 효심이 깊은 손자가 그 자취와 덕을 기려 '백파선'이라 칭했는데, 그게 이름처럼 되어버렸다. 그 이름에서 백발이 성성하고 성스럽고 자애로운 느낌의 모습을 연상할 수 있다.

1670~90년대 만들어졌을 거라 추정하는 아리타 도자인형(피겨린)

백파선은 아리타 호온지報恩寺 경내의 동쪽 땅에 묻혔다. 백파선을 기리는 법탑 '만료묘태도파지탑萬了妙泰道婆之塔'은 그가 죽은 지 50년이 지난 1705년 3월 10일, 증손인 후카우미 쇼덴에 의해 세워졌다. 증손과 백파선 이야기는 140㎝ 정도 높이의 이 탑에 자세히 기록돼 있다. 호온지 주지스님은 매월 말 아침 독경 시간에 백파선을 기리는 마음을 담아 "아리타의 은인이시여! 수호신이여! 도자기가 번성하도록 지켜주소서"라고 기도한다고 한다.

이삼평과 백파선 외에도 수많은 조선인 사기장들이 아리타로 이주해 살았으나 이름이 오늘날까지 전해지는 이는 드물다. 그들은 호온지 경내에 있는 작은 바위산인 관음산에 올라 고향 쪽 하늘을 바라보며 향수를 달랬고, 그 한을 도자기 제작에 쏟아 부었다고 한다. 백파선의 후손은 13대에 이르러 가마의 불이 끊어진 것으로 보인다. 메이지 유신 때 어용가마가 폐요된 이후 후카우미 다쓰지深海辰治, 1911~가 도자기용 안료용품을 판매하는 후카우미 상점을 창업하는 것으로 조상들의 뜻을 받드는 일을 대신했다.

이처럼 아리타는 이삼평이 가마를 연 이후 수많은 사기장들이 집결하여 번영을 거듭했다. 일본의 다른 지역에서도 도자기 제조 기술을 배우기 위해 사람들이 몰려들기 시작해 1590년만 해도 심산궁곡으로 지도에 나오지도 않았던 '다나카 마을田中村'이 30여 년에 걸쳐 팽창을 거듭해 번듯한 성시成市로 자리 잡았다. 1680년대 지도에는 '아리타'라고 하는 지명도 등장한다.

경이적인 돈벌이에 현혹된 일본인들도 도처에서 가마를 만들기 시작하는 등 아리타에 사람이 너무 몰려들자 나베시마 번청은 급기야 산림이 마구잡이로 베여 황폐화되는 것을 걱정해야 할 처지가 되었다. 1,000℃가 넘는 가마 불을 지피려면 땔감이 엄청나게 들어가야 했기 때문이다.

이에 따라 1635년에는 관리를 파견하여 아리타 사라야마의 지배권을 확립하여 통제하기 시작했고, 1937년 3월 20일에는 조선인 사기장이 아닌 일본 사기장을 쫓아내는 추방령을 발동한다. 그리하여 아리타에서 7개 가마, 이마리에서 4개 가마를 합해 모두 11개 가마의 일본인 남녀 사기장 826명남자 532명, 여자 294명이 문을 닫고 추방당한다. 이 사건을 계기로 아리타에서 값싼 도기는 없어지고 자기 중심의 생산 체제가 확립되게 되었다.

일본인은 조선인 사기장 밑에서 배운 내력이 확인된 사람에 한해 일부 면허증이 발급됐다. 그리하여 1647년 공식기록에 남은 사기장 집안은 155가구였고, 이들은 모두 이삼평의 총괄 감독을 빚고 있다. 1600년대의 시골 조그만 마을에 도자기를 굽는 가구 수만 155개라니 실로 경이로운 일이지 않은가! 당시 아리타는 활발한 자기 생산으로 인구가 크게 늘어나 총 1,300가구에 총 인구는 5,500명에 달했다고 한다. 현재 아리타 인구도 고작 2만여 명에 불과한데 말이다.

일본 도자기
유럽 수출의 시작

중국 선박에 의한 히젠 국肥前國, 사가 현과 나가사키 현을 지칭 도자기의 최초 해외 수출은 1647년에 이루어진 것으로 알려져 있다. 174포대의 거칠게 만들어진 도자기가 시암태국을 거쳐 캄보디아로 수출됐다. 1650년에는 네덜란드 동인도회사가 히젠 도자기를 동남아시아로 수출하기 시작했으며, 1657년에 3,040점의 히젠 도자기와 '다양한 샘플이 들어 있는 상자'를 네덜란드에 보냈다. 1659년에는 3만 3,910점의 히젠 도자기가 네덜란드 선박에 의해 네덜란드, 동남아시아, 인도 그리고 아라비아 지역에 수출되었다. 이로써 일본은 자기 수입국에서 수출국으로 변모했다. 아시아 시장에서는 중국 도자기와 경쟁하기 시작했다. 1659년부터는 채색자기도 수출했다.

앞에서도 말했듯 아리타 도자기의 유럽 수출은 1651년부터 네덜란드 동인도회사를 통해 시작됐다. 이후 1653년에는 2,200개, 1664년에는 6만 8,682개를 수출하는 등 가파른 상승곡선을 그렸다. 1663년부터 대량의 자기 수출이 이루어졌다. 그해 10월에는 네덜란드에 수출한 3,543점을 포함하여 5만 5,874점에 가까운 도자기가 수출되었다. 이때부터 1682년까지 23년 동안 네덜란드 동인도회사에 수출한 도자기는 61만 점이 넘었다.

네덜란드 동인도회사가 1650년부터 1757년까지 수출한 아리타 도자기 수량을 연도별로 보면 227페이지와 같다. 표에 연도가 없는 해는 수출이 없었거나 정확한 수출량을 알 수 없는 해다.

이를 수출한 장소별로 보면 228페이지의 표와 같다. 동남아시아는 물론 멀리 인도를 거쳐 아라비아 반도의 예멘에 이르기까지 광범위한 지역에 수출했음을 알 수 있다. 아리타 3대 명가의 하나인 가키에몬柿左衛門 가문의 경우 채색자기인 이로에를 처음 만든 지 13년째인 1659년에 수출한 자료가 현존하고 있다. 수출 물량 3만 3,910개 중 백자 6,950개, 이로에 3,532개, 소메쓰게 2만 3,425개였다. 즉 백자 20%, 이로에 10%에 소메쓰게 70%다. 이 중 네덜란드에 보낸 내역은 다음 228페이지의 표와 같고, 이로에가 전체 물량의 45%를 차지하고 있다. 이는 당시 유럽에서 이미 아리타의 이로에가 환영받고 있다는 사실을 말해준다.

수출이 증가하면서 히젠은 대량생산 체제를 갖추었다. 1672년에는 180개가 넘는 곳에서 도자기를 생산했고, 여기서 일하는 노동자만 해도 4,000명이 훨씬 넘었을 것으로 추정된다. 생산 공정의 분업화도 촉진되었다. 공정은 도자기 빚기성형, 그림 그리기, 세공, 불 지피기 등으로 분화되었다. 특히 디자인의 중요성이 인식되면서 서양인이 선호하는 디자인이 개발되었다.

마침 일본은 1680년에 접어들면서 전무후무한 호황기를 구가했다. 대도시 상인들 사이에 다도가 유행했고, 경제적으로 부유해진 상인들은 사치스러운 생활을 했다. 에도 바쿠후는 빈번히 사치 금지령을 내렸지만 별 효과를 거두지 못했다. 이런 경제적 호황과 사치 풍조에 의한 다도의 유행으로 히젠 자기신업은 급성장했다.

일본 역시 조선과 마찬가지로 소메쓰게를 위한 코발트블루는 중국으로부터

네덜란드 동인도회사의 아리타야키 연도별 수출량(1650~1757)

연도	수량	연도	수량	연도	수량
1650	145	1677	50,404	1709	7,860
1651	176	1679	50,561	1710	10,940
1652	1,265	1681	33,694	1711	9,000
1653	2,200	1685	15,848	1714	12,946
1654	4,258	1686	7,930	1720	22,150
1655	3,209	1687	16,618	1721	2,648
1656	4,139	1688	17,420	1722	1,850
1657	3,040	1689	21,337	1723	3,300
1658	5,257	1691	6,000	1727	6,457
1659	33,910	1692	2,000	1731	4,174
1660	73,284	1693	7,600	1732	3,871
1661	52,807	1694	2,800	1735	6,550
1662	86,329	1695	7,900	1737	100
1663	55,874	1696	8,700	1740	1,796
1664	68,682	1697	12,048	1741	1,940
1665	32,787	1698	8,454	1742	1,841
1666	13,389	1699	8,510	1744	200
1668	40,329	1700	6,640	1745	2,702
1669	25,542	1701	2,866	1746	1,002
1670	48,536	1702	2,500	1754	7,435
1671	85,493	1703	3,150	1755	6,028
1672	17,231	1704	6,600	1756	11,725
1673	11,498	1705	16,050	1757	300
1674	36,375	1706	20,216		
1675	6,009	1707	9,428		
1676	37,527	1708	12,020	합계	1,233,418

네덜란드 동인도회사가 아리타야키를 수출한 곳(1650~1757)

보낸곳	수량	보낸곳	수량
바타비아 정청 병원	22,518	대만 상관	10,505
바타비아 정청 약국	13,076	통킹(베트남) 상관	11,250
VOC 바타비아 약제국	193,822	페르시아 상관	102,055
VOC 바타비아 잡화부	105,830	모카(예멘) 상관	21,587
바타비아 총독 관저	7,504	스라쓰데(スラッテ) 상관	185,862
네덜란드 본국	190,489	시암(태국) 상관	2,261
바타비아 회사 본점	172,001	코로만델(뉴질랜드) 상관	3,990
말라가 상관	132,084	말라바르(인도) 상관	5,252
말라가 요새 병원	800	코친(인도) 상관	1,100
실론 상관	29,789	암보이나(인도네시아) 상관	2,776
벵갈 상관	18,886	합계	1,233,418

1695년 네덜란드 자기 수출 명세서

품명	이로에	백자나 소메쓰게	계
찻사발(茶碗)	800	700	1,500
사발(碗)	195	–	195
주발(鉢)	304	300	604
접시(皿)	600	1,520	2,120
버터접시(バター皿)	590	230	830
병(瓶)	50	–	50
찬합(重箱)	5	–	5
항아리(壺)	1	99	100
소금통(塩入)	–	10	10
겨자통(芥子入)	–	10	10
삼전평체(三揃平体)	–	300	300
잉크 항아리(インク壺)	–	10	10
술냄비(酒用鍋)	–	10	10
학 피겨린(鶴置物)	–	3	3
계	2,545	3,202	5,747

수입할 수밖에 없었다. 특히 아리타를 중심으로 한 히젠 도자기는 주로 소메쓰게를 생산했으므로, 이 지역에서 '고스呉須'라고 부른 산화코발트의 수입은 매우 중요했다. 히젠으로의 고수 공급은 전적으로 나가사키를 통했다. 일본이 중국에서 회청回靑을 수입하기 시작한 것은 1650년이다. 일본에서 자기가 생산된 지 30여 년 만에 히젠의 자기산업이 확대되어 양질의 안료를 중국에서 구입하게 된 것이다.

일본 고문헌에서 산화코발트는 '다완 구스리茶碗藥, 찻사발 약료'라고 불리기도 했는데, 18세기 초기 중국 선박에 의한 '다완 구스리'의 수입량의 한 단면을 살펴보면 다음과 같다. 1근은 0.6kg이다.

- 1711년 6월부터 11월 : 4척 선박으로 2,200근1,332kg
- 1712년 : 9척 선박으로 1만 6,050근9,630kg
- 1713년 : 3척 선박으로 4,500근2,700kg

보다시피 엄청난 양의 코발트블루가 나가사키를 통해 사가 번에 쏟아져 들어왔고, 이는 히젠 도자기의 성업과 연결되었다. 그러나 18세기 후반이 되면 '다완 구스리'의 가격이 상승함에 따라 수입량이 감소하고 도자기 생산이 어려워졌다. 또한 청나라와의 무역 재개로 1757년 네덜란드 동인도회사의 공식적인 히젠 도자기 수입이 중지되면서, 히젠 도자기의 주요 시장도 일본 국내시장으로 옮겨감에 따라 코발트블루 수입량도 감소했다. 그러나 민간 무역은 계속되었다. 19세기에는 도자기 생산이 세토瀬戸, 현재의 아이치愛知 현과 일본의 여러 곳에서 시작되었기 때문에, 히젠에 의한 도자기 시장의 독점 상태는 와

해되었다.

네덜란드는 원래 자신들이 발트해 주변에서 갖고 온 상품들을 리스본^{Lisbon}에 가져와 포르투갈 상선이 동양에서 갖고 온 물품들과 맞바꾸는 등의 방식으로 교역을 했다. 그러나 이에 대해 스페인이 압력을 가하자 네덜란드는 자신들이 직접 동양과 교역을 추진하는 쪽으로 방향을 잡았다.

히젠 도자기 해외 수출의 배후에는 동아시아의 정치적 상황 변화가 가장 큰 요인으로 작용했다. 만주족 누르하치^{努爾哈赤}가 청淸, 1616~1912의 국호를 걸고 그 세력을 넓히기 시작하더니 급기야 명나라^{1368~1644}를 무너뜨리고 1644년 베이징에 입성한 것이다. 그러나 중국 남부의 명나라 세력, 특히 진먼金門과 샤먼厦門, 아모이 두 섬을 근거지로 한 해상무역으로 막강한 부와 권력을 쌓은 정성공鄭成功, 1624~1662이 멸청복명滅淸復明을 내걸고 강력하게 저항했다.

정성공은 중국과 일본을 오가며 해상무역을 했던 정지룡鄭芝龍과 일본 하급무사 다카와 시치자에몬田川七左衛門의 딸인 다카와 마쓰田川鬆 사이에 낳은 자식으로, 일본 히라도에서 태어나 일곱 살 때까지 후쿠마쓰福松라는 성으로 자랐다. 이런 연유로 히라도에 가면 정성공과 관련된 유적이며 동상이 여기저기에 있다.

정성공은 청나라가 해안 지역 주민을 내륙으로 이주시키는 정책으로 정성공의 발판을 끊자, 1662년 2월 1일 포르모사를 정복함으로써 타이완의 38년 네덜란드 식민시대를 종결했다. 지금 타이완이 갖는 국가적 정체성은 이때부터 뿌리를 내리는 것이니, 네덜란드에게는 해적으로 취급받던 정성공이 타이완에서는 국가적 영웅으로 추상받는다. 따라서 남부 다이완에 가면 정성공과 관련한 유적과 기념 동상이 상당수 있다.

1 1670·90년대 아리타 제조 봉황모란 당초문(唐草文) 물주전자(규슈도자
   문화관 소장)
2 나가사키 항구를 그린 대형 청화백자 화로(나가사키역사문화박물관)

네덜란드가 명나라에 접근했다 교섭에 실패하여 타이완 남부 타이난臺南 일원에 근거지를 구축하고 식민지 경영을 시작한 것은 1624년의 일이었다. 이는 동인도회사가 타이완 서쪽 펑후 제도澎湖諸島를 무력 정복하고 이를 포기하는 대신 타이완 남부에 상업 지역을 만드는 데 명나라와 합의에 성공한 전과였다. 2년 후에는 스페인이 타이베이臺北를 위시한 북부를 점령했는데, 네덜란드는 나중에 스페인마저 쫓아내버리고 타이완 전체를 차지했다.

하여튼 명청 교체기의 정치적 혼란은 결국 일본 도자기의 수출로 이어졌다. 청나라는 1656년과 1661년에 다른 지역과의 해외 무역을 강력하게 금지함으로써 중국 도자기 수출을 중지했다. 이로 말미암아 중국 도자기 무역으로 이익을 얻고 있었던 네덜란드는 그 대안으로서 아리타에 주문을 하게 된 것이

히라도 센리가하마(千里濱) 해변
정성공기념공원에 세워진 동상.
그의 어머니가 이 해변에서 조개를 캐다가
산통을 느껴 바위에 기댄 재로
그를 낳았다고 전해진다.
밟고 있는 바위는 바로 이 이야기를 나타낸 것이다.

타이완 타이난의 네덜란드 동인도회사 기지 터. 이곳은 정성공의 근거지이기도 해서 역시 그의 동상이 서 있다.

다. 중국 본토로 갈 수 없는 정성공의 선박들도 나가사키에 들러 히젠 도자기를 사들였다.

사가 번에 떼돈을 안겨준 거관과
고려할머니의 후손들

네덜란드 상인들의 아리타 도자기 수출과 관련해 고려할머니高麗媼 후손들의 이야기를 빼놓을 수 없다. 앞에서도 보았듯 나가사키 현에 속하는 히라도는 일본의 서쪽 끝, 한반도와 중국 진출이 관문이 되는 섬이다. 그렇기에 서양 상선이 가장 일찍 나타났고, 일본의 근대화 개항 및 가톨릭 포교의 역사에서 빼

히라도 마쓰라사료박물관 앞의 마쓰라 시게노부 동상

놓을 수 없는 중요한 곳이다. 마쓰라 시게노부松浦鎮信, 1549~1614는 마쓰라 가문의 26대 당주로, 히라도 초대 번주다. 임진왜란 당시 시게노부는 가라쓰 앞바다에 있는 전략상 요충지 이키壹岐 섬에 가쓰모토 성勝本城를 쌓고 조선 침공의 안내자 역할을 했다. 그는 동생, 아들과 함께 고니시 유키나가의 제1부대로 참여해 전쟁의 서막을 올린 이후 7년 동안 울산성 전투, 순천성 전투를 포함해 24번의 전투에서 모두 승리했다고 한다.

그가 남긴 『마쓰라 시게노부 조선 7년간의 진중일기松浦法印鎮信朝鮮七ケ年間陣中日記之』에 의하면 조선 출정 기간 중 3,000명의 부하 중에서 1,918명이 전사했지만 돌아올 때는 오히려 인원이 7,200명으로 늘어나 있었다고 한다. 그러니 그가 귀국하면서 납치한 조선인 사기장과 각종 기술자가 얼마나 많았는지 알 수 있다.

도요토미 히데요시가 1593년선조 26년 11월 29일 시게노부에게 보낸 주인장 내용을 보면 조선 기술자들의 납치를 얼마나 독려했는지 여실히 나타난다. 그 내용은 다음과 같다.

사로잡은 조선사람 가운데 세공 기술자와 바느질 잘하는 여인, 손재주 좋

은 여인이 있으면 곁에 두어 여러 가지 일을 시키고 싶으니 보내주기 바

란다[03]

그런데 이런 내용의 주인장은 시게노부 한 사람에게만 보낸 것이 아니다. 히

데요시는 지금의 건설부장관에 해당하는 쇼리다이후修理大夫이자 고부교 중

한 명이었던 나카가와 히데시게中川秀成, 1570~1612에게도 비슷한 내용의 주인장

을 보낸다. 1597년 11월 29일에 보낸 내용도 위와 비슷한데, 다만 조선 요리를

잘하는 자를 각별히 뽑아 진사進士하고, 이들은 성내에 거주하면서 각자의 직

책에 종사하도록 하라고 한 내용이 추가되었다.[04] 이러한 주인장은 아마도 조

선에 출병한 거의 모든 다이묘들이 받았을 것이다.

이로 미루어볼 때 히데요시는 조선에서 포로로 잡혀간 여인들을 통해 옷을

지어 입었고 음식을 만들어 먹은 것으로 보인다. 당시 히데요시를 비롯한 다

이묘들이 입은 옷은 조선 궁궐에서 임금이 흔히 입었던 한복과 비슷했고, 당

시 일본의 요리 문화는 매우 저급한 수준이었으므로 조선 궁궐에 진상했던

요리들이 히데요시를 위해 만들어진 것으로 볼 수 있다.

어찌됐든 시게노부는 히데요시의 명령을 충실히 수행하여 수많은 조선 노비

를 끌고 오니 그중에 진해지금은 창원시에 포함 웅천熊川 출신의 사기장인 거관巨關과

종차관從次貫, 순천 출신 사기장 김영구金永久가 있었다. 1598년 43세의 나이로

---

03 『임진왜란과 히라도 미카와치 사기장』, 황정덕, 도진순, 이윤상 공저, 동북아역사재단, 2010,
28p. 미카와치에 대한 내용의 상당수는 이 책에 의존한 것임을 미리 밝혀둔다.

04 『임진왜란은 문화전쟁이다』, 김문길, 도서출판 혜안, 1995, 131p

끌려온 거관은 조선에서의 원래 이름이 '거관'이 아니라 일본으로 끌려간 다음 '도자기 선수'라는 뜻으로 고세키トﾞ關라 불렀기 때문에 '거관'이 된 것이다. 그는 나가노 가마中野窯을 열어 히라도 어용가마의 시조가 되었다.

김영구는 히라도의 에나가 가마江永窯, 구마하라 가마熊原窯, 후지하라 가마藤原窯의 출발점이 되었다. 김영구와 함께 온 조선인 포로는 700여 명이나 되었다. 이들은 나중에 독실한 가톨릭 신자가 되어, 도쿠가와의 종교박해 당시 다수의 순교자가 발생했다.

마쓰라 영주는 기술이 좋은 그를 무척 아껴서 요코이시 나가히사横石永久라는 이름을 내렸다. 김영구 가마는 1624년부터 1643년까지 생산량이 제일 많았고, 번주에게 바친 세금이 번에서 제일 많았다고 한다. 그는 1654년까지 무려 101살 동안 장수했으나 후손이 없어 그의 사망 이후 가마는 문을 닫았다.

거관과 함께 웅천에서 데려온 사람 가운데는 '에이㜷', 나중 고려할머니, 일본어로는 고라이바바こうらいばば라 불리는 계집아이도 있었다. 한자 예㜷는 계집녀女가 붙여 계집아이라는 뜻이다. 또한 일본말로 '에이'는 앳되고 예뻐 보이는 여성을 의미한다. 그러니 우리말 '계집아이' 혹은 '아이'는 일본말 '에이'와 연관관계에 있는 말로 보인다. 에이에 대해선 마쓰라사료박물관이 소장하고 있는『미카와치 도자기 약기三川内燒物略記』에서 이렇게 소개되어 있다.

조선에서 빨래하러 나온 어린 여성을 데려와서 영주가 외로운 그녀에게 모든 편의를 보아주며 손으로 빚는 도예 기술을 배우게 하였는데, 1610년경 스무 살쯤 되어 보였다. 그는 이름도 니이도 밝히지 않았고 혼인힐 뜻도 없었다. 거관이 혼인하여 1610년 아들을 낳자 어미처럼 거관의 아이를

마쓰라가문
'마쓰라 사요히메(松浦佐用姬)'의 도자기 인형
(가라쓰근대도서관 소장)

돌보다가 영주가 나카자토 모베에^{中里茂兵衛}에게 의탁을 시켰다.⁰⁵

에이는 1610년 시이노미네^{椎/峰}의 나카자토 모베에에게 시집와서 1613년 아들 나카자토 모에몬^{中里茂衛門}을 낳았고, 1622년 남편이 사망하자 미카와치^{三川內} 나가하야마^{長葉山}로 이주해 가마를 연다.

미카와치는 오늘날 행정구역상 사세보 시에 속하지만 거리상으로는 사가 현에 속한 아리타에 훨씬 가깝다. 아리타와 붙어 있어서 아리타 중심지에서 자동차로 15분이면 간다.

그런데 1610년 히라도에서 헤어진 에이와 거관은 1622년 미카와치에서 다시

---

05 『임진왜란과 히라도 미카와치 사기장』, 황정덕, 도진순, 이윤상 공저, 동북아역사재단, 2010, 55p

만난다. 앞서 말한 대로 거관은 처음 히라도에서 나가노 가마를 열고 가라쓰 양식의 도자기를 빚었다. 그는 일본 여자와 결혼해 낳은 아들 산노조 마사이치三之丞正一를 두었다. 에이가 돌봐주었다는 그 아이다.

거관은 1616년에 아리타에서 이삼평이 백자토를 발견하고 일본 최초의 백자를 생산하기 시작하자 이에 자극을 받아 자신도 백자를 구우려 했지만 히라도 주변에는 백자를 빚을 만한 도토가 없었다. 그래서 1622년 어린 아들 산노조와 함께 흙을 찾아 미카와치로 와서 가마를 열었으나 이때도 백자토를 발견하지는 못했다. 그러다가 12년이나 지난 1634년에서야 산노조가 하리오 섬針尾島 미쓰다케三ツ岳, 현재의 사세보 시 가미마치江上町에서 양질의 도석을 발견하고 주거지를 옮겨 새로운 가마를 열었다.

그 무렵 아리타 난가와라南川原에는 백자와 청자의 스승으로 유명했던 다케하라 미치이오리竹原道庵의 아들 고로시치五郎七가 초대를 받고 와 가마를 열고 있었기 때문에 산노조는 우타 곤베에宇田權兵衛와 함께 그의 제자가 되었다. 우타 곤베에는 나중 사카이다 가키에몬酒井田柿右衛門, 1596~1666에게 자신의 기술을 전수한다. 사카이다 가키에몬은 오늘날 아리타 3대 명가의 하나로, 유럽에 수출된 아리타 도자기의 가키에몬 양식에 매혹당한 독일 드레스덴 선제후 아우구스트 1세Augustus I, 1670~1733가 유럽 최초의 경질자기를 만들도록 하는 것이니, 유럽 도자기 역사가 이렇게 태동한다.

다케하라 미치이오리 역시 거관과 같은 웅천 출신의 조선인 사기장으로 알려져 있는데 도요토미 히데요시를 섬겼다. 1619년 하카타博多를 거쳐 이마리의 시이노미네, 아리타 난가와라, 이와야가와치岩屋川外 등에서 노사기를 구웠다는 사실 이외에는 자세한 내용이 알려져 있지 않다.

도자기 제조 장면을 묘사한 미카와치야마 공민관(마을회관)의 타일 벽화. 이 시대 고스(코발트블루)를 잘 나타나게 하는 유약의 배합은 기밀 사항에 속했다.

한편 산노조가 다케하라 고로시치에게서 가장 배우고 싶었던 것은 백자에 고스를 잘 살릴 수 있는 유약을 만드는 방법이었지만 고로시치가 이를 비밀로 해서 알아내시 못했다. 유약을 만들 때면 2층에 올라가 혼자 매힙을 헀기 때문이다. 그런데 고로시치가 잿물 거르는 마지막 손질에는 언제나 여자 날

품팔이를 쓴다는 사실을 알아내고 자신의 아내를 고로시치 밑에서 일하게 했다. 이후 유약과 재를 2층에 가져가기 전에 물을 헤아려두고, 배합소에 가져가서 유약으로 쓰고 남은 재의 나머지를 몰래 가져오게 하여 간신히 배합 비법을 탐구해내고 그곳을 빠져나와 달아났다. 고로시치가 나중에 이 사실을 알고 이들 부부를 잡으러 사람을 보냈으나 이들은 하사미波佐見의 미쓰마타三ッ股 산속으로 피신해 한동안 숨어 지냈다.

1637년이 되면 도자산업을 집중적으로 육성하라는 2대 히라도 번주 마쓰라 다카노부松浦隆信, 1592~1637 06의 명령에 따라 산노조는 다시 미카와치로 돌아와서 에이가 가마를 열었던 장소인 나가하야마에 히라도 어용가마를 구축하고 양질의 백자와 청자를 만들어냈다. 뿐만 아니라 시이노미네에서 만난 사기장들에게도 참여를 요구해 '미카와치 사라야마'의 대들보가 되었다.

나가하야마의 가마가 체계를 잡고 대량생산 체제에 들어가면서 4대 히라도 번주이자 29대 당주인 마쓰라 시게노부松浦鎮信, 1622~1703가 1641년 미카와치 일대를 순시하면서 산노조를 불러 칭찬하고 이마무라今村 성을 하사한다. 거관 집안이 이마무라 가문이 된 것은 이때부터다.

이마무라 산노조今村三之丞는 정말 일을 열심히 했던 모양이다. 성을 하사받고 2년이 지난 1643년 그는 번주의 허가를 얻어 기하라야마木原山와 에나가야마 江永山 두 곳에 가마를 더 열어 우두머리가 되는 동시에 다이칸을 맡는다. 요즘 말로 얘기하자면 프랜차이즈를 낸 것이다. 번주는 이런 산노조의 공을 인

---

06 마쓰라 가문은 손자가 할아버지 이름을 물려 쓰는 경향이 있다. 시게노부 역시 자신 이름을 4대 번주인 손자에게 물려주었다. 손자가 할아버지와 똑같은 이름을 쓰는 것은 유럽 왕실에서도 종종 나타나는 현상이다.

정하여 큰 칼을 뜻하는 히로마사廣正 1구와 봉토를 하사했다. 이로써 미카와치의 히라도 어용가마는 '산사라야마三皿山' 체제를 확립하며 번영의 틀을 구축했다.

산노조 아버지 거관은 1643년 88세로 사망한다. 당시로서는 엄청나게 장수를 한 셈이다. 1650년이 되면 히라도 나가노 가마에 있던 조선인 사기장들 모두가 이곳으로 옮겨와, 히라도 도자기는 쇠퇴하고 미카와치야마가 확고부동한 중심지로 번성하기 시작한다.

미카와치 도자기의 혁신으로 또 한 번 가마를 크게 일으킨 것은 산노조 아들 이마무라 야지베今村弥次兵衛, 1635~1717였다. 야지베는 일곱 살 때부터 할아버지 거관에게서 도예 수업을 받는 등 '영재 코스'를 밟다가, 아버지의 도토가 마음에 들지 않아 자신만의 도토를 찾아 나섰다. 그리하여 1662년 구마모토 현 아마쿠사天草에서 매우 좋은 도토를 발견했다. 아마쿠사 도토는 지금도 규슈 일원의 사기장들이 이용하고 있는 제일 좋은 재료다.

그러나 아마쿠사는 관할 번藩이 달랐으므로, 야지베는 이름을 지로베次郞兵衛라고 속이고 땅 주인 우에다上田와 계약을 맺어 이를 확보할 수 있었다. 이후 이 흙과 미쓰다케의 돌을 조합하여 연구를 거듭한 끝에 마침내 순백의 백자를 완성하기에 이르니 명성이 하늘을 찌를 듯 올라갔다.

1664년이 되면 미카와치야키의 명성이 일본 전역에 알려지면서 도쿠가와 바쿠후의 어용가마로 승격하게 된다. 이에 마쓰라 시게노부 번주는 야지베를 불러 공을 칭찬하면서 신분을 100석 녹봉의 오우마마와리御馬廻07 수준으로

07 말을 관리하는 무사

에도시대의 미카와치야마 꽃병(마쓰라사료박물관 소장)

chapter 3

올리고, 마쓰라 가문의 꾸지나무 잎梶の葉 문장이 그려진 삼베옷 한 벌, 철에 맞는 옷 한 벌, 산수화 한 폭과 여러 개의 그림본을 하사했다. 상당한 직급의 사무라이가 된 것이다.

이때 시게노부 번주는 에이도 함께 불렀으나 이때 그녀의 나이 98세였다. 과연 '고려할머니'라 불릴 만큼 장수한 것이다. 그리하여 에이는 너무 늙어 호출에 응하기 힘들다고 사양하니 시게노부는 그녀의 후손들에게도 어용 도자기 권리를 주었다.

히라도 번에서는 밑그림을 만드는 어용화가들에게 무사에게 쌀로 주는 급여인 '후치마이扶持米'를 제공하여 도업에 전념하도록 배려했기 때문에 조선 사기장들은 생계 걱정 없이 조정과 바쿠후에 올라가는 헌상용품을 만들 수 있었다. 번은 또한 미카와치에 관리사무소인 '사라야마 대관소皿山代官所'를 만들어 도자기 생산과 유통의 감시 및 감독을 엄격히 했다.

한편 1667년 산노조는 자신과 마찬가지로 웅천에서 끌려온 사기장 종차관從次貫의 후손인 후쿠모토 야지우에몬福本弥次右衛門을 시이노미네에서 미카와치로 초빙했다. 이로써 진해 웅천 출신의 3대 사기장이 모두 미카와치에서 합류하게 된 것이다.

미카와치의 도예 기술은 점점 호평을 받으면서 명성도 더욱 높아져 1699년 드디어 왕실 어용가마로 지정된다. 이에 따라 다이묘의 각별한 보호와 감시 아래 청화백자, 양각과 투각 등 정교하고 다양한 도자기들을 구워냈다. 주요 사기장들의 신분도 격상되어 사무라이처럼 칼을 차고 다니는 것이 허용되었다. 1702년 아지베가 쇼묘正名라는 법명으로 스님이 되어 마쓰라 번주를 방문했을 때 번주는 특별히 '조엔如猿'이라는 호를 지어주었다.

미카와치가 왕실가마로 지정되면서 사라야마 세 곳에 잠입하여 비법을 캐내
가려는 다른 지역 사기장들의 염탐이 끊이지 않았다. 이런 기술 탈취 시도는
18세기 초반에 무려 50~60년 동안이나 계속됐다고 하니, 도자기가 당시 일
본 사회에서 얼마나 각광을 받는 '하이테크 산업'이었는지 알 수 있다.

정보전이 치열할수록 이를 막기 위한 통제와 감시도 강화되어서 히라도 번은
사라야마 대관소를 확충하고 감시소도 여러 곳에 두었다. 제조 방법 일체를
비밀로 하여 사기장도 장남 이외에는 이를 전수하지 못하도록 금지했고, 어
용품을 올리고 남은 것은 판매를 하지 않고 깨뜨려서 땅속에 파묻었다. 특히

19세기 후반 미카와치야키, 무사의 삿갓과 새 형태의 백자 향로(白磁笠鳥形香炉)

창유를 사용한 꽃무늬 갓 형태의
소메쓰게 향로(染付錆釉花文冠形香炉)

미쓰다케의 흙을 밤중에 파내 배에 실어서 다른 다이묘 지역에 판매하는 사람이 나타나자, 도토 채굴장에도 감시소를 만들었다.

현재 미카와치의 서쪽 산등성이에는 도조 신사陶祖神社가 있다. 1842년에 세워진 이 신사는 이마무라 야지베, 즉 조엔을 대명신大命神으로 모시는 '조엔다이묘진如猿大命神'으로 모시는 신사다. 그런데 원래 이 신사 자리에는 '웅천 신사'가 있었다. 바로 이마무라 집안의 조상, 진해 웅천 사람 거관을 씨족신으로 모시는 신사였다.

거관을 모시는 웅천 신사가 거관의 손자인 야지베를 모시는 도조 신사로 바뀐 연유는 1842년 마쓰라 가문 35대 당주 겐히로무源凞가 사기장 이마무라 스치타로今村槌太郎에게 상과 각서를 내리면서 새 신사를 짓도록 명했기 때문이다. 그 각서의 내용은 다음과 같다.

조상 조엔에게 옛날 한없이 입은 은덕을 세 사라야마에 살고 있는 후손들
은 자자손손 잊지 말지니, 그러므로 앞으로 도기陶器, 만족, 기원소로서 조
엔다이묘진로 우러러 받들고 제사를 지낼지어다.

이후 1910년 거관의 후손들은 거관의 묘비와 유해를 구로가미야마黑髮山에
서 미카와치 본산으로 옮겨와 조상 3대를 같은 곳에 모셨다. 또한 1917년에
는 마쓰라 38대 당주인 아쓰시厚, 1864~1934 백작은 '세 사라야마 개요 기념비三
皿山開窯記念碑'를 세웠다. 비문의 내용은 다음과 같다.

우리 35대 히젠모리比젠 태수 히로무熙 공이 이마무라 제2대 조祖 조엔이 개
요開窯한 공로에 대한 포상으로, 그 7세손에게 조엔을 영원히 잊지 않고 제
사 지내기를 명하였다. 이 일을 글로 새겨둠은 옳은 일이라, 지금이라도
그 내력을 써서 기념한다.

이를 보면 마쓰라 가문의 당주들은 하나같이 거관의 후예들이 조상의 은덕
을 잊지 말고 대대손손 새기라고 강조하고 있다. 기념비를 세운 아쓰시 백작
은 영국 케임브리지대학교에서 국제법을 공부하고 유럽에서 7년 동안 지낸
엘리트였다. 그의 아버지 아키라詮, 1840~1908는 여자학습원, 일본여자대학교
등에서 다도 교수를 맡고, 메이지시대의 다도 부흥에 커다란 공헌을 한 인물
이었다.

당초문을 현대적으로 재해석해서 디자인한 미카와치의 접시들

이처럼 마쓰라 가문이 대를 이어 융성하고 부를 누릴 수 있었던 데에 미카와치 가마의 도자기로 벌어들였던 엄청난 재화가 밑바탕이 되었음은 두말할 필요가 없다. 『히라도 도자기 연혁 일람』의 서문에 따르면 미카와치 가마를 연지 300년쯤이 되는 1917년 당시 미카와치 한 해의 도자기 생산액은 20만 엔에 달했다. 이를 100년이 지난 지금 가치로 환산하면 약 1천 배인 2억 엔의 가치에 해당한다. 이는 단순히 생산액이니 여기에 부가가치를 더하면 몇 배의 금액이 될 것이다. 그러니 기관의 후손들에게 조상의 은덕을 잊지 말라는 각서도 내리고 기념비도 세운 것이 아니겠는가. 그러나 정작 그들이 기념비에

썼어야 할 내용은 조선인 사기장들로 인해 자신들이 은덕을 입었고, 대대로 호사를 누렸음을 감사해야 하는 것이 되어야 당연하다. 참으로 씁쓸한 본말 전도다.

자, 이제 종차관[08]과 그 후손인 후쿠모토 가문에 대해 알아보기로 하자. 마쓰라 시게노부는 가장 기량이 좋았던 종차관을 조선 출병을 위해 진을 치고 있던 히젠나고야 성肥前名護屋城에 있던 히데요시에게 보내니, 히데요시는 그곳에서 가마를 차리게 하여 다기를 만들게 했다. 종차관은 찻사발뿐만 아니라 히데요시가 좋아하는 복스러운 불상도 잘 빚었다고 한다. 그리하여 히데요시는 그 공으로 종차관의 이름을 야지우에몬彌次右衛門으로 고쳐주고 후쿠모토 성을 내렸다.

이렇게 히젠나고야 성에서 히데요시의 전속 사기장으로 있었던 종차관은 히데요시 사후 1608년 아들 야이치彌一를 얻었고, 1613년 조선인 사기장들이 많이 모여 있던 시이노미네로 이주하여 계속 다기를 만들다가 1624년 사망했다. 그의 아들은 17세 때 아버지 이름을 이어받았는데, 특히 찻사발 만드는 기술이 뛰어났다고 한다. 거관의 아들 이마무라 산노조가 그를 미카와치로 초청한 사실은 앞에서 이미 얘기했다.

**네덜란드 상인을 사로잡은
'란가쿠데'와 대표상품 '가라코에'**

거관의 이마무라와 종차관의 후쿠모토 그리고 에이의 나카자토 세 가문은

---

08 종차관은 아마 정(鄭)씨 아니면 정(丁)씨였을 가능성이 크다. 그런데 일본어로는 이를 표기할 수 없어 종(從)으로 썼을 것으로 추정된다.

미카와치 가마의 중추세력으로 도쿠가와 바쿠후 시절은 물론 1871년 페번치현 이후 민요 ^{民窯}로 바뀐 이후에도 서로 협력을 통해 미카와치의 지속적인 번영에 절대적인 기여를 했다. 이 세 가문 후손들은 지금도 이 지역 도자산업의 중추를 형성하고 있다.

19세기에 들어와 미카와치 상인들은 나가사키를 오가며 네덜란드 동인도회사와 거래하기 시작했는데, 당시 네덜란드 상인들에게 높은 인기를 끌었던 것 중의 하나가 미카와치에서 만든 달걀껍질처럼 얇은 도자기 '란가쿠데 ^{卵殼手}'였다. 도자기를 달걀껍질 두께로 만든다는 사실부터가 그들에겐 경이였으니, 없어서 못 파는 물건이 된 것은 당연하다.

이런 형태 제품을 처음으로 만든 것은 거관의 후손 이마무라 스치타로였다. 그는 당시 번주 겐히로무에게 이 제품을 보고하고 열심히 란가쿠데 커피나 양주잔을 만들었다. 이에 겐히로무는 나가사키에 대리인을 보내 히라도도자기거래소 ^{平戸燒物産會所}라는 무역회사를 설립하니, 1865년에는 종차관 후손 후쿠모토 에이타로 ^{福本榮太郎}가 이 회사의 운영을 전담했다.

1871년 지방 통치를 담당했던 번을 폐지하고 중앙정부가 통제하는 부 ^{府}와 현 ^{縣}으로 정리한 페번치현 ^{廢藩置縣}으로, 히라도 마지막 번주 아키라는 당시 다이칸 후루가와 기요시니 ^{古川澄二}에게 히라도도자기거래소의 일체 업무를 물려주었다. 그러자 후루가와는 이를 더욱 번창시키고자 후쿠모토 에이타로와 협의하여 만포잔 상포 ^{萬寶山商鋪}를 차리고 제품에는 '만포잔시에세이 ^{萬寶山枝榮製}'라고 표기했다. 1874년 도요시마 세이지 ^{豊島政治}가 숙부인 후루가와 기요시니로부터 이를 물려받은 다음엔 이마무라 호쥬 ^{今村豊壽}, 나카자토 쇼노스케 ^{中里庄之助}, 나카자토 모리사부로 ^{中里三森郎}, 나카자토 도요시로 ^{中里豊四郎} 등 역시 거관과 고려할머니 후손들이 주축 임원이 되어 해외 전시회나 박람회 출품 등 판로 확장에 노력했다.

나카자토 모리사부로는 1889년 파리 만국박람회에 작품을 출품했고, 1890년 메이지 일왕이 사세보를 방문했을 때는 이마무라 고쿠지로今村克次郎의 닭 모습 장식물太白鷄置物을 구입했다. 또한 1900년 이마무라 시카요시今村鹿吉는 왕세자의 결혼식 때 사세보 시의 위촉으로 투각 향로 1기를 헌상했다.

거관보다 먼저 미카와치에 도요지를 만든 에이는 무려 106세까지 살았다. 그야말로 '고려할머니'답다. 에이가 만든 미카와치야키 대표 상품은 '가라코에 자기唐子繪燒'라는 것이다. '가라코에'는 중국 복장의 어린이가 소나무 아래에서 모란 꽃, 나비와 노닥거리며 뛰노는 그림이다.

처음에는 100명의 어린이가 무리지어 노는 그림百子嬉戲으로 시작했으나, 나중 어용품이 되고 난 다음부터 도자기에 그려지는 어린아이 숫자가 엄격하게 제한되었다. 그리하여 왕실과 바쿠후에 헌상하는 것에는 7명, 번에 헌상하는 것에는 5명, 일반 용도로 사용하는 것에는 3명의 아이가 그려졌다.

언제부터 왜 중국옷을 입은 어린이들을 도자기에 그려 넣었는지는 밝혀지지 않았지만 미카와치는 물론 중국인들의 왕래가 잦았던 가라쓰와 히라도 지역에서는 중국 어린이들을 심심치 않게 볼 수 있었으므로, 그들을 볼 때마다 고국 땅과 그곳에 두고 온 조카들이며 동네 아이들에 대한 그리움이 사무쳐서 그렇게나마 그림을 그려 마음을 달래곤 했던 것이 아닌가 생각한다.

아무튼 마쓰라 번주도 이 가라코에를 각별히 아껴서 '오도메야키레이お止め燒き令'이라는 훈령까지 내린다. 이 훈령은 다른 도자기 업자들이 고려할미니의 가라코에를 흉내 내어 만들지 못하도록 금지한 것이다.

계란껍질처럼 얇은 란가쿠데 도자기

미카와치 도자기의 대표 상품
'가라코에'(마쓰라사료박물관 소장).
고려할머니 후손
나카자토 미마타(中里己年太, 1870~1941)의
왕실 진상품 여분이다.

이 가라코에에 대해서는 1905년 미국 시카고A.C. McClurg & Co.에서 출간한 『일본 미술사Arts and Crafts of Old Japan』의 저자로 일본 도자기 전문가인 스튜어트 딕Stewart Dick도 '란가쿠데'와 더불어 미카와치야키 가운데 가장 유명한 것으로 꼽으며, 자신이 가장 좋아하는 상품이라고 말하고 있다.

그런데 사발이나 꽃병, 접시 등의 여러 용도로 만들어진 가라코에를 자세히 들여다보면 도자기의 위쪽 입술 아랫부분에 '고高'자가 띠 모양의 영락瓔珞, 구슬을 꿰어 만든 목걸이나 가슴치레걸이 형태로 둘려져 있는 것을 볼 수 있다. 이는 히라도에 있는 고려 묘비의 '고高'자 문양과 같은 것으로 조선 도공이 만들었다는 표식이다. 글자에 디자인적인 변형을 주어, 그것이 '고高'자임을 모르게 한 것이다. 이 문양은 가라코에와 더불어 미카와치 도자기의 대표적인 상징이자 조선인

가쿠쇼 가마(嘉久正窯)의 가라코에 찻주전자(위)와 접시(아래)

1　테두리에 '고(高)'자 문양이 둘려져 있는 가라코에 접시
2　고려할머니 에이의 후예인 사토미(里見) 가문 가쿠쇼 가마의 멋진 작품들

사기장의 정신을 나타내는 것이라 할 수 있다.

고려할머니의 후손 2대 모우에몬茂右衛門은 다섯 아들을 두었다. 이 중 첫째가 사망하는 바람에 둘째가 나카자토中里 성을 이어받았다. 셋째는 뒷날 기하라야마木原山의 담당자가 되어 요코이시橫石라는 성을, 넷째는 사토미里見 성을, 다섯째는 후루가와古川 성을 만들어 분가해 모두 도예업에 종사했다.

넷째인 사토미 가문에서는 사토미 마시시치里見政七가 1904년 미국 세인트루이스 만국박람회에 작품을 출품해 1등상인 금패金牌를 수상하는 영예를 안았다. 사토미 가문은 5대째인 사토미 요노스케里見要之助가 상호를 가쿠쇼 가마로 바꿔 지금도 미카와치 마을의 중추 가마로 활약하고 있다. 청화백자로 만든 도자기들이 일품이다. 현재 사토미 주다카시里見壽隆, 1971~라는 젊은 당주가 가마를 이끌고 있다. 그는 나가사키 현 주최 도자기 전시회에서 최우수상을 받은 바 있다.

나카자토 가문은 정유재란1597년 400년을 맞아 1998년 개최한 제1회 웅천헌다회熊川獻茶會에 마쓰라 가문의 현 당주인 아키라章와 함께 참석해 조상의 귀향을 알리는 의식을 치렀다. 400년 동안 기술을 이어온 나카자토 가문은 1924년 히로히토裕仁 일왕의 결혼식 행사에 그릇을 납품하는 영예를 얻었고, 1928년에는 일본 국왕과 관계된 사무나 국사 행위를 담당하는 부서인 궁내청宮內廳에 도자기를 납품하는 어용가마로 지정되었다.

나카자토 가문의 종손으로 18대 젊은 당주인 나카자토 타이로中里太陽, 1977~는 아버지 나카자토 이치로中里一郎와 함께 현재 미카와치 889번지에서 히라도고쇼단우에몬 가마平戸洸祥團右衛門窯를 운영하고 있다. 1622년에 창립한 이 가마는 1895년에 법인 설립을 했다. 그리고 타이로는 미카와치 도자기 작품전에

2015년 7월 9일 네덜란드 왕실에 지구형 주전자 도자기를 헌상하면서 찍은 기념사진으로 왼쪽 첫 번째가 마쓰라 아키라로 현 마쓰라 가문의 당주, 왼쪽에서 두 번째가 나카자토 타이로, 그옆은 주일본 네덜란드 대사, 그 옆은 사세보 시장이다. 자신들의 조상을 조선에서 끌고 온 히라도의 마쓰라 가문은 물론 마키와치야키를 유럽에 알린 네덜란드와 질긴 인연이 계속 이어지고 있다.

서 대상을 수상했다. 그의 아내 나카자토 유키미夲美와 어머니 나카자토 유미코由美子 모두 화공으로 일하고 있다. 아버지와 자신이 물레를 돌리고 성형을 하면 어머니와 아내는 거기에 그림을 그리는 행복한 사기장 집안이다.

'가키에몬'의
탄생

아리타 도자기는 크게 '고이마리古伊万里', '가키에몬', '이로나베시마色鍋島' 세 가지 유형으로 나뉜다. 고이마리계는 에도시대의 아리타 도자기가 아리타 마을에서 멀지 않은 이마리 항구에서 선적되었기 때문에 붙은 이름이다. 유럽에서도 아리타 도자기를 아리타가 아닌, 이마리라고 주로 불렀고 각종 표기에도 이마리 이름을 사용했으므로 지금도 유럽에서는 아리타가 아닌 이마리가 보통명사로 돼 있다. 고이마리 작풍은 가키에몬과 이로나베시마계를 제외한 바쿠후 말기 이전의 아리타 제품 전체를 포함한다.

고이마리계는 왕성한 시대감각과 활력이 향하는 대로 다양한 그림 그리기가 특징으로 에도시대 아리타 도공의 창의성이 숨쉬고 시대와 함께 아름답게 변모한다. 또한 장식에 금과 은을 대담하게 사용하고 용, 국화, 모란, 소나무, 대나무, 매화 등을 호화롭고 현란하게 표현했다. 이는 중국의 영향을 받은데다 유럽 수출 길이 열리면서 유럽의 바로크나 로코코 문화를 반영해 그들이 좋아하는 도자기를 만들고자 했기 때문이다.

가키에몬계의 특징은 유백색 바탕에 좌우의 균형을 일부러 무너뜨리고, '에쓰게繪付'를 한, 다시 말해 붉은색, 금색 등 다양한 색채의 안료로 완성된 기물 위에 웃그림을 그린 것이다. 이것을 '상회上繪'라고 한다. 이렇게 여러 색채의 유약을 상회로 칠한 도자기를 일본에서는 '아카에赤繪'라고 부른다. 이로나베시마계는 번주의 비호 아래 왕실이나 장군의 헌상품, 여러 다이묘의 증정품 또는 성주의 일용품으로 만들어졌으며 시판은 허용되지 않았다. 봉건제도가 무너진 후에야 일반인들에게 판매되었다. 귀족적인 단정함과 우아함이 이로나베시마계의 특징이다.

여러 색채의 유약을 상회로 칠한 도자기 생산은 1640년대에 히젠에서 시작되었다. 백자 아니면 청화백자 일색이던 아리타가 하얀 질에 울긋불긋한 색채들이 뛰어노는 기술을 습득한 깃은 나가사기에 온 중국인 덕택이었다.

사카이다 가키에몬 가문에 남겨진 문헌에 따르면, 한 이마리 상인이 나가사키에서 은화 열 닢으로 중국인으로부터 여러 색채의 유약을 상회로 칠하는 기술을 배웠다는 것이다. 아리타 도공들이 그 기술을 개량한 후 이마리 상인은 1647년 6월에 가가加賀, 북쪽으로 동해를 바라보고 있는 현재의 이시카와石川 현 가나자와金澤 다이묘에게 그것으로 칠한 도자기를 팔았다. 이후 이마리는 이 이로에 도자기를 중국과 네덜란드 상인들에게도 팔게 되었다.

다시 한 번 정리해보자면, 1620년대 중반 아리타에서 조선인 사기장으로부터 백자 제조 기술을 전수받은 사카이다 가문이 1640년대에는 다시 이마리

1670~90년대에 제조된 가키에몬 주발. 드레스덴 츠빙거궁전도자기박물관 소장으로 아우구스트 1세의 컬렉션이다.

상인에게서 중국의 '에쓰게' 기술을 전해 받아 오늘날 우리가 보고 있는 가키에몬 양식이 시작된 것이다. 이렇게 생겨난 가키에몬의 이로에 도자기가 유럽에 수출되어 독일 드레스덴 선제후 아우구스트 1세를 사로잡고, 이로 말미암아 유럽 최초의 경질자기가 만들어지게 되는 것이다.

이리하여 아리타 사기장들은 1660년대부터 1680년대까지 유럽의 왕후장상과 귀족들의 수요에 부응해 만든 가키에몬 도자기로 유럽 시장을 완전히 장악하는 것은 물론, 프랑스와 영국 도자기 회사들에 지대한 영향을 미친다. 해외 시장의 수요 차이는 히젠 도자기 생산 시스템에도 영향을 주었다. 유럽을 대상으로 한 고품질 도자기는 오로지 아리타의 중심지에 해당한 안쪽에 있는 가마라는 뜻의 '우치야마內山'에서만 제작되었다. 그리고 1660년대 이후 아리타의 아카에초赤繪町에서는 여러 색채의 아카에가 집중적으로 제작되었다. 반면에 동남아시아 시장을 대상으로 한 값싸고 대량생산한 도자기는 아리타 주변의 바깥에 있는 가마라는 뜻의 '소토야마外山'와 더 바깥에 있다는 가마라는 뜻의 '오소토야마大外山'에서 만들었다. 해외 수출의 황금기에는 도자기 생산 지역이 히고아마쿠사肥後天草, 현구마모토현까지 확대되었다.

이처럼 히젠에서 도자기 생산 지역은 도자기의 품질 차이에 따라 분리되어 있었다. 이는 외국과 내국의 다양한 수요에 대응한 결과이다. 다시 말해 나가사키에 전해지는 외국 상인들의 도자기 품평이 아리타 중심의 히젠 도자기 생산 시스템에 반영되어 큰 영향을 미쳤다고 할 수 있다.

초대 사카이다 가키에몬酒井田柿右衛門, 1596~1666의 아버지인 사카이다 야지로酒井田弥次郎는 현재 후쿠오기 현 남부 야메 시八女市 시기이다酒井田에 해당하는 지구코筑後 지방의 영주 아들로 태어났으나 1582년 히젠의 류조지龍造寺 가문과의 전투에서 패배하여 인질로 잡혀가 히젠 시로이시白石에 정착한다. 초대 가키에몬인 아들 키산에몬喜三右衛門이 태어난 것은 1596년이었다.

사카이다 집안은 이삼평이 일본 백자를 최초로 만든 1616년에서 10년이 지난 1626년부터 4년 동안 아리타 난가와라에 와 있던 도요토미 히데요시의 어용사기장이었던 조선 출신 다케하라 고로시치에게서 도자기 만드는 법을 배운 것으로 기록돼 있다.

1628년 나베시마 번이 아리타의 이와타니카와우치岩谷川內에 어용가마를 만들자, 조선인 사기장으로부터 백자 제조 기술을 습득한 사카이다 부자는 1635년 시로이시를 떠나 아리타로 이주한다. 1643년 초대 사카이다 가키에몬은 처음으로 아카에를 만들었고, 1646년 나가사키에 팔기 시작해 1647년에는 최초로 수출이 이루어진다. 1658년에는 금과 은으로 장식한 '킨긴 에쓰게金銀の繪付' 제조에도 성공하고, 1659년부터 네덜란드 수출이 본격화되었다. 1661년에는 나베시마 번의 어용가마로서 가키에몬 가마가 난가와라 산으로 이주한다. 사카이다 가문에 가키에몬이란 이름이 붙은 것은 파란색 청화안료와 대비되는 주황색을 도자기에 입히는 데 처음으로 성공을 거둔 데서 유래한다. 그래서 '감나무 시柿'가 이름에 들어간 것이다. 1643년 일본에서 처음으로 도자기에 짙은 오렌지 빛깔의 감색을 입히는 데 성공하자 사가 번 번주가 "앞으로 너희 가문을 가키에몬으로 부르게 하라"고 지시했다고 한다.

'니고스테濁手'의 유백색 표피에 붉은 꽃들이 화사하게 피어난 가키에몬 양식은 4대1640~1679까지 지속적으로 발전했다. 4대까지를 초기 가키에몬이라 한다. 이 시기 독일 마이슨은 이를 모빙한 제품 만들기에 여념이 없었고, 중국 최고의 도요지 징더전景德鎭에서도 소위 '짝퉁'을 만들어 유럽에 수출할 정도

1　1958년 12대 가키에몬이 제작한 니고스테 풀무늬 사물함(가키에몬전시관)
2　13대 가키에몬의 1980년 제작 니고스테 꽈리 문양 대접시

였다. '니고스테'는 일반적인 백자와 달리 낮은 온도에서 구워 백자의 푸르스름한 빛 대신 매끄러운 감촉의 우유처럼 은은한 유백색을 나타내는 가키에몬 집안의 비법이다.

12대와 13대[1906~1982]는 1947년부터 '니고스테'의 부활을 목표로 내걸어 1953년에 드디어 재현에 성공한 작품을 발표했다. '니고스테' 제작 기술은 1955년 국가 기록 작성을 해야 하는 무형문화재로 선택되어 1971년에는 중요무형문화재로 지정되었다. 14대[1934~2013]는 2001년 중요무형문화재인 '이로에자기色繪磁器' 기술을 보유한 인간국보로 지정되는 등 뛰어난 활동을 했고, 현재의 15대[1968~]는 아버지가 세상을 떠난 다음인 2014년 2월에 가키에몬 이름을 승계받았다. 현재 규슈산업대학 대학원 예술연구과 객원교수, 일본공예회 서부지부 간사로 활동 중이다. 그 역시 전통적 기법을 활용하여 빨강, 초록, 노랑, 보라, 군청색의 5가지 색깔을 담아 가키에몬만의 비전祕傳을 계승한 고품격 도자기를 만들고 있다.

바쿠후 말기는 가에이 6년[1853년] 페리 호가 우라가 항구에 들어온 때부터 게이오 3년[1867년]의 대정봉환大政奉還 왕정복고까지의 15년 동안을 일컫는다. 이 짧은 시간 동안 아리타는 분세文政의 대화재와 그에 이은 덴포 기근에 의해 파괴나 다름 없는 곤경을 훌륭하게 극복하고 가장 충실한 번영 시기를 형성했다. 그 원동력은 무엇이었을까.

그것은 결정적으로 번에 의한 유통경제의 활성화 덕택이었다고 할 수 있다. 즉 1848년인 메이지 유신 20년 전, 사가 번은 고쿠산가타國産方[09]를 설치해 나가사키의 네덜란드 상인에게 아리타 도자기를 중심으로 한 번의 특산품 판매를 적극적으로 시작했다. 이듬해 6월에는 아리타야키 생산을 장려함과 동

09 에도시대 영내 특산물을 취급 관공서 또는 관리

아리타 도자기를 선적하던 이마리 나루터 풍경. 다리의 도자기가 전형적인 고이마리계 문양과 형태다.

chapter 3

시에 사라야마와 오카와치야마大川内山[10] 도자기 유통에 직접 관여하는 독립 부서를 만들었다.

1854년에는 나가사키 부교의 인가 아래 나가사키의 분고초豊後町에 사가 상회佐嘉商會를 만들어 직접 수출의 길을 열었다. 1855년 4월에는 나가사키 번의 주재 연락 책임자인 나베시마 신사에몬鍋島新左衛門이 그 단속을 지시받았다. 이러한 부흥에 따라 사라야마 역시 궁에 납품을 할 수 있는 쓰지키 헤이지辻喜平次 등 이름난 작가를 다수 배출했다.

번의 무역 감찰은 앞서 말한 대로 나가사키 오무라초大村町 지점의 히사도미 요지베가 얻어, 아들인 히사도미 요헤이久富与平가 이어받았다. 그러나 그는 1856년 갑자기 감찰권을 혼지헤이本寺平의 다시로 몬자에몬田代紋左衛門에 양도한다. 이로써 형식적으로는 다시로가 아리타 수출의 이권을 차지하게 되었는데, 거기에는 약간의 흑막이 있다. 이는 잠시 뒤에 설명하겠다.

이런 독점에 대해 당연히 다른 업자들의 반발이 따랐지만 호기로운 다시로 몬자에몬은 이에 굴하지 않고 사업을 더욱 확장하여 동생인 게이우에몬慶右衛門에게 나가사키 니시하마초西浜町 지점의 운영을 맡겼다. 또 1859년 가나가와를 개항한 후 요코하마横浜에 지점을 설립한다.

그 후 나가사키 사가 상회의 감독인 마쓰바야시 겐조松林源藏는 번주 나오마사의 뜻을 받들어 상하이上海 진출을 기획하고 이를 히사도미와 다시로에게 의논했다. 그러나 히사도미는 그 무렵 영국인 무기상 글로버와 함께 공동 개발

---

10 이리타의 도자기 제조 기법을 노리는 외부 세력의 밀탐이 늘어나면서 나베시마 번이 아리타 인근에 새로 만든 도자기 생산 마을. 최고급의 도자기를 생산했고, 출입구를 엄격하게 통제하여 외부와의 교류를 철저히 차단했다.

한 다카시마高島 탄광 경영에 전념하고 있었기 때문에 이를 고사해서 다시로 혼자 사안을 처리해야 했다. 스코틀랜드 출신의 무역상이자 무기상인 글로버는 메이지 유신 성공에 매우 중요한 역할을 한 인물로, 뒤에서 자세히 설명하겠다. 다시로 형제는 나이는 어리지만 다소 장사 경험도 있고 영어도 조금 말할 수 있는데다 한학의 소양이 있기 때문에 중국인과 필담을 할 수 있는 데즈카 고헤이手塚五平를 지점장에게 추천했다.

게이오 3년1867년 오기小城 번에서 베어낸 통나무 200톤과 다카시마 탄광의 석탄을 아래에 싣고, 위에는 아리타 도자기를 실은 배가 나가사키에서 상하이를 향해 떠났다. 그 배에는 데즈카 고헤이와 일행 30여 명이 타고 있었다. 이들은 네덜란드 영사의 주선으로 상하이 영국 조계의 소동문小東門과 삼마로三馬路에 지점을 열었다. 하지만 유신의 대격변에 의해 지점은 다시로 몬자

바쿠후 말기와 메이지 시기 도자기 전매권은 막대한 부를 축적하는 엄청난 이권이었다.

에몬이 단독 경영을 하게 되고, 상호도 다시로 상회田代商會로 바꾸어 아리타 도자기를 독점 판매하면서 그 성가를 높였다.

이상이 바쿠후 말기 아리타 도자기 수출의 개황이다. 국내 유통에 대한 번의 전매제도는 1849년 무렵부터 본격화되었다. 그 대상 지역은 교토, 오사카, 사카이, 아마가사키尼ケ崎, 니시노미야西宮, 효고兵庫 현의 오미近江, 야마토大和, 와치河內였다.

나가사키 수출의 호황에 힘입은 아리타 도자기는 상해에도 지점을 열고 판로를 확대했다.

사가 번의 오사카 쿠라야시기藏屋敷[11]에 모인 아리타 도자기는 번이 지정한 39명의 중개상 입찰을 통해서만 판매했다. 그러므로 이 같은 특혜에 반발하는 이마리 상인들은 이의 자유 판매를 계속 주장했지만 당시 경제활동은 모두 번의 강력한 통제에 있었으므로 받아들여지지 않았다.

이로부터 십수 년이 지나 메이지 원년1868년이 되면 당시 개혁파로 알려진 후카우미 헤이사에몬深海平左衛門, 모모타 다베에百田多兵衛, 후가카와 에이사에몬深川

---

11 에도시대에 지방 영주들이 도쿄와 오사카에 설치한 창고 딸린 저택. 여기에 영내의 쌀과 생산물 등을 저장하였다가 화폐로 바꿨다.

榮左衛門 등의 주장에 의해 번은 유학자 출신 한방의사인 니시오 하루마스西岡春益의 이익을 알선하려고 나가사키 무역 감찰의 수를 열 개로 늘렸다.

이로써 다시로 몬자에몬 이외에도 후카우미 헤이사에몬, 모모타 다베에, 쓰루타 지베에鶴田次兵衛, 가미코히라上幸平 사가야酒屋의 이시가와 다자에몬石川太左衛門, 오타루大樽의 히라바야시 이헤이平林伊平, 혼지헤이本寺平의 후가카와 에이사에몬, 다케다 야키치武田弥吉, 아카에초 아카에야赤繪屋,아카에 작업을 하는 가게를 하는 도미무라 모리사부로富村森三郎, 이와야가와우치의 야마구치 이에몬山口伊右衛門의 아홉 명이 감찰권을 획득했다. 상호가 없는 사람은 가마가 없는 중개상인이다.

도자기의 전매제도에 대해 「나베시마 나오마사 공전鍋島直正公伝」은 이렇게 밝히고 있다.

사가 번주 나베시마 나오마사는 덴포 원년1830년 가문의 상속인으로서 10년간 재정이 어려운 시대를 헤쳐 세비에 여유가 생기고, 십 년의 노력을 한층 더 기울여 군용금 저축 여력이 발생했기 때문에 1849년 영내 특산물을 취급하는 관공서 및 관리를 뜻하는 고쿠산가타를 독립시키고 그 경비로 순은 5,000관을 10년 동안 지출하여 식산흥업정책殖産興業政策을 실시하기로 했다. 고쿠산가타는 이익금으로 포대砲台 구축이나 총포銃砲 제조 자금을 만드는 것을 목적으로 설치된 것이 아니고 전적으로 식산흥업을 위해 만들어진 것이다.

이렇게 고쿠산가타에서의 판매를 통해 얻은 수익금은 군사력 강화에 충당하지 않고 식산흥업에만 충당했다고 강조하고 있지만 이는 사실과 다르고 겉치레의 말에 불과하다. 수익금을 포대 구축이나 총포 제조 자금에 사용하지 않고 식산흥업에만 썼다고 굳이 강조한 사실부터가 무엇인가 감추려는 의도를 가졌다고 충분한 의심을 살 만한 대목이다.

『사가 번 보신전쟁사佐賀藩戊辰戰史』를 쓰고, 아리타초 역사를 편집한 작가 미야타 코타로宮田幸太郎는 도쿠가와 바쿠후 말기 15년의 무역에 관한 자료가 한 조각도 남아 있지 않다는 것은 고의로 '인멸, 즉 모르게 없애버리는 것'이라고 생각한다고 한탄했다. 그만큼 숨길 것이 많았다는 의미다. 그러면 무엇을 숨기기 위해 자료를 없애버린 것일까. 당시 번의 무기 수입과 제조는 지방 세력이 커지는 것을 우려한 중앙인 도쿠가와 바쿠후에서 철저히 통제했으므로, 사가 번은 이를 두려워해 증거 인멸을 했다고 볼 수밖에 없다.

모든 것을 기록으로 남기는 일본인들의 특성으로 볼 때 아리타와 사가 번이 도자기로 얻은 수익이 얼마인지 기록을 남기지 않았을 리 없다. 그런데 일본의 어느 사료와 문헌, 논문 등에도 정확한 액수가 등장하지 않고 두루뭉술 넘어간다. 그렇기 때문에 일본이 유럽과의 도자기 무역으로 얻은 구체적인 수익에 대해 알아보려고 파고들면 파고들수록 마치 밑 없는 모래구멍에 빠진 것처럼 어느 순간이 되면 신기루처럼 허망하게 흩어지곤 한다. 자료를 없앴기에 일본인들도 이에 대해서는 구체적으로 모르고 있는 것이다. 이 같은 내용은 저명한 소설가로 일본의 국민작가이자 사상가로 통하는 시바 료타로에 의해서도 강조된다.

'20년 남짓한 시기에 사가 번의 군사력은 경이적으로 강화되고 발달했다.

반사로도 도쿠가와 바쿠후보다 7년 빨리 완성해 신예의 총포를 제조하고, 최신예 암스트롱 포Armstrong砲 3문을 영국으로부터 구입하는 한편 동일한 제품을 만드는 데 성공했다. 또한 군함도 몇 척 구입했다.'

종래의 대포는 포탄을 쏘고 포신의 구멍을 긴 장대걸레로 닦아낸 뒤, 포병이 포신 앞에서 구멍에 포탄을 담는 구조다. 그러니 매우 힘이 들었고, 발사할 때마다 포신이 움직이기 때문에 조준을 고정하기 매우 어려웠다. 이에 비해 암스트롱 포는 포신 뒤에서 연속적으로 포탄을 담아 나선형의 홈을 통과하여 회전하면서 튀어나가는 구조라서 훨씬 위력이 폭발적이었다. 영국의 윌리엄 조지 암스트롱William George Armstrong이 1855년에 발명한 것으로 앞이 뾰족한 포탄을 쓴다. 기존에 몇 분이 걸리던 대형포 장전 시간을 10분의 1로 단축시켰다. 포신은 연철 제품으로 여러 통을 포개어 층을 이루는 포신으로 주조 포에 비해 가벼운 것이 특징이라고 할 수 있다. 이러한 특징은 동시대 다른 화포에 비교해 뛰어난 성능을 갖췄다고 말할 수 있다.

그리하여 바쿠후 말기 사가 번의 군사력은 당시 세계 최강 프러시아와 필적했다고 시바 료타로는 쓰고 있다. 또한 사가 번주 나베시마 나오마사가 직접 측근에 말하기를 "우리 번이 다른 번과 싸워도 우리는 한 명의 병사로 수십 명의 적에게 대항할 수 있다"고 호언장담했다고 한다. 도자기를 팔아서 축적한 고쿠산가타 자금으로 무기를 확충하지 않았다면 이런 일은 어림도 없었을 것이다. 당시 사가 번이 신식 무기 구입에 얼마나 많은 돈을 썼는지 외국으로부터 구입한 신빅을 보면 확연히 드러난다.

배 이름	종류	구입 연도	구입 국가	금액
히운마루(飛雲丸)	범선	1857	네덜란드	4만 5,000냥
덴류마루(電流丸)	증기선	1858	네덜란드	7만 냥(10만 달러, 은 2,500관)
코시마루(甲子丸)	증기선	1864	영국	8만 4,000냥(12만 달러)
사쓰키마루(皐月丸)	증기선	1866	영국	4만 9,000냥
닛신마루(日進丸)	증기선	1867	네덜란드	금액 미상
모슌마루(孟春丸)	증기선	1868	영국	8만 8,500냥

표에서 보듯 사가 번은 막대한 돈을 지출하고 선박을 구입했다. 그것도 한 척도 아닌 무려 다섯 척이다. 중앙인 도쿠가와 바쿠후도 아니고 일개 번이 이렇게 어마어마한 재화를 지불해 선박을 구입했다는 사실부터가 경이로운 일이다.

사가 번은 270개 번 중의 하나에 불과했고, 사가 번 이외에 이런 일을 해낸 번은 단연코 없다. 역시 도자기로 막대한 재화를 쌓은 사쓰마 번도 사가 번만큼은 하지 못했다. 요즘 말로 표현하자면, 중앙정부도 엄두도 못내는 일을 일개 지방정부가 실행해 옮겼다는 것이고, 그런 예산을 지방 스스로 마련했다는 얘기다. 다시 강조하지만 도대체 무슨 돈으로? 어디에서 난 재화로 가능했던

---

12 「바쿠후 사가 번 부국책의 전개와 국내외 시장(幕末期佐賀藩 富国策の 展開と国内外市場)」, 야마가타 마리코(山形万里子), 사회경제사학(社會經濟史學), 2003, 69-3

것일까?

시바 료타로는 무기 구입 금액이 연간 15만 석에 해당한다고 보았는데, 그 대부분이 번이 전매하는 아리타 도자기의 밀무역을 통해 얻은 것으로 추정하고 있다. 또한 무기 구입 루트는 나가사키에 상주하는 가게와 사무실을 번에 제공한 히사도미 요헤이와 안세이安政 5년1859년부터 나가사키에 정착한 무기상 글로버 사이에 형성된 것으로 추정된다. 앞의 표에서 보듯 사가 번이 구입한 선박 중 가장 비싼 배는 각각 12만 달러나 들인 코시마루와 모슌마루인데, 이 두 배는 모두 글로버 상회가 중개상이다. 아울러 코시마루 이전의 두 척은 모두 네덜란드에서 구입했는데, 코시마루 때부터 영국으로 수입 국가가 바뀌

나가사키 데지마 워프(wharf)의 서양 증기선 모형

었다는 사실도 매우 의미 깊은 대목이다.

앞에서 말했듯 히사도미 요헤이는 무역 감찰권을 다시로 몬자에몬에 양도한 것으로 되어 있는데, 이는 어디까지나 다시로를 겉으로 내세운 위장술에 불과했다. 무기 구입 등에 관련된 상행위는 실제로 히사도미 등의 협력을 얻어 번이 직접 참여한 것이다.

아리타 사라야마가 이 시기에 공전의 번영을 이룩한 데에는 바로 이처럼 도자기 수익으로 가능해진 무기 밀거래가 주된 요인으로 작용했다. 바쿠후가 붕괴한 직후 사가 번이 무역 감찰을 9개나 늘린 것도 눈치를 봐야 할 대상인 중앙정부가 사라졌으니 더 이상 쉬쉬하면서 은밀하게 거래할 필요가 없어졌기 때문에 그때까지 협력한 사람들을 표면에 내세운 것이라고 할 수 있다.

우에노 전쟁上野の戰爭[13]으로 바쿠후군을 괴멸시키고, 도쿠가와 바쿠후가 마지막 거점으로 삼은 아이즈會津 와카마츠 성若松城을 함락시킨 것도 사가 번의 암스트롱 포에 힘입은 바가 크다. 사가 번은 페리 함대의 우라가 내항 3년 전에 이미 이런 암스트롱 포를 자력으로 만들고 있었다. 또한 바쿠후의 마지막 세력으로 해군인 에노모토 다케아키榎本武揚 함대를 하코다테函館 고료카쿠五稜郭에서 패배시키고 바쿠후 토벌전을 끝낸 것도 사가 번 해군이었다.

13 　1868년 7월 4일 도쿄 우에노에서 바쿠후군의 쇼기다이(彰義隊) 등과 삿초동맹으로 구성된 신정부군 사이에 벌어진 전투다. 1868년 도바·후시미 전투(鳥羽·伏見の戰い)에서 바쿠후군이 신정부군에게 패하면서 도쿠가와의 마지막 쇼군 도쿠가와 요시노부(德川慶喜)는 오사카 성을 탈출해 에도의 우에노 간에이사에서 근신하게 된다. 그리고 신정부군은 에도를 장악하는데 여기서도 바쿠후군과 신정부군이 대립하게 되면서 1868년 4월 5일 신정부군 대총독부 참모인 사쓰마 번의 사이고 다카모리(西鄕隆盛)와 바쿠후 육군총재인 가쓰 가이슈가 회담을 통해 도쿠가와 요시노부의 미토 근신과 5월 3일 에도 무혈입성을 결정했다. 이에 불복하는 항전파인 바쿠후 신하들은 쇼기다이를 결성하고 7월 4일 도쿠가와의 위패가 있는 우에노의 간에이사에 집결하면서 전투가 벌어져 항전파가 패하면서 쇼기다이는 전멸했다. 간에이사는 현재 우에노 공원 안 도쿄국립박물관이다.

최신식 화포를 동원한 신정부군과 바쿠후군의 우에노 전투를 묘사한 그림

아리타 역사는 이 대목의 마지막을 이렇게 쓰고 있다.

> '이 대포도, 군함도 우리 아리타 도자기가 가져온 것임을 우리 아리타 마
> 을 주민은 명심해서 기억해야 할 것이다.
> この大砲も軍艦も吾が有田の磁器がもたらしたものである事は有田
> 町民として銘記すべきことと思うのである.'

지금까지 우리는 메이지 유신 성공의 배경으로 주로 사쓰마 번과 소슈의 삿
초동맹이나 사카모토 료마坂本龍馬, 1836~1867에 대해서만 이야기를 들어왔다.

그러나 앞에서 우리가 지켜본 사료로 볼 때 도쿠가와 바쿠후를 무너뜨리고 왕정복고를 통해 메이지 유신을 성공시킨 가장 강력한 배경이 사가 번의 최신식 무기와 함선 덕택임을 분명히 알았다. 규슈의 일개 번에 불과한 사가 번의 무력이 당시 세계 최강이었던 프러시아 군대와 맞먹을 정도였다니 더 이상 말이 필요 없다. 또한 사가 번의 군비, 그 막강한 총과 대포 그리고 군함의 구축 자금이 아리타 도자기에서 나왔다는 사실, 사가 번이 이를 감추기 위해 도자기 무역에 대한 15년 동안의 문서를 일부러 없애버렸다는 사실도 확연히 알게 되었다.

다시 말해 우리 선조가 그 기틀을 만들어준 아리타 도자기가 사가 번의 암스트롱 포와 증기선 군함으로 변신해서 일본이 근대국가로 변신하고 조선과 아시아 침공으로 나아가는 발판을 닦아준 것이다. 그냥 역사의 아이러니로 치부하기에는 너무나 참담하고, 혀를 깨물고 피눈물을 흘려도 풀리지 않을 통한의 심정이 될 만큼 분통한 일이다.

우에노 전투에서
마시막 바쿠후군을 궤멸시킨
암스트롱 포를 복원해놓은 것.
사가 신사에 전시해놓고 있다.

사가 번이 마지막까지
눈치를 보았던 까닭은?

메이지 유신은 사쓰마 번과 조슈 그리고 지정학적으로 두 번 사이에 끼어 있는 사가 번이 주도한 쿠데타였다. 사쓰마와 조슈는 자신들의 모든 것을 걸고 바쿠후를 척결하기 위해 전면에 나섰지만 사가는 결정적 지원을 통해 빛나는 업적을 남겼으면서도 메이지 유신의 주역에서 밀리는 형국이 되었다. 가장 큰 이유는 사가 번이 거의 마지막까지 눈치를 보았기 때문이다.

분큐文久 연간1861~1864 당시 각지에서는 존왕양이尊王攘夷 운동이 격화되었다.

교토 전쟁 지도(京都戦争之図)

존왕양이는 왕을 높이고 오랑캐를 배척한다는 의미를 갖고 있다. 즉 에도의 쇼군을 몰아내고 일왕에게 권력을 주어 서양 세력을 몰아내자는 운동이다. 사가 번 나베시마 나오마사 번주는 그때까지 영지 통치와 기술 개혁에 전념하고 있었지만 대포 제조와 증기선 조선 등 높은 군사 기술을 가진 사실로 인해 교토에 있는 일왕과 에도 바쿠후 양쪽 모두에서 자신의 편에 서길 원하는 요구가 강해졌다.

그래서 분큐 원년[1861], 나오마사는 48세라는 젊은 나이에도 불구하고 16세가 된 장남 나오히로鍋島直大, 1846~1921에게 가독을 물려주고 소란스러운 교토와 에도의 정치 상황에서 도피했다. 영주로서 서투른 행동을 하면 가문 붕괴의 위기가 올 수 있기 때문에 은거하고 홀가분한 입장이 된 것이다. 그러나 그는 쇼군을 보필하는 신하인 다이묘 가문이라는 입장이 강했다. 이를 보자면 바쿠후 쪽에 더 가깝다고 할 수 있다.

예를 들어 그는 1862년 12월 25일 에도로 상경해서 관백關白[14] 고노에 다다히로近衛忠熙를 만나 자신을 교토수호직守護職에 임명해달라고 요청한다. 이때 그는 "나가사키 경비는 다른 다이묘도 담당할 수 있지만 오사카와 교토의 경비는 실력이 필요하며, 나라면 아시가루足輕[15] 30명과 병사 20명의 병력으로 현재의 경비를 타파할 수 있다"고 장담하는 발언을 했다. 이 건은 사쓰마 번의 시마즈 가문도 수호직을 요청하는 바람에 흐지부지되었다.

나오마사의 평소 별명은 '소루반다이묘そろばん大名', 즉 '주판籌板 영주'다. 그만

---

14 정무를 총괄하는 관직으로 간바쿠라고 읽는다. 메이지 유신 이전까지 조정대신 중에서 사실상 최고위직이었다. 경칭은 전하를 뜻하는 덴카(殿下)로 도요토미 히데요시도 간바쿠의 직위였다.

15 평시엔 막일에 종사하고 전시엔 병졸이 되는 최하급 무사

큰 계산에 밝았다는 얘기고, 기회주의자로 평가받기도 한다. 이런 그의 평소 모습답게 그는 격동을 피해 바쿠후나 도쿠가와 가문인 교토의 히토쓰바시京都の一橋, 아이즈會津[16], 존왕양이파든 공무합체파公武合体派[17]든 아무와도 손잡지 않고 시세의 흐름에서 초연하게 있었다. '삿초동맹'에도 섣불리 가담하지 않은 것은 물론이다.

나오마사는 사쓰마의 시마즈 히사미쓰島津久光처럼 적극적으로 주도하는 스타일도 아니고, 그렇다고 조슈의 모리 다카치카毛利敬親처럼 가신들에게 전적으로 맡기는 분위기도 아니었다. 또한 도사土佐의 야마우치 요도山内容堂를 모방해 조정과 바쿠후 사이를 중재하는 외교를 전개하지도 않았다. 이처럼 외형과 실체가 불분명했기에 바로 '히젠의 요괴肥前の妖怪'가 되어 곳곳에서 경계를 받았다. 사실 나오마사는 사쓰마와 바쿠후의 항쟁이 장기화되고 소모전이 벌어지기를 기대했다. 그 혼란을 틈타 만천하에 나설 야망을 가졌던 것이다. 쉽게 뱃속을 열어 보이지 않은 나오마사의 의도는 '각축逐鹿 속에서의 일목요연一目瞭然', 바로 그것이었다.[18]

그러다가 게이오 4년[1868], 보신전쟁에서 바쿠후군이 '도바·후시미 전투'에 패배하는 일이 벌어졌다. 바쿠후 붕괴 가능성이 커졌고, 요시노부가 마지막 쇼군으로 종지부를 찍을 것이 현실로 다가왔다. 그럼에도 사가 번은 동맹 의사를 바로 밝히지도 않았다. 사가 번이 신정부군 편을 든 것은 '도바·후시미 전

---

16 바쿠후 말기 교토수호직을 맡아 고메이 일왕(孝明天皇)의 신임을 얻었던 아이즈 번주 마쓰다이라 가타모리(松平容保)를 말한다.
17 공무합체 정책은 교토의 조정과 에도 바쿠후기 협조하여 정국을 안정시키려고 했던 것을 말한다.
18 '알려지지 않는 에도 바쿠후와 사가 번의 산업혁명(知られざる幕末佐賀藩の産業革命)', 2009년 8월 27일자 오피니언 사이트 「이론나(Ironna)」 참조

사가 신사(佐嘉神社)에 있는 '사가 칠현인' 비석

투'가 끝나고 거의 1개월이 지난 다음이다. 바쿠후가 조정에 저항하지 않아도 큰 내란이 일어나지 않을 것이라고 파악한 후 가담한 것이다.

신정부군 입장에서도 사쓰마와 조슈薩長에 도사土佐 번의 흙土을 더하고 히젠 사가肥前佐賀의 '거름肥'을 뿌려 '삿초토히薩長土肥'를 완성하고 싶어 했다. 일본 최고의 군사 기술이 바쿠후 쪽에 넘어가면 바쿠후 토벌은 불가능하기 때문이다. 그리하여 사가 번은 에도의 진입에서 하코다테 고료카쿠五稜郭 공격에 이르기까지 보신전쟁의 나머지 전투를 이끄는 존재가 되었다. 메이지대학교 특임교수인 야마우치 마사유키山內昌之는 "결국 나오마사는 당당한 정책과 비전을 기반으로 팀플레이를 지휘하면서 히젠 사가의 가치를 극대화해서 판 것"이라고 평가한다.

나오마사의 치밀함은 메이지 이후에도 발휘되었다. 그는 폐번치현에 처음으로 동참한 영주였고, 재정 기반이 약했던 새 정부 대신 바쿠후군에게 받은 포상으로 에조蝦夷[19] 개척 비용에 충당했으며, 다른 어떤 번보다 앞서서 사가 주민을 개척지에 이주시켰다. 또한 만주 개척, 호주 광산 개발을 제언하는 등 '50년을 앞서 대비하는 외교 식량 자원 정책'을 내놓았다.

그러나 이 모든 것도 그가 1871년 58세의 이른 나이에 사망함으로써 물거품이 되었다. 사가 번이 메이지 이후 중앙에 세력을 쌓지 못하고 사쓰마나 조슈에 뒤진 것은 메이지 주역 다이묘인 나오마사가 유신 성공 직후에 사망한 탓이 매우 크다. 그럼에도 그는 평소에 기술 개혁과 인재 육성을 소홀히 하지 않아 오쿠마 시게노부[20], 소에지마 다네오미副島種臣[21] 등의 쟁쟁한 인물이 메이지 정부에서 힘을 발휘했다. 또한 나오마사가 사망했을 때 그의 장례를 총괄했던 가신 후루가와 요이치古川与一가 장례를 마친 후 따라 죽었을 정도로 그를 중심으로 한 번사 집단의 결속이 매우 단단했다.

히젠의 이런 잠재적 위협을 재빨리 눈치 챈 것은 사쓰마의 오쿠보 도시미치大久保利通였다. 그가 메이지 정부에 대한 사족 반란의 하나로 1874년 2월에 발생한 '사가의 난佐賀の亂'을 진압하는 과정과 그 주모자의 하나인 에토 신페이江藤

---

19 홋카이도를 중심으로 사할린과 쿠릴 열도를 말한다.
20 0대의 17대 총리대신을 지냈고, 와세다(早稻田)대학교의 전신인 도쿄전문학교를 설립한 인물이다. '사가 칠현인(佐賀의 7 賢人)'의 한 사람이다.
21 외무대신과 내무대신을 지냈고 '사가 칠현인'의 한 사람이다.

新平, 1834~1874를 처단하는 데 가차 없었던 사실은 결코 우연이 아니다.

에토 신페이는 메이지 정부에서 법무대신을 맡아 메이지 정부의 사법제도를 정비하는 데 큰 공을 세운 인물로 '사가 칠현인'의 한 명이다. 그는 사이고 다카모리와 마찬가지로 정한론征韓論을 주장했지만 당시 그럴 여유가 없던 메이지 정부가 이에 소극적이자 고향으로 낙향해 반란을 도모했다. 신정부군과의 전투에서 패배한 그는 도망을 다니다가 아이러니하게도 자신이 1872년에 만든 '사진수배제도寫眞手配制度'로 인한 첫 번째 검거자가 되어 붙잡혔고, 효수를 당했다.

아리타가 만국박람회에 출품한 것은 1867년 파리 만
국박람회가 처음이다. 메이지 유신 바로 전 해다. 프랑스에서 출품을 권유받
은 바쿠후는 각 번에 이를 전달하고 참여를 촉구했다. 그러나 당시는 바쿠후
붕괴 직전의 매우 혼란한 시기였다. 각 번마다 요동치는 정세를 따라가고자
혈안이 돼 있던 상황에다가 쇄국 관념이 여전히 뿌리 깊어 이에 응한 곳은 오
직 사가 번과 사쓰마 번뿐이었다. 특히 평소부터 국산품의 해외 수출과 공개
를 기대했던 사가 번은 이를 절호의 기회로 여기고 즉각 찬성의 뜻을 표했다.
게이오 2년^{1866년} 사가 번주는 사라야마의 다이칸에 출품 도자기를 수집하도
록 명령했다. 이에 따라 다이칸 이시바시 산우에몬石橋三右衛門은 사기장들과
상인에게 재고를 제출하도록 명령하여 견본을 가미코히라의 사이코지西光寺
에 진열했다.

제품은 무려 1만 냥에 달하는 것으로, 일본 적십자사를 만든 사노 쓰네타미 집안사람들이 출장을 와서 정리했는데, 막대한 양의 도자기를 두 달의 짧은 기간에 싸서 발송해야 했으므로 사이코지 부근의 민가 몇 채를 빌려 출하 작업장으로 사용했다. 설 무렵이어서 일은 몹시 힘들고 뒤죽박죽이었다. 만 리가 넘는 항해 길의 파도와 피로를 견뎌야 했으므로 도자기는 이중으로 된 나무상자에 넣어 엄중하게 포장했다.

출품물은 나가사키에서 요코하마까지 배로 옮겨 여기서 다시 영국 상선 이스트 룩킹East Looking 호에 실렸다. 이 배는 남아프리카 케이프타운을 거쳐 프랑스 마르세유에 도착했다. 이 물품들은 후발 사노 일행이 파리에 도착한 때의 전후로 당도했다.

사노 등 사가 번 일행은 1867년 3월 8일 나가사키에서 떠난 영국 선박 히론ㅂㅁ

1867년 파리 만국박람회 일본 대표단

ﾝ 호에 승선했는데, 수에즈 운하를 통해 5월 5일 마르세유에 도착했다. 파리에 도달한 것은 5월 7일이었다. 나가사키를 떠난 지 두 달 만에 도착한 것이다.

사가 번 대표단은 사노 단장 아래에 판매주임으로 사가의 호상인 나카노 모토우에몬中野元右衛門, 부주임은 후가카와 나카우에몬深川長右衛門, 비서격으로 정련精鍊 부서의 후지야마 후미이치藤山文一, 통역으로 나가사키 출장소致遠館 조교수 코이데 센노스케小出千之助 다섯 명이었다.

또한 나베시마 나오마사 번주의 은밀한 명령으로 당시 나가사키에 있던 히사도미 요헤이가 알선해서 글로버 상회 범선에 승선해 비밀리 영국으로 건너가 몇 년 동안 유학하고 있던 이시마루 토라고로石丸虎五郎와 마와타리 하치로馬渡八郎 두 명도 통역으로 파리에 초청되었다.

당시 프랑스는 나폴레옹 3세 전성기로 거국적 행사였기 때문에, 행사장 넓이만 해도 12만 평이라는 미증유의 규모에 호화 그 자체였다. 일본관은 사가 번과 바쿠후가 동일한 위치에, 사쓰마는 다른 장소에 있었다. 일본의 찻집에서는 머리채를 좌우로 고리처럼 갈라붙인 소녀 머리 모양의 하나인 '모모하레桃割れ髮'를 한 아름다운 일본 여성이 서비스를 했기 때문에 폭발적인 인기를 끌었다.

사가 번 진열점은 금칠을 한 나베시마 가문의 살구 잎 문장이 아리타의 현란한 니시키에錦繪를 배경으로 중앙 드높이 빛나고 있었다. 니시키에는 다양한 색으로 찍은 목판화다. 사쓰마의 총책임자 이와시타 지우에몬岩下治右衛門은 자신들의 진열 자리에 일장기와 시마즈 가문 문장의 깃발을 교차해서 걸었다. 그러지 시기 번도 역시 이를 따라서 시기 번주 문장 깃발과 일장기를 교차해서 걸었다.

수출용 이마리 도자기(사세보 하우스텐보스 소장)

바쿠후의 전권대표 도쿠가와 아키타케德川昭武가 이에 대해 항의했지만 이미 바쿠후 토벌 의지를 다지고 있던 사쓰마는 바쿠후를 무시하고 계속 밀고 나갔다. 반면 사가 번은 항의에 유연하게 대처하여 바쿠후와의 우호 관계를 유지했다. 바쿠후와 훗날의 신정부 세력 사이에서 줄타기를 하며 중간자적 위치를 취했던 사가 번의 태도는 메이지 유신 직전까지 유지되었다.

그래서인지 바쿠후의 출품 관리자인 요코하마 무역상 시마다 소베에島田惣兵衛는 사가 번에 다양한 조언을 제공했다. 그 예로 엽차 잔으로 사용하는 작은 접시를 커피 잔, 작은 찻잔으로 사용하는 높이가 있는 중간 접시를 모닝 컵, 통통한 5촌 접시를 스프 사발로 소개하게 하는 기지를 발휘했다. 이런 이상한 소개가 오히려 대단한 인기를 끌었다. 또 큰 접시는 장식용 접시, 큰 사발은 세면대, 밥그릇은 핑거 볼, 술병은 꽃병이라고 설명했다. 특히 기발했던 것은 아카에 미인 그림의 술잔을 버터를 넣는 그릇이라고 태연하게 소개한 것이다. 그중에서도 가장 인기를 얻은 것은 아가리가 좁은 술병이었다. 너무 평판이 좋아 사람들이 이의 용도를 물었을 때 쇠 장식을 붙여 램프 스탠드라고 알려주었다.

이렇게 아리타 도자기가 압도적 인기를 모은 후, 눈을 휘둥그레 뜰 만큼 유럽의 미술전문가들을 경악시킨 것은 고귀한 페르시아 융단을 보는 것처럼 정밀하고 단아한 나베시마 색조 도자기였다. 유럽인의 취향이나 용도도 전혀 연구하지 않고 재고품을 맹목적으로 구입해온 아리타 도자기 역시 의외로 호평을 거두어서 이의 매출로 인해 사가 번은 막대한 이익을 거두었다.

박람회는 6월 30일 끝나고 7월 1일 사가 번은 최고 엉예의 금메달을 받고 참가자들은 이름이 새겨진 메달을 수여받았다. 의외의 성공을 거두고 임무를

나베시마 색조 도자기는 파리 만국박람회에서 선풍적인 인기를 끌었다. 단아한 색조의 나베시마 술병들

완수한 사노 일행은 돌아오는 길에 네덜란드에서 군함 닛신마루를 주문하고
의기양양 귀국했다.

파리 만국박람회의 이 같은 성과는 1873년 비엔나 만국박람회에서도 이어
졌다. 저명한 경제사학자 나라모토 타쓰야奈良本辰也는 그의 저서『근대 도자기
업의 성립近代陶磁器業の成立』에서 아래와 같이 기술하고 있다.

> 메이지 유신의 변혁은 우리나라 도자기 산업에 걸려 있던 일체의 봉건적
>
> 제약을 풀어버림으로써 해외 시장에 적극적으로 나가고 수출을 장려하
>
> 기에 이르렀다 하겠다. 도자기 생산성과 해외 시장의 관계를 생각할 때 무
>
> 엇보다 먼저 길린 메이지 6년1873년의 비엔니 박람회를 떠올려야 한다. 물
>
> 론 이전에도 고베神戸나 요코하마의 외국 상관에서 각 산지에 주문을 했지

만 우리나라 도자기의 특색이 부동의 지위를 확립한 것은 분명히 비엔나 만국박람회다.

메이지 원년1868년부터 메이지 7년1874년에 이르는 도자기의 수출 통계는 비엔나 만국박람회의 의의를 숫자로 충분히 설명하고 있다. 메이지 6년의 수출은 메이지 5년보다 일약 두 배 반 이상 증가─메이지 5년 4만 5,000 엔, 6년 11만 6,000엔─했다. 이 박람회에 수행원으로 건너간 도쿄기립공상사東京起立工商社의 마쓰오 노리스케松尾儀助가 보고서에서 '박람회장을 통해 우리가 얻은 커다란 성과는 유럽 사람들이 원하는 바가 막대한 주문으로 쏟아졌다는 것이다'라고 기록한 것은 바로 박람회가 초래한 결과이다.

비엔나 만국박람회의 혜택을 가장 많이 받은 것은 역시 사가 현 아리타였다. 박람회 총재는 사가 현 출신 정치인으로 당시 통상장관이였던 오쿠마 시게노부, 현지 주재 전권공사 겸 부총재는 파리 만국박람회에서 사가 번 단장이었던 통상차관 사노 쓰네타미였다. 또한 판매 담당자는 앞서 나온 마쓰오 노리스게였다.

아리타에서는 이마리 상사伊万里商社의 요코하마 주임인 가와하라 추지로川原忠次郎가 오기의 노우토미 가이지로納富介次郎와 교토의 단잔 리쿠로丹山陸郎와 함께 도예연구원으로 참여했다. 이처럼 면면이 아리타와 관련이 있는 사람들이 대표단의 주축을 형성하고 있었다.

아리타야키의 출품은 그 전 해에 다시로 게이우에몬과 히라바야시 이헤이가 실무자로 임명되어 도쿄박람회사무국에서 자세한 설명을 받아 이루어졌다. 이 두 사람이 선정된 것은 다시로가 이미 바쿠후 말기부터, 히라바야시가

이 해부터 요코하마에 아리타야키 지점을 개설하고 있었기 때문인 것으로 생각된다.

그리고 사무국 임시관리가 된 노우토미 가이지로가 제작 감독을 위해 아리타로 출장을 왔다. 아리타 사라야마는 박람회 출품물을 만드느라 시간에 쫓기며 연말부터 새해까지 제품들을 속속 요코하마에 보냈다. 이들의 출발지가 나가사키가 아닌 요코하마라는 사실도 눈여겨보아야 할 대목이다. 메이지 이전에는 나가사키가 외국으로 나가는 주요 출발지였으나 메이지 유신 이후 도쿄가 급부상하면서 요코하마가 새로운 중심으로 떠오른 것이다.

사노 일행 70여 명이 출품물을 실은 영국 선박 말라카^{マラッカ} 호에 올라 요코하마를 출발한 것은 메이지 6년 2월 25일이었다. 이들은 4월 14일 오스트리아 비엔나에 도착했다. 박람회는 5월 1일부터 시작 11월 말까지 성황리에 개최되었다.

1873년 비엔나 만국박람회
일본관 전시장.
입구에 대형 도자기가 놓여 있다.

영어 알파벳 '오메가'와 '알파' 자가 들어간 수출용 고이마리 주전자(하우스텐보스 도자기박물관)

비엔나에서도 아리타야키는 명예의 대상을 수상하면서 엄청난 호평을 얻었는데 특히 유럽 사람들을 놀라게 한 것은 대형 제품들이었다. 시라가와의 이에나가 쿠마키치家永熊吉가 만든 6척2m여의 큰 꽃병과 5척1.7m의 단지, 이와타니카와우치의 야마구치 도라지로山口虎三郎가 만든 5척의 대형 꽃병, 구로무타야마黑牟田山의 가지와라 유타로梶原友太郎가 만든 3척의 담배통 등이다. 후가카와 에이사에몬이 만들어 출품한, 노래하는 여섯 신선이 그려진 얇은 아카에 홍차 컵도 불티나게 팔렸다.

박람회 폐막 후 가와하라 추시보는 노우토미 가이지로, 단잔 리쿠로 등과 함께 유럽 도자기 제조 기술 습득을 명령받아 한 달 동안 연수를 받으며 지냈다. 이들이 서양에서 가장 먼저 놀란 것은 기계 물레의 월등한 성능과 석고 주물에 질을 따라서 만드는 성형법成形法이었다. 다음은 갑발匣鉢[22]로, 합리적으로 그릇을 가마에 쌓는 방법이었다. 아리타에선 갑발할 때 한 개씩 뚜껑을 하거나 혹은 머리 위에 씌우는 방식을 사용하고 있었지만 유럽에서는 겹침 방식을 사용하고 있었다.

그 외에 표면에 직접 문양을 그려 넣던 종래 방식에서 탈피해 그림을 찍어내는 방법으로 공정을 단순화하고 기계화한 전사법轉寫法 등 여러 가지 신기술을 습득하여 가와하라 일행은 다음 해 2월에 돌아왔다. 가와하라는 새로운 기술을 가마구이窯燒와 아키에야赤繪屋에 적용하여 직접 현장에서 지도했다.

비엔나 만국박람회 이후 1876년 필라델피아 만국박람회에는 1875년 일본 최초의 합자회사로 출범한 고란샤香蘭社 소속의 후가카와, 후카우미, 쓰지辻 공장이 총력을 기울여 자비로 참가해 출품했다. 여기서도 명예 대상을 수상한 일행은 다음 해인 1877년에 귀국했다.

박람회를 계기로 데즈카 가메스케手塚龜之助, 심해종전의 후손인 후카우미 구로스케深海墨之助, 후가카와 우사부로深川卯三郎가 도미하여 미국 시장에 본격 진출을 시작했다. 그때 미국 진출을 도모하는 도쿄기립공상사東京起立工商社의 마쓰오 노리스케가 뉴욕 지사를 개설했다.

귀국할 당시 후가카와는 미국에서 대량의 코발트를 구입했는데, 이로 인해 아리타에서 고스코발트의 일대 전환이 이루어졌다. 이번 박람회 참여는 아리타 도자기 업체가 정부에 열심히 요청하여 실현된 것으로, 이때부터 정부 지

---

22 가마에 그릇을 쌓을 때 그것 위에 재가 앉는 것을 방지하고 그릇에 불길이 직접 닿지 않게 하는, 고온에 잘 견디는 모래흙인 내화토로 만든 합(盒)을 말한다.

술 마시는 서양 상인을 묘사한
이마리 다리

원이 아니라 업체가 자비로 출품하는 계기가 되었다.

1878년메이지 10년 다시 열린 파리 만국박람회에서는 역시 고랸사 사장 후가카와 에이사에몬이 참여해 금메달을 획득했다. 후가카와는 박람회 후 유럽의 도요지 지역을 시찰하고 도자 제조 기계를 구입해 돌아왔다. 1883년 암스테르담 만국박람회에는 가와하라 추지로가 참석했다. 당시 유럽은 심각한 불황에 있었기 때문에, 박람회 성적은 의외로 매우 나빴다. 하지만 금메달은 획득할 수 있었다. 폐회 후 가와하라는 프랑스의 대표적인 도자기 생산지인 리모주Limoges를 방문해 당시 세계에서 가장 앞서 있던 요업 기계 일체를 계약했다. 아리타는 이렇게 몇 차례의 박람회에 참여하여 구미 시장을 확보하면서 앞선 기술과 기계화를 도입할 수 있었다. 일본 도업의 근대화 역시 아리타에서 시작된 것이다.

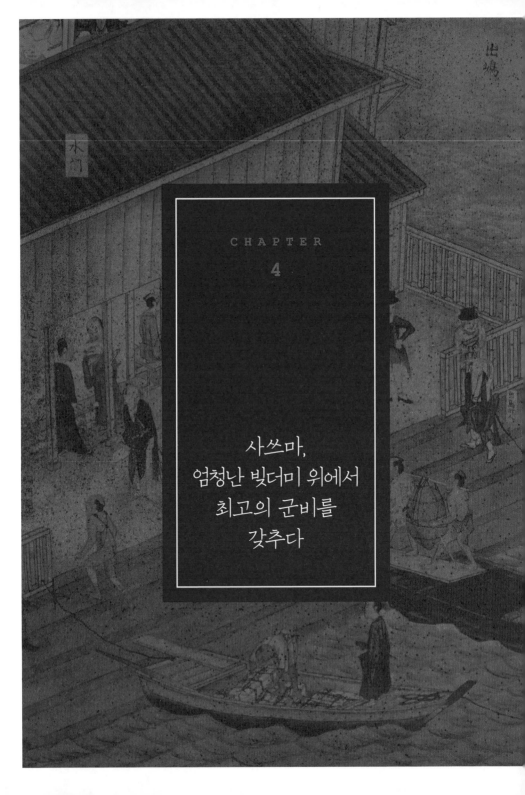

CHAPTER
4

사쓰마,
엄청난 빚더미 위에서
최고의 군비를
갖추다

1862년 9월 14일 현재의 요코하마 시 쓰루미 구鶴見區에 해당하는 무사시 국 다치바나 군橘樹郡 나마무기 마을生麥村 근처에서 사쓰마 번주 시마즈 히사미쓰의 행렬에 말을 탄 영국인들이 난입하자 행렬을 호위하던 사무라이들이 무례하다는 이유로 이들을 살해한 '나마무기 사건'이 발생했다.

영국 측은 이에 대해 바쿠후와 사쓰마 번에 각각 공식 사죄와 범인 색출, 배상을 요구했다. 바쿠후는 영국의 요구에 응해 10만 파운드의 배상금을 지불했으나 사쓰마 번은 책임을 회피했다. 영국은 사쓰마가 요구를 받아들이지 않는다면 무력행사를 하겠다고 통고했고 사쓰마는 전쟁을 각오하고 이를 거절했다.

1863년 7월 2일 새벽, 영국 함대는 사쓰마 기선 3척을 나포하는 데 성공한다.

사쓰에이 전쟁의 발단이 된 '나마무기 사건'을 묘사한 우키요에

사쓰마는 이를 선전포고로 받아들이고 정오에 육상포대 80문을 이용해 선
제공격을 시작했다. 영국군은 기선을 잃은 사쓰마가 전의를 상실했다고 방
심했기 때문에 응전이 늦어 오후 2시에 100문의 포로 반격을 가했다. 그러나
함장은 함선을 나포한 상태로 전투하기가 어렵다는 것을 깨닫고 나포한 세
척의 배에서 귀중품을 꺼낸 뒤 모두 소각시켰다.

거친 날씨와 예상 외 반격에 영국군은 고전을 면치 못했고, 군함 피해가 대파
1척, 중파 2척에 이르렀다. 사망자 13명에는 함장과 부함장이 포함되었다. 반
면 사쓰마 번 인적 피해는 비전투원 5명 사망, 부상자 18명으로 영국보다 적었

지만 함대 포격으로 인해 가고시마 성과 민가, 관공서가 불타는 등 대규모 화재가 일어났다.

전투 발발 사흘째인 7월 4일, 영국군은 탄약과 석탄의 소모에다 인적 피해를 고려해 사쓰마에서 후퇴하여 요코하마로 향한다. 10월 5일 바쿠후의 중개 하에 사쓰마 번과 영국은 요코하마 영국대사관에서 강화를 맺었고, 사쓰마 번은 바쿠후로부터 2만 5,000파운드를 차용해 영국 측에 지불했다. 강화 조건의 하나였던 나마무기 사건 가해자 처벌은 '도망 중'이라는 이유로 이행되지 않았다.

사쓰에이 전쟁薩英戰爭은 나마무기 사건의 해결을 요구하는 영국과 사쓰마 번의 포격전을 말한다. 이 전쟁으로 사쓰마 번은 서양 기술의 우수성을 인정하여 양이攘夷가 불가능함을 깨닫고 개화開化 중심으로 입장을 바꾸는 계기가 된다. 영국 또한 사쓰마의 군사력을 높게 평가하고 프랑스를 견제할 목적으로 바쿠후를 지지하던 이전 방침을 바꿔 사쓰마와 관계를 깊이 맺는다.

사쓰마 번, 만국박람회에서
바쿠후 대표단에게 망신을 주다

사쓰에이 전쟁 발발 4년 후인 게이오 2년1866년 프랑스 황제 나폴레옹 3세는 다음 해 파리에서 개최되는 만국박람회 출품 요청과 원수를 초빙하는 서한을 에도 바쿠후에게 보낸다. 이에 따라 바쿠후는 쇼군 도쿠카와 요시노부를 대신하여 당시 14살밖에 되지 않은 동생인 도쿠가와 아키타케德川昭武를 단장으로, 외무대신 무코야마 하야토向山隼人 이하 30명 수행원의 대규모 인원을 사절단으로 파견하기로 했다.

이때 이들의 경호를 위해 미토 번사 7명이 동행하게 되었다. 그러나 그들은 매우 강한 양이주의자였기 때문에 다른 나라에서 문제를 일으키면 좋지 않다고 생각해 시부사와 에이이치澁澤榮一를 수행원에 추가했다. 그도 한때는 강경한 존왕양이주의자였기 때문에 과격한 미토 번사들을 통제하는 데 적격이었고, 수학을 잘하고 이재에 밝아 실업가로서의 수완도 기대했다. 바쿠후 사절단은 1867년 1월 11일 요코하마에서 배를 타고 프랑스로 향해 떠났다. 그들의 배에는 도자기, 우키요에, 은과 상아 세공품, 크리스털 세공품 등이 실려 있었다.

한편 사쓰마 번은 일찍부터 파리 만국박람회 참여를 결정하고 준비하고 있었다. 사쓰마 출품물은 475상자[01]에 달했는데, 주요 내용물은 사쓰마야키薩摩燒 다기 24종과 도자기 식탁 5종, 대나무 세공품 9종, 칠기 20종, 삼베 13종, 여자 장신구 19종, 차, 설탕, 쌀로 만드는 증류주인 아와모리泡盛 등에 류큐 특산품 8종이 더해졌다. 사가 번은 가장 많은 520상자를 출품했는데 대다수가 다완, 접시, 꽃병, 술병 등 도자기였다. 상인으로서 유일하게 참가한 사이타마埼玉 출신의 에도 상인 시미즈 우사부로清水卯三郞, 1829~1910는 4만 2,000냥에 달하는 금액의 제품 157상자를 출품한다.

파리 만국박람회는 바쿠후의 참가 결정이 늦은데다, 사쓰마와 바쿠후 사이의 갈등이 깊어져 같은 일본임에도 불구하고 상품 진열 공간의 문패 기명記名과 부스의 별도 기준 확보 등 곳곳에서 상당한 문제를 야기했다.

바쿠후와 사쓰마 대립은 중앙정부인 바쿠후가 사쓰마 번의 박람회 참가 여

---

01 일본 본토에서 225상자(이 중 6상자는 파손돼 운송 포기)를, 상해에서 250상자를 별도로 보냈다.

사쓰마 번의 파리 만국박람회 참가를 주제로 한 가고시마 시 전시판

부조차 모를 정도로 사쓰마가 독단적이고 비밀리에 추진했다는 사실로 인해 더욱 깊어졌다. 사쓰마 번은 이를 비밀로 하기 위해 프랑스의 몽블랑 백작 Count Charles de Montblanc, 1833~1894을 대리인으로 내세워 그의 이름으로 참가 신청을 해둔 터였다. 잠시 뒤에서도 보겠지만 사쓰마가 파리 만국박람회에 독자적으로 참가하고 영주 시마즈 히사미쓰의 얼굴을 독자적으로 내세우겠다는 방침을 굳힌 것은, 이미 바쿠후를 토벌하겠다는 의지를 굳힌 포석으로 생각할 수 있다.

몽블랑 백작은 일본에서 주로 '하쿠산바쿠白山伯'로 불린다. 몽블랑 산이 눈으로 덮인 하얀 산이기 때문이다. 파리에서 태어난 그는 1854년 미국 페리 함대가 일본을 개국시켰다는 소식이 전해지자 일본에 대한 관심을 가지고 여행을 갈망하게 된다. 1858년 그는 프랑스 특명 전권 사절로 청나라에 파견된 그로스 남작Jean Baptiste Louis Gros, 1793~1870과 동행해서 9월에 처음으로 일본을 방문했다. 일본-프랑스 조약을 체결하고 그로스 남작과 헤어진 그는 외무성에서 의뢰한 학술 조사를 위해 필리핀을 여행한 이후 아버지의 병간호 때문에 일시적으로 프랑스로 돌아갔다.

1862년 일본을 재차 방문한 그는 요코하마에 머물면서 일본인 개인비서에게 일본어와 일본 문화를 공부했다. 그 이듬해 에도 바쿠후가 고메이 일왕에게 서양 세력을 배척하자고 강력하게 요구하며 요코하마를 폐쇄하기 위해 외무대신 이케다 나가오키池田長發를 선두로 협상단을 프랑스로 파견했을 때, 몽블랑이 적극적으로 접촉해 사절단의 파리 견학이나 프랑스 정부 요인과의 회담을 주선했다. 또한 1865년에 새 외무장관 시비디 디 게니 가柴田剛中가 다시 프랑스에 왔을 때도 접촉해 일본과 벨기에와의 통상조약 체결을 권유했지만 시바타 등은 그를 별로 신용하지 않았다.

그 무렵 사쓰마에서 바쿠후 몰래 보낸 밀항 유학생 니로 히사나가新納久脩, 고다이 도모아쓰五代友厚, 테라지마 무네노리松木弘安가 런던에 있었는데 바쿠후 사절과의 접촉이 좋지 않게 끝난 몽블랑은 영국으로 건너가 이들 사쓰마 유학생들과 접촉하고 그들에게 도움을 줄 것을 자청하면서 히사나가와 도모아쓰에게 무역상사 설립을 제안했다.

부국강병과 식산흥업을 목표로 하고 있던 사쓰마 번은 이 제의에 매우 기뻐하면서 곧 예비 협상을 벌였다. 1865년 10월에는 브뤼셀에서 몽블랑과 히사나가, 도모아쓰 사이에 12개조로 구성된 무역상사 설립 계약서가 교환되었다. 그 직후, 몽블랑은 파리에서 개최된 지리학협회에서 '일본은 천황을 받드는 제후 연합으로 (유럽) 국가들이 (에도) 바쿠후와 협약을 맺은 것은 잘못된 것이다日本は天皇をいただく諸侯連合で,諸國が幕府と條約を結んだのはまちがいだ'라고 하는, 사쓰마의 주장에 따른 발표를 했다. 바쿠후를 인정하지 않고, 각 번과 협약을 하는 것이 정당하다는 주장이었다. 그 이듬해에는 수입품에 대한 계약이 갱신되어 사쓰마 영주 시마즈 타다요시島津茂久가 이에 대한 감사 편지를 몽블랑에게 보냈다.

몽블랑은 이에 그치지 않고 나카무라 히로나리中村博愛와 다나카 세이슈田中靜洲, 마치다 세이조町田淸藏 등 사쓰마 번사 출신의 밀항 유학생들을 보살폈고, 1866년 말에는 니로 히사나가의 아들인 니로 다케노스케新納竹之助를, 그 다음 해에는 사쓰마 번 가로인 이와시타 미치히라岩下方平의 아들인 이와시타 초주로岩下長十郎를 맡아서 프랑스 유학을 하게끔 도와줬다.

이러한 몽블랑과 사쓰마 번과의 교류에 따라, 1867년 파리 만국박람회에서는 몽블랑이 사쓰마의 대리인으로 참석한다. 이와시타 미치히라는 사쓰마와 류큐 왕국 전권으로 파견되어 몽블랑과 함께 박람회를 준비했다.

그러나 앞에서 말했듯 바쿠후는 파리 만국박람회와 관련한 사쓰마의 준비를 모르고 있었다. 그리하여 바쿠후 사절단 일행이 파리에 도착해 행사장을 방문했을 때, 사쓰마 번이 참가한 사실을 알고는 큰 충격에 빠져 외무대신 무코야마 하야토 등이 이 사실에 강력히 항의했다.

특히 사쓰마 번이 류큐 왕국의 이름을 같이 사용한 것과 '류큐국 폐하 마쓰다이라 수리대신 미나모토노 시게히사琉球國陛下松平修理大夫源茂久'란 관직 및 이름을 사용한 것, 시마즈 가문의 '원형 십자' 문장을 깃발에 내건 사실 등에

시마즈 가문의 십자 문양 휘장과 초롱이 걸려 있는 가고시마 이소지구의 센간엔 사쓰마 번주 저택

강력 반발했다. 당시 사쓰마 번은 류큐 왕국을 실질적으로 지배하고 있었지만 에도 바쿠후는 류큐를 왕국으로 인정하지 않는 자세였으므로 이런 표현 자체를 취하시키고 싶어 했다.

그리하여 사쓰마 번 대리인 자격인 몽불랑 백작과 이와시타 미치히라는 바쿠후 사절단과 담판을 가졌는데, '사쓰마 태수의 정부薩摩太守の政府'라는 명칭은 양보할 수 없다고 하여 결국 사쓰마 번과 바쿠후가 각기 '사쓰마 태수의 정부'와 '다이쿤02의 정부大君政府'라는 표현을 쓰되, 일장기를 함께 내거는 것으로 타협을 보았다. 사쓰마 번의 독주를 제어하기 힘들 정도로 이때 이미 바쿠후는 상당히 힘이 빠져 있었다고 할 수 있다.

또한 사쓰마 번이 독자적인 '사쓰마-류큐 훈장薩摩琉球國勳章'을 만들어 프랑스 공관에 수여함으로써 프랑스에서 사쓰마의 명성이 높아졌다. 하지만 바쿠후와의 갈등은 더욱 깊어만 갔다. 외무대신 무코야마는 사쓰마의 훈장이 너무 화제가 되었기 때문에 바쿠후도 훈장을 만들어 나눠주도록 진언했지만 때는 이미 늦어 매우 아쉬워했다. 사쓰마 번의 독자적인 훈장 수여를 이유로 유럽에서는 일본도 독일 연방정부와 비슷한 연방제를 실시하고 있다고 생각하는 국가가 늘어나면서 에도 바쿠후의 권위는 크게 실추될 수밖에 없었다. 이 과정에서 몽블랑은 「피가로Figaro」 등 파리의 유력 일간지들에 지난번 지리학회에서 발표했던 내용처럼 '일본은 절대 군주로서의 쇼군 도쿠가와가 다스리는 나라가 아니라 독일과 마찬가지로 각지 영주가 즐비한 연방국가이며, 도쿠가와도 일개 다이묘에 지나지 않는다'는 논조의 기사를 게재하는 등 협

02 에도시대 외국 사절에게 소개하는 쇼군의 명칭

상을 유리하게 이끌기 위한 노력을 기울였다. 몽블랑은 이 해에 사쓰마 번의 군제 개혁 고문으로 초빙되어 일본을 다시 방문해 가고시마에 머무는 등 그 밀착이 깊어갔다.

게이오 3년^{1867년} 드디어 도쿠가와 요시노부가 대정봉환을 하고 조정에서 왕정복고 대호령이 내려짐에 따라 도쿠가와 가문 영지의 조정 반환이 결정되는 등 유동 정국이 계속되는 가운데, 사쓰마 핵심인물 오쿠보 도시미치는 새 정부에 대한 외국 승인 획득과 외교 지속의 선언이 나올 수 있도록 몽블랑과 데라지마 무네노리寺島宗則에게 통지 조서通達詔書를 작성하게 했다.

이듬해 1868년 '도바·후시미 전투'에서 신정부군이 바쿠후군을 물리치고 유리한 위치에 서자, 새 정부에 따르는 번도 증가해 신정부가 새로운 일본의 중앙정부로 인식되기에 이른다.

그런 가운데에 고베와 사카이에서 일어난 외국인 살상 사건에서 몽블랑은 새 정부의 외교 고문 자격으로 외국 사무국 판사의 고다이 도모아쓰를 지원했다. 이러한 대처로 인해 메이지 일왕의 각국 공사 알현이 실현되었다. 이처럼 대격변의 전환기에 몽블랑 백작은 사쓰마 번의 대리인으로서, 메이지 새정부의 외교고문으로서 매우 중요한 역할을 수행했지만 점차 사쓰마 번과의 사이가 벌어진다. 그것은 사쓰마 번이 프랑스보다 영국을 더 중시하는 정책을 취했기 때문이다.

사실 1863년 '사쓰에이 전쟁' 이후 사쓰마 번의 시마즈 타다요시는 아버지 히사미쓰의 방침에 따라 영국식 군대 체제와 친영 정책을 채택하면서 프랑스 사람인 몽블랑이 지나치게 내정에 개입하는 것은 위험하다고 생각하고 있었다. 영국에서도 프랑스인을 군제 고문으로 임명한 사실에 난색을 표시했고,

사쓰마 영국 유학생인 요시다 기요나리吉田淸成, 훗날 미국 공사와 외무부 차관을 지냄, 사메시마 나오노부鮫島尙信, 훗날 프랑스 공사와 외무부 차관을 지냄, 모리 아리노리森有礼들도 몽블랑을 위험시하는 건의문을 번청에 제출했다. 모리 아리노리는 훗날 미국 공사와 문부대신을 지내며 근대 교육의 기틀을 닦은 사람이다.

이런 기류에 따라 사쓰마와 몽블랑 공동 무역상사 설립 사안도 좋지 않게 끝났다. 이 때문에 몽블랑은 그 대가로 사쓰마에게 소총 5,000정과 대포 20문, 군복 판매를 요청했지만 사쓰마는 이를 거절했다. 영국과의 우호 관계에 금이 가는 것을 우려한 것이다. 메이지 유신 성립 이후 몽블랑은 메이지 정부의 대리공사 겸 총영사로 파리 공관을 개설하고, 메이지 3년에 일본 공사관이 개설될 때까지 외교 사무의 기틀을 다졌다. 그러나 이후 사쓰마 출신의 영국 유학생 사메시마 나오노부가 초대 프랑스 공사로 부임해오면서 사임한다.

앞에서도 보았듯, 몽블랑은 메이지 유신의 성공 과정과 이후 신정부의 외교 관계에 있어 매우 비중 높은 역할을 수행했다. 그가 사쓰마 번과 신정부의 대외정책을 그렇게 물심양면 지원하지 않았다면 메이지 정부가 국제사회에서 공인받는 일은 매우 어려울 수 있었다. 그럼에도 일본 역사에서는 그의 역할을 가급적 축소하고 외면하면서 심지어 생략하는 경향을 보인다.

그 주된 이유는 몇 가지로 생각해볼 수 있는데, 첫째는 사쓰마의 프랑스 유학생보다 영국 유학생이 메이지 정부 외교관의 주류로 자리를 잡았기 때문에 프랑스 출신인 몽블랑은 당연 폄하된 것이 그 하나다. 둘째는 사쓰마 번이 메이지 유신 성립 과정에서 독자적 능력이 아닌 외국인 힘에 의존했다는 사실이 널리 알려지는 것이 그리 딤딕지 않있을 것이기 때문이다. 뒤에서도 애기하겠지만 일본은 메이지 유신의 미화 작업에 매우 많은 공을 들인다. 그 주된 경향의 하나는, 일본 스스로 각성하면서 외세에 맞설 수 있는 근대화의 길에 자주적이고 자립적으로 나아갔다는 허위 사실에 대한 강조다.

1870년 10월 28일자로 해임된 몽블랑은 이후 파리에 일본문화연구협회 Société des études japonaises를 만들어 일본어와 일본 문화 연구를 추진했다. 『일본사정日本事情』이란 책을 출간하기도 했다. 평생을 일본과의 애증 관계로 살아온 그는 독신인 채로 파리에서 사망했다.

시미즈 우사부로가 길을 열어놓은 '내국박람회'

파리 만국박람회에 개인 자격으로 참여한 상인 시미즈 우사부로는 술을 만드는 집의 셋째아들로 태어났으나 어려서부터 양학 습득에 매우 관심을 보였다. 1849년 에도로 나와 알파벳을 배우고, 1859년에 요코하마의 친척이 경영하는 상점 일을 도와주면서 영어의 필요성을 절실하게 깨달아 영어를 본격적으로 공부해 1860년에는 스스로 영어사전도 출간했다.

이런 영어 실력을 인정받아 바쿠후 외교에 활용되었는데, 1863년 사쓰마 번과 영국의 '사쓰에이 전쟁' 당시 바쿠후 허가를 받아 영국 군함에 올라가 영국 측 통역으로 평화에 진력해 영국 함선에 구속되어 있던 사쓰마 번 인질들을 풀려나게 했다. 박람회에서 우사부로는 히노키 구조의 찻집을 만들어 3명의 게이샤와 급사에게 재주를 부리게 하면서 한층 인기를 모아 나폴레옹 3세로부터 은메달을 받았다. 1868년 유럽의 공예를 배우고 미국을 거쳐 귀국했는네 도쿄 아사쿠사淺草에 '미즈호야瑞穂屋'라는 상점을 열어 양서를 수입하는 무역상으로 활약했다. 이듬해에는 가게를 중심지인 니혼바시로 이

도쿄 우에노에서 열린 제3회 내국권업박람회를 묘사한 우키요에

전하고, 인쇄기를 수입해 출판업도 시작하는 한편 「리쿠고우 신문六合新聞」을 간행해 해외 사정을 소개하는 데 힘썼다. 치과 기자재 수입에도 힘써 1880년 대 치과 재료 수입상으로 커다란 비중을 차지했고, 『치과전서齒科全書』 등의 출판도 했다. 그는 1872년메이지 5년에 '박람회 개최의 의의博覽會ヲ開ク之議'라는 세목의 탄원서를 정부에 제출한다. 그 내용은 다음과 같다.

박람회를 개최함으로써 천하 만민의 식견을 넓히고 산업을 번성하게 하며 영국과 프랑스보다 앞서 나가는 것이 소원입니다. 우리나라 기술들은 박람회에서 한번 서양의 기계에 닿으면 순식간에 지식과 기술도 높아지고, 그 나라의 힘을 빼앗아올 것입니다.

그는 박람회를 열어 일본이 무역을 통해 번영의 길을 개척함과 동시에 많은 일본인이 서양 제품을 접하면서 견문을 넓혀야 한다고 생각했다. 더욱이 서양 문물을 그대로 수입만 할 것이 아니라 서양 기술을 익히고 스스로 제품을 만들 수 있는 나라가 되어야 한다고 주장했다.

정부 역시 '박람회를 열 경우 실로 눈부신 성과가 예상된다'는 평가를 내리고, 이를 교육부와 상공부에 회람했다. 이후 메이지 10년^{1887년}에 '제1회 내국권업박람회^{內國勸業博覽會}'를 개최하기에 이른다. 이 박람회에선 당시 최신식 서양 기계가 전시되었다. 우사부로 제언은 정부 정책을 선점하는 비전으로 가득 찬 것이었다.

영어가 된 사쓰마의 단어들

예부터 가고시마 지역에서는 '간장'을 '소유^{醬油}'가 아닌 '소이'라고 발음했다. 사쓰마 번은 파리 만국박람회에 간장도 출품하고 간장을 담은 도자기 항아리나 통에 'SHOYU'가 아닌 'SOY'라고 마킹하여 발매했기 때문에 이후 유럽에서는 간장을 'SOY'라고 부르게 되었다. 사쓰마 사투리가 영어 단어로 굳어진 것이다.

1863년 '사쓰에이 전쟁'을 끝내고 요코하마에서 강화조약을 맺을 때 사쓰마에선 영국에게 귤을 선물했는데 영국 사람들은 귤을 처음 먹어보며 그 맛에 놀라 매우 기뻐했다고 한다. 이후 귤이 영어로 'SATSUMA'라고 불리게 되었다.

규슈 히타(日田) 지역의
간장병

앞에서 보았듯 사쓰마는 처음에 프랑스인 몽블랑 백작
의 도움을 많이 받았다가 나중 친영 정책으로 선회한다. 그러면 사쓰마가 전
쟁까지 벌였던 영국과 가까워진 결정적 계기는 과연 무엇일까. 단순히 영국 유
학생들의 진정서 때문에 그런 일이 벌어졌던 것일까? 미리 말하자면 사쓰마
의 친영 정책은 당시 일본 최대의 무기 밀매상이었던 글로버 상회와의 밀접한
관계가 작용한 결과다. 그럼 무기상인 글로버는 어떤 인물인지 자세히 알아
보도록 하자.

스코틀랜드 출신 글로버가 나가사키에 처음 온 것은 그의 나이 21세 때인
1859년이었다. 상하이에 있다가 나가사키로 건너간 그는 외국인 거주지였던
데지마에 머물면서 1861년 글로버 상회를 세워 처음에는 실크와 차 거래에
주력했다.

글로버의 가족사진. 왼쪽부터 글로버 양아들 구라바 도미사부로(倉場富三郎), 글로버 여동생
마사(Martha), 동생 알프레드(Alfred), 글로버 딸 하나(ハナ), 글로버 본인, 며느리 와카(ワカ)

그러나 그는 곧 사카모토 료마가 사쓰마 번의 재정적 지원을 받아 설립한 상
사인 가메야마사추龜山社中를 통해 사쓰마 번, 료마 고향인 시코쿠 도사 번과
무기를 불법적으로 거래했다. 사쓰마와 조슈 번에게 무기를 판매하는 것은
당시 일본에서 금지되었을 뿐만 아니라 영국과 일본 사이의 협정을 위반하는
행위였다. 바쿠후는 무기 불법 거래를 허용하지 말라는 강력한 요청을 담은
서신을 영국 여왕에게 보냈다. 그러나 글로버는 그런 것에 전혀 신경을 쓰지
않고 우회하는 전략을 사용했다. 조슈 번이나 사쓰마 번은 소총을 사기 위해
상하이로 선박을 보내면 글로버가 원하는 대로 많은 총을 사서 선적을 할 수
있다는 사실을 잘 알고 있었다.

글로버는 나가사키 자신의 집에서 조슈, 사쓰마와 계약을 맺었고 1865년 10

월 15일에는 조슈 번의 이토 히로부미伊藤博文, 1841~1909와 함께 시모노세키下関市에 동행하기도 했다. 1863년 글로버는 '조슈 5걸長州五傑'이 공부를 위해 런던으로 밀항하는 것을 도왔다.

나중 조슈 번 대목에서 다시 보겠지만 '조슈 5걸'은 이토 히로부미, 이노우에 가오루井上馨, 1836~1915, 엔도 긴스케遠藤謹助, 1836~1893, 이노우에 마사루井上勝, 1843~1910, 야마오 요조山尾庸三, 1837~1917다. 이들은 모두 메이지 내각에서 고위 관료를 지냈다. 총리대신과 조선통감을 지낸 이토 히로부미는 말할 것도 없고, 이노우에 마사루도 외무대신, 농상무대신, 내무대신, 대장대신 등을 역임했다. 그는 특히 조선의 개혁파인 김옥균金玉均, 서광범徐光範, 윤치호尹致昊, 유길

관광지로 변한 나가사키의 글로버 저택. 일본의 현존하는 가장 오래된 서양식 건물이다.

준俞吉濬 등이 일본에 유학하는 동안의 비용을 지원했다. 그리고 조선 내에서 일본의 개화 사상가들과의 면담을 주선했다.

그런데 글로버가 이들 5명을 런던으로 밀항시키는 과정에서 매우 흥미로운 이름이 하나 등장한다. 바로 자딘 매디슨이다. 자딘 매디슨의 전신은 영국 동인도회사로 1832년 스코틀랜드 출신의 윌리엄 자딘과 제임스 매디슨이 중국의 광저우廣州에 설립한 무역 상사였다. 중국 이름은 '이화양행怡和洋行'이다. 당시 광저우는 광둥성 지배 체제 하에 유럽 상인에게 개방된 유일한 무역항이었다.

자딘 매디슨의 주요 업무는 인도산 아편을 수입해 중국에 수출하고 영국에 차와 비단을 수출하는 것이었다. 청나라와 영국 사이에 1840년부터 2년간에 걸쳐 진행된 아편전쟁에 깊이 관여한 배후가 바로 자딘 매디슨이다. 아편 수입을 규제하려는 청나라 조정과 영국의 분쟁이 발생했을 당시 아편상 중 큰 손이었던 자딘 매디슨 상회의 로비 활동으로 영국 의회는 9표라는 근소한 차이로 군대 파견을 결정했다.

지금도 굳건하게 영업을 하고 있는 홍콩의 홍콩상하이은행HSBC은 자딘 매디슨이 중국에서 수탈한 자금을 영국 본국에 송금하기 위해 설립된 은행이다. 자딘 매디슨은 지금도 홍콩에 본사를 두고 아시아 금융시장에 막강한 영향력을 행사하고 있다. 등기상 본사는 버뮤다 해밀턴 Bermuda, Hamilton이다. 미국 경제지 「포춘Fortune」이 선정하는 세계 기업 순위에서 상위 500대 기업에 들어간다.

그럼 글로버 상회와 자딘 매디슨 상회는 무슨 연관 관계가 있을까? 글로버 상회는 바로 자딘 매디슨의 자회사, 곧 분점이다. 스코틀랜드 출신으로 얽혀 있

아편전쟁을 일으킨 자딘 매디슨 상회는 홍콩에서
여전히 영업을 하고 있다. 홍콩의 자딘 매디슨
소유의 빌딩

는 자딘 매디슨의 나가사키 지점이라고 생각하면 쉽겠다. 이 사실은 글로버 상회의 성격을 이해하는 데 매우 중요한 대목이다. 다시 말해 글로버 상회는 모회사인 자딘 매디슨과 마찬가지로 돈벌이를 위해서라면 전쟁을 벌이거나 조종하는 것도 불사하는 공작 기획력과 실천력을 갖고 있다고 보아야 한다. 이 부분은 뒤에서 다시 보자.

하여튼 글로버는 자딘 매디슨의 지원을 통해 '조슈 5걸'을 런던으로 보낸다. 영국 동인도회사가 전신인 회사인 만큼 아무런 어려움이 없었을 것이다. 그런데 일본에서는 '조슈 5걸'이라 하지만 당시 영국에서는 이들을 '매디슨 보이즈Matheson Boys'라 호칭했다. 매우 의미심장한 대목이다.

글로버는 1865년에도 사쓰마 번사 출신 15명을 영국으로 유학 보내는 데 힘을 쓴다. 이들이 앞에서 등장했던 요시다 기요나리, 사메시마 나오노부, 모리 아리노리 등이다.

글로비는 1865년 나가사키 오우라大浦 해인에시 증기기관차, 아이언 듀크Iron Duke 호를 달리게 했고, 1866년에는 대규모 제차製茶 공장을 건설했다. 1868년에는 사가 번의 나베시마 가문과 합작으로 일본 최초의 탄광인 다카시마 탄광 개발에 나서는 한편 나가사키 코스게小管에 조선소를 건설해 일본 최초의 드라이 도크dry dock를 도입했다. 메이지 유신 후에는 조폐소造幣寮 기계 수입에 관여하는 등 메이지 정부와의 관계를 심화했다.

그런데 정말 아이러니하게도 메이지 유신이 성공하고 바쿠후 체제가 종식되어 지방의 다이묘와 사무라이, 번 체제가 다 사라지게 되자 중앙정부가 더 이상은 그의 무기 거래 독점을 인정하지 않는 반전이 벌어졌다. 존재 자체가 사라진 번에서의 무기 구입 대금도 회수가 모호해지거나 불가능한 상태가 되었다. 이 때문에 그는 1870년 결국 파산하고 만다. 유신 세력에게 판매한 무기 거래가 자신의 발등을 찍은 셈이었다.

그래도 글로버 자신은 다카시마 탄광의 실질적 경영자로서 일본에 머물렀다. 1885년 이후는 미쓰비시三菱 재벌의 고문으로 활약하고 경영 위기에 빠진 스프링 밸리 양조장의 재건을 도와 현 기린麒麟 맥주의 기초를 마련했다.

만년을 도쿄에서 보낸 그는 1908년 외국인으로서는 파격적인 '훈이등勳二等 욱일중광장旭日重光章'을 수여했다. 이 훈장은 국가 또는 공공을 위해 큰 공로가 인정되는 사람에게 수여되는 것이다. 도쿄에서 사망했지만 무덤은 나가사키 시내의 사카모토국제묘지에 있고, 그가 살던 글로버 저택은 현재 시 소유의 글로버 가든으로 관광 명소가 되어 연 2백만 명 이상이 찾고 있다. 현재 일본에서 남아 있는 가장 오래된 서양식 건물이다.

글로버는 1870년 오사카에서 만난 규슈의 분고 출신 일본인 여성 쓰루ツル와 결혼했다. 쓰루는 1899년 사망했는데, 1876년 나가사키에서 딸 하나를 출산했다. 하나는 영국 상인 월터 조지 베넷Walter George Bennett과 1897년 결혼해 영

가고시마 역 앞의 '젊은 사쓰마의 군상(若き薩摩の群像)' 기념동상'. 밀항으로 영국에 유학을 간 15인의 모습이다.

국으로 건너갔고, 1938년에 사망했다.

글로버는 나중에 나가사키 태생의 영국-일본 혼혈인 구라바 도미사부로倉場富三郎, 1871~1945를 아들로 입양했는데, 그는 나가사키 경제에 지대한 영향을 끼쳤다. 구라바 역시 영국-일본 혼혈인 나카노 와카中野ワカ와 결혼했다. 구라바는 일본 시민이었음에도 불구하고 제2차 세계대전 동안 일본 당국에 의해 잠재적인 간첩으로 감시를 받았고, 1945년 8월 6일 히로시마에 원자폭탄이 투하되기 몇 주 전에 자살했다.

앞서 말했듯 파리 만국박람회를 통해 일본에는 바쿠후의 '다이쿤 정부'와 '사쓰마 태수의 정부'가 각기 존재한다는 것을 각인시킨 것은 사쓰마 번의 독립성을 인정받은 것이기도 하다. 사쓰마로서는 대성공이라 할 수 있었다. 이런 시점에 고다이 도모아쓰는 글로버의 도움으로 영국에서 방직기계를 들여와 가고시마 바닷가에 일본 최초의 방직공장을 건설했다. 이 일로 크게 면목을 세운 시마즈 히사미쓰 번주는 점점 글로버에 마음이 기울어진다.

히사미쓰가 무력에 의한 바쿠후 토벌 방침을 굳혔기 때문에 글로버에 대한 의존도는 더 높을 수밖에 없었다. 사쓰마 번은 바쿠후와의 전쟁에 대비하기 위해 글로버 상회를 통해 대량의 함선과 무기를 사들여 막대한 부채를 안고 있었다. 글로버 상회는 또한 바쿠후 토벌을 전제로 사쓰마뿐만 아니라 히젠, 히고, 우와지마宇和島, 도사 등 서남 지역 각 번에 무기, 탄약, 함선을 팔아 큰 수익을 올리고 있었다.

그런데 만약 전쟁을 하지 않고 바쿠후와 평화적으로 정권 교체가 실현되면 어떻게 될까? 그동안 각 번이 사들인 각종 무기와 탄약이 필요 없어지게 됨으로써 서남 지역 번들의 경제는 파탄이 날 것이고, 글로버 상회 역시 외상 매출금을 받지 못해 막대한 손실을 입는 것이 불 보듯 뻔했다. 따라서 글로버 상회로서는 중국의 아편전쟁 때와 마찬가지로 어떻게 해서든 바쿠후와 사쓰마, 조슈, 사가 번 사이에 전쟁이 벌어지도록 만들어야만 했다.

글로버 상회로서는 또 그럴 만한 자금력도 있었다고 보인다. 당시 글로버의 재력은 세력이 큰 다이묘에 필적할 만큼 대단했다. 사쓰마 번의 가로에 따르면 글로버의 생활 모습은 30만 석 다이묘에 필적했다고 한다. 그 재력을 이용하여 글로버가 도모했던 것 역시 무력에 의한 바쿠후 토벌이었다. 그래서인지 글로버는 다음 같은 말을 남겼다고 한다.

> "도쿠가와 바쿠후에 대한 반역인 가운데 가장 반역적인 사람은 바로 나
> 자신이다德川幕府の反逆人の中には自分が最も反逆人である."[03]

03　가고시마유신후루사토관(鹿兒島市維新ふるさと館) 고문인 후쿠다 켄지(福田賢治)의 글 '새로운 관점에서의 료마론(新視点からの龍馬論)', 2018년 4월 1일자 참조

푸치니 오페라 「나비부인」과 글로버

글로버는 푸치니Giacomo Puccini의 오페라 「나비부인Madama Butterfly」과도 흔히 연결되어 말해진다.

글로버 저택이 있는 글로버 공원에는 「나비부인」의 프리마돈나로 2,000회 이상 무대에 섰으며, 일본인으로서는 최초로 국제적인 가수로 널리 알려진 소프라노 미우라 다마키三浦環, 1884~1946가 극중 차림새로 아이를 데리고 서 있는 동상이 있다. 나가사키는 개항과 함께 서양 문물을 제일 먼저 받아들인 곳이었으므로, 서양인들이 들어오자 일본 게이샤들은 이들을 상대로 영업을 하게 되었고, 매춘과 국제결혼으로 인해 새로운 사회문제들이 생겨났다. 이들과 결혼까지 했다가 남자 혼자 본국으로 돌아가버려 버림받는 게이샤 이야기도 흔히 생겨났다.

이런 이야기는 미국 작가 피에르 로티Pierre Loti의 소설 『국화부인Madame Chrysanthème』으로 세상에 널리 알려졌고, 여러 극작가가 이 흥미로운 소재를 연극으로 만들고 싶어 했다. 숱한 경쟁자를 물리치고 마침내 이 작품을 연극으로 옮길 수 있는 권리를 얻어낸 사람은 미국 극작가 데이비드

글로버 공원에는 「나비부인」의
프리마돈나로 유명한
소프라노 미우라 다마키가
극중 차림새로 아이를 데리고
서 있는 동상이 있다.

벨라스코David Belasco였다. 연극으로도 크게 성공을 거둔 이 작품은 런던으로 진출했고, 푸치니는 런던에서 이 연극을 보자마자 이 소재로 오페라를 만들겠다고 결심한다. 그런데 글로버의 아내 쓰루의 소매가 나비 디자인으로 된 기모노를 입은 사진이 있다는 사실을 제외하면 글로버 가족과 「나비부인」 이야기는 아무런 연관성이 없다. 쓰루의 별칭이 「나비부인」 주인공 이름인 '초초상'이었다는 증거도 없다.

그저 글로버와 「나비부인」이 연결되고 있는 것은 태평양 전쟁 이후 미국 점령군이 글로버 저택을 "나비부인 저택Madame Butterfly House"이라고 불렀기 때문이다. 글로버 저택은 소설이나 오페라 배경처럼 나가사키 항구 동쪽 경사면에 위치하고 있다. 이후 나가사키 시가 전후 관광산업 진작을 위해 이 같은 점을 대대적으로 홍보함으로써, 글로버 저택이 마치 「나비부인」의 무대인 것처럼 여겨지게 된 것이다. 지금도 글로버 공원에 가면 오페라 「나비부인」에 쓰인 소품과 사진들이 전시돼 있는 공간이 있다.

글로버 상회와 자딘 매디슨의 배후, 로스차일드 가문

세계 근대사를 돈의 흐름을 통해 파악하다 보면 큰 사건들이 모두 하나의 실로 연결되어 있는 것을 알 수 있다. 복잡하게만 보이는 역사의 수수께끼가 풀리는 것이다. 우리가 학교 교육을 통해 배우는 세계사에서는 글로벌 자본가에 의해 좌지우지되는 세계정세의 뒷배경이 고스란히 빠져 있다.

금융세 세계 장악의 이민사를 파헤쳐 커다란 반향을 일으킨 쑹훙빙宋鴻兵의 책 『화폐전쟁Currency Wars』에 따르면 로스차일드Rothschild 가문의 재산은 세계적인 수수께끼지만 어림잡아 50조 달러에 달한다고 한다. 빌 게이츠의 500억 달러는 근처에 가지도 못한다. 또한 20세기 초까지 로스차일드 가문이 통제한 재산은 당시 세계 총 재산의 절반 정도로 추정된다고 한다. 그러나 이는 단한 번도 정확하게 공개되지 않고 철저한 비밀로 보호되고 있다.

이 책은 1694년 영국은행이 설립된 후 300년 동안 세계에서 일어난 거의 모든 중대 사건의 배후에서 국제 금융자본 세력의 어두운 그림자를 볼 수 있다고 말한다. 이들은 프랑스혁명과 미국의 독립전쟁으로부터 제2차 세계대전에 이르는 거의 모든 근대 전쟁의 배후에 짙은 그림자를 드리웠다. 에이브러햄 링컨Abraham Lincoln을 비롯한 많은 미국 대통령들의 암살과도 관련이 있으며, 1837년, 1857년, 1907년의 경제공황이나 아시아의 금융 위기도 결국은 이들이 이익을 추구하고 재산을 보호하는 과정의 화폐전쟁이었다는 것이다.

이런 로스차일드 가문 자본력의 마수는 바쿠후 말기 일본에도 뻗쳐오기 시작했음을 알 수 있다. 메이지 유신의 중대 사업을 완수한 주인공들로 흔히 사쓰마, 조슈, 사가 번과 사카모토 료마, 사이고 다카모리, 오쿠보 도시미치, 기도 다카요시木戸孝允 등이 등장하지만 그들의 배후에서 실질적인 흐름을 주도했던 것은 바로 로스차일드 가문의 하수인인 홍콩의 자딘 매디슨과 무기상 글로버였다.

앞에서 보았듯 글로버는 영국 로스차일드 가문의 무역회사 매디슨 상회 사원으로 중국 상하이에 있다가 일본 나가사키에 왔다. 매디슨 상회의 일본 지사인 글로버 상회를 설립하고, 에도 바쿠후 말기의 혼란을 이용하여 사쓰마 등에 무기와 탄약을 제공했다.

사카모토 료마도 글로버에게서 약 7,000자루의 소총을 받아, 그것을 사쓰마

중국인에게 아편을 팔아
뱃속을 채우는 서구 열강의 폭력을
풍자한 만화

명의로 조슈 번에 넘겨줌으로써 삿초동맹의 기틀을 마련했다. 그러니 흔히 삿초동맹의 주인공을 료마라고 얘기하지만 사실은 료마가 아니라 글로버였던 것이고, 료마는 바쿠후를 쓰러뜨리고자 한 글로버와 사쓰마 번의 계획대로 움직인 하수인이자 꼭두각시에 불과했다. 이 대목은 뒤의 사카모토 료마 단원에서 다시 보도록 하자.

글로버는 "내가 일본을 위해 한 일 중 가장 유용했다고 생각하는 것은 해리 파크스Harry Smith Parkes, 당시 영국 공사와 사쓰마, 조슈 사이에 있던 벽을 깨부수어 준 것이다"라고 말하기도 했다.

이렇게 글로버가 영국의 로스차일드 가문을 위해 일하는 한편, 프랑스 로스차일드 가문은 에도 바쿠후를 지원했다. 그러니 바쿠후 말기부터 메이지 초기의 혼란기에 로스차일드 가문은 바쿠후와 이에 대항하는 서남 지역 번들 양측 모두에게 무기를 제공하고 이익을 크게 챙겼다. 즉 누가 이겨도 그들의

사쓰마 번의
영국 유학생들

이익은 보장되는 돈 놓고 돈 먹기요, 양손의 떡을 쥘 수 있는 구조였다. 이는 그들이 지금도 활용하고 있는 방법이다. 영국과 프랑스는 겉으로 보기에 일본의 지배권 다툼으로 대립하고 있는 듯했지만 이렇게 보이도록 한 것은 로스차일드 가문의 방식이며, 그들은 국가를 넘어 연결되어 있었다. 그러나 이렇게 교묘한 암수暗手는 바쿠후도 그에 대항하는 측도 알 리가 없었다.

일본의 초대 내각 총리대신이 되는 이토 히로부미는 젊었을 때, 조슈 번의 동료들과 함께 밀항해서 영국에 유학을 갔다. 그는 당연히 영국 로스차일드 가문의 신세를 졌다. 이토 히로부미를 비롯한 5명의 조슈 번 젊은이, 즉 '조슈 5걸'은 모두 메이지 신정부의 요직에 오르게 된다. 15명의 사쓰마 번사 출신 젊은이들도 영국에 유학을 갔다. 이들 역시 정치인이 된 후, 그들이 수혜를 입은 로스치일드 기문의 요구에 따라 개혁을 실헹에 옮기게 된다.

이렇게 보면 메이지 유신이란 결국 로스차일드 가문이 자신들의 이익을 위해 일본 하급무사들을 움직여 성공시킨 쿠데타에 지나지 않는다. 대단한 이념의 성공이 아니었다는 얘기다. 이 대목도 뒤에서 다시 보기로 하자.

보신전쟁과 사쓰마군의 스펜서 총 1만 6,015자루

1867년 사쓰마 번은 도사, 에치젠, 우와지마 번과 함께 교토에서 사후회의四侯會議를 열어 바쿠후를 상대로 정치적 주도권을 확보하려 했다. 하지만 사후회의가 실패로 끝나자 사쓰마는 조슈 번과 동맹을 맺고 무력으로 바쿠후 타도에 나서고자 했다.

1867년 11월 9일 일왕 무쓰히토睦仁는 사쓰마와 조슈에 쇼군 도쿠가와 요시노부를 토벌하라는 칙서를 은밀히 전했다. 하지만 그날 요시노부가 일왕 무쓰히토에게 통치권을 반환하는 대정봉환을 선언하면서 토벌 명분이 사라졌다. 요시노부는 도쿠가와 일족과 관계가 있는 제후들과의 회의를 통해 정치적 주도권을 유지하려 했으나 여러 세력의 이해관계가 대립하면서 제후회의 개최는 미루어졌다. 그러자 사쓰마 번은 1868년 1월 3일 도사, 에치젠, 오와리尾張, 아키安芸 번과 함께 정변을 일으켜 조정을 장악하고 바쿠후 폐지와 왕정복고, 신정부 수립을 선포했다. 이에 조정은 '긴몬의 난禁門の変'04으로 교토에서 추방되었던 조슈 번을 복권시켰으며, 도쿠가와 요시노부는 직위에서 물러나고 바쿠후 영지를 조정에 반환하도록 했다.

---

04 1864년 8월 20일 교토에서 조슈 번이 아이즈 번주이자 교토수호직이었던 마쓰다이라 가타모리 세력을 축출하기 위해 일으킨 반란. 교토 왕궁 서쪽 '하마구리고몬(蛤御門)'에서 전투가 벌어졌기 때문에 '긴몬(禁門)의 난'이나 '하마구리고몬의 난', 겐지(元治) 원년에 일어났기 때문에 '겐지의 난'이라고도 한다.

그러나 요시노부는 신정부의 명령을 거부하고, 에도에 있던 사쓰마 번의 관저를 공격해 서로 교전 상태로 들어갔다. 이른바 '보신전쟁'의 개막이다. 앞서 우에노 전쟁을 설명할 때 간략하게 설명했지만 여기서 더 자세하게 알아보자. 더불어 요시노부는 사쓰마, 조슈 번과 대립하던 아이즈, 구와나桑名 번 등의 친바쿠후 세력의 병력을 집결시켰다. 그는 조정에 사쓰마 번 토벌을 요청하는 표문을 제출하고, 군대를 교토로 진군시켰다.

1868년 1월 26일 바쿠후 군함이 효고에 정박해 있던 사쓰마 군함을 공격하면서 본격적인 전쟁이 시작되었다. 다음 날에는 교토 남쪽 도바와 후시미에서 바쿠후군과 사쓰마, 조슈 번 병사들로 구성된 신정부군 사이에 전투가 벌어졌다. 바쿠후군은 신정부군보다 병력이 많았으나 지휘 계통의 혼란 때문에 고전하면서 교토로 진입하지 못했다. 조정은 바쿠후군을 적군으로 규정하고, 사쓰마와 조슈 번 병력을 정식 관군으로 선포했다. 조정의 이런 조치로 교토 인근의 번들은 바쿠후군에 등을 돌렸고, 결국 바쿠후군은 패하고 오사카로 퇴각했다. 바쿠후군이 패하자 오사카 성에 머무르고 있던 요시노부는 에도로 피신했으며, 오사카에 집결해 있던 바쿠후군은 전의를 잃고 해산되었다. 2월 2일 신정부군은 오사카 성마저 점령한 후, 바쿠후보다 우월한 형세를 차지할 수 있게 되었다.

'도바·후시미 전투'의 승리로 조정은 바쿠후를 적으로 공식 선포하고, 요시노부에 대한 추포령을 내렸다. 그리고 바쿠후 편에 가담한 번주의 관위를 빼앗고 교토에 있는 그들의 재산도 몰수했다. 신정부가 압박을 가해오자 긴키主畿, 주고쿠中國, 규슈九州 등 서일본 지역 대부분 번들은 신정부에 굴복했다. 메이지 정부는 서일본 지역을 안정시키는 한편 동정군東征軍을 편성해서 바쿠후의 근거지

보신전쟁의 마지막이라 할 수 있는 도쿄 우에노 공원의 전투를 묘사한 그림. 제목에는 '혼노지합전도'라고 돼 있지만 실제는 우에노 간에이지에서 바쿠후 최후의 쇼기다이가 무너지는 모습을 그린 것이다.

인 에도로 향했다.

이즈음 바쿠후 세력은 신정부군에 대한 대응을 둘러싸고 항전파抗戰派와 공순파恭順派로 나뉘었는데, 쇼군 요시노부는 2월 8일 항전파를 이끌던 오구리 타다마小栗忠順를 해임했다. 그리고 3월에는 공순파인 가쓰 가이슈에게 사태 수습을 일임하고 자신은 에도 성을 벗어나 우에노로 가서 근신했다.

바쿠후는 신정부군을 막기 위해 '고요진부다이甲陽鎭撫隊'를 편성하고, 그들을 가이 국甲斐國으로 보냈다. 하지만 이 부대 역시 3월 29일 고슈가쓰누마甲州勝沼 전투에서 패했다. 스루가 국駿河國까지 평정한 신정부군은 4월 7일 에도 총공격을 계획했다. 하지만 영국 공사 해리 파크스의 요청에 따라 공격 계획을 중단하고, 바쿠후 세력과의 교섭을 추진했다. 4월 5일 교섭이 시작돼, 신정부군은 5월 3일 에도 성에 들어가 그곳을 장악했다.

하지만 신정부군이 에도를 장악해 바쿠후가 붕괴된 뒤에도 항전파는 저항을 멈추지 않았다. 에도 성을 빠져나온 일부 세력이 치바干葉를 거점으로 신정부군에 저항했으나 전투에서 잇따라 패했다. 우에노에 주둔하며 요시노부의 호위를 담당하던 쇼기다이도 공격을 받아 붕괴되었다.

보신전쟁은 이렇게 각지의 다이묘들이 지배하던 봉건적 질서가 해체되고 근대적 국민국가가 수립되는 계기가 되었다. 그러면 신정부군이 보신전쟁에서 승리할 수 있었던 제일 큰 요소는 무엇이었을까?

여러 가지 요인이 있겠지만 무엇보다 중요한 것은 역시 무기였다. 보신전쟁 당시 사쓰마 부대가 소지하고 있던 레버 액션 라이플lever action rifle, 통칭 스펜서 총의 숫자만 무려 1만 6,015자루였다. 이는 글로버가 파악해놓은 정확한 숫자다. 그가 팔았으니 그가 제일 정확하게 알고 있었던 것은 당연하다.

레버 액션 라이플, 통칭 스펜서 총

스펜서 총은 방아쇠울과 연결된 레버를 앞으로 젖혀 탄피를 배출하고 원 위치시켜 장전하는 수동 연사식 소총으로, 빠른 속사가 가능하다는 장점을 가지고 있다. 서부 영화에서도 흔히 등장하는 총이다. 그러니 보신전쟁 때만 하더라도, 전통적 사무라이와 신정부군이 대립하는 일본 영화에서 흔히 등장하는 총에 의한 사격전과 전투 장면은 없었다. 훨씬 더 개량된 총에 의한 서부 활극이 벌어졌던 것이다.

또한 사쓰마 부대야말로 연사식 50구경 소총을 가장 많이 보유하고 있는 집단이었다. 이 총은 사가 번이 일본에서 처음으로 도입한 것이었지만 사가 번이 500정을 구입한 반면 사쓰마는 그 4배인 2,000정을 사들였다. 사가 번이 적게 총을 구입한 것은 당연히 비용 문제로 인해 대량으로 조달하지 못한 탓도 있겠지만 정비와 수리 등도 고려했을 것이다. 사쓰마는 32구경 리볼버 총도 대량으로 구입하고 있었던 만큼 자체적인 기술력이 있었다고 보인다. 따라서 사쓰마 번의 소총부대 화력은 압도적이었으며, 이를 기반으로 보신전쟁을 유리하게 이끌어갔다고 할 수 있다. 그런데 사쓰마 번이 이렇게 총을 대량으로 도입한 이유는 바로 앞에서 말했던 사쓰에이 전쟁의 각성에 따른 것이었고, 그 발판을 마련한 사람이 명군으로 평가받는 시마즈 나리아키라^{島津齊彬,}
^{1809~1858}였다.

시마즈 나리아키라는 사쓰마 번의 11대 번주^{재임 1851~1858}로서, 영주로 취임하자마자 번의 부국강병을 위해 서양식 조선^{造船}, 반사로 및 용광로 건설, 지뢰와 수뢰, 유리, 가스 등의 제조를 비롯한 서양식 공업을 일으켰다. 도사 번 출신으로 미국으로 표류했다가 귀국한 ㅏ카하마 만지로^{中浜万次郞, 존 만지로}를 불러들여 1854년에 서양식 군함인 쇼헤이마루^{昇平丸}를 건조해 도쿠가와 바쿠후

에 헌상했다. 그때 나리아키라는 일장기를 일본 배에 걸어야 한다고 바쿠후에 제안했고, 바쿠후는 이를 정식으로 받아들였다. 이후, 일장기는 일본의 국기가 된다. 그는 또 범선용 범포를 자급하기 위해 면포 방직 사업을 추진했고, 하급무사 출신의 사이고 다카모리, 오쿠보 도시미치를 등용하여 그들을 통해 바쿠후 정치에 관여했다.

그가 하급무사인 사이고 다카모리를 뽑아 쓴 계기는 무엇이었을까? 그 계기는 나리아키라가 번의 운영에 관한 의견서를 널리 구한 데에 있다. 학문에 뛰어난 사이고 다카모리가 농업정책에 대한 의견서를 제출했는데 그것이 나리아키라의 눈에 띄었고, 참근교대参勤交代05에 동행하게 된 것이다.

이후 사이고가 사쓰마의 장래를 짊어질 인물이 될 것이라고 확신한 나리아키라는 번거로운 절차를 취하지 않고 그와 직접 대화할 수 있는 '영주 정원관리사御庭方役'로 임명했다. 하급무사가 영주와 직접 대화하기 위해 지켜야 할 여러 복잡한 과정을 생략하고 언제라도 직접 만나기 위한 일종의 편법을 동원한 셈이다. 이로 인해서 사이고는 나리아키라로부터 다양한 것을 배우고, 점차 다른 번에 이름이 알려지기 시작한다.

사이고는 상대가 누구이든 자신의 의견을 두려움 없이 말하는 기개가 있었고, 바로 그 점이 나리아키라에 마음에 들었다고 한다. 나리아키라는 "수많은 신하가 있지만 만일의 경우에 도움이 되는 것은 사이고뿐"이라고 말할 정도여서 신분의 차이에 상관없이 그를 얼마나 신뢰하고 있었는지 알 수 있다.

---

05 각 번의 나이묘를 정기적으로 에노에 머물게 하면서 각 번에 재성석 무남늘 늘려 몰모로 잡아두기 위한 에도 바쿠후의 제도로, 이것으로 도쿠가와에 반기를 들기 힘들게 만드는 이점이 있었다. 이로써 도쿠가와는 15대에 걸쳐 번영을 누리게 되었다.

1 　사쓰마 영주의 별장인 센간엔(仙巌園)에 놓인 시마즈 나리아키라 번주와 그가
　　등용한 사이고 다카모리 인형에 꽃 장식을 해놓았다.

2 　에도시대 사쓰마의 19대 영주이자 2대 가고시마 번주인 시마즈 미쓰히사(島
　　津光久)가 1658년 건축한 정원 센간엔은 나라아키리 영주가 철 대포의 주조
　　를 위해 반사로와 대포를 만들던 실험장으로 사용했다.

1858년 나리아키라가 50세의 나이에 콜레라로 갑작스럽게 사망했을 때 이 소식을 들은 사이고는 슬픔을 주체하지 못하고 나리아키라 무덤에서 자결하려고 했다. 그러나 동료들의 설득으로 나리아키라의 유지를 이어받아 이를 실천하겠다는 결의로 죽음을 대신했다.

나리아키라 사망 이후 그의 유언에 따라 배다른 동생 시마즈 히사미쓰島津久光의 장남인 다다요시忠義가 뒤를 이었다. 그러나 다다요시는 너무 생각이 없는 철부지였다. 심지어 사쓰마 부국강병의 기초를 잡아주었던 집성관集成館 사업마저 접으려고 했다.

집성관 사업은 시마즈 나리아키라가 아편전쟁과 류큐에 자주 출몰하는 흑선의 내항에 커다란 충격을 받고 다음 표적은 일본일지도 모른다는 위기감으로 추진한 일본 최초의 서양식 산업군의 총칭이다. 나리아키라는 번주에 취임하자 번정 개혁과 함께 집성관 사업 계획에 착수하여 현재의 가고시마 이소 지구磯地區를 중심으로 근대 서양식 공장 건설에 착수했다. 특히 철강, 조선, 방적에 주력 대포 제조에서 서양식 범선 건조, 무기 탄약 제조, 가스 등 다양한 사업을 전개했다.

다다요시의 철없는 짓은 곧바로 사이고와 오쿠보의 반발을 샀고, 한때 나리아키라와 경쟁자로서 반대편에 서 있었던 아버지 히사미쓰마저 강력하게 불만을 표시했다. 그리하여 다다요시는 불과 일 년 만에 실권을 탈취당했다. 물론 표면적으로 다다요시는 여전히 영주였지만 히사미쓰가 후견인으로 후렴청정을 실시했기 때문이다.

히사미쓰는 원래 양이파에 속했지만 페리 함대의 내항을 선후해 류큐에노 다수의 이국선이 출몰하자 그 역시 나리아키라의 위기감과 주장이 "시마즈

가문과 사쓰마를 위한 것"이라고 사
고가 바뀌게 되었다.

나리아키라는 마치 예언처럼 "외국
세력은 틀림없이 쳐들어온다間違いな
く海外は攻めてくるぞ！"라고 말하면서 번
이 경각심을 가질 것을 끊임없이 환
기했지만 그가 그런 말을 하면서 증
기기관 등을 만들려 하는 것을 쓸데
없는 짓이라고 생각하는 중신들이
많았던 것도 사실이다.

이복형인 시마즈 나리아키라의 유지를
받들어 사쓰마 번의 군비를 최강으로 만
들어놓은 히사미쓰

히사미쓰는 나리아키라의 뜻을 계승한다는 사실을 번에 내세워 사쓰마 번
사들을 하나로 뭉치고 행동하게 했다. 번에서는 나리아키라의 진보적 정책에
반대하는 세력도 많았기에 히사미쓰의 방침에 대한 혼란이 가시지 않았지만
때맞춰 번의 무역이 매우 성공적이었으므로 재정이 호전되면서 상황은 좋게
수습되었다. 히사미쓰는 이를 바탕으로 나리아키라의 유지 중 하나였던 외
국 증기선 구매에 성공할 수 있었다. 그것도 한 척이 아닌 무려 세 척이었고, 그
외에 군함도 구입했다.

이 시점에서 사쓰마는 아마도 '히노모토日ノ本[06]에서 최강'이라고 해도 과언
이 아닌 전력을 구비한다. 해안에는 대포 등이 설치되어 외국 선박의 공격에
대응할 수 있는 체제도 갖추었다. 앞의 사가 번 증기선 관련 단원에서 보았듯,

06 일본을 미화하고 강조하는 또 다른 표현

흑선 내항으로 증기선의 위력을 목격한 이후, 바쿠후가 큰 배의 조선 금지령을 풀면서 증기선을 포함해 서양식 함선의 도입 및 정비가 시작되었다. 일반적 범선은 국산화가 빨리 이루어졌지만 기술 문제로 고급 증기선은 외국제 도입이 중심이 되었다.

일본이 자체적으로 제조한 최초의 증기선에 대해서는 보는 각도에 따라 견해가 엇갈린다. 실용적인, 즉 실제 운항할 수 있는 능력의 증기선으로 보았을 때는 앞서 사가 번 단원에서 말했듯 사가 번이 미에쓰三重津 해군기지에서 1865년에 건조한 외륜식外輪式의 '료후마루'가 최초다. 바쿠후가 처음 건조에 성공한 스크류 식의 군함은 1866년 준공한 '치요다가타'다.

그런데 사쓰마 번은 사가 번보다 10년이 빠른 1855년에 이미 증기선 실험에 성공하고 있다. 사쓰마는 흑선 내항 이전인 1851년부터 시마즈 나리아키라가 만든 집성관에서 증기기관 제조를 시도했다. 네덜란드 책을 번역해 참고하면서 만든 이 최초의 실험용 증기선은 길이 54척16.4m의 사이드 레버식 외륜선인 '운코마루雲行丸'였다.

1855년 7월 에도에 있는 영주 저택에서 육상 시운전에 성공하고 8월 사쓰마 앞바다에서 회항했다. 그러나 이 배는 책만을 참고해 만든 것으로 설계 출력보다 훨씬 낮은 성능을 보였다. 나중 연락용 배로 쓰였다고는 하지만 실제 운행에는 여러 난점이 있는 단순 실험용 배라 할 수 있다.

이밖에 우와지마 번의 영주 다테 무네나리伊達宗城도 무라타 조로쿠村田藏六, 1825~186907에게 명하여 네덜란드 서적을 번역하고, 요시조嘉藏라는 초롱가게를

---

07 조슈 번 출신의 일본의 군사이론가로, '일본 근대 군대의 아버지'라고 불린다. 22세에 오사카에 가서 난학을 배운 후 나가사키에서 독일 의사 필립 지볼트(Philipp Franz von Siebold)에게 서양

지금은 박물관으로 변한 집성관 내부의 증기기관 모습

하는 마에하라 코잔前原巧山을 제조 담당자로 임명해 역시 1855년 실험적인 증기선을 완성했다. 외국 문헌에 의존한 증기선과 증기기관차 최초 모형은 1853년 사가 번 정련방의 다나카 히사시게, 나카무라 기스게, 이시구로 간지에 의해 처음 제작되었다.

일본에 가장 먼저 도입된 증기선은 앞서 사가 번에서 말했던 '간코마루'다. 1855년 네덜란드 국왕이 바쿠후에 기증한 '슴빙 호'를 개명한 배다. 스크류 증기선도 역시 네덜란드에서 만든 코르벳 '야빤 호'에서 이름이 바뀐 '간린마루'가 처음이다. 바쿠후가 1853년 주문한 군함으로, 1857년부터 임무에

의학을 배웠다. 서양 학문을 공부하면서 서양 군사학에 관심을 가지게 되었다. 26세에 고향으로 돌아와 진료 활동을 시작했지만 1853년 나테 무네나리에 의해 상급무사로 격상되어 이름도 오무라 마스지로(大村益次郎)로 바뀌고 우와지마 번에서 서양 학문을 가르치기 시작했다. 1861년 조슈 번 군사학교 교관이 되었고, 나중 메이지 군대를 창건한다.

종사했다.

이후 바쿠후 해군 외에도 사가, 사쓰마와 조슈 번 등 웅번雄藩에서 속속 증기선의 취득을 진행했다. 메이지 유신 전의 바쿠후 말기에 각 번들이 구입한 배들은 사쓰마 16척, 나가토長門 6척, 히젠 4척, 도사 4척, 히고 3척, 지쿠첸筑前 3척, 에치젠 3척, 아키 3척, 구루메久留米 3척, 이즈모出雲 2척, 가가加賀 2척, 기이紀伊 2척, 우와지마 2척, 마쓰야마松山 1척, 고쿠라小倉 1척, 센다이仙台 1척, 쓰津 1척, 오슈大洲 1척, 가와나미河波 1척으로, 모두 59척이다.[08]

보다시피 사쓰마 번이 제일 많고, 지역적으로 보면 규슈에 속한 번이 압도적으로 많다. 이들 배가 모두 새 배는 아니었고, 각 번들은 중고 상선을 구입해 무장을 하고 군함으로 사용했다. 이 시기 바쿠후는 군함 9척과 운수선 18척을 구입했다. 군함의 수입국을 보면 초기에는 네덜란드에 집중돼 있다가 후반으로 가면 미국, 프랑스, 독일, 영국 등으로 다변화된다. 운수선의 경우는 거의 미국 배고 그 뒤가 영국이다. 이를 보면 당시 바쿠후에 영향력을 행사한 국가가 네덜란드에서 영국, 미국으로 변화했음을 알 수 있다. 335페이지의 표는 사쓰마 번이 바쿠후 말기에 수입한 증기선 목록이다. 제조국이 대부분 영국이다. 역시 사쓰마는 영국과 가장 긴밀한 협력 관계를 맺고 있었음을 한눈에 알 수 있다.

그런데 사쓰마 번과 히사미쓰가 이런 우여곡절을 거쳐 애써 얻은 증기선 3척이 사쓰에이 전쟁을 통해 불타버려 없어지고, 게다가 형 나리아키라가 만들어놓은 집성관도 대부분 소실되고 마니, 그 충격은 이루 말할 수 없는 것이었다.

---

08 '에도 바쿠후 말기 수입된 수입선과 그 주기(幕末期輸入船とその主機)', 사카모토 겐조(坂本賢三), 「Journal of the M.E.S.J」 Vol 18, No. 6, 1984

바쿠후 말기 사쓰마 번의 수입 증기선 일람표

명칭	원래 명칭	제조연도	건조지	마력	수취연도
덴유마루 (天佑丸)	잉글랜드 (England)	1858	글래스고 (Glasgow, 영국)	100	1861
에이헤이마루 (永平丸)	필코러서 (Philchorus)	1855	글래스고	300	1862
하쿠호우마루 (白鳳丸)	콘테스트 (Contest)	1861	미국	120	1863
안교마루 (安行丸)	샤크 (Shark)	1862	그린녹 (Greenock, 영국)	45	1863
?	조지 그레이 (Sir George Grey)	1860	함부르크 (Hamburg, 독일)	90	1863
헤이운마루 (平運丸)	?	1864?	영국	150	1864
고초마루 (胡蝶丸)	푸젠 (Fukien)	1862	영국	150	1864
쇼호마루 (翔鳳丸)	로투스 (Lotus)	1861	영국	?	1864
간교마루 (乾行丸)	스토크 (Stork)	?	리버풀 (Liverpool, 영국)	150	1864
도요즈이마루 (豊瑞丸)	넘버원 (Number One)	?	영국	150	1864
타쓰다마루 (龍田丸)	헌트루스 (ハントルス)	1855	미국	?	1865
가이몬마루 (開聞丸)	비올라 (Viola)	1862	영국	?	1865
만넨마루 (萬年丸)	킨 린 (Kin Lin)	1864	래넉셔 Lanarkshire(영국)	80	1865
산고쿠마루 (三国丸)	제라드 (Gerard)	1862	리버풀	110	1865
사쿠라도마루 (櫻島丸)	유니온 (Union)	1854	로드히스 (Rotherhith, 영국)	70	1865
카스가마루 (春日丸)	키안수 (Kiansoo)	1863	기관힌트 (機関サフハント)	4 X 300	1867

나마무기 사건 이전만 해도 히사미쓰는 바쿠후 토벌은 전혀 고려하지 않았고, 단순히 바쿠후 개혁 정도만을 생각하고 있었다. 그러나 나마무기 사건을 거쳐 영국이 거액의 배상금을 요구하는 일이 벌어지고, 그 연장선상에서 사쓰에이 전쟁을 겪고 막대한 피해를 입게 되면서 바쿠후를 타도할 필요성과 함께 히사미쓰는 네 가지 관점에서 사고에 대변혁을 하게 된다.

그 첫째는 '저격'이 가능한 소총라이플이 있어야겠다는 생각이다. 당시 영국군 총은 전장식前裝式, 즉 탄환을 총구로부터 집어넣는 방식이긴 했지만 일본의 조총과 비교하면 위력도 정밀도도 뛰어나고 사정거리도 긴 것이었다. 이에 대한 대응을 고심하지 않을 수 없었다.

두 번째는 총과 검이 결합된 총검이라는 존재였다. 히사미쓰는 이에 특별한 관심을 갖고, 총이 결코 칼에 뒤지지 않는 대용품이라고 평가했다. 그리하여 조총과 칼을 별개의 것으로 취급했던 기존 관념을 버리고, 이의 통합을 적극적으로 도입한다.

세 번째는 산업기계였다. 영국 함대가 가진 조선 기술은 결국 '기계화 공업생산'에서 비롯된 것이기 때문이다. 그리고 마지막이 바로 바쿠후를 대체할 새로운 조직, 새로운 일본 정부를 구성하는 것이었다. 사쓰에이 전쟁 종결 직후 히사미쓰는 곧바로 '바쿠후는 더 이상 안 된다'고 생각하기 시작한 것이다.

히사미쓰가 이러한 생각을 하고 있을 즈음 영국 본토에서는 사쓰마에 대해 동정적 의견이 강해서 영국 함대를 요코하마로 철수한 뒤 더 이상의 위협적인 모습을 보이지 않으며 화해를 시도했고 사쓰마와 영국 사이에는 실질적인 협력의 기류가 형성되었다. 히사미쓰 역시 이런 흐름에 편승해 번에서 똑똑한 번사들을 골라 유럽으로 유학을 보내려고 마음을 굳혔다. 그러나 마음만 그렇

개틀링 기관총

지 일본에서 이제껏 아무도 해보지 않았던 일을, 그것도 불법 입국 형태로 진행하려 하니 우왕좌왕하지 않을 수 없었던 차에, 구세주처럼 등장한 인물이 앞에서 자세히 보았던 몽블랑 백작이었다.

아울러 '최대한의 무기를 갖고 싶다'는 히사미쓰의 바람을 이뤄준 사람도 나타났으니, 그게 바로 글로버였다. 히사미쓰는 다양한 장사꾼과 상담을 했는데, 글로버는 스코틀랜드 상인이면서도 미국제 무기를 조달하면서 '이게 바로 무기다'라고, 영국제조차 능가하는 스펜서 총 등을 가져다주었다. 사쓰마 부대가 소지한 1만 6,015자루의 스펜서 총은 바로 이렇게 생겨난 것이다.

그런데 히사미쓰는 그것만으로도 성에 차지 않아 번사들에게 개틀링^{Gatling} 기관총 등 보다 진일보하고 강력한 무기 조달을 명령한다. 이 기관총은 파리 만국박람회 등에 전시되어 있던 사실이 일본까지 정보가 전해져 구매가 결정된 것으로, 당시 일본에는 단지 3대밖에 없었다. 그 3대 중 1대를 나가오카^{長岡} 번이 보유하고 있었는데 나가오카 번은 신정부군과 적대하는 입장에서 이 기관

총을 사용했다. 이것이 아마 일본 사상 최초로 실전에 사용된 개틀링 기관총의 일제 사격이었을 것이다.

바쿠후 말기에 바쿠후와 신정부 세력의 대결을 그린 일본 시대활극이나 애니메이션에서 흔히 칼이 등장하고 있지만 실제로는 그런 '낭만적 결투'란 존재하지 않았다. 바쿠후 세력 칼잡이들로 유명한 '신선조新撰組' 일화도 초기 때 몇 가지 사건의 경우에 한정된다. 그때는 대부분 싸움이 실내에서 벌어지거나 접근전인파이트 상황이어서 칼을 사용했지만 이 역시 총의 등장으로 무의미해졌다. 그러니 칼싸움을 과장한 연출로 바쿠후 말기 시절을 상상하는 일은 매우 난센스다. 실제로 신선조는 신정부군의 총, 기관총, 대포에 의해 일방적으로 패주하게 된다.

신선조 부장이자 콘도 이사미近藤勇 국장의 오른팔로서 수많은 사건에서 무명武名을 날리고, 또한 부대에 준엄한 훈련을 실시해 '귀신부장'이라 불렸던 가장 유명한 캐릭터인 히지카타 도시조土方歲三, 1835~1869도 사망 직전의 모습에선 양복을 입고 총을 들고 있다. 그 역시 1869년 5월 11일, 보신전쟁의 마지막 전쟁터가 된 하코다테 고료카쿠 방어전에서 저격을 받고 전사한다. 그때 나이 겨우 34세였다.

시마즈 히사미쓰는 앞으로 닥쳐올, 이 무지막지한 장면들에 대해 가장 먼저 눈치를 챈 다이묘였던 것이다.

글로버의 화약이
바쿠후군의 화약보다 훨씬 우수했다

그런데 사쓰마가 글로버를 높이 평가한 것은 총포의 우수성만은 아니었다.

글로버가 조달해온 화약은 저렴하면서도 성능은 영국 것 가운데 가장 뛰어난 품질의 물건이었다. 이 화약의 힘으로 사쓰마가 개발한 대포의 위력이 상승하고, 총의 명중률도 높게 올라갔다.

바로 이런 사실이 '도바·후시미 전투'에서의 승리로 연결되고 있다. 양쪽 모두 나름대로 현대화된 장비를 갖추고 있었지만 기록에 따르면 신정부군 총이 분명히 더 명중률이 높은 것으로 돼 있다. 그 이유를 장비의 품질 때문이라고 생각하기 쉽지만 실제로는 화약의 영향이 크다.

양군은 이미 영국식 총격 방법 등을 훈련을 통해 습득하고 있었기 때문에 총을 격발할 때의 조준 능력에는 차이가 없었다. 반면 바쿠후군은 기본적으로 국산 화약을 사용했고, 신정부군은 수입 화약을 사용했다. 사쓰마는 총알을 수입하기도 했지만 스스로 만들어 사용하는 경우도 많았고, 글로버에게는 화약만 요구했다.

당시 화약 수입 역시 불법이었던 사실은 그다지 알려져 있지 않다. 화약이 전력에 크게 작용하는 존재라는 사실은 영국도 잘 인지하고 있었다. 이는 나중 시모세 화약下瀬火藥의 예에서도 증명된다. 시모세 화약은 일본 공학박사이자 발명가인 시모세 마사치카下瀬雅允가 해군 기사로 일하면서 실용화한 폭약이다. 일본 해군은 1893년에 이 화약을 채용하고 포탄, 어뢰, 기뢰, 폭뢰에 사용했다. 청일전쟁1894~1895년에는 이를 사용하기에 늦었지만 러일전쟁1904~1905년 때는 본격 사용되어 크게 활약했다.

당시 해군은 가뜩이나 위력이 큰 시모세 화약을 다량으로 포탄에 포장하여 유탄으로 사용했다. 이는 적함의 방어 강판을 관통하는 능력은 부족했지만 파괴력과 화학 반응이 높아 큰 피해를 주었다. 1905년 5월 27일 대마도 해전

대마도 해전을 묘사한 그림. 시모세 화약은 러일전쟁 당시 대마도 해전에서 일본 군사력의 우위를 보증하면서 승리할 수 있었다.

對馬海戰에서 러시아 발틱 함대를 분쇄한 사실상의 주인공은 바로 시모세 화약이었다. 이런 예에서 보듯, 화약은 고급 기술이 담보된 물건이었고, 제조 기술이 알려지면 다른 나라의 전투력이 크게 강화되기 때문에 당연 최상위 기밀로 취급했다. 쉽게 수출할 수 있는 제품이 아닌 것이다.

그런데 글로버는 무기류 품평이나 조달에 관해선 초일류 장사꾼이었다. 어디선가 어떤 방법으로든 양질의 화약을 모아 실질적인 밀수 형태로 사쓰마에 납입했다. '죽음의 상인' 글로버야말로 사쓰마가 만난 최고의 행운이었던 셈이다. 이렇게 수입 화약은 바쿠후를 토벌하는 측에만 유통되었고, 바쿠후 측은 이것도 모른 채 국산 화약으로 총알을 만들어서 품질이 좋지 않았다.

그것이 '도바·후시미 전투'에서 바쿠후군은 1만 5,000명, 신정부군은 5,000명이라는 병력의 압도적 차이에도 불구하고, 바쿠후군이 패할 수밖에 없는 이유였다. 당시 전투에서는 대치 상황에서 첫 발 사격으로 적군에 얼마만큼의 타격을 입히느냐가 매우 중요했는데, 신정부군은 대포와 함께 사용한 영국 직수입 화약의 정밀 사격으로 병력 부족을 상쇄했고 적군에 훨씬 큰 피해를 줄 수 있었다. 사격 능력이 아무리 우수하더라도 전장식 총은 후장식보다 화약 품질이 명중률에 높은 영향을 주기 때문에, 그것이 3배의 인원 차이를 뒤집는 요인이 된 것이다.

이렇게 사쓰마 번이 찾아낸 '죽음의 상인'은 그 능력을 유감없이 발휘했고, 새로운 일본이 형성되어가는 시대를 멋지게 만들어냈다. 글로버야말로 메이지 유신 성공에 가장 공헌한 인물이라고 해도 과언이 아니다.

카스가마루 이야기가 조선에게 묻는다

보신전쟁의 마지막인 하코다테의 고료카쿠를 둘러싼 공방전 '하코다테 해전'에 대해서도 많은 일화가 전해진다. 그중에서도 바쿠후 함대가 계획한 군함 탈취 작전, 이른바 '아볼다지 작전Abordage[09]'이 유명하다. 배를 붙여 군함을 탈취해야 했기에 '아볼다지 작전'이라고 이름을 붙인 것이다.

1869년 3월 25일, 고료카쿠에 마지막 배후진을 친 바쿠후 해군은 신정부군과 결사 항전을 위해 신정부군의 최신예 군함인 '고데쓰칸甲鐵艦' 탈

---

09 프랑스어로 해상에서 배를 붙여 맞붙은 상태에서 교전하는 것을 말한다. 옛날 그리스로마시대부터 대항해시대까지 가장 흔한 해전의 양상이었다.

취 작전을 기획하고 바쿠후 함대 소속의 카이덴回天, 한료蟠龍, 다카오高雄 3척을 하코다테에서 출격시켰다. 그러나 신정부군 함대가 미야코만宮古湾에 오는 동안, 악천후와 기관 고장으로 인해 3척의 배 가운데 두 척이 탈락하고 카이덴만 남아 홀로 무모한 작전을 결행할 수밖에 없게 되었다.

'고데쓰칸'은 남북전쟁 중 미국남부연합의 동맹국이었던 프랑스에서 건조한 철판 기갑함이다. 남부연합이 프랑스 보르도의 조선소에 발한 코드네임 '스핑크스Sphinx'로, 1863년에 기공되어 1864년 6월 진수식을 하고 건조 도중 '돌 벽Stone Wall'이라 이름 붙여 같은 해에 준공했다.

당시 남군에서 몇 안 되는 유력함으로 기대되었지만 북부 미국이 불만을 제기해 인도 계약이 파기되고 말았다. 이후 매물로 나와 당시 프로이센과 전쟁 중이던 덴마크에 매각이 되었지만 덴마크에 도착하기도 전에 전쟁이 종결되어 다시 프랑스로 반환돼 돌아가던 도중 미국남부동맹이 이를 탈취해 쿠바 하바나로 몰고 갔다. 그러나 입항 후 북군에 포위되어 쿠바에 매각된 것을 미국이 본토로 끌고 와 계류 상태이던 것을 일본에 판 것이다. 이렇게 사연 많은 전함이고 탑재한 영국제 암스트롱 포의 위력도 의심되었지만 '돌 벽'이란 외관처럼 매우 튼튼해 방어력만큼은 매우 뛰어나 일본은 이를 구입하면서 매우 만족했다고 한다.

그런데 그때 미야코만에 정박해 있던 신정부군 군함 가운데 '카스가마루'가 있었다. '카스가마루'의 원래 이름은 '키안수'로 영국 선적의 군함이었는데 이 이름은 중국 장쑤성江蘇省을 영국인이 부르던 명칭에서 비롯된 것이다.

바쿠후와의 대립이 점점 심해지면서 군함 구입의 필요를 느끼고 있던 사쓰마는 나가사키 글로버 상회의 중재로 1867년 11월 3일, 약 16만 냥의 거액을 들여 이 군함을 들여오고 '카스가마루'라고 이름을 지었다. 그런데

'돌벽'이란 이름을 가진
철갑판 군함 '고데쓰칸'

이 이름은 옛날 도요토미 히데요시에게서 조선 출병을 명령받은 시마즈가 조선 침략을 위해 만든 군함의 이름이다. 임진왜란 때 사용하여 사쓰마 역사에 이름을 남긴 배 이름을 영국에서 수입한 중고 군함에 다시 붙인 것이다.

보인다 보여. 소나무 숲 너머로. 저게 사쓰마의 카스가마루

見えた見えたよ松原越しに あれが薩摩の春日丸

이는 가고시마 현 이즈미出水 지방에 전해지는 구전 민요의 한 구절인데 그만큼 카스가마루의 명성은 널리 알려져 있는 존재였다. 카스가마루는 300마력을 자랑하는 1,015톤의 대형 군함으로 길이 74m, 폭 9m, 대포 6문을 탑재했다. 하코다테 전쟁에서는 '고데쓰칸'에 이어 신정부군의 주력 군함이었다. 최대 16노트^{약30km}의 속력을 낼 수 있어, 바쿠후군의 최신

하코다테 앞바다 미야코만 해전을 묘사한 그림. 앞의 배가 '고데쓰칸'이고 뒷배가 이를 엄호한 '카스가마루'다.

예 군함인 '카이요마루開陽丸'의 12노트를 크게 상회했다. '카이요마루'는 바쿠후가 네덜란드에서 구입한 군함으로, 당시 최첨단 크루프Krupp 포를 포함해 26문의 대포를 장착하고 있었다.

글로버는 총포뿐만 아니라 외국 함선 도입에도 깊게 연관돼 있어서 나중 메이지 정부 해군이 도입한 첫 번째 군함인 '류조마루龍驤丸'의 경우는 아예 글로버가 설계를 담당했다. 원래 이 배는 구마모토가 구입한 것으로, 이때의 이름은 '조쇼마루常昭丸'였다. 1864년 진수해 1869년 4월 스코틀랜드 애버딘Aberdee 조선소에서 준공되어 1870년 5월 메이지 신정부로 헌상되었다. 이후 '후소마루扶桑丸'가 취역할 때까지 일본 해군의 기함 역할을 수행하면서 타이완 출병과 세이난 전쟁에 참가했다.

다시 하코다테 해전 이야기로 돌아가자. '카스가마루'와 '고데쓰칸' 등 신정부군 함대는 3월 21일까지 미야코만에 집결해 하코다테를 향해 출격

태세를 갖추고 있었지만 악천후 때문에 출항을 보류하고 있었다. 바쿠후군의 '카이덴'이 미야코만에 접근하던 3월 24일 밤 '고데쓰칸'을 비롯한 신정부 함대 승조원들은 배에서 내려 구와가사키鍬ヶ崎에 상륙하여 긴 항해의 피로를 풀고 있었지만 '카스가마루' 승조원만은 상륙이 일체 허용되지 않아 하루 종일 경계 태세를 펴고 있었다. 그러니 그날 밤 승조원이 있는 군함은 사쓰마 번의 카스가마루 한 척이었다.

그 다음 날 3월 25일 바쿠후는 아볼다지 전략을 실행하여 카이덴마루가 고데쓰칸을 기습했다. 그러나 카스가마루가 카이덴과 가장 가까운 거리에 있었고, 경계 태세를 풀지 않고 있었기 때문에 어떤 군함보다 빨리 카이덴에 함포 사격을 함으로써 고데쓰칸 엄호에 나섰다. 그 결과 바쿠후군 작전은 실패로 끝나고, 하코다테의 바쿠후 함대 역시 괴멸되고 말았다. 2번째의 카스가마루 역시 일본 전쟁사에 이름을 남긴 것이다.

세월이 흘러 미야코만 해전에서 36년이 지난 1905년 5월 27일, 러일전쟁 때 '카스가마루'라는 이름을 가진 군함이 다시 등장한다. 3대 카스가마루다. 그러나 이 배는 쇼와昭和 20년1945 7월 18일 가나가와 현 요코스카에서 폭격을 당해 해저 깊이 침몰한다.

초대 카스가마루가 건조되던 겐로쿠文錄 원년1592부터 3대 카스가마루가 요코스카의 해저에 침몰하기까지 353년이라는 긴 세월이 경과했다. 이 세월과 이 배의 이름은 한일 역사에 어떤 의미를 남기고 있는가. 일본 해군에게 이 배는 영예이겠지만 한국 역사에 이 배는 침략의 상징일 따름이다. 그러면서 카스가마루는 조선에게 이렇게 묻고 있다.

"너의 조선은 어떤 해군이 있었고, 그 해군을 어떻게 키워 해양에 진출시켰느냐?"

자, 이제 또 하나의 중요한 이야기를 할 차례가 되었다.
'도대체 돈은 어디에서 났을까?'다. 앞서 사가 번의 명군 나베시마 나오마사
가 아버지의 엄청난 빚 때문에 영주 자리에 취임하기 위해 에도 집을 출발하
자마자 돈을 빌려준 상인들이 부임 행렬을 가로막고 상환을 요구하는 굴욕
을 당했던 일을 설명했다.

그런 사정은 사쓰마 번도 다르지 않았다. 아니 바쿠후 말기 사쓰마의 재정
은 훨씬 더 심각했다. 1830년 나오마사의 아버지 나리나오는 영주 자리와 함
께 13만 냥의 부채를 아들에게 물려주었다. 그러나 비슷한 시기인 분세 연간
1818~1829년 사쓰마의 부채는 500만 냥, 연간 이자는 60만 냥이라는 상상도 못
할 엄청난 빚 지옥이었다. 500만 냥은 지금 가치로 환산하면 대략 1소 2,500

지방 각 번의 번주들이 일 년에 한 번 에도의 쇼군을 알현하러 가야만 했던 '참근교대'는 긴 일정과 호위 행렬로 인해 모든 번에 엄청난 재정 부담을 주었다.

억 엔에 해당하는 엄청난 금액이다. 사쓰마의 연간 경상소득이 14만 냥 전후였다니까 이 빚 부담은 절대 갚을 수 있는 금액이 아니다.

이는 규슈 남부 지역의 장기간 소요 사태, 조선 출병, 참근교대, 기소木曾 지역 3개 강에 대한 치수사업인 '호레키 치수宝曆治水', 번저藩邸의 화재, 사쿠라지마櫻島 화산 분화 등이 이어지고 겹치면서 생긴 빚이었다. 그러나 좀 더 상세히 보면 사쓰마는 부채가 생길 수밖에 없는 경제 구조였다. 사쓰마 번 인구의 약 4분의 1이 사무라이였던 것이다. 알다시피 사무라이는 어떠한 생산 활동에도 기여하지 않고, 오로지 녹봉을 받아먹기만 하는 존재다. 참고로 당시 전국 사무라이의 약 10%가 사쓰마 번사였으니 사쓰마가 얼마나 기형적으로 많은 수의 사무라이를 거느리고 있었는지 알 수 있다.

사무라이들은 그 자체만으로도 소비적인데, 사쓰마 8대 번주 시마즈 시게히데島津重豪, 1745~1833 때에 '사쓰마의 방언과 복장은 야만적이라서, 위쪽 지방의 풍속을 본받아야 한다'는 보고가 올라와 번사들이 사투리 교정을 하고, 심지어 위쪽에서 기녀들을 대량으로 불러오기까지 해서 어디 내놓아도 부끄럽지 않은 지식과 교양을 몸에 익히도록 했다. 교육에 대해서도 번교藩校 연무관, 조사관 등을 속속 지었고, 책이나 기계 등 해외 문물을 계속 매집했다. 그러니 그렇지 않아도 비어 있는 곳간이 더 텅 비게 되는 것은 당연한 일이라 하겠다.

500만 냥의 빚을
250년에 걸쳐 갚는다?

이런 절망적인 상황에서 사쓰마 역시 번정 개혁을 추진하지 않으면 그대로 망하는 길을 걸을 판이었다. 사가 번 나오마사 번주는 상인들에게 번이 진 빚의 80%를 포기시키고, 나머지 20%도 50년 할부로 받게끔 했다. 사쓰마 역시 그대로 따라 했다.

당시 사쓰마 번 가로였던 즈쇼 히로사토調所廣郷, 1776~1849는 번정 개혁의 중심인물로 실제적으로 '빚을 떼먹는' 방식을 단행한다. "250년에 걸쳐 상환하되, 무이자로 한다"고 마음대로 결정하고, 상인에게 일방적으로 통보했기 때문이나. '무이사에 250년 상환'이라면 실제 돈을 갚지 않겠다는 말과 같다. 이로 인해 사쓰마에 돈을 대출해주었던 오사카 상인들이 일대 혼란에 빠졌다. 도산

가고시마시
덴포잔(天保山) 공원에 있는
즈쇼 히로사토의 동상

하는 사람도 나타났지만 사쓰마는 아무런 대책을 내놓지 않았다. 게다가 즈쇼 히로사토는 바쿠후의 개입을 막기 위해 바쿠후에 미리 10만 냥을 기부해 놓았다. 사쓰마에 대한 방어를 매우 잘했던 것이다.

시마즈 나리아키라 번주는 이처럼 자신이 취임하기 이전에 가로들이 미리 재정 상황의 물꼬를 터놓고 있었기 때문에 나베시마 나오마사 번주보다 매우 행운이었다고 할 수 있다. 나오마사는 자신이 직접 빚 문제를 해결하느라 매우 힘든 세월을 보냈다.

그런데 역설적으로 사쓰마를 빚더미에서 구출해낸 즈쇼 히로사토는 나리아키라의 영주 상속을 매우 극렬히 반대했던 사람이었다. 나리아키라의 아버지 시마즈 나리오키島津齊興, 1809~1851는 우유부단한데다 장남 나리아키라가 아니라 애첩 유라由良가 낳은 아들인 히사미쓰에게 가독을 잇고 싶다고 말했기 때문에 번은 두 파로 나뉘어져 승계 문제가 격화됐다.

나리아키라는 영명하고 활달한 인물로서 바다 방어의 위기를 해결하고 웅번을 추진할 적임자로 생각했던 통찰력 밝은 번사들, 즉 개혁파 무사들은 나리아키라를 옹립했다. 나중 '유신 3걸維新の三傑'[10]로 불리는 사이고 다카모리나 오쿠보 도시미치 등이 그들이다. 반면 주종제일주의主從第一主義를 그대로 답습하면서 시대의 변화에 어두운 보수파 무사들은 영주가 추천하는 히사미쓰를 맞이하고자 했다.

이 대립은 점차 심각해져서 단순히 번의 이해 문제가 아니라 일족의 흥망 위기로 치닫는 사태가 되고 말았다. 나리오키 번주는 나리아키라를 옹립하려고 하는 무사들은 강경하게 탄압해 13명이 할복자살해야 했고, 먼 섬으로 유배를 받는 처벌자도 많았다. 오쿠보 도시미치의 아버지도 이 탄압으로 유배를 떠났다.

번이 두 개로 쪼개질 사태로 발전하자 바쿠후가 직접 개입해왔다. 당시 로주를 맡고 있던 아베 마사히로가 중재에 나서 영주 나리오키를 은거시키고 나리아키라를 영주로 임명한 것이다. 아베는 외국 사정에 능통하고 영명해 평가가 좋은 나리아키라가 영주를 맡는 것이 좋겠다고 판단하고, 대외 정책에 시달리는 바쿠후의 버팀목이 되어달라고 나리아키라에 생색을 냈다.

이렇게 힘든 과정을 거쳐 42세라는 늦은 나이에 번주가 된 나리아키라는 연거푸 웅번 강화 방안을 내놓고, 군수와 민수 양쪽 물자를 생산하는 데 박차를 가했다.

사실 가로 즈쇼 히로사토가 그의 번주 취임을 반대했던 이유도, 그가 영주가

---

10 나머지 한 명은 조슈 번의 기도 다카요시(木戸孝允)다.

되면 당연히 각종 사업을 활발하게 벌일 것이 쉽게 예견되는데 그러다 전처럼 다시 빚더미에 오를까 염려했기 때문이었다고 한다. 어쨌든 그는 나리아키라가 번주가 되면서 사이고와 오쿠보 등 개혁파의 핍박을 받아 음독자살을 하고 그의 가족들도 이리저리 흩어지게 되었다. 명목상의 자살 이유는 그가 흑설탕 밀무역을 했다는 것에 대한 비판 때문이었다. 그는 온갖 고생으로 번의 빚을 없애고 재정을 튼튼하게 해주었는데, 이런 일의 가장 큰 수혜자였던 나리아키라 체제에서 자살을 할 수밖에 없었으니 참 아이러니한 일이다.

그럼 여기서 다시 질문을 해보자. 사쓰마 번은 무슨 돈으로 빚더미 속에서 그 많은 무기들을 사들일 수 있었던 것일까?

백성들을 노예로 삼은
무지막지했던 흑설탕 수탈 체제

일단 사쓰마 돈벌이 수단으로는 가장 먼저 명물이었던 흑설탕 무역이 거론된다. 당시 사쓰마 번 소속 아마미 제도奄美諸島의 세 개 섬인 오시마大島, 기카이지마喜界島, 도쿠노시마德之島에서는 매우 우수한 품질의 흑설탕이 생산되고 있어서, 사쓰마 번은 이에 대한 독점을 강화하고 관리를 철저히 했다. 말이 독점 강화이지 사실상의 수탈 체제였다.

아마미 제도는 1777년 '제1차 흑설탕 전매 제도'에 의해 이미 수탈 체제가 굳어져 있었다. 흑설탕 생산에 차질이 될 수 있는 지역의 모든 풍습을 금지시켰고, 벼농사는 물론 휴일도 제한되었다. 오로지 흑설탕 생산만을 강요당한 것이다. 당연히 상급무사들과 부농의 부패도 심했고, 도민 수탈이 다반사였다. 번은 흑설탕 대가로 섬에 쌀을 배급했지만 그 교환 비율은 매우 낮게 유지되

이마미 제도의 흑설탕은
지금도 지역 명물로
각광을 받고 있다.

었기 때문에 도민은 굶주림에 신음했다.

그 결과 도민들의 빈부 양극화가 극단으로 진행돼 마을이 무너지고 빚을
갚기 위해 신체를 양도한 채무노예가 발생했다. 채무노예가 무려 섬 인구의
20~40%에 달했다. 이런 가렴주구苛斂誅求로 인해 농민들은 흩어지고 인구는
크게 줄었다.

번 재정 개혁에 착수한 즈쇼 히로사토는 이런 상태의 이마미 제도를 더욱 쥐
어짰다. 도민의 사적인 설탕 매매 금지를 더욱 강화하고 생산량 전부를 번에
납입하도록 하여 오사카 상인을 통해 홋카이도 지역에 팔거나 류큐를 통해
청나라와 밀무역을 전개했다. 즈쇼가 할복자살한 이후에는 나리아키라 역시
흑설탕의 수탈 체제를 계승, 강화하고, 설탕의 전매 지역에 2개 섬을 새롭게
편입시켰다. 이처럼 사쓰마 번 최하층 민중들은 인간 취급을 받지 못하고, 오
로지 생산을 위한 노예에 지나지 않았다.

그러면 사쓰마 번은 이런 흑설탕 밀무역만으로 과연 그 많은 빚을 갚을 수 있
었을까? 노동 착취와 수탈로 얻은 설탕이 번 재정 정상화에 기여한 것은 사실

이지만 즈쇼의 계산대로라면 흑설탕을 통한 수익은 연간 10만 냥 규모였다. 또한 덴포 연간에 바쿠후와 번의 쪼들린 재정을 재건하기 위해 실시한 '덴포 개혁' 이전의 설탕 매출은 연간 13~14만 냥 정도였다. 이후 덴포 원년에서 10년까지의 매출은 평균 23만 5,000냥으로 증가하고 있다.

겐지 원년 1864년 '오사카 쿠라야시키[11] 수지 결산서大坂藏屋敷收支決算書'는 전체 수입 100만 49냥 가운데 설탕과 관련된 수입이 42만 7,122냥을 차지하고 있다. 그러나 이 매출은 류큐산 설탕을 포함해 돌출된 수익이었다. 이듬해 3월에는 오사카 쿠라야시키 관리자가 류큐 설탕 선박이 도착하지 않아 자금 사정이 어려워 차입을 해야 한다고 번의 재정 담당에게 전하고 있다.[12]

히사미쓰 번주 시절인 게이오 원년 1865년에는 영국인 기술자 2명을 고용하고 보다 가격이 높은 백설탕을 만들기 위해 오시마 4개소에 서양식 설탕공장 건설을 시작했지만 이마저도 태풍으로 인해 시설이 파괴되어 이를 복구하는 데 한참 시간이 걸렸다. 그러니 흑설탕만으로 빚도 갚으면서 증기선과 총포류 등 수많은 군비를 사들였다고 보는 것은 매우 무리라는 사실을 알 수 있다.

두 번째로 생각해볼 수 있는 것은 류큐를 통한 밀무역이다. 사쓰마는 1609년 류큐를 점령해 실질적으로 지배하고 있었다. 류큐는 청나라와 베트남, 태국 등과의 중계무역으로 매우 번성했다. 류큐는 청나라의 책봉 체제도 있어, 사쓰마와 이중 지배 구조에 놓여 있었는데 일본으로부터 수입한 제품을 밀무

---

11 에도시대 각 번의 영주들이 에도와 오사카에 설치한 창고 딸린 저택. 여기에 영내(領內)의 쌀과 생산물 등을 저장하였다가 그것을 화폐로 바꿨다.

12 이상의 내용은 가고시마 헌 지역·공민과의 이케다 마리(池田眞里)가 『가고시마 헌 사료 . 다마자토 시마쓰 가문 사료 4(鹿兒島縣史料:玉里島津家史料四)』를 참조해 작성한 '바쿠후 말기 사쓰마 재원에 대해(幕末の薩摩藩の財源について)'를 인용한 것이다.

센간엔 안에 지어진 류큐 왕국의 왕이 사쓰마 번주에게 상납한 누각인 보가쿠로(望嶽樓). 누각 바닥의 벽돌은 중국 진나라시대 아방궁의 것을 묘사해 일일이 구운 것으로 그만큼 많은 공과 돈을 들인 것이었다.

역으로 청나라 등에 팔았다. 사쓰마는 쇄국 후에도 류큐를 통해 중국과 무역을 전개하면서 다른 번들과 달리 막대한 이익을 올렸다.

사쓰마 번의 수입품으로는 실크 제품, 정향, 생사, 상어 가죽이었다. 반면 수출품은 건조다시마, 은, 멸치, 전복 말린 것 등이었다. 예를 들어 다시마는 홋카이도에서 혼슈로 옮겨져 도야마富山 상인을 통해 사쓰마에 소개되고, 거기에서 다시 류큐와 중국까지 유통되는 구조였다.

즈쇼 히로사토는 번의 어용상인으로 이부스키指宿의 하마사키 다이헤이지浜崎太平次[13]를 밀무역에 활용했다. 다이헤이지는 미국 남북전쟁 시기였던 1861년에서 1865년까지 세계적으로 면화가 부족하게 되었을 때 면화 무역으로 사쓰마

---

13 난바라 미키오(南原幹雄)의 소설『호상전 : 사쓰마 이부스키의 다이헤이지(豪商伝 : 薩摩 指宿の太平次)』에 그의 파란만장 한 생애가 잘 그려져 있다.

에 막대한 이익을 안겨준 것으로 알려져 있다. 그 외에도 우뭇가사리 원료로 한천을 만들어 러시아와 청나라에 수출하거나 아마미 오시마奄美大島에서 간장을 만들어 프랑스에 수출하는 등 무역과 해운에서 다방면으로 활약했다. 그러나 사쓰마의 밀무역 역시 구체적으로 번의 빚을 어떻게 갚았다는 기록은 보이지 않는다. 류큐를 통한 밀무역이 아무리 남는 장사였어도 단기간에 그 많은 빚을 탕감할 정도는 아니었다고 보인다. 이런 정황은 사쓰마가 나중에 가짜 돈인 '위폐僞弊'까지 만든 것으로도 유추할 수 있다.

사쓰마, 바쿠후 몰래 가짜 돈까지 만들다

번의 재정 지원 방안으로 주전鑄錢 사업을 계획한 나리아키라는 본격적인 위폐를 만들기 전에 사망했다. 이후 사쓰마는 '류큐 구제 명목으로 영내에서만 3년간 통용시킨다'며 '류큐통보琉球通寶'의 제조를 바쿠후에 신청했다. 용의주도한 사쓰마의 계략이었다. 분큐 2년 1862년, 바쿠후의 허가가 나오자 사쓰마는 명승 센간엔에 있는 바닷가에 주조소를 설치하여 바쿠후가 인정한 '류큐통보' 주조를 시작했다. 직공이 200명이나 되는 대형 주조공장이었다. 이후 주조공장은 니시다西田로 이전했다.

그런데 사쓰마 주조소가 1863년부터 실제로 만든 것은 바쿠후가 제조를 금지하고 있는 '천보통보天保通寶'였다. 즉, 위폐를 만든 것이다. 이에 그치지 않고 1865년부터는 본격적으로 '니분긴二分金'의 위폐도 만들기 시작했다.

'니분긴'은 분세 원년 1818년부터 메이지 2년 1869년까지 통용되었던 회폐로, 은에 금도금을 했다 해서 속칭 '덴푸라긴天ぷら金'이라 불렸다. 금의 함량

이 처음에는 56.29%까지 이르렀으나 나중에는 18.33%까지 떨어졌다. 사쓰마 '니분긴'의 주조 장소는 철저히 비밀에 붙여져서 아직까지 확인이 되지 않고 있다. 사쓰마는 '천보통보'에 들어갈 원재료인 구리를 얻기 위해 번에 있는 사원들의 모든 범종을 깨뜨렸고, 그래도 부족하자 전국에서 범종을 사들였다. 사쓰마에서는 전국 어느 곳보다 강력한 폐불훼석廢仏毀釋[14] 운동이 벌어졌는데, 그 이면에는 이처럼 위폐를 만들기 위한 종을 구할 목적이 숨어 있었다. 번의 주조 책임자였던 이치키 시로市來四郎는 위조한 '천보통보' 금액을 일기에 기록해놓았는데 무려 290만 냥에 도달했다. 사쓰에이 전쟁에서 패배한 사쓰마가 영국에 지불한 배상금이 6만 333냥이었던 사실을 보면, 그 금액의 규모가 엄청났음을 알 수 있다. 위조된 '천보통보'는 히로시마廣島, 교토, 오사카 등지에서 유통됐다고 한다.

사쓰에이 전쟁으로 사쓰마의 재정난이 더욱 가속되면서 위폐 만들기는 주요 사업이 되어 하루 4,000명의 직공이 참여하고 약 8,000냥이 주조되었다. 위폐 주조에 가로 즈쇼 히로사토는 관여하지 않았고, 실제로 참여한 것은 고마쓰 다테와키小松帶刀와 오쿠보 도시미치였다.[15]

사쓰마 위폐 만들기는 바쿠후 토벌과 식산흥업에 쓰였기 때문에 '나쁜 돈은 오래가지 않는다惡錢身につかず'는 일본의 옛 격언에는 해당되지 않았다. 사쓰마 번주들은 이처럼 바쿠후를 속이는 책략과 대담무쌍한 실행력이 있었다. 그

---

14   절 파괴 운동. 기독교 전래기에 기리시탄 다이묘들에 의해 벌어진 바 있고, 메이지 이후에도 '신불리불령(神仏分離令)'에 의해 대대적인 파괴 운동이 벌어졌나.

15   이상의 내용은 『위폐 마련과 메이지 유신(偽金づくリと明治維新)』, 도쿠나가 가즈요시(德永和喜), 신인물왕래사(新人物往来社), 2010, 참조

류큐통보(좌)와 천보통보(우)

러나 이를 뒤집어 보면 사쓰마는 바쿠후와 반대편에서 '네가 죽느냐, 내가 죽느냐'는 외줄타기를 하고 있었고, 자신이 망하지 않기 위해 결국 바쿠후를 무너뜨리는 데에 적극 나서지 않으면 안 되었다.

그런데 사쓰마의 위폐 주조가 재정 부족과 군비 구입에 얼마나 많은 도움을 주었는지 확실히 알 수 없다. '니분긴' 위폐는 사쓰마뿐만 아니라 아이즈, 나고야名古屋, 아키 등 많은 번이 만들었기 때문에 이로 인한 실효를 측정하기 어렵다. 바쿠후 세력이 쇠퇴하면서 단속 능력이 없어졌다고 판단한 각 번들은 너도나도 군사비 증대에 의한 재정 부족을 위폐로 타파하고자 했다.

자, 이쯤에서 재정 개혁의 위대한 공헌자인 가로 즈쇼 히로사토를 다시 돌아보자. 당시에는 직함을 넣어 주로 즈쇼 쇼자에몬調所笑左衛門이라 불렸던 그는 자살한 이후 나에시로가와苗代川, 현재 가고시마 현 히오키 시日置市 히가시이치키초東市来町 미야마美山에 묘지가 생겨났다. 왜 하필이면 가고시마에서 좀 떨어진 이곳에 묘지가 있었을까? 미야마가 바로 조선인 사기장들의 집단 거주지였고, 이 묘소를 만든 사람들이 바로 조선인 사기장들이었기 때문이다. 평소 즈쇼가 사쓰마야키薩摩燒의 증산과 조선인 공인들의 생활 개선에 힘써왔기 때문에 사후 그의 공적을 기리기 위해 비밀리에 초혼묘招魂墓를 만들어 모셔왔다는 것이다. 그의 묘소는 지금도 현존하고 있다고 한다.

즈쇼의 무덤을 조선인 사기장들이 만든 것이 단순한 우연일까? 사쓰마는 사가 번과 마찬가지로 도자기로 막대한 돈을 벌어들였다. 이 역시 단순한 도기도 만들지 못하던 땅에 조선인 사기장들이 끌려와서 사쓰마야키, 더 구체적으론 나에시로가와야키苗代川燒라는 위대한 도자기를 만들어 일본 열도 전역에 전파한 것은 물론, 유럽과 미국으로 수출해서 생긴 일이었다.

사쓰마야키는 앞에서 본 것처럼 파리 만국박람회에서 명성을 얻은 이후 서구에서의 지속적인 수입 요청이 끊이지 않았다. 물론 그 이전에도 네덜란드 상인들에 의해 나가사키를 통해 수출되었다. 지금은 미야마 지역에 도예촌이 집중되어 있지만 그 이전에는 센간엔 안에 직접 가마를 지어 바깥세상과 분리시킨 채 그 안에서 도자기를 만들 정도로 애지중지하는 고부가가치의 하이테크 산업이었다.

그런데 사쓰마 역시 사가 번처럼 도자기로 구체적으로 얼마나 벌었는지에 대한 기록이 없다. 사가 번과 똑같이 도자기로 축재한 사실을 의도적으로 감추었다고 볼 수밖에 없다. 그 이유는 첫째, 도자기 역시 수출 금지 품목이어서 밀

옛 센간엔 안에 있던 시설들을 알려주는 안내판. 오른쪽에 오름가마(登窯)를 설치한 가마터가 있음을 알려준다.

수를 했고, 둘째 도자기를 팔아 번 돈으로 군비를 마련해 메이지 유신 성공에 이르렀다는 사실이 그들의 알량한 자존심을 두고두고 건드리기 때문이다.

사쓰마는 즈쇼의 노력 덕택에 1840년에는 250만 냥을 축적해 바쿠후 토벌을 위한 군자금으로 활용할 수 있었다고 한다. 그렇다면 그 모든 일이 조선인 사기장들에 의한 사쓰마 도자기의 수출 없이 가능했을까? 즈쇼가 아무런 이유 없이 조선인 사기장들을 위해 힘을 썼을까? 그들을 잘 다스리면 번에 막대한 이익이 생기기 때문에 사기 진작을 위해 노력한 것이 아니었을까? 사쓰마 도자기로 인한 번의 부흥 사실 역시 주머니 속 송곳 같아서 아무리 감추려 해도 뾰족 솟아올라 주머니를 뚫고 나오는 것이다.

四。사쓰마 번을 부자로 만들어 준 미야마의 조선인 사기장들

지도를 보면 한눈에 알 수 있지만 사쓰마는 교토나 오사카에서 가장 멀리 떨어져 있는 지방이다. 따라서 혼슈의 막강한 다이묘 세력 전쟁으로부터 상당 기간 벗어나 있었고, 도요토미 히데요시의 마지막 정복지가 될 수 있었다. 사쓰마의 반골 기질은 이렇게 중앙 권력으로부터 유리된 지정학적 영향으로 자연스레 형성되었다.

시마즈 가문의 18대 당주 시마즈 요시히로島津義弘, 1535~1619는 둘째아들로 태어나 가문의 당주가 아니면서도 다이묘가 되었다. 그는 각종 전투에서도 형을 대신하여 총대장 격으로 군대를 지휘하는 일이 많았다. 1587년 천하통일을 눈앞에 둔 히데요시가 규슈에 10만 대군을 투입하여 시마즈 가문을 공격할 때 미지막까지 분진했지민 민저 무릎을 꿇은 형이 직접 항복을 요청하사 그도 가문의 존속을 위해 아들 히사야스久保를 인질로 바치는 조건으로 항복

사쓰마를 대표하는 시마즈 요시히로 동상.
히오키 시 이조인(伊集院) 역 앞에 있다.

했다. 그러자 히데요시는 원래 시마즈 가문 땅이었던 사쓰마와 오오스미大隅에다 휴가日向 지방을 더 보태 영지로 하사했다.

임진왜란 때 요시히로도 참전해야 했지만, 히데요시에 대한 반감이 여전한 가문의 비협조로 인해 병력과 선박이 모이기를 기다리다가 결국 다른 가문의 배를 빌려 조선으로 건너갔고, 조선에 가장 늦게 도착한 군대가 되었다. 요시히로는 1595년 잠시 귀국했다 정유재란 때 제4군1만 5,000여 명의 병력으로 다시 참전해 사천 지방에 주둔하면서 1598년 9월과 10월의 사천 전투에서 명나라 군사를 물리쳤다. 이후 순천성에서 조·명 연합군에 포위된 고니시 유키나가가 탈출을 기도했지만 이순신 장군에 의해 퇴로를 봉쇄당하자, 유키나가는 사천 왜성에 주둔하고 있던 요시히로에게 화급하게 구원을 요청했다. 요시히로는 고니시를 구원하기 위해 500척의 대함대를 거느리고 순천 방면으로 출진했다.

이순신 장군은 지금의 남해대교 해역에서 시마즈 함대를 격파했는데, 이것이 정유재란의 마지막 전투였던 노량해전1598년 11월 29일이다. 요시히로는 500여 척 전함 중 450여 척이 이순신의 조선 수군에 격파 혹은 나포돼 50여 척만 수습하여 부산으로 겨우 도망쳤다. 이순신 장군은 이때 한 척의 배라도 더 격파하기 위해 이들을 뒤쫓다가 그만 적군 유탄에 맞고 말았다. 이 전투를 마지막으로 정유재란은 종식되었고, 요시히로는 남원성 점령 당시 납치한 박평의朴平意, 1560~1624, 심당길沈當吉, ?~1628 등과 진해 웅천, 김해 등지에서 연행한 또 다른 사기장 80여 명을 데리고 부산에서 고향으로 가는 배를 탔다.

요시히로의 사기장 납치 역시 히데요시의 지시가 한 요인이었을 것이다. 1595년 6월 그가 잠시 귀국했을 때 히데요시가 그를 불러 직접 차를 따라주고 다기도 하사하면서 조선인 사기장 납치를 지시했다는 이야기가 전해 내려온다. 작가 시바 료타로도 정유재란 때 시마즈 요시히로가 전라도 남원으로 쳐들어간 것은 조선인 사기장을 잡아가기 위한 것이 그 이유의 하나였던 것 같다고 주장한 바 있다. 다시 말해 사기장 납치를 주목적으로 분명히 정하고 침략 루트를 정했다는 얘기다. 그러나 요시히로는 히데요시의 다도 스승인 센노리큐千利休, 1522~1591의 제자로 조선 찻사발을 광적으로 좋아했기에 히데요시의 지시가 없었더라도 그 자신부터 먼저 사기장을 확보하려 혈안이 되었을 것이다.

1600년 9월 '세키가하라 전투' 때는 도쿠가와 이에야스가 자신의 편에 설 것을 요청하여 그의 말내토 교토 후시미 성에 들어가려 했지만 성을 지키고 있던 이에야스 가신 도리이 모토타다鳥居元忠, 1539~1600의 거부로 성에 들어가지 못했다. 이후 서군의 필두에 섰던 이시다 미쓰나리의 요청으로 반대편인 서군에 가담하는 매우 희극적인 상황이 벌어졌다.

그러나 요시히로는 전투에서 적극적으로 참여하지 않고 수비적 대응으로 일관하다가 전세가 동군으로 기울자 목숨을 걸고 가까스로 전장을 탈출하여 영지로 돌아왔다. 1,500여 명의 부하 중 살아 돌

나에시로가와 미야마 마을의 환영 표지판

아온 자는 고작 80여 명에 불과했다고 한다. 천신만고 고향 땅에 돌아온 요시히로는 가문의 존속을 위해 이에야스와 강화 교섭을 시작했고, 1602년 아들 다다쓰네島津忠恒, 사쓰마 번 초대 번주가 상경하여 이에야스에게 항복을 표시하는 것으로 영지를 존속할 수 있었다.

요시히로가 남원, 진해, 김해 등지의 조선인 사기장을 데리고 일본으로 건너올 때 이들은 세 척의 배에 나눠 타고 사쓰마로 향했다. 이 중에서 박평의가 인솔하는 무리 43명은 사쓰마 구시키노串木野에 닻을 내렸다. 또 다른 무리인 김방중金芳仲, 신무신申武信, 신주석申圭碩 등 10여 명은 이치키市來에 도착했고, 맨ㅣ나중에 20여 명이 마에노하마前之浜에 상륙했다.

사쓰마 시마히라島平 바닷가에 내려진 사기장들의 성은 심沈, 이李, 박朴, 변卞, 임

林, 정鄭, 차車, 강姜, 진陳, 최崔, 김金, 정丁, 하何, 주朱, 노盧, 신伸, 백白씨의 17개[16]였다. 이 중 장씨와 안씨(?)는 사쓰마 번의 명령으로 오키나와琉球로 또 이주하여 오키나와야키琉球燒의 개조가 되었다.

구시키노에 정착한 조선인 사기장들은 지옥과 같은 비참한 나날을 보냈다. 황무지나 다름없는 곳에 내던져진 사기장들은 굶주림에 허덕이고 병마와 싸우면서 목숨을 부지하는 데 급급했다. 그들은 황무지를 개간하는 한편 가마터를 마련하여 일상생활에 필요한 잡기를 만들어서 주변에 거주하는 일본인과 물물교환 형식으로 거래를 하여 먹을거리를 마련했다.

그러나 말이 통하지 않았기에 토착민들과 충돌하거나 괴롭힘을 당하는 일이 잦았다. 결국 토착민들을 피해 나에시로가와, 현재의 히가시이치키초로 이주하니 그게 1603년 12월의 일이다. 황량한 바닷가에 내동댕이쳐진 지 5년 만이었다.

요시히로가 붙잡아온 사기장들을 이렇게 방치한 것은 그 자신도 여유가 없어서였다. 세키가하라 전투의 여파였다. 앞에서 본 대로 그는 겨우 도망쳐와 사쿠라지마에 숨어 있다가 가까스로 도쿠가와 이에야스의 용서를 받아 가문을 지킬 수 있었다. 이 일을 매듭짓고 나서야 그는 겨우 조선인 사기장들에게 관심을 돌리고, 보호정책을 쓰기 시작했다. 우선 나에시로가와에 정착하고 싶다는 청원을 받아들여 조선인 사기장 마을의 건설을 허용했다.

요시히로는 조선인 사기장들이 조선 문화와 언어를 지키면서 생활하지 않으

16   이는 1700년대 후반 교토의 의사 겸 여행가였던 다치바나 난케이(橘南谿)라는 사람이 나에시로가와 마을을 다녀간 뒤 쓴 여행기에 나온 성씨를 기준으로 한 것으로, 언구사마와 성씨와 성씨 개수가 조금씩 다르게 나타난다. 저술에 따라 성씨가 18개가 되거나 안(安)씨와 나(羅)씨, 황(黃)씨 등이 포함되기도 한다.

면 조선 도자기와 같은 격조 높은 제품들을 생산하지 못할 것이라고 생각했다. 그래서 나에시로가와를 조선 문화가 온전하게 보전된 공간으로 만드는 정책을 추진했다.

먼저 이곳에 일본인들의 출입을 통제했다. 조선인이 일본인과 결혼을 하는 것도, 일본 이름을 사용하는 것도 금지했다. 마을에서는 조선말을 사용하고 조선 옷을 입고 조선식 상투를 틀도록 했다. 이런 연유로 나에시로가와는 조선의 말과 풍속이 끌려올 때 원형 그대로 보존된 '일본 속 조선'이 될 수 있었다.

이처럼 요시히로는 효율성 있는 장려 정책으로 도자기 생산성을 높이려 차별적인 시도를 했다. 이런 예는 더 있다. 나에시로가와는 규슈 지역 다른 번과 달리 기술과 학문을 병행해서 습득하는 것이 의무화됐다. 요시히로는 처음부터 사기장 아들에게 가업을 무조건 상속시키지 않고 시험 제도를 만들어 기법이 능한 자에게만 녹봉을 내리고 가업을 계승시켰다. 무능한 자는 비록 장남이라 할지라도 가업을 잇지 못하게 했다. 사가 번의 장남 한 사람에게만 비법을 전수하는 '잇시조덴一子相伝'과는 전혀 다르다. 아울러 기법과 병행해 학문 성취에 대해서도 시험을 보았다. 이로 인해 이 마을 자녀들은 300년 동안 시험공부에 게으르지 않았고, 그것이 어느새 마을의 풍습이 되었다. 이렇듯 마을 아이들이 누구랄 것도 없이 글을 읽는 습관은 13대 심수관沈壽官의 소년 시절까지 계속 이어졌다고 한다.[17]

사쓰마에서는 중세까지 도기를 만든 적이 없었다. 그러니 사쓰마 도자기 역사는 조선인 사기장들이 가마를 열면서 비로소 시작된 것이다. 안정을 찾은

---

17 「중도일보」, 2009년 11월 27일자 '일본도요산책 7-조선 도공의 류큐(琉球) 진출' 참조

박평의 가마의 전통을 이은 미야마 아라키토 가마(荒木陶窯)의 구로모노 단지

박평의 일행은 '모토무로 가마元室窯'를 만들고 일상잡기를 굽기 시작했다. 제품으로 분류하면 사쓰마야키는 시로모노白物薩摩, 구로모노黑物薩摩, 자기磁器 세 가지로 분류된다. 시로모노는 옅은 황토에 무색 유약을 바른 도기며, 구로모노는 검은색이나 갈색 유약을 바른 도기다. 그런데 시로모노는 원래 한반도에서 가져간 흰 흙고령토을 사용해서 만들었다. 그래서 '히바카리火計リ'라고 부른다. 이 말 자체가 흙은 한국에서 가져오고 '불'만 일본 소나무를 때서 구웠다는 데서 유래했다. 사기장과 흙은 조선에서 왔고, 일본 것은 그야말로 '불밖에 없다火計リ'는 뜻이다. 이처럼 조선에서 흙마저 가져간 사실은 사쓰마의 옛 가마 발굴 조사 때, 조선의 백토 세 덩어리가 출토되어 확실하게 입증되었다.

현재도 활화산이 숨쉬는 가고시마 지역의 흙은 두꺼운 화산재가 많이 덮여 있어서, 철분이 많은 흑토가 대부분이다. 따라서 조선에서와 같이 정결한 백자를 구우려고 해도 사쓰마 번에는 백자를 만들 흙이 없어 초기에는 검은 질그릇밖에 구울 수 없었고, 영주에게 바칠 진상품만 조선의 고령토로 만들어 올렸다. 그러나 유약을 발라 구운 투박한 검정 질그릇마저도 나무그릇과 토기만을 사용하던 당시 일본인 생활에 일대 변혁을 불러일으켜, 그들이 매우 갖고 싶어 했다.

요시히로는 시로모노의 희소성을 유지하기 위해 시마즈 가문에서 사용하는 것 이외에는 구워내지 못하도록 했다. 그러나 어용 구로모노, 즉 '고젠구로御前黑'는 일반 수요를 허락했다. 이런 연유로 다른 번의 거상들은 만금萬金을 주고도 '시로사쓰마'를 구하지 못해 그 주가가 더욱 높아만 갔다. 하지만 조선에서 가져온 고령토는 얼마 가지 않아 곧 바닥을 드러냈다. 이때는 사가 번에서 이삼평이 백자토를 발견한 다음이었기 때문에 요시히로는 박평의에게 번 안에서 백토와 유약을 찾으라고 지시하고, 어디든 마음대로 다닐 수 있는 통행증을 주었다.

이렇게 해서 박평의는 아들 정용貞用, 또 심당길 등 마을 주민들과 함께 백자토를 구하러 다녔으나 용암이 분출하면서 형성된 토질이 워낙 많았기에 쉬운 일이 아니었다. 그렇게 샅샅이 돌아다닌 지 10년여 만인 1614년 봄 기리시마霧島 산의 이부스키에서 드디어 양질의 백자토를 발견하고, 이어 가세다加世田 인근에서 유약으로 쓸 수 있는 광석도 찾아냈다. 백자토 발견을 학수고대했던 요시히로는 자신이 직접 흙을 확인하고 본격적인 자기 제조를 지시했다. 이렇게 해서 박평의와 심당길이 오랜 시행착오 끝에 색이 순연純然하여 질이 고아高雅한 자기를 만들어 번주에게 진상하니, 요시히로는 "조선의 웅천 자기

아라키토 가마의 시로모노 꽃병

chapter 4

와 똑같다"고 뛸 듯이 기뻐하며 박평의에게 세이에몬淸右衛門이라는 사무라이 이름과 녹봉을 하사하고, 조선인 마을을 다스릴 장로에 해당하는 소야庄屋에 임명했다.

아울러 심당길 등 신분도 사무라이 반열에 올려주는 한편 나에시로가와 가미노가와神之川 조선인 전체에게 집 25채와 각기 5호畝의 토지를 하사했고, 생활 유지에 필요한 녹봉 형식으로 매년 17석의 미곡 또한 지급했다. 또한 도자기에 사쓰마의 버명藩名을 붙여 정식으로 '사쓰마야키'라고 부르게 했다.

요시히로는 시간이 날 때마다 도방에 들러 자신이 직접 도자기를 빚고, 날인도 하면서 남다른 애정을 쏟았다. 그의 조선인 사기장 보호정책은 다른 번과 비교할 때 좀 유별난 구석이 있는 것이 사실이다. 어용 사기장의 경우 전쟁에 차출되지도 않고, 논밭에 나가 일하지 않아도 되는 것은 다른 번과 같았지만 조선인 사기장에 위해危害를 가하는 일본인을 엄벌에 처하고, 본인은 물론 일족에게도 책임을 묻는 연좌제連坐制까지 시행한 것을 보면 정말 엄격하고 막중했던 도자산업 보호 정책의 무게를 알 수 있다.

박평의는 나에시로가와로 이주한 다음 해인 1604년, 45세가 되던 해 마을 동산에 단군을 모시는 '옥산 신사玉山神宮'를 세우고 추석이면 마을사람들과 함께 바다 건너 한국을 향해 절을 하고 제사를 지냈다. '고라이모치高麗餠'라는 시루떡을 차려놓고 제사를 지낸 뒤, 손에 손을 잡고 춤추며 『청구영언靑丘永言』에 나오는 '오늘이 오늘이소서'를 부르며 조국과 조상을 회상했다. 후배 양성에 힘을 쏟던 박평의는 간에이寬永 원년인 1624년 5월 1일에 눈을 감았나. 향년 65세.

15대가 이어지고 있는
심수관 가문

조선에서 심당길의 원래 이름은 심찬이었다. 그런데 그는 포로로 잡힌 신세를 한탄하며 일본에서 평생 아명兒名이었던 '당길'만 썼다고 한다. 심당길의 본관은 경북 청송인데 대학자를 배출한 명문가 출신으로 원래 사기장이 아니라 사옹원司饔院 관리였고, 일본에 와서 도자기 굽는 것을 배웠다는 설도 있다. 또 한편으로는 그가 무관으로 피난하는 왕족을 호위하다가 요시히로 부대에게 체포된 것이라는 설도 있다.

심수관 가문은 12대 심수관 때부터 심수관이란 이름을 습명으로 이어받고 있다. 이들도 1603년 나에시로가와 미야마 마을로 이주해 2년 뒤인 1605년에 가마를 개설했다. 심당길은 1615년 박평의와 함께 어용 도자기 제조 책임자가 되어 1628년까지 찻사발을 구웠고, 그의 아들 심당수沈當壽도 1628년부터 1648년까지 책임자로 일했다.

12대 심수관의 긴란데
'쥐를 보고 있는 모녀상'

17세기 중반에 이르러 가라쓰唐津를 제외한 히젠 지역에서는 초기 기술이 급속히 사라지지만 사쓰마에서는 완만하게 변화해갔다. 18세기 후반 이후에는 생산도 늘어났으며 가마들 사이 기술 교류도 빈번해지면서 다양한 작품이 만들어졌다. 바쿠후 말기에 니시키데錦手나 긴란데金手 기술을 도입하면서 화려한 채색 도자기인 '이로에사쓰마彩繪薩摩'가 시작되었다.

1867년에는 박평의 후손 박정관朴正官이 앞에서 말한 바대로 일본이 처음으로 참가한 파리 만국박람회에 '금수대화병錦手大花瓶'을 출품하여 사쓰마야키를 해외에 수출할 기회를 얻었다. 사쓰마야키는 당시 유럽에서 유행하던 일본 취향이라는 뜻을 가진 '자포네즈리Japonaiserie'에 큰 영향을 미쳤고, 그 후 'SATSUMA'라는 브랜드로 국제적으로 널리 알려지게 되었다.

심수관 가마가 초대부터 11대까지 정착기였다면, 12대1835~1906부터는 도약기로서 세계적 명성을 획득했다. 그는 시마즈 번주의 후원에 힘입어 고화도 백자와 청화백자를 생산했고 긴란데 등으로 제작의 폭을 넓혔다. 그런데 1868년 메이지 유신으로 번요藩窯,번어용가마가 폐지되자 현재의 미야마에 개인 가마를 만들었다.

12대 심수관은 1873년 오스트리아 비엔나 만국박람회에 6척이 넘는약 190㎝ 긴란데 큰 꽃병大花瓶을 출품하여 호평을 받았고 이로 인하여 유럽과 호주, 러시아, 미국 등 세계 각국에 도자기를 수출하게 되었다. 일본 문화를 상징하는 대표 예술작품으로 인식되는 등 가마가 크게 융성했고, 1900년 파리 만국박람회에도 출품하여 사쓰마웨어의 명성을 군혔다.

1901년에는 시조 딩길이 칭시힌 '시로사쓰미白薩摩의 스키시노리透彫'를 개발한 공로로 '녹수포장綠綬褒章'를 받았다. 이후 13대부터 15대 현재까지 전통과

혁신이 어우러진 명품을 지속적으로 생산해오고 있다.

1940년대 초기 태평양 전쟁 때 가세가 기울자 심수관도 대대로 내려오는 가
보 도자기를 팔려고 한 적이 있었다. 그러나 그들은 "산과 전답은 돈만 있으면
나중에 얼마든지 살 수 있으나 우리 집 도자기는 초대 이래 조선인 사기장의
혼이 깃든 것이다. 목숨을 걸어서라도 지켜야 한다"고 팔지 않았다. 그런 뚝심
덕택인지 1954년에는 13대 심수관이 미국의 디자인전에 1위로 입상했다.

1964년 이름을 물려받은 제14대 심수관은 본명은 심혜길沈惠吉이다. 그는 사

1   12대 심수관의 긴란데 국화무늬 항아리(사쓰마전승관 소장)
2   심수관 가마 긴란데 '스카시보리' 향로

립 명문 와세다대학교 정경학부를 졸업하여 정치에 뜻을 두고 국회의원 비서로 일했다. 하지만 아버지가 병석에 누워 사쓰마야키의 대가 끊어질 위기에 처하자 미련 없이 자신의 꿈을 접고 가업을 이어받았다. 1970년 오사카 만국박람회에 큰 화병을 출품했으며 전국에서 '심수관전'을 개최했다. 도자기를 통하여 한일 양국의 문화 교류와 친선에 많은 공헌을 했고 1988년 일본인으로는 처음으로 대한민국 명예총영사로 임명되었다.

그는 시바 료타로의 『고향을 어이 잊으리까』라는 작품의 주인공으로도 널리 알려졌다. 이는 조선인 사기장들의 애환을 가슴 저리게 그린 소설인데, NHK TV는 이를 8시간짜리 특집 프로그램으로 방영했다. 1998년 7월 14대 심수관은 서울 세종로 「동아일보」의 일민미술관에서 도예전을 열었다. 당시 일민미술관에는 '400년 만의 귀향 일본 속에 꽃피운 심수관가 도예전'이라는 현수막이 걸렸다. 1998년은 그의 선조 심당길이 사쓰마로 끌려간 지 꼭 400년이

14대 심수관 가마의 작품
'소와 소년'

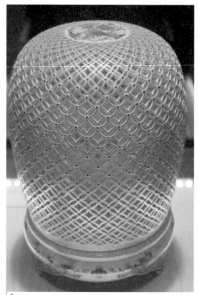

되는 해였다. 14대 심수관은 1999년에 대한민국에서 은관문화훈장을 받았고 2008년에는 남원명예시민이 되었다. 가고시마 현이 만든 관광용 안내 책자에 그의 사진이 실릴 만큼 일본 내에서도 인정을 받았다.

15대 심수관은 본명이 심일휘沈一輝, 1959~이다. 역시 아버지가 다녔던 와세다대학교 교육학과를 1983년에 졸업하고 가업을 잇기 위해 2년 후 교토부립 도공고등기술전문학교를 마쳤다. 이후 이탈리아 파엔차 국립미술도예학교를 거

---

1 14대 심수관의 '순금 칠보 연속 눈결정 문양 큰 꽃병'
2 15대 심수관의 칠보 '스카시보리' 향로

처 1990년에 다시 한국으로 와서 경기도 여주의 김일만 토기공장에서 일 년 동안 김칫독 만드는 기술을 배우는 등 사기장으로서의 이론과 실기를 닦았다. 수련 기간을 끝낸 그는 아버지 밑에서 흙 개고 장작불 피우는 등 밑바닥 일부터 새로 시작했으며 9년 뒤인 1999년 1월 15일 제15대 심수관의 이름을 정식으로 이어받았다. 그도 지금은 아버지 못지않게 국내외에 걸쳐 수시로 전시회를 갖는 등 왕성한 작품 활동을 벌이고 있다.

15대는 1998년 14대와 함께 남원 도자기의 '혼불'을 채취해 사쓰마에 안치하는 이벤트 '400년 만의 귀향'을 기획하고 추진했다. 2011년에는 남원 '심수관 도예전시관'에 12~15대의 작품 13점을 기증했다. 15대 심수관은 일본 가고시마 현 미야마 집에 매일 아침 태극기와 일장기를 나란히 게양한다. 일본으로 건너간 거의 모든 조선인 사기장이 일본 이름을 사용하고 있지만 심수관 가문은 유일하게 한국 이름을 고수하고 있다. 그들의 몸속에는 아직도 조선의 뜨거운 피가 면면히 흐르고 있는 것이다.

박평의 가문은 왜 스스로 가마의 불을 꺼버렸을까?

미야마 마을에는 심수관 가문을 비롯해 현재 가마를 열고 있는 곳이 14개에 이르고 있으며 마을 주민은 모두 600명 정도다. 그러나 박평의 가문은 6대를 마지막으로 도자기에서 완전히 손을 뗐다. 박씨 가문은 왜 가마의 불을 스스로 꺼버렸을까?

미야마의 조선인 사기장들은 차별을 견뎌내며 일본인으로 살아남기 위해 그동안 무진 노력을 했다. 사쓰마 번이 에도 바쿠후를 타도하기 위한 전쟁을 벌

사이고 다카모리 집터의
사이고 좌상

였을 때도 조선인 마을에서 장정들이 2개 소대를 편성하여 참전했다. 1877년
세이난 전쟁이 벌어졌을 때도 미야마에서는 1개 소대 96명이 참전하는 등 사
무라이 신분에 걸맞게 사회적 책임을 다하고자 애썼다.

세이난 전쟁은 메이지 10년[1877] 1월부터 9월 사이에 벌어진 일본의 마지막 내
전이다. 사이고 다카모리는 메이지 유신에 의해 결과적으로 사족土族[18]의 입지
가 좁아지고 무사들의 불만이 극에 달하자 이를 해소할 방책으로 또 다시 정
한론을 꺼내들었다. 그러나 당시 정황에서 그의 주장이 받아들여지지 않고
정부와의 갈등이 격화되자 가고시마로 돌아간 후 사립학교를 설립하고 사족
들의 자제들을 교육시키는 일에 전념했다. 그가 세운 학교에는 각지에서 학
생들이 모여들어 1877년 즈음에 재학생이 2만 명에 이르렀다.

18 무사 가문을 뜻하는 단어로 메이지 유신 이후 무사 계급 출신자에게 줬던 명칭이었으나 현재는
폐지

도쿄에서는 아직 정부 권력이 미치지 못하고 사족들의 지배 체제가 유지되는 유일한 지역이었던 가고시마 현이 큰 걱정거리였다. 게다가 사이고 다카모리를 중심으로 사학私學의 규모가 날로 커지자 위기감이 높아졌다. 그러자 새 정부의 핵심인물로 같은 사쓰마 출신으로 '유신 3걸'의 한 명인 오쿠보 도시미치는 가고시마를 공격할 구실을 만들기 위해 1877년 1월 '가고시마 현이 보유하고 있는 병기와 탄약을 오사카로 운반할 것'을 명하여 다카모리를 도발했다.

그러자 사학 학생들이 앞장서서 가고시마 군수 공장과 해군 기지를 공격했고 1877년 2월 15일 사이고를 옹립하여 군사를 일으켰다. 군사를 이끌고 도쿄로 향하던 사이고는 구마모토에서 정부군과 맞닥뜨려 6개월 동안 치열한 전투를 벌였다. 이후 규슈 전 지역에서 공방전이 벌어졌지만 결국 패퇴한 사이고 다카모리는 가고시마에 돌아와 저항하다가 1877년 9월 24일 동굴에서 할복자살했다.

그러나 세이난 전쟁을 도발한 오쿠보 도시미치 역시 이듬해에 이시카와石川 현의 사무라이들에게 암살되고 마니, 사쓰마 출신의 메이지 주역들이 사라져 이후 조슈 번 출신들이 메이지 신정부의 실권을 장악하게 되었다.

신정부의 새로운 신분 질서는 미야마의 조선인들에게 일대 충격을 몰고 왔다. 메이지 정부는 봉건 신분제도를 타파하고 새 계층 질서를 세웠다. 다이묘와 귀족은 화족華族[19], 사무라이는 사족, 일반 서민은 모두 평민이라고 구분했다. 그런데 이 새로운 질서에서 조선인 사기장들은 사족이 아닌 평민으로 분류되

---

19 직위를 가진 사람과 그 가문을 뜻하는 단어로 사족과 함께 메이지시대 초에 생겼으나 제2차 세계대전 후에 폐지

메이지 정부군과 사이고 다카모리의 사쓰마군의 '세이난 전쟁'을 묘사한 그림(사쓰마전승관 소장)

었고, 그들은 이를 받아들일 수 없었다. 참 아이러니하게도 지난 300여 년 동안 사무라이 계급으로 살아왔기 때문이다. 그들은 사무라이로서 늘 전쟁에 참여했고, 수많은 사상자들을 내면서도 신분에 걸맞은 의무를 다해왔으므로 사족으로 구분되는 것이 당연하다고 생각했다. 여러 번에 걸쳐 사족 편입을 요구하는 청원을 했지만 받아들여지지 않았다.

박평의의 직계 후손으로 나에시로가와 주민 중에 박수승朴壽勝, 1855~1936이라는 사람이 있었다. 그도 처음에는 사족 편입 운동에 열심이었지만 결국 조신인 차별정책에 의해 거부되자 이를 포기하고 1887년에 재산을 털어 사족의 족보를 사서 도고東鄕로 성을 바꾸었다.

박수승은 왜 박씨의 성과 300년 가문의 전통, 사쓰마야키 시조라는 긍지를 저버렸을까? 그에게는 박무덕朴茂德이라고 하는 아들이 있었는데, 어려서부터 수재였다. 만약 세상이 바뀌지 않고 아들이 자신의 뒤를 이어 도자기를 구웠다면, 그는 성을 버리지 않았을 것이다. 그런데 불행하게도 더 이상은 사무라이가 아니게 되었기 때문에, 자신의 영재 아들은 학교에서 차별과 놀림을 받으며 업신여김을 당할 것이 분명했다. 아버지는 더 이상 사기장의 삶을 아이에게 물려주기 싫었다. 그래서 재물의 힘으로 사족 편입을 달성하고, 가업을 끊어버린 것이었다. 박무덕이 5살 때의 일이었다.

독문학과 교수와 문예평론가를 꿈꿨던 박무덕, 나중의 도고 시게노리東鄕茂德, 1882~1950는 도쿄제국대학의 독문학과에 진학했다가 하숙집에 불이 나 책이 모두 타버리는 바람에 꿈을 접고 재학 중 외교관 시험에 합격했다. 독문학을 좋아했던 것은 어머니의 영향으로 볼 수 있다. 어머니 박토메 역시 조선에서 끌려온 박씨의 후손이었지만 독일인 피가 섞인 혼혈인이었다. 외교관 시험 합격자 발표가 나자 아버지 박수승은 나에시로가와 마을과 인연을 끊고, 가고시마로 주소도 이전하여 300년 가까이 지켜온 조선 핏줄과 완전하게 결별한다.

도고 시게노리는 '조선인 핏줄'이라는 약점에도 불구하고 독일과 소련 대사를 거쳐 외무대신을 두 번 지냈다. 독일 대사 시절 일본, 독일, 이탈리아의 3국 동맹을 반대했고, 외무대신으로서는 일제의 전쟁 확대를 반대해 끝내 사표를 던졌다. 그러나 태평양 전쟁에서 패한 후 A급 전범戰犯이 되어 1946년 금고 20년 형을 받고 스가모 형무소에 수감되었다. 당시 와세다대학에 다니던 14

도고시게노리

대 심수관 심혜길은 아버지 부탁으로 아홉 차례나 도고를 면회하러 갔다. 심혜길은 늘 고향의 과자들을 싸들고 갔고, 도고는 그를 반갑게 맞아줬다고 한다. 도고는 옥살이를 하면서 『시대의 일면時代の一面』이라고 이름 붙인 회고록을 집필하던 중 병으로 사망했다.

미야마 마을 어귀에는 현재 그의 생가 터가 있고 거기에 기념관과 동상이 있다. 기념관 뒤 초등학교 입구에는 다음과 같은 글귀가 쓰인 나무 표지판이 있었다고 하나 지금은 찾아볼 수 없다.

'도고 선배를 본받으라, 미야마의 소년들이여.'

조선인 사기장 후예들이
사쓰마 부대의 주력을 형성했다?

임진왜란과 정유재란이 끝나면서 전쟁 부역이 해소되자 조선 침략에 동원되었던 영주들은 저마다 납치한 조선인을 부족한 군사력에 보강하려고 했다. 사쓰마에서 조선인들이 조총과 창검술을 익힌 정예병으로 양성되고 있다는 납치 조선인 전이생全以生의 보고니 포술과 검술을 익힌 납치 조선인을 일본 전역에서 모두 찾아보면 3~4만 명이 될 것이라는 정희득鄭希得의 상소가 이를 뒷받침하고 있다. 광해군 9년 4월 19일자 기록에는 일본으로 납치된 전이생의 서한이 소개되고 있는데, 이에 따르면 사쓰마에 피랍 조선인들이 일정 지역에 집단적으로 거주하면서 창검술과 진법을 연마하고 있다는 내용이 나온다. 그 숫자가 무려 3만 700명이다.

임진왜란과 정유재란을 통해 왜군도 많이 사망했다. 임진왜란에서 왜군은 19만 8,000명이 참전하여 8만 8,000명이 전사하고, 정유재란에서는 14만 1,000명 중에 3만 명이 전사했다는 보고가 있다. 임진왜란에 참전했다가 살아 돌아간 왜군은 정유재란 때 다시 참전했을 가능성이 높으니, 이를 가정한다면 일본 땅을 다시 밟은 왜군은 훨씬 줄어들 것이다. 게다가 약 1만여 명의 왜군이 조선에 귀순했다는 주장도 있다.

사이고 다카모리의 동굴 옥쇄 장면을 재현한 전시물(사쓰마 후루사토관). 그와 함께 장렬한 최후를 맞은 사쓰마 군에도 분명 조선인 사기장들의 후예가 있었을 것이다.

그렇게 일본 무사들의 수가 줄어든 상태에서 3만 명은 엄청난 숫자다. 임진왜란에 참전한 사쓰마 부대는 약 1만 명이었다. 넉넉하게 잡아 절반만 전사했다고 가정해도 남은 인원은 불과 5,000여 명 남짓이다. 그런데 그런 사쓰마 군에 무려 3만 명이나 조선인 부대가 충원됐다면, 정말 엄청난 일이다. 결국 바쿠후 말기부터 메이지 유신에 이르는 기간 중 바쿠후 토벌에 가담한 사쓰마 사무라이들은 대부분 조선인 후예가 된다는 결론이 나온다. 조선인 사기장 후예들이 사쓰마 군대의 정예가 된 것이다. 신분제도가 엄격했던 바쿠후 시절의 일본에서 사무라이 또한 대대로 세습된 사실을 염두에 두면 더욱 그렇게 생각할 수밖에 없다. 일본에 끌려갔다가 송환되어 돌아온 정희득의 1599년 6월 상소에는 이런 내용이 나온다.

> "조선 남자로 일본에 잡혀간 자가 포술과 검술을 익히고, 배 부리는 것이나 달리기도 익혀서, 강장強壯하고 용맹하기가 왜인보다 나으니, 비록 조선에서 10년 동안 훈련해도 이러한 정예는 쉽게 얻을 수 없습니다. 이제 모조리 찾아 모으면 3~4만 명 되고 노인과 어린이 및 여자의 수는 갑절이나 됩니다."[20]

조선인 부대가 왜군보다 더 강장하고 용맹해서 정예가 되었다는 내용이다. 메이지 유신이 성공하고 1869년 메이지 일왕이 권력을 되찾는 데 공적이 있는 인물들에게 위계位階를 수여할 때 사이고 다카모리는 가장 높은 위계를 받으

---

20 이상의 내용은 다음의 논문 참조. '임진왜란에 납치된 조선인의 일본 생활-왜 납치되었고 어떻게 살았을까', 「역사와 담론 제36집」, 민덕기, 2003, 호서사학회

시마즈 가문 문장이 새겨진 19세기 긴란데 모란당초문 꽃병

면서 1871년 정부군 사령관이 되었는데, 그때 그가 이끌었던 사쓰마 군사가 1만 명이었다. 그러니 아무리 깎아서 생각해도 메이지 유신의 성공에 조선인 부대가 엄청난 공헌을 했다는 추론은 매우 강력하다. 그야말로 비극이라고 밖에 할 수 없는 역사의 장난이요, 슬프기만 한 아이러니다.

게다가 앞에서 여러 차례 언급했던 사쓰마의 마지막 번주10대, 최초 메이지 내각에서 좌대신左大臣을 지낸 시마즈 히사미쓰는 나에시로가와에 대규모 백자 공장을 차리고 10대 심수관을 주임으로 임명해 커피잔과 양식기를 생산했다. 이는 나가사키 데지마를 통해 해외에 팔려나가 막대한 이익을 가져다주었다. 그것이 후일 바쿠후를 타도하는 데 재원財源으로 쓰였으니, 이 또한 너무 씁쓸한 역사다.

게다가 시마즈 히사미쓰는 조선인 사기장들을 납치해간 시마즈 요시히로의 11대손이다. 결국 11대 할아버지가 도자기를 만들 사기장들을 조선에서 강제로 끌고 감으로써 11대 손자가 성공적으로 '위업'을 이루고, 좌의정 벼슬을 하게 되는 안배를 해놓은 셈이니, 이 얼마나 기가 막히고 억장이 무너지는 역사의 전개가 아니란 말인가!

**사쓰마의 메이지 주역들은
모두 대장장이 마을 출신**

그런데 사쓰마 출신으로 메이지 정부에서 출세한 메이지 유신 주역들의 면면을 보면 묘한 공통점이 발견된다. 그들의 출신지가 하나같이 현재 가고시마 시의 가시야초加治屋町 출신이란 사실이다. 가지야마조 옛 이름은 '鍛冶屋町'로 대장장이 마을에서 유래한 이름이다. 그러니 사족이 아니라 천민 마을이라는 사실을 한눈에 알 수 있다. 마을 이름이 나중에 '가지야초'로 바뀐 것도 대장장이 마을이었다는 사실을 숨기려고 한 것이라고 볼 수 있다.

이 마을 출신을 보면 '유신 3걸' 중 두 명인 사이고 다카모리와 오쿠보 도시미치가 먼저 등장한다. 총리대신도 2명이다. 게다가 육군 대장이 3명, 해군 대장이 6명이나 된다. 해군 대장을 지냈던 도고 헤이하치로 역시 이 마을 출신이다. 실로 대단한 마을이다.

加治屋町 출신 유신 주역들

이름	생몰 기간	주요 경력
사이고 다카모리(西郷隆盛)	1828~	유신 3걸. 육군 대장
오쿠보 도시미치(大久保利通)	1830~1878	유신 3걸. 초대 3·5대 내무대신
오야마 이와오(大山巌)	1842~1916	육군대신, 육군 대장
사이고 쓰구미치(西郷従道)	1843~1902	해군대신, 해군 대장
이노우에 요시카(井上良馨)	1845~1929	해군 대장
도고 헤이하치로(東郷平八郎)	1848~1934	해군 대장, 연합함대 사령관
구로키 다메모토(黒木為楨)	1844~1923	육군 대장, 백작
구로다 기요타카(黒田清隆)	1840~1900	육군 중장, 개척장관, 총리대신, 백작
무라타 신파치(村田新八)	1836~1877	포병 대장, 궁내대신(宮内大丞)
야마모토 곤노효에(山本権兵衛)	1852~1933	해군 대장, 16·22대 총리대신
시노하라 구니모토(篠原国幹)	1837~1877	육군 소장, 근위장관

야마모토 에이스케(山本英輔)	1876~1962	해군 대장, 연합함대 사령관
이와시타 미치히라(岩下方平)	1827~1900	교토부 지사
가바야마 스케노리(樺山資紀)	1837~1922	해군 대장, 초대 대만 총독, 내무대신
마키노 노부아키(牧野伸顕)	1861~1949	외무대신, 이바라키·후쿠이 현 지사
다시로 안테이(田代安定)	1857~1928	대만총독부 관리, 식물학자
요시이 도모자네(吉井友実)	1828~1891	원로 참의관, 일본철도 사장
요시다 기요히데(吉田清英)	1840~1918	사이타마 현 지사

그런데 이것만이 아니다. 가지야초 바로 앞의 고우쓰키 강甲突川 건너편에는 우에노소노초上之園町와 고라이초高麗町가 있는데, 이 두 곳에서도 역시 다수의 유신 주역들이 나왔다.

우에노소노초 출신으로는 미시마 미치쓰네三島通庸, 1835~1888와 나가사와 가나에長澤鼎, 1852~1934가 있다. 미시마 미치쓰네는 내무부 토목국장과 경시총감을 지냈다. 나가사와 가나에는 1865년 영국으로 유학을 간 사쓰마 1차 영국 유학생 중 한 명이다. 다른 유학생은 런던대학에 들어갔지만 나가사와는 당시 나이 13세로 입학 연령에 못 미쳤기 때문에 자딘 매디슨 사장 집에 있으면서 어학교를 2년 동안 다녔다. 번의 재정 악화로 대부분 학생들이 귀국하는 가운데, 그는 기독교계 신흥 종교단체인 '새 생명 형제단Brotherhood of the New Life'에 들어가 힘든 노동을 하면서 신앙생활을 했고, 미국 영주권을 받았다. 교단 경영을 위해 와인 양조법을 배워 1875년 교단이 캘리포니아 산타로사에 양조장을 여는 데 공헌했고, 1900년에는 이를 매입해 캘리포니아 10대 양조장의 하나로 키웠다. 그의 와인은 영국에 수출된 최초의 캘리포니아 와인으로 기록되었다. 1983년에 일본을 방문한 레이건 대통령이 미일 교류의 시조로 나가사와 이름을 언급한 것을 계기로 그의 존재가 널리 알려졌다. 고라이초는 그 이름에서도 알 수 있지만 임진왜란과 정유재란 당시 조선에서 끌려간 사람들과 그 후손들의 마을이다. 고라이초 앞 고우쓰키 강에는 '고라이바시高麗橋'도 있다.

오쿠보 도시미치는 고라이초에서 태어났지만 어린 시절 가지야초로 이전하여 이곳 고주鄕中와 사쓰마 번교인 '조우시칸造士館'에서 사이고 다카모리, 요시이 도모자네吉井友實 등과 함께 학문을 배우면서 친구와 동지가 되었다. 위장이 약해서 무술은 약했지만 토론과 독서 등 학문은 매우 빼어났다. 친구인 사이고가 나리아키라의 측근이었던 반면 그는 히사미쓰의 측근으로 활약했다.

무력에 의한 새 정부 수립을 노리는 오쿠보와 사이고, 고마쓰 다테와키가 1867년 8월 14일 조슈 번의 카시와무라 카즈마柏村數馬에 무력정변 계획을 털어놓고 그것을 계기로 9월 8일 교토에서 사쓰마 번의 오쿠보와 사이고, 조슈 번의 히로사와 사네오미廣澤眞臣와 시나가와 야지로品川弥二郎, 히로시마 번의 쓰지이 가쿠辻維岳가 모여 출병 협정인 '삼번맹약三藩盟約'을 맺었다. 이 맹약의 초안은 오쿠보가 자필 작성한 것으로, 현재도 남아 있다.

오쿠보 도시미치는 메이지 유신에 성공한 이후 메이지 6년[1873]에 내무성을 설치하고 스스로 초대 내무경內務卿으로 실권을 잡으면서 학제 및 일본이 처음으로 토지에 대한 시적 소유권을 확립한 조세 개혁, 징병령 등을 실시했다. 부국강병을 슬로건으로 식산흥업 정책을 추진했다.

1

2

1   메이지 유신 150주년을 기념하는 깃발이 휘날리고 있는 고우쓰키 강을 잇는 다카미
     바시(高見橋). 다리 왼쪽이 가지야초, 오른쪽에 우에노소노초와 고라이초가 있다.
     다리의 동상에는 '메이지 유신의 어머니(明治維新の母)'라는 이름이 붙어 있다. 기
     모노를 입고 있지만 왠지 고려의 어머니 느낌이 나는 것은 필자만의 느낌일까?

2   오쿠보 노시미지의 탄생지. 왼쪽 건물이 바쿠후 말기의 사쓰마와 메이지 유신의
     전개를 살펴볼 수 있는 '유신의 고향관'이고, 그 앞길에는 '유신의 고향길'이라는
     이름이 붙어 있다.

메이지 10년[1877] 세이난 전쟁 때는 교토에서 신정부군을 지휘해, 절친한 친구인 사이고 다카모리와 대립해 그를 죽음에 이르게 할 수밖에 없는 운명의 시련을 겪어야 했다. 또한 같은 해 도쿄 우에노 공원에서 제1회 내국권업박람회를 개최했다. 이후 궁내경에 취임하여 메이지 정부와 일왕의 일체화 구상을 실현하려 했다. 그러나 1878년 5월 14일 도쿄 지요다 구千代田区의 기오이 고개紀尾井坂에서 이시카와 현과 시마네 현島根縣의 사족들에게 습격을 받아 살해되었다. 이것을 '기요이사카의 변紀尾井坂の変'이라고 한다. 향년 49세.

그 밖에도 고라이초 출신으로는 가와무라 스미요시川村純義, 1836~1904, 아리무라 유우스케有村雄助, 1835~1860, 아리무라 지자에몬有村次左衛門, 1839~1860, 다카시마 도모노스케高島■之助, 1844~1916, 미시마 야타로三島弥太郎, 1867~1919 등이 있다.

가와무라 스미요시는 번 내 최하위 계급 무사의 아들이었다. 아버지의 녹봉이 고작 4석이었다. 그러나 아내 하루코春子가 나중 육군 소장이 되는 시노하라 구니모토의 딸이고, 시노하라 누나가 사이고 다카모리의 어머니였다. 그러니 시노하라는 사이고 다카모리의 외삼촌이고, 가와무라는 사이고 외삼촌의 사위다. 그래서 사이고는 가와무라를 친동생처럼 돌봐주었다고 한다.

이후 가와무라는 '나가사키 해군전습소' 1기생 출신으로 일본 근대 해군의 주역이 된다. 해군 중장으로 군 생활을 마쳤으나 사후에 제독대장으로 승진했다. 일본 해군에서 전사가 아닌데도 사후 대장으로 승진한 것은 가와무라가 유일하다. 그의 이런 특혜는 그가 나중 쇼와 일왕이 되는 히로히토 왕세자裕仁親王의 양육 책임자였기 때문이다. 메이지 일왕의 신임이 각별했던 그는 히로히토의 탄생에 따라 시즈오카 현静岡縣 누마즈시沼津市 가와무라 가문 별장현재 왕실의 누마즈 별장에서 3년 4개월 동안 양육을 지도했다. 쇼와 일왕의 동생인 지치

유신의 주역 하급무사들. 왼쪽 끝이 이토 히로부미, 오른쪽 끝이 오쿠보 도시미치, 바로 옆이 사이고 다카모리

부노미야 야스히토 왕자秩父宮雍仁親王 역시 그가 양육 책임자였다. 이렇게 최하위 사무라이 출신이 왕족의 양육 책임자가 되는 것에는 무슨 사연이 있을까? 이는 뒤에서 다시 보도록 하자.

아리무라 지자에몬은 바쿠후의 위상을 크게 떨어뜨린 '사쿠라다 문 밖의 변櫻田門外の變'을 일으킨 장본인이다. 그는 안세이 6년1859 다이로大老 이이 나오스케井伊直弼가 주도하는 '안세이 대옥安政の大獄'이 일어나자 이에 격분해 그를 암살하기로 미토水戶 번사들과 계획하고, 다음 해 3월 24일 아침 삼짇날을 축하해 입성히는 이이 행렬을 에도 '성 사쿠라다 문 밖에서 습격했다. 그는 행렬 중앙 이이의 가마를 덮쳐 이이를 길거리로 끌어내 목을 잘랐다. 이후 그의

수급을 가져가려고 하다가 호위 무사에게 뒤통수를 베이는 중상을 입어 할복을 시도하던 중 구출되었으나 바로 절명했다. 향년 22세.

다카시마 도모노스케는 사쓰마 번교인 '조우시칸' 출신으로 육군 중장, 대만 부총독, 육군대신, 국무장관을 지냈다. 미시마 야타로는 미시마 미치쓰네三島通庸의 맏아들로 학교 성적이 우수해 관비유학생으로 도미, 웨스트 필라델피아중학교를 거쳐 매사추세츠 농과대학에서 농정학을, 코넬대학교 대학원에서 해충학을 배웠다. 귀국 후 1897년메이지30년 상원의원에 당선됐다. 철도 국유화에 노력하고, 금융업에 깊이 관여해 요코하마쇼긴은행横浜正金銀行 행장을 거쳐 1913년 제8대 일본은행 총재에 취임했다. 일본에서 처음으로 시중은행의 예금 금리협정의 성립에 노력했다. 첫 번째 부인은 육군대신을 지낸 오야마 이와오大山巖의 큰딸 노부코信子다.

이렇게 보면 나란히 붙은 인근 세 마을 출신들이 메이지 정부의 요직을 모두 독점한 사실의 이유가 궁금하지 않을 수 없다. 도대체 어떤 이유가 있는 것일까? 그 해답은 일단 '고주鄕中'라고 하는 일종의 마을 인구 편제를 기본으로 하는 교육 시스템에서 찾을 수 있다. '고주'는 일단 4~5개의 마을町을 하나의 '호기리方限'로 묶어 거기에 포함되는 거주자들을 6~10세의 직은 아이小稚兒, 고치고, 11·15세의 큰 아이長稚兒, 오세치고, 15~25세의

가와무라 스미요시

젊은이二才,니세, 유부남인 장로長老,오센시 등 4개 그룹으로 나누었다.

각각의 그룹에서 '우두머리頭'를 선정해, 우두머리는 고주 생활의 모든 것을 감독하고 그 책임을 졌다. 고주에 편입되면 '시야舍'에 모여 무술과 학문에 힘썼다. 규율은 매우 엄격해서 이를 어기면 '니세' 자격을 획득할 수 없고, 의심의 여지없이 군신으로 중용되지 못했다.

'고주'는 시마즈 요시히로 때부터 시작되었으나 교육 기관으로서 기능이 강화되는 것은 에도 중기 이후의 일이라고 한다. 지금도 현존하는 번의 법령에 따르면 시마즈 요시타카島津吉貴가 '고주'의 기강을 확립하고 문무를 장려하라는 지침이 나오는 등 그 운영에 고심한 것이 나타나고 있다. 에도 바쿠후 말기에는 교육을 더욱 활성화하고 '고주'의 풍토를 쇄신하는 수단으로 문무를 장려하기 위해 검술 연습을 의무제출석제로 실시했다.

그런데 가지야초와 우에노소노초, 고라이초는 하나의 '호기리'로 묶여 있는데다 하급무사 마을 출신이라는 공통점이 있었다. 이들은 하급무사로서 부모들이 겪는 설움과 박해를 모두 봐왔으므로 누구보다 끈끈한 결속력으로 뭉칠 수 있었다. 그런 가운데 사이고 다카모리와 오쿠보 도시미치라는 걸출한 두 인재가 두각을 나타냄으로써, 같은 '호기리'에서 동고동락한 친구들을 이끈 것이라고 볼 수 있다.

이들의 결속력은 사쓰마 영국 유학생 출신들이 이들에게 형편없이 밀린 사실에서도 증명된다. 사쓰마 번은 가로와 상급무사들 자제로 유학생을 선발해 모두 15명을 무기상 글로버가 준비한 배오스타라이엔호로 영국에 밀항시켰다. 그런데 이들 유학생 가운데 출세한 사람은 초대 문부내신을 시낸 모리 아리노리와 외교관과 판사를 지낸 고다이 도모아쓰 정도다. 가지야초 출신 하급무사들이 거의 정부의 고관으로 엄청난 신분 상승을 한 것에 비교하면 정말 초라할 정도다. 이는 메이지 유신이 결국 하급무사들에 의한 쿠데타 성격을 매우 강하게 갖고 있다는 사실을 말해준다.

그런데 한 가지 특기할 사실은 이들 '특수한 지역' 출신으로 출세한 자들은 유신 이후 자신의 출신지를 숨기고 사쓰마 번 엘리트들을 멀리하는 차별정책을 실시했다. 그래서 메이지 이후 이들 부락의 해방은 이루어지지 않았다. 같은 마을 하급무사 출신이 아닌, 다른 계급의 상승을 강력히 억누른 것은 당연했다.

조상의 혼이 깃든
꽃병의 귀환

앞에서 잠깐 이야기했듯 1867년 파리 만국박람회에 사쓰마 번은 바쿠후 의지와 상관없이 독자적으로 상품을 출품했다. 그중 가장 화제를 모은 것의 하나가 12대 심수관의 '시로사쓰마'였다. 그리고 6년 후인 1873년 비엔나 만국박람회에서는 심수관 가마의 '금수목단문화병錦手牧丹紋花瓶'이 입선해, 사쓰마야키의 명성을 한층 더 드높였다. 그런데 14대 심수관은 1970년대 유럽 여행을 가서 12대 심수관의 '모란화병'을 무려 2억 엔한화로 약 21억 원에 되찾아왔다.

이처럼 조상의 혼이 깃든 화병의 귀환은 사쓰마에 있어 하나의 역사적 소명으로 인식되는 듯하다. 물론 전후 일본이 경제적 급성장으로 세계 2위의 경제대국이 되면서 가능해진 일이지만 과거 개화기에 유럽으로 팔려나갔던 작품 가운데 그 가치가 높다고 판단되는 것들의 상당수가 이렇게 일본에 되돌아왔다. 그렇게 일본 땅으로 귀환한 사쓰마야키 '불세출의 걸작'들은 모래찜질로 유

1 이부스키 하쿠스이칸(白水館)의 '사쓰마덴쇼칸(薩摩伝承館)'의 1층 전시실 자체도 명품이다.
2 사쓰마야키는 서양인들이 좋아하는 화려함의 극치를 보여준다.

사쓰마야키를 모방한 교토의 교사쓰마(京薩摩) 19세기 후반 꽃병

chapter 4

명한 관광명소 이부스키 하쿠스이칸의 '사쓰마덴쇼칸'에 모여 있다. 하쿠스이칸은 지난 2004년 한일정상회담 당시 고 노무현 대통령이 머물렀던 일본 최고 료칸의 하나다. 사쓰마덴쇼칸은 사쓰마야키를 자랑하기 위한 목적의 박물관으로 지난 2008년에 개관했다.

사쓰마덴쇼칸 1층은 심수관 가마의 작품들과 되사온 사쓰마야키를, 2층은 사쓰마 근대화와 관련한 각종 사료, 사쓰마야키의 종류별 실물을 전시한다. 이곳에 들어서면 바로 그 순간부터 입이 떡 벌어져서 움직이기 힘들다. 그야말로 지상의 것이 아닌, 천상의 명물이라고 해야 할 명품 자기들이 즐비하게 놓여 있기 때문이다.

1   19세기 긴란데 모란 꽃병
2   긴란데 올빼미 꽃병
3   19세기 후반 인물 그림의 사자 뚜껑 큰 항아리
4   심수관 가마 이로에인 '구름과 학, 파도 그림의 사면 꽃병'

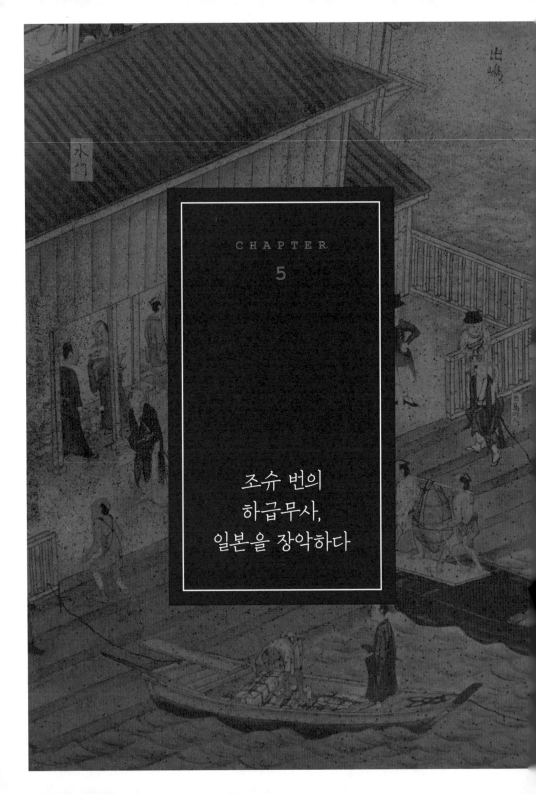

CHAPTER
5

조슈 번의
하급무사,
일본을 장악하다

一
。
하
급
들
의

상
급
무
사
세
상
에
대
한

하
극
상
쿠
데
타

사쓰마가 일대 각성을 하고 군비 구입에 박차를 가하게
된 계기가 영국과 전투를 치렀던 '사쓰에이 전쟁'이었음을 앞에서 보았다. 조
슈 번 역시 서양 세력을 배척하는 것, 양이가 불가능하다고 깨닫게 된 절대적
인 계기가 있었다. 그것이 바로 '시모노세키 전쟁'이다. 그런데 '시모노세키 전
쟁'도 '사쓰에이 전쟁'이 벌어지던 바로 그 해에 일어난 사실은 운명적인 필연
인가?

시모노세키 전쟁,
조슈 번의 각성(메이지유신 –4년)

안세이 5년[1858], 미국의 강한 요구에 따라 비쿠후가 일미통상수호조약을 맺
고, 네덜란드, 러시아, 영국, 프랑스와도 비슷한 조약을 체결함으로써 바쿠후

의 쇄국 체제는 완전히 무너졌다. 이것이 '안세이 5개국 조약安政五カ國條約'이다. 그러나 고메이孝明 일왕은 화친조약이든 뭐든 어쨌든 통상조약에는 반대한다고 하며, '안세이 조약'에 대해 공인하지 않았다. 또한 바쿠후에 불만을 가진 양이파는 조정의 양이파 신하들과 존왕사상으로 결합되어 서로 마음을 합치게 되었다.

이러한 움직임에 대해 바쿠후의 다이로 이이 나오스케는 탄압정책안세이의 대옥으로 대응했지만 1860년 사쓰마와 미토 번을 벗어난 떠돌이 무사들에 의해 암살되었다사쿠라다 문밖의 변. 이 사건으로 바쿠후의 위신은 크게 요동하기 시작했다. 아울러 개항으로 인해 명주실이 대량으로 수출되며 물품이 부족해지고 가격이 오르면서 금 교환 비율의 차이에 따라 대량의 금이 유출되고 경제 상황이 매우 혼란해졌다. 이에 따라 바쿠후의 개항 정책을 비판하는 양이 기운은 전국적으로 고조되면서 정치 불안으로 이어졌다.

나중 바쿠후 토벌의 중심 세력이 될 조슈 번은 분큐 원년1861 번의 메스케目付이[01]었던 나가이 우타長井雅樂의 공무합체론 책략을 번의 입장으로 견지하면서 나가이 자신이 이를 바쿠후에 진언하여 큰 신뢰를 유지할 수 있었다. 그러나 당시 그는 요시다 쇼인吉田松陰, 1830~1859의 에도 호송을 제지하지도, 변명하지도 않았기 때문에 번의 존왕양이파는 그에 대한 암살을 기획하는 등 원한을 샀다. 분큐 2년1862, 공무합체를 추진했던 로주 안도 노부마사安藤信正와 구제 히로치카久世廣周가 '사쿠라다 문 밖의 변'으로 실각하면서 번 내에서도 양이파가 세력을 회복해 6월에는 나가이가 직위에서 파면되어 다음 해 할복자살을

---

01 번 내 사무라이들의 위법을 감찰하는 직위로 감찰관에 해당한다.

관광지로 바뀐 시모노세키 앞바다 간몬 해협(関門海峽)의 포대

명받음으로써 자연 존왕양이가 번론藩論이 되었다. 아울러 조슈 번사들은 조정의 양이파 고관들과 적극적으로 관계를 맺고 간접적으로 교토 조정의 주도권을 잡아나갔다.

그런 가운데 분큐 3년[1863] 5월 10일[양력 6월 25일]이 되면 바쿠후의 도쿠가와 이에모치德川家茂 쇼군도 고메이 일왕의 강력한 요구에 따라 어쩔 수 없이 양이를 실행하겠다고 약속하고, 이를 각 번에게 통보한다. 그러면서도 바쿠후는 '나마무기 사건'의 손해배상 협상에 쫓기면서, 양이 결행은 외국과 승산 없는 전쟁을 하게 되고, 그 피해는 헤아릴 수 없다는 취지의 통지도 전달했다.

바쿠후는 배상금 44민 달러를 양이 실행을 다짐한 진날인 5월 9일 영국에게 전달하면서 각국 공사들에게 개항장 폐쇄 및 외국인 퇴거를 서면으로 통보하여 양이 실행 체재를 갖췄다. 그러나 이와 동시에 구두로 실제적인 폐쇄 실행 의지가 없다는 취지도 전하고, 실제 9일 후에는 서면으로도 폐쇄 철회를 통보했다. 이처럼 바쿠후가 아무런 행동을 하지 않자 존왕양이를 독자적으로 실천하고 나선 곳이 바로 조슈 번이었다. 조슈 번은 동해와 내륙을 연결하는 해운 요충지 시모노세키 앞 바다 간몬 해협에 포대를 정비하면서 병사 1,000명 정도를 주둔시켰다. 아울러 범선 군함인 헤이신마루丙辰丸와 코우신마루庚申丸, 증기 군함인 진쥬쓰마루壬戌丸와 키가이마루癸亥丸를 배치하고 해협 봉쇄 태세를 갖추었다. 증기 군함 2척은 원래 영국제 상선을 구입해 포를 탑재한 것이었다.

이윽고 5월 10일, 조슈 번 파수꾼이 다노우라田ノ浦에 정박하는 미국 상선 펨브로크Pembroke를 발견했다. 조후 번長府藩02 번주이자 총부교인 모리 모토치카毛利元周는 망설였지만 구사카 겐즈이久坂玄瑞, 1840~1864 등의 강경파가 공격을 주장해 공격을 결행했다. 다음 날 오전 2시 무렵 해안 포대와 군함이 포격을 가하자 공격을 전혀 예상하지 못했던 미국 상선은 도주했다. 외국 선박에 타격을 가했다는 소식이 전해지자 조슈 번의 사기는 매우 올랐고, 조정에서도 즉시 포상 소식을 알려왔다.

5월 23일 되면 요코하마에서 나가사키로 향하는 프랑스 연락선 키엔창Kien-Chang 호가 조슈 번 앞바다에 정박해 있는 것을 발견한다. 조슈 번은 배가 해협에 들어오길 기다려 각 포대에서 포격을 가하여 몇 발이 배에 명중, 손상을 주었다. 펨브로크 호가 나가사키에 돌아오지 않고 상하이로 가는 바람에 아

---

02 조슈 번에서 갈라져 나온 지번(支藩)

직 정확한 사정을 모르고 있던 키엔창 호는 함포로 응전을 하면서도, 협상을 위해 서기관을 대표로 하는 작은 배를 육지에 보냈다. 그러나 조슈 번 병사들이 총격을 가해 서기관은 부상을 입고 병사 4명이 사망했다. 프랑스 배는 급히 해협을 빠져나가 다음 날 나가사키에 도착했다.

5월 26일에는 외교관을 태운 네덜란드 동양함대 소속의 메두사Medusa 호가 나가사키에서 요코하마로 가기 위해 해협에 들어섰다. 이 배는 키엔창 호에 대한 공격 소식을 알고 있었지만 네덜란드는 다른 나라와 달리 쇄국시대부터에도 바쿠후와 오랜 우호 관계가 있었고, 나가사키 부교의 허가증도 있었던데다 바쿠후의 도선사도 함께 타고 있었기 때문에 공격을 받지 않을 것이라고 방심하고 있었다. 그러나 조슈 번의 포대는 이런 사실에 아랑곳하지 않고 포격을 가했다. 메두사 호는 1시간가량 교전에 17발을 맞고 4명의 사망자가 발생하는 등 큰 피해를 입고 도주했다.

미국과 프랑스의 분노는 당연했다. 미국은 바쿠후에 항의를 하는 한편, 요코하마에 입항해 있던 군함 와이오밍Wyoming 호를 출항시켰다. 6월 1일 시모노세키에 도착한 와이오밍 호는 해안 포대의 사정거리 밖에서 항해하면서 항구에 정박 중인 조슈 번 군함에 조준 포격을 가했다. 이에 도주하던 진쥬쓰마루와 코우신마루가 격침을 당하고, 키가이마루는 크게 파손되었다. 원래 빈약했던 조슈 해군은 괴멸 상태가 되었고, 해안 포대도 막대한 피해를 입었다. 와이오밍 호는 혁혁한 보복 전과를 올리고 요코하마로 귀환했다.

프랑스도 가만히 있지 않았다. 6월 5일, 프랑스 동양함대의 세미라미스Semiramis 호와 딩크레드Tancrede 호가 보복을 위해 해협에 들어갔다. 35문의 포를 장착한 대형 군함 세미라미스 호는 맹포격을 가한 다음 프랑스의 해병대

미국 와이오밍 호의
시모노세키 공격을
묘사한 삽화

가 조슈 번의 포대를 점거하여 민가를 불사르고 대포를 파괴했다. 조슈 번의
저항은 미약했다. 조슈 번은 구원 부대를 보냈지만 함포 포격에 막혀 전진할
수 없었고, 그 사이 프랑스 해병대는 유유히 철수해 함대와 함께 요코하마로
귀환했다.

미국과 프랑스 군함의 잇따른 공격을 받고 조슈 번은 그제야 서양 군사력을
실감했다. 양이가 불가능하다는 사실을 깨닫고 영내에서 봉기가 발생해 자발
적으로 외국 군대에 협력하고자 하는 사람들까지 나타났다. 조슈 번의 자각
은 대대적인 군제 개혁으로 이어졌다. 사쓰마가 나리아키라 번주 시절인 1843
년 서구식 총대를 조직하고 1852년에 프랑스식 기병대를 만들었던 반면 조
슈는 1857년까지 군제 개혁에 큰 관심을 보이지 않았다.

조슈가 군제 개혁에 눈을 뜬 것은 1858년 스후 마사노스케周布政之助, 1823·1864
가 번주를 대리하여 행정을 관장하고 야마다 우에몬山田宇右衛門, 1813~1867이 군사 담당이 된 후부터다. 그는 번 내에서 학생 30명을 선발해 나가사키 해군훈련소에서 해군 기술을 익히게 했다. 이들이 일 년 후에 복귀하자 이들을 주축으로 소규모 소총부대를 편성했다. 이들은 보병, 포병, 기병으로 나누어 훈련을 받았고, 최신 게베르^{Gewehr} 소총을 지급받았다. 1860년에는 네덜란드로부터 군함을 구입하기 시작했고, 조슈 번교인 메린칸^{明倫館}에서 군사학을 가르쳤다.

미국과 프랑스의 연이은 공격으로 위기에 처한 조슈 번의 13대 번주 모리 다카치카는 난국을 헤쳐 나갈 임무를 다카스기 신사쿠^{高杉晋作, 1839~1867}에게 맡겼다. 요시다 쇼인이 가르치는 '쇼카손주쿠^{松下村塾}'에서 공부하면서 일찍이 깨달음을 얻은 다카스기는 번 인구의 1%도 되지 않는 사무라이 병력만으로는 구미 열강과의 전쟁에서 이길 가능성이 없으므로, 사무라이 이외에 농민, 상인 계층에서도 널리 모병해 군

사력을 보충하고 새로운 형태의 부대를 결성해야 한다고 혁신적인 개혁안을 내놓았다. 이에 따라 만들어진 것이 하급무사와 농민, 서민으로 이루어진 기병대^{奇兵隊}다. 기병대에는 창대 26인, 총대 99인, 포대 44인, 보병소대 65인 등이 배치되었다. 이밖에 응징대^{膺懲隊}, 팔번대^{八幡隊}, 유격대^{遊擊隊} 등 여러 부대도 결성되었다. 심

29세 때의 다카스기 신사쿠

지어는 백정으로 구성된 도용대屠勇隊도 만들어졌다. 이런 여러 부대를 제대諸隊라 일컬었다.

임진왜란 당시 조선 의병처럼 자발적인 민중부대가 만들어진 것은 다카스기가 신분과 가문에 관계없이 "오로지 실력 있는 자는 귀하게 된다"고 지도했기 때문이었다. 모든 인민이 무장할 수 있는 자유, 민간의 대장간이 마음대로 무기를 만들 수 있는 자유를 인정한 것은 일본 역사에서 전무후무한 일대 혁명이었다.

하급무사와 서민으로 제대가 결성되자, 상급무사들도 선봉대先鋒隊라고 하는 별도의 부대를 만들었는데, 조슈 번 안에서의 내전은 하급무사 대 상급무사의 실질적인 계급 전쟁이라고 할 수 있다. 상급무사들은 교토의 조정과 에도 바쿠후와 원만한 관계를 유지하고 급격한 변화를 제지하면서 자신들의 기득권을 지키려 했고, 하급무사들은 '갑上級'이 모든 것을 지배하는 봉건 체제의 억압 쇠사슬에서 벗어나 새로운 세상을 만드는 꿈을 가졌다.

한편 다카스기는 포대를 복구한 후, 고쿠라小倉 번의 일부 땅도 점령해 새로운 포대를 쌓고 해협 봉쇄를 계속했다. 고작 지방의 번에 불과한 조슈가 서양 4개국을 상대로 하는 전쟁을 준비한 것이다.

그러나 7월 8일 바쿠후는 외국 선박에 대한 포격을 자제하도록 조슈 번에 통보한다. 7월 16일엔 조요마루에 힐문사詰問使를 태워 보내 무단으로 외국 선박을 포격한 사실과 오쿠라 번령을 침입한 사실을 문책했다. 그러나 적반하장으로 조슈 기병대는 미 해군과의 교전에서 잃은 군함 대신 바쿠후 소속의 조요마루를 자신들에게 제공할 것을 요구하고, 8월 9일엔 급기야 이를 강제 나포한다. 이에 그치지 않고 힐문사를 살해하기에 이른다. 이것이 '조요마루 사

조슈 번 기병대의 어느 날

건朝陽丸事件'이다.

당시만 해도 교토 조정은 조슈 번을 지지하는 양이파가 주도권을 쥐고 있었지만 8월 18일 교토수호직의 아이즈 번주 마쓰다이라 가타모리松平容保, 1836~1893와 그의 동생으로 교토소사대京都所司代03를 맡고 있던 이세구와나伊勢桑名 번주 마쓰다이라 사다아키松平定敬, 1847~1908, 사쓰마 번 등이 결탁하여 고메이 일왕의 양해 하에 쿠데타를 일으킨다. 이로 인해 양이파 신하들은 실각하

03 교토의 치안 유지 임무를 맡은 기관으로 지금의 교토경찰청에 해당한다.

고, 조슈 번도 조정으로부터 배제된다. 이것이 '8월 18일의 정변八月十八日の政変'
이다. 아울러 조슈 번을 비롯한 양이파의 교토 세력은 후퇴하고 지사들은 다
수가 살해되거나 체포된다.

이렇게 일왕과 바쿠후에게 동시에 배척받고 고립무원의 처지에 있으면서도
조슈 번은 양이의 자세를 무너뜨리지 않고 시모노세키 해협 봉쇄를 계속 유
지했다. 이듬해인 겐지 원년¹⁸⁶⁴ 2월 1일에는 역시 해협을 항해 중인 '나가사
키마루長崎丸'가 조슈 번 포대의 공격을 받아 사쓰마 번사 24명이 사망하는 사
건이 벌어졌다. 이 배는 사쓰마가 바쿠후로부터 대여 받아 사용하던 배였다.
그날은 시야가 불량해서 사쓰마 배로 인식하고 포격을 가했는지 불분명해
서, 조슈 번의 사과로 일단 넘어갔다. 그러나 다음에도 조슈 번은 사쓰마 번의
어용상선 '가도쿠마루加德丸'에 불을 지르고 승조원을 살해했다.

'8월 18일의 정변'이 실패로 돌아간 이후 조슈 병사들은 신발에 '사쓰마는 적
이고, 아이즈는 간신이다薩賊會奸'라고 적어 이를 짓밟고 다닐 만큼 사쓰마와
아이즈 번에 대한 깊은 원한을 갖고 있었다고 한다. 사쓰마 배에 대한 공격은
아마도 이런 감정이 작용한 게 아닌가 싶다.

시모노세키 항해로가 막혀 있는 것은 일본과 무역을 하는 서양 열강에 매우
큰 불편을 초래했다. 다만 영국의 경우 대일 무역에서 순조롭게 이익을 올리
고 있고, 영국 선박이 직접 피해를 입은 적도 없고, 무력행사에는 막대한 전비
가 소요되기 때문에 해협 봉쇄 문제에 대해선 관망의 자세를 일관했다. 그러
나 러드퍼드 올콕Rutherford Alcock 주일 공사는 요코하마에 이어 나가사키마저
무역이 점점 원활해지지 않자 조슈의 양이 노선으로 바쿠후의 개국 정책이
후퇴할 수 있다는 위기감을 가졌다. 그러던 차 1864년 2월, 바쿠후는 급기야

아베 총리 선거 지역구인 시모노세키 항구 모습. 여전히 규슈와 혼슈를 잇는 교통의 요충지다.

요코하마 항구 폐쇄 의사를 보이기 시작했다.

올콕 공사는 일본인으로 하여금 양이가 불가능하다는 사실을 깨닫게 하기 위해 '문명국'의 무력을 보여줄 필요가 있다고 느끼고, 프랑스와 미국, 네덜란드에 조슈 번을 응징할 것을 제안했다. 이에 모두 동의함으로써 4월 4개국 연합의 무력행사가 결정되었다. 올콕은 본국에 시모노세키를 공격하는 취지의 서한을 보냈고, 본국 외무성은 여전히 일본과의 전면전으로 이어질 수 있는 무력행사에는 부정적이라는 훈시를 내보냈지만 당시 영국과 일본의 연락에는 빨라도 두 달에서 반년이 걸렸으므로, 실제 훈시가 도착한 것은 공격 실행 다음이었다.

한편 영국에 유학하고 있던 조슈 번사 이토 슌스케伊藤俊輔[04]와 이노우에 가오루井上馨, 1836~1915가 4개국 연합의 조슈 번 공격이 임박한 사실을 깨닫고, 전쟁을 멈추게 하기 위해 서둘러 귀국길에 올랐다. 영국의 국력과 기계 기술이 일본보다 훨씬 뛰어난 것을 현지에서 알게 된 두 사람은 전쟁을 해도 절대로 이길 수 없다는 사실을 실감하고 있었다.

이토와 이노우에는 3개월 걸려 6월 10일 요코하마에 도착해 올콕 공사를 면회하고 조슈 번주를 설득하겠다고 약속했다. 이에 올콕도 두 사람을 분고 국 히메시마姬島까지 군함에 태워 보내 조슈에 쉽게 갈 수 있도록 배려했다. 두 사람은 번주 모리 다카치카와 번 수뇌부에 전쟁을 중지해달라고 강력하게 요청했지만 조슈는 여전히 강경론에 싸여 있어서 헛수고로 돌아가고 말았다.

7월 27일과 28일, 영국 해군의 아우구스투스 L. 쿠퍼Augustus Leopold Kuper 제독을 총사령관으로 하는 4개국 연합함대는 요코하마를 출항했다. 함대는 17척으로, 영국 9척, 프랑스 3척, 네덜란드 군함 4척, 미국 군함 1척에 총원 5,000여 명의 병력이었다.

8월 4일 연합함대의 공격이 임박해진 사실을 안 조슈 번은 드디어 해협 항해 보장과 전쟁 중지를 결의하고, 이토 슌스케를 어선에 태워 협상에 들어가려 했지만 함대는 이미 전투 태세에 들어가 있었다. 너무 늦은 결정이었던 것이다.

04 이토 히로부미가 개명하기 전 이름

시모노세키를 경비하는 조슈 번 병력은 기병대 2,000여 명, 포 100문 정도에 불과했다. '긴몬의 난' 때 주력 부대를 교토에 파견한 사실도 있고 해서 더욱 약체였다. 대포의 수가 너무 모자라 나무더미 포까지 준비하고 있었다.

5일 오후가 되자 연합함대의 포격이 시작됐다. 조슈 번도 응전했지만 화력의 차이가 너무 압도적이어서 애당초 경쟁이 되지 않았다. 포격은 한 시간 만에 싱겁게 끝났고, 연합군 해병대는 함대에서 내려 포대를 점거하고 포를 파괴했다. 6일 일부 해병대는 시모노세키 함락을 목표로 내륙에 진군하면서 조슈 부대와 교전했다. 7일 함대는 히코 섬彦島 포대를 집중 공략해 포 60문을 노획했다. 8일까지 시모노세키 포대는 모조리 파괴되었다.

영국, 미국, 프랑스, 네덜란드 연합군이 시모노세키 포대를 점령할 당시의 기록 사진

전의를 상실한 조슈 번은 다카스기 신사쿠를 연합함대 지휘관 쿠퍼에게 보내 강화 교섭을 시작했다. 이때 다카스기의 통역은 이토 히로부미가 맡았다. 다카스기는 영국의 배상 요구에 대해 서양 함선 공격은 바쿠후의 양이 결정에 따른 것으로 바쿠후에게 책임이 있으므로, 배상금도 바쿠후에 청구해야 한다고 당당하게 맞섰다.

약간의 진통 끝에 8월 14일 시모노세키 조약이 체결되었다. 이에 따라 외국 선박들의 자유로운 해협 통과 보장, 석탄과 물 그리고 식량 등 필수적인 물품 보급, 태풍 등으로 조난당할 경우 상륙 허가, 해안 포대 설치 금지 등이 결정됐다. 영국은 한 걸음 더 나아가 시모노세키 앞바다에 있는 조그만 섬인 히코시마彦島에 대한 토지 할양조차도 요구했다. '난징조약'을 통해 중국에서 홍콩을 할양받은 경험을 살려 일본에도 똑같은 상황을 만들고자 한 것이다. 자칫하면 시모노세키에 제2의 홍콩이 생겨날 판이었다. 그러나 다카스기는 영토 할양이 곧 식민지가 되는 지름길임을 알고 있어서 이를 한사코 거부했다. 그가 중국 상하이 조계租界[05]를 다녀왔던 경험을 통해 그곳에서 중국인들이 영국인들로부터 노예 취급을 받는 현실을 잘 알고 있었기 때문이다.

다카스기는 이렇게 말했다고 한다. "나는 전쟁에 패해 항복하러 온 것이 아니다. 포대가 파괴됐고, 대포를 빼앗겼다고 해서 전쟁에 진 것은 아니다. 우리는 여전히 수만 명의 무사를 동원할 수 있지만 영국은 3,000명의 육전대밖에 없다. 그런 병력으로 우리를 제압할 수는 없다."

일시적으로 수세에 밀렸지만 육지에서 백병전을 끝까지 치르겠다는 강력한

---

05 외국인이 자유롭게 거주하며 치외법권을 누릴 수 있도록 설정한 구역

결의에 영국도 한 발 물러서지 않을 수 없었다. 그런데 조슈 번은 토지 할양을 결코 인정하지 않았던 반면 시모노세키 항구 개방엔 매우 적극적으로 나섰다. 조약을 체결하는 바로 그날 항구에 외국 선박에 대한 물자 판매 장소를 지정하는 등 개방 조처로 무역을 시작했다. 시모노세키를 나가사키와 같은 사실상의 자유 무역항구로 만들고자 하는 의지를 보인 것이다. 존왕양이에 가장 앞섰던 조슈 번이 이처럼 180도 변해서 서양과 친밀한 관계를 맺고자 노력하는 태도는 바쿠후를 매우 당황하게 했다.

사쓰마가 '사쓰에이 전쟁'을 통해 군사력으로 서양을 물리칠 수 없고, 결과적으로 양이는 불가능하므로 이에 맞설 수 있는 군사력을 키워야겠다는 각성을 한 것처럼, 조슈 역시 똑같은 깨달음을 얻은 것이다. 그리하여 양이 세력의 근거지였던 조슈는 적극적인 근대화의 길로 급선회해서 가기 시작한다.

'악동' 조슈 번에 대한 1차 정벌과 조슈의 군제 개혁

조슈 번의 이러한 탈바꿈과는 별도로, 시모노세키 전쟁 바로 직전인 7월 8일에 벌어진 '이케다야 사건池田屋事件'은 조슈 번을 막다른 궁지로 몰고 갔다. 이날 교토수호직 휘하 치안 유지 조직인 '신센구미'는 교토 산조三條 기야마치木屋町의 이케다야池田屋에서 세력 만회를 노리고 잠복하고 있던 조슈, 도사 번 등의 존왕양이파 지사들을 습격한다. 이로 인해 왕궁에 불을 지르고 혼란을 틈타 교토수호직 등을 암살하려 했던 40여 명의 양이파 번사들이 무참히 살해딩했다. 이 사건은 일본 영화를 비롯해 애니메이션 등에 숱하게 등장하는 '신센구미'가 일거에 유명해지는 계기가 되었다.

'긴몬의 난'을 묘사한 병풍 그림

사건의 여파로 분위기가 더욱 강경해진 조슈 번은 고립 심화를 타개하고자 '영주의 면죄를 호소한다'면서 부대를 교토에 파견해 국면을 일거에 타개하고자 했다. 8월 20일 교토로 쳐들어간 조슈 부대는 왕궁까지 침투했지만 교토를 지키는 아이즈와 이세구와나 주력부대가 이를 막고, 사쓰마 부대가 원군으로 달려와 격퇴 당했다. 이것이 '긴몬의 난'이고 조슈의 군사력이 약해진 이유다.

너무 과격하고 급진적인 조슈 번의 행동에 바쿠후와 고메이 일왕은 동시에 골머리를 썩고 있었고, '긴몬의 난'이 벌어진 다음부터는 확실히 원수가 되어버린다. 조슈 번은 확실히 '악당'이었다. 이런 조슈를 응징하지 않고 그대로 둔다는 것은 일왕에게나 에도 바쿠후에게나 커다란 치욕이었다.

그리하여 마침내 조슈를 징벌하기 위한 '제1차 조슈 정벌'이 이루어진다. 조정은 조슈 번을 적으로 선포, 번주인 모리 다카치카와 모리 모토노리毛利元德, 1839~1896 부자의 직위를 빼앗고 체포령을 내렸다. 불과 일 년 전만 해도 일왕과 조정의 전폭적인 지원을 얻고 교토 정국을 주도하던 조슈가 이제 타도의 대상이 된 것이다.

1864년 8월 24일, 격노한 고메이 일왕이 바쿠후에게 조슈를 토벌하라는 칙지를 내리자, 쇼군 도쿠가와 이에모치德川家茂, 1846~1866는 오와리 번주 도쿠가와 요시카쓰德川慶勝, 1824~1883를 총대장으로 삼아 15만의 토벌군을 구성했다. 토벌군은 히로시마 고쿠타이지國泰寺에 사령부를, 히젠 고구라 싱小倉城에 부사령부를 설치하고, 12월 16일을 총공격 날짜로 정했다.

토벌군이 출병했다는 소식이 전해지자, 조슈 번은 이와쿠니岩國 번주 요시가와 쓰네마사吉川経幹를 내세워 정벌군의 전권을 위임받은 사쓰마의 사이고 다카모리와 교섭을 추진했다. 조슈는 바쿠후군에게 '긴몬의 난' 당시의 책임자들을 보내는 것을 조건으로 화평을 요청했고, 당시 바쿠후군을 이끌던 사이고 다카모리 또한 조슈를 상대로 무리한 전쟁을 지속하고 싶지 않았기에 이를 수락한다.

이에 따라 조슈에서는 3명의 가로 고니시 신나노國司親相, 마스다 치카노부益田親施, 후쿠바라 모토다케福原元僴가 할복자살하고, 4명의 참모 시시 도마스미宍戸眞澂, 다케노우치 쇼베에竹内正兵衛, 나카무라 구로中村九郎, 사쿠 마사헤佐久間左兵衛가 참수당하고, 5명의 중신 산조 사네토미三條實美, 1837~1891 06, 산조 니시스에도모三條西季知, 시조 다카우타四條隆謌, 히가시쿠제 미치토미東久世通禧, 미부 모토오사壬生基修를 추방하는 한편 사죄 문서를 제출한다. 이로써 바쿠후는 1865년 1월 24일 토벌군을 해산시켰고, 제1차 조슈 정벌은 종결되었다.

그러나 조슈의 사죄와 토벌군 해산으로 사태가 해결된 것은 아니었다. 조슈 모리 번주 부자와 산조 사네토미 등 5명의 중신을 에도로 데려와 처벌하는 문제가 남아 있었다. 직위를 박탈했다고 하지만 모리 다카치카는 여전히 영내를 돌아다니며 결속을 다졌고, 에도로 오라는 명령에는 응하지 않고 있었다. 또한 '긴몬의 난'을 주도한 존왕양이파 가신들이 처형되면서 상급무사 중심의 보수파가 실권을 장악했지만 후쿠오카로 도망쳐 은거했던 다카스기 신사쿠가 1865년 2월에 시모노세키로 다시 돌아와 쿠테타를 일으킨다.

---

06 메이지 정부 초기 최고 관직인 태정대신을 지냈고 이후 내각 제도가 확립되자 일왕의 보좌역인 초대 내대신을 지냈다.

코잔지에 세워진 다카스기 신사쿠
'가이텐 의거' 동상.
비문에는 '한 번의 회천으로
메이지 유신을 온 천하에 빛나게 하다
(一鞭回天明治維新宇內うだいに輝く)'
라고 쓰여 있다.

코잔지功山寺에서 이토 히로부미가 이끄는 역사대力士隊07, 이시카와 코고로石
川小五郎가 이끄는 유격대遊擊隊 등 여러 부대를 합쳐 다시 군대를 일으킨 것이
다. 이를 천하의 형세를 바꾼다回天는 의미를 가져 '가이텐 의거回天義擧'라 한
다. 그러자 여기에 기병대도 참여하고, 번의 병사들 가운데에서도 봉기 세력
에 호응하는 자들이 속출하여, 4월이 되면 바쿠후에 복종하는 속론파俗論派
의 수괴 모쿠나시 토타椋梨藤太를 처형하고 다시 실권을 장악했다.

당시 26세였던 다카스기는 단 80명의 병사를 이끌고 가이덴 의거에 성공한
것이다. 이렇게 다카스기의 조슈는 시모노세키 전쟁, 조슈 정벌 전쟁, 보수파
의 번 장악 등 내우외환을 모두 뚫고 나가면서 전세를 역전시키고 유신의 주
역으로 등장했다. 정말 엄청난 투지요, 끈기라 할 수 있다. 상급무사들에게

07 스모 선수로 구성된 부대

밟히면서 잡초처럼 살아왔던 하급무사들의 의기투합이 아니었다면 이룰 수 없었던 지점이 아닌가 싶다.

또 한편으로 보자면 존왕파의 거점 조슈 번이 '역적'으로 몰린 것은 오히려 그들에게 불행이 아니라 다행이었을 수도 있다. 그들은 최종적으로 왕의 권위나 다이묘의 힘에 의존하지 않고 그들 자신의 무력과 민중에게 의지해야 한다는 사실을 배웠기 때문이다. 8월 18일의 정변을 포함한 그동안 모든 시련과 실패가 모두 이것을 가리키며 가르쳐주었던 것이다. 그들은 이 사실을 조금씩 깨닫게 되었지만 '긴몬의 난' 이후 결정적으로 알게 되었다. 이제 그들은 양이를 위한 바쿠후 토벌이 아니라 바쿠후 토벌이 완전한 목표가 됨으로써 전략을 확실히 세울 수 있게 되었다.

바쿠후가 일왕을 끼고 그들을 멸망시키려고 하는 상황에, 바쿠후와 싸우지 않으면 누구와 싸우겠는가? 이후 다카스기는 '조슈 5걸'의 이토 히로부미, 이노우에 가오루 등과 시모노세키를 외국에 직접 개항하려는 시도를 한다. 그러나 시모노세키가 조슈 번에서 갈라져나온 지번인 조후 번의 영토였기에, 이를 조슈 번 영지와 교환하려 했다가 양이파 로시浪士[08]들의 비난을 받아 뜻을 이루지 못했다. 이에 신변의 위험을 느낀 이노우에는 벳푸別府로, 이토는 대마도로, 다카스기는 시코쿠四國로 잠시 피신하는 일까지 벌어졌다. 앞에서도 잠깐 보았듯 시모노세키의 개항 시도는 이들 조슈 번 중추세력들이 외국 문물 도입에 얼마나 진보적인 입장을 가졌는지 잘 보여준다.

이 사태는 역시 요시다 쇼인의 제자로 사쓰마와 조슈가 힘을 합쳐 함께 바쿠

08 섬길 영주를 잃은 떠돌이 무사들

후 타도에 나서게 되는 '삿초동맹'을 추진해 후일 '유신 3걸'의 한 명이 되는 가쓰라 고코로桂小五郎, 1833~1877, 나중 기도 다카요시 덕분으로 진정되었다. 이에 조슈 번은 바쿠후에 순종하기는 하지만 무기와 군대를 정비한다는 체제 '무비공순武備恭順'을 새 번론으로 결정했다. 이에 따라 일반 정무를 관장하는 국정방國政方, 재정과 민정을 관장하는 국용방國用方을 정사당政事堂에 신설하고 무라타 조로쿠에게 군제 개혁의 자문을 구한다. 이렇게 해서 무라타도 번정의 중추에 참여하고 근대 서양식 군대의 창설을 추진하게 된다.

앞의 단원에서도 보았듯 무라타는 나가사키에서 군함 제조를 연구하고 서양식 군함을 생산하는 데 성공한 인물이다. 이후 최신 군사학 설명서의 번역과 강의에서 최고의 대접을 받았다. 무라타와 가쓰라는 1858년 조슈 번에서 열린 '네덜란드 서적 독회모임'에 참가해 군사학 서적에 대한 강의를 하다가 만난 사이였다.

서양 군사학에 밝은 무라타는 조슈군을 수확량에 부대 규모를 맞춘 전번일치田藩一致 군제로 정비했다. 이는 번 내의 모든 군사 조직을 중앙에서 일원적으로 지휘하는 체제를 말한다. 그 전에는 제대와 농병대 등 개별적인 부대들이 번의 방침과 상관없이 독자적으로 활동했다. 그러나 이제는 번의 모든 무력 집단이 단일 지휘 체제로 편입되었고, 사병私兵은 철폐되었으며, 지번이나 실세 가신의 군대도 모두 본대로 들어왔다. 전번일치제는 독립적으로 활동하는 봉건제 군대를 해체하고 절대주의적 상비군 체제로 나아가는 길을 연 혁신적 개혁 조치였다.

무라타는 이렇게 근대화한 조슈 번 병사를 지휘하며 제2차 조슈 정벌 전쟁 승리의 주역이 됐고, 보신전쟁 때도 신정부군을 이끌었다. 메이지 유신 직후

야스쿠니 신사입구에 있는
무라타 조로쿠(오무라 마스지로) 동상

의 태정관제太政官制에서 군무를 총괄하는 병부성兵部省의 초대 차관太輔을 맡아 사실상 일본 육군의 창시자, 육군 창설의 시조로 간주된다. 우리에게 악명이 높은 야스쿠니 신사靖國神社 참배로 중앙에 그의 동상이 있는 이유도 이 때문이다. 그의 동상은 일본 최초의 서양식 동상인데, 하필이면 야스쿠니 신사에 세운 것만 보아도 침략전쟁을 정당화하는 이 신사의 폭력성을 한눈에 알 수 있다. 아무튼 강병强兵을 목표로 하는 조슈 번의 '무비공순'에 따라 가장 필요한 것은 무기 구입에 의한 군대 근대화였다. 시모노세키 전쟁에서 서양 군대의 막강한 화력을 뼈아프게 경험한 그들로서는 최신 무기에 대한 욕구가 절실할 수밖에 없었다.

그러나 바쿠후에게 반란을 꾀하는 무리로 찍힌 조슈 번 입장에서 바쿠후가 장악하고 있는 나가사키 등의 개항장에서 공공연하게 무기를 구입한다는 것은 상상도 할 수 없는 일이었다. 결국 무기는 어떻게 해서든지 밀무역으로 얻어야만 했다. 이렇게 해서 시노모세키는 조슈 번의 밀무역 기지가 되어갔다. 이 울리 밀무역을 통해 폭리를 얻고지 혈안이 된 서양 상인들도 시탕에 끌린 개미처럼 시모노세키에 몰려들었다.

이렇게 '모험적인' 상인의 한 명이었던 미국인 드레이크Edwin L. Drake는 조슈 번 소유의 배 진쥬쓰마루를 3만 5,000달러에 사들이면서 구입 비용으로 무기를 대신 지불하는 계약을 맺었다. 이에 따라 1865년 2월 9일 무라타 조로쿠의 밑에 있는 병사들이 진쥬쓰마루를 타고 상하이에 가서 배를 넘기고 그 대신 게베르 소총 등을 구입하고서는 드레이크 소유의 배를 타고 4월 2일 시모노세키로 돌아왔다.

당시 시모노세키와 상하이 사이에는 왕복 선박이 끊이지 않아 상하이에는 시모노세키의 수출 상품이, 시모노세키의 상점에는 각종 외국 상품이 범람했다. 당시 요코하마에 거주했던 영국인 은행가 릭커비Charles Rickerby[09]는 전쟁이 끝난 후 시모노세키를 방문했는데, 마치 템스 강처럼 300~400척의 배들이 운집해 매우 번화하고, 그곳 사람들은 외국 무역항이 되고 싶은 희망에 들떠 있었다고 묘사하면서 "그들은 옥양목, 거친 면직물, 모직물 등 영국 제품들을 구입할 수 있는 계약을 언제가 되어야 체결할 수 있는지 물어왔다"고 전했다. 시모노세키 - 상하이, 혹은 시모노세키 - 나가사키 - 상하이는 조슈 번의 저항 전력을 양성하는 밀수 경로였다.

한편 상하이에서의 게베르 소총 구입만으로 만족할 수 없었던 조슈 번은 이토 히로부미와 이노우에 가오루를 나가사키에 비밀리에 보내 무기상 글로버를 직접 접촉하게 했다. 이에 따라 그들은 7월 21일 나가사키에서 글로버를 만나 신식 게베르 소총 3,000자루, 미니에Minie 소총 4,300자루를 구입하는 데 성공한다. 미니에 소총은 총알이 지나가는 총열 안쪽 면에 나선형 홈이 파

09 서인도중앙은행 요코하마 지점장 자격으로 일본에 들어온 후 1865년부터 1870년까지 영문 주간지 「재팬 타임즈(The Japan Times)」를 발행했다.

여 있어 성능이 훨씬 개량된 것으로, 당시 가장 최신식 총이었다. 가장 중요한 것은 미니에 총은 전장식이 아니라 탄창에 총알을 재어서 쏘는 후장식으로 발사 속도가 엄청 빠르다는 사실이다. 총알도 게베르 총은 구슬 같은 원형이 지만 미니에 총은 원추형이어서 파괴력이 훨씬 강했다. 조슈 번이 이렇게 최신 무기 구입에 성공한 것은 향후 바쿠후 토벌에 있어 유리한 위치에 서게 되는, 가장 획기적이고 중대한 전기였다.

이 무기들은 사쓰마 번의 고초마루에 실려 8월 하순 지금 야마구치 현 호후 시防府市의 미타지리三田尻에 내려졌다. 미타지리는 천연 항구로 옛날 전국시대 부터 세토내해瀬戸内海에서 활약하던 모리 수군水軍이나 무라카미 수군의 조 선소가 있던 곳이었다. 이후 에도시대 초기 참근교대를 위한 해로의 출발지 였고, 에도 말기에도 구미에서 전해진 근대 항해술 교련과 조선 기술 교육이 이루어졌다.

그런데 글로버 상회에서 구입한 최신 무기들은 왜 사쓰마 번의 배에 실려 이 동했을까? 그것은 앞에서도 말했듯 '긴몬의 난'으로 모리 번주의 직위가 박 탈되었기 때문에 조슈 번 이름으로는 무기 구입을 할 수 없어서였다. 그렇지 않아도 바쿠후가 각 번의 무기 구매를 엄격히 감시하고 있는 마당에, 바쿠후 가 적으로 규정한 조슈 번과 무기를 버젓이 거래한다는 것은 아무리 간 큰 글 로버 상회라 해도 매우 무리한 행동이었다. 그리하여 조슈 번 무기를 사쓰마 번 이름으로 구입하게끔 사카모토 료마가 중재를 했다는 게 표면적인 역사 서술이다. 다시 말해 이런 꾀를 료마가 내어서 사쓰마 번주의 허락까지 얻었 다는 얘기다. 그리고 이것이 '삿초 동맹'으로까지 연결되는 계기가 된다고 대 부분의 일본 역사서는 말하고 있다. 그러나 이것이 진짜 사실일까? 당시 사카모토 료마가 정말 그런 영향력을 가지고 있었을까? 이에 대해서는 잠시 뒤에 자세히 보기로 하자.

조슈 번은 왜 번주 자취는 없고 하급무사 이름만 나올까?

그런데 조슈 번의 경우 사쓰마나 사가 번과 달리 격동하는 역사의 방향을 가르는 주요 대목에서 번주의 이름이 거의 등장하지 않는다. 사쓰마에서는 시마즈 나리아키라와 시마즈 히사미쓰, 사가에서는 나베시마 나오마사라는 군주의 활약상이 뚜렷하게 드러나고 명군名君 소리도 듣는 데 반해, 조슈 번 모리 다카치카의 자취는 미약하기만 하다. 모리 다카치카는 도대체 어떤 인물이었던 것이고, 조슈 번의 통치는 어떻게 이루어졌던 것일까? 다음 단계로 넘어가기 전에 이 대목부터 톺아
보자.

다카치카는 모리 가문의 25대 당주로 1837년 18세에 가독을 이어 조슈 번의 13대 번주가 되었다. 그의 아버지는 11대 번주였고, 양자였던 나리나가齊廣가 다카치카보다 먼저 12대 번주가 되었는데, 그만 20일 만에 기록적인 속도로 사망하는 바람에 그기 뒤를 잇게 되었다. 그런데 그 역시 번주가

모리 다카치카 초상

된 지 석 달 만에 번이 생긴 이후 최대의 홍수가 발생해서 고생을 엄청 겪는다. "나는 영주 따위 되고 싶지 않았어!"라고 말하고 출가라도 했을 법한 시련이 었다.

그러나 그는 결코 도망칠 수 없었다. 왜냐하면 조슈 번 역시 앞의 사가나 사쓰마와 마찬가지로 엄청난 빚에 시달리고 있었기 때문이다. 그래서 그 역시 다른 번주들과 똑같이 빚을 갚을 번정 개혁에 나설 수밖에 없었다.

그러나 그는 실무에 대해서는 전적으로 가신들에게 맡기고 자신은 일체 관여하지 않았다. 그에게 보고를 하면 전혀 이의를 제기하지 않고 그에게 나오는 유일한 답은 "그렇게 하게나"였다고 한다. 그래서 그에게는 '소세이코우ぞうせい候' 즉, '그렇게 하게나 제후'라는 별명이 붙었다.

그의 이런 태도가 이해되기도 하는 것은, 당시 조슈 번은 번의 중심세력이 하루가 멀다 하고 뒤집어지는 판이어서 바쿠후파와 바쿠후 토벌파 사이에서 그는 매우 곤궁한 입장이었을 수 있다. 다시 말해 번정 개혁을 추진한 무라타 세이푸村田清風, 1783~1855 중심의 정의당正義党과 바쿠후를 따를 것을 주장하는 수구파 중심의 속론당俗論党이 치열한 경쟁을 벌이고 있었기에, 번이 분열되어 지리멸렬해지지 않도록 중심을 잘 잡는 것이 그에게는 무엇보다 중요한 일이었다. 다카치카는 마음속으로는 정의당을 지지했지만 속론당이 집권할 때에도 동요하지 않고 "그렇게 하게나"라고 최소한의 의사 표시를 하는 데 그쳤다.

영주의 강력한 리더십을 기대한다면 이런 태도가 부적격이라고 하겠지만 에도시대는 '군림하지만 통치하지 않는다'는 자세를 미덕으로 생각하는 풍조가 매우 강했다. 게다가 번 내부의 항쟁이 격화되는 상황에서 영주의 태연자약한 태도가 유혈 보복 사태를 방지하는 데 일정 부분 제동 역할을 했다고도 볼 수 있다.

또한 최악의 경우 자신이 암살되는 일은 막는 자구책이었을 수도 있다. 어느 편에게나 "그렇게 하게"라고 말하면, 걸림돌로 여기지는 않을 테니 말이다. 실제로 그는 유신 성공 이후에 "만약 바쿠후 말기, 그 시기에 어느 한쪽에 치우쳐 가담했으면 나는 확실히 살해됐을 것"이라고 술회했다고 한다. 그는 평소 안면 신경통으로 꽤 고통을 겪었는데, 두 세력 사이에서 힘들게 표정 관리를 하느라 그런 질환이 생겼는지도 모를 일이다.

평소 이렇게 애매모호한 처신과는 다르게 다카치카는 인물의 중용에 있어서는 꽤 올바른 판단을 내렸다. 그 덕택에 곤궁한 번을 웅번의 위치까지 올리고, 메이지 유신을 담당한 많은 인재를 배출했다. 중급무사인 무라타 세이푸에게 번정 개혁을 맡기고, 역시 중급무사 다카스기 신사쿠에게 혼란기의 군정 개혁을 맡긴 것이 대표적인 사례다. 또한 결정적인 대목에서는 반드시 스스로 결정한 것도 주목할 만하다. 바로 뒤에서 보겠지만 제1차 조수 정벌 당시 바쿠후군의 침공이 임박했을 당시 어떻게 대응할 것인지 가신들 사이에 격론이 붙자 그는 "우리 번은 바쿠후에 귀순한다. 그리 알아라"라고 한마디로 결단하고 그 자리를 떠났다고 한다.

메이지 유신이 성공한 1868년, 기도 다카요시 등 모리 가문의 가신들이 전국 다이묘들에게 판적봉환版籍奉還[10]의 모범을 보여야 한다고 고무되었을 때도, 다카치카는 이를 승낙했지만 다카요시를 불러 "이 정도의 변혁을 실시하려면 그 시기를 가늠하는 것이 중요하다"고 말했다. 다카요시는 이 말을 듣고

---

10 번의 영주들이 토지와 백성을 메이지 일왕에게 반환하는 것을 말하며 근대 중앙집권 정책 중 하나다.

자신의 영주가 무섭게 총명하다고 느꼈다고 한다. 그러므로 다카치카가 정치적으로 현명하지 않았다고 평가하기 어려운 것이 사실이다.

제2차 조슈 정벌과
에도 바쿠후의 몰락

조슈 번이 제1차 정벌 때의 항복 조건을 지키지 않고 모리 번주 부자의 에도 출두를 사실상 거부하는데다 항전파가 다시 실권을 장악하자, 쇼군 이에모치는 제1차 정벌 때와 마찬가지로 오와리 번주 도쿠가와 모치나가德川茂德, 1831~1884를 토벌군 사령관으로 임명하고 직접 토벌에 나섰다.

1866년 3월, 바쿠후가 조슈와의 교섭을 한 차례 시도했으나 결렬됐고, 바쿠후군은 7월 18일 현재 야마구치 현 동남부에 해당하는 스오 국周防國의 오시로 섬屋代혹은大島를 포격하는 것으로 조슈 번 공격을 시작했다. 24일에는 현재 히로시마 현 서부에 해당하는 게이슈芸州와 오제가와小瀬川, 27일 현재 시마네 현島根縣 서부에 해당하는 세키슈石州, 28일 규슈 북부 고쿠라小倉에서도 전투가 벌어졌다. 이렇게 조슈를 둘러싼 '네 입구四口'에서 한꺼번에 쳐들어간다는 것이 바쿠후군의 전략이었다.

병력을 보면 세키슈는 조슈 1,000명에 바쿠후 3만, 게이슈는 조슈 1,000명에 바쿠후 5만, 오시마에서도 조슈 500여 명에 바쿠후는 2,000명, 고쿠라는 조슈 1,000명에 바쿠후 2만 명으로, 숫자로만 보자면 바쿠후의 압승이 예견되었다. 그러나 야시로 섬을 점령했던 이요마쓰야마 번伊予松山藩의 병력은 조슈의 반격을 받아 10일 만에 퇴각하고, 게이슈와 오세가와 방면으로 공격한 바쿠후 보병대와 기슈 번紀州藩의 병력도 히로시마 번이 바쿠후의 출병 명령을

제2차 조슈 정벌에 나선 바쿠후군을 묘사한 그림

거부하면서 성과를 거두지 못했다.

히로시마 번이 바쿠후의 명령을 거부한 것은 모리 가문의 역사와 깊은 관련이 있다. 모리 가문은 고향이 아키 국, 게이슈라고도 하는 현재 히로시마 현 서부 지역이다. 게다가 조슈 번 초대번주인 모리 데루모토毛利輝元, 1553~1625는 1585년 시코쿠 정벌과 1586년 규슈 정벌에 선봉으로 출진, 무공을 세워 히데요시의 천하통일에 크게 기여했다. 그 결과 히데요시로부터 오늘날 야마구치, 히로시마, 오카야마岡山, 시마네島根, 돗토리鳥取 5개 현당시 8개국을 관할하는 주고쿠 지방 고쿠다카 120만 5,000석의 녹봉을 받는 대다이묘가 되었다. 1589년에는 당시 교통의 요충지였던 오타 강太田川 삼각주에 히데요시의 저택이었던 주라쿠다이를 본따 히로시마 성을 축성하기도 했다. 이렇게 모리 가문과 히로시마는 깊은 인연이 있기 때문에 조슈 정벌에도 미온적인 태도를 보인 것이다.

마지막 쇼군 도쿠가와 요시노부
공작이 말년에 사냥에 나선 사진

세키슈 방면에서도 기요스에 번清末藩[11]의 모리 모토즈미毛利元純 영주가 이끄는 조슈 번 군대가 지역 요충지인 하마다 번浜田藩의 하마다 성을 점령하고, 고쿠라 방면에서는 바쿠후에서 로주를 맡고 있던 이오가사와라 나가미치小笠原長行가 사령관으로 이끄는 구마모토 번과 고쿠라 번 등 규슈 연합부대와 다카스기 신사쿠가 이끄는 조슈 군대가 간몬 해협 일대의 제해권을 놓고 전투를 벌였다. 그러나 가라쓰 출신인 이오가사와라 나가미치가 전투에 소극적이어서 바쿠후군은 우세한 전력을 지니고도 눈에 띌 만한 성과를 거두지 못했다.

이런 와중에 전쟁이 장기화될 것을 대비해 각 번들이 군량미 비축에 나서면서 각지에서 쌀값 폭등에 저항하는 소요가 발생하고, 엎친 데 덮친 격으로 8월 29일 오사카 성에 머무르고 있던 쇼군 이에모치가 21세의 젊은 나이에 급사하는 변고가 발생했다. 워낙 젊은 나이였으므로 후계 구도가 마련돼 있었을 리 없었다.

이에 따라 쇼군 지위의 상속 문제가 중요 쟁점으로 떠오르는 바람에 구심점

---

11 조슈 번의 지번인 조후 번의 지번으로 조슈 번의 손자 번(孫藩)이다.

을 잃어버린 바쿠후는 전쟁에 적극적으로 대응하지 못했다. 15대 새 쇼군으로 도쿠가와 요시노부가 결정되기 전까지 거의 4달 동안 쇼군 자리가 비어 있었기 때문이다.

또한 이에모치가 사망하던 바로 그날 사쓰마의 시마즈 히사미쓰와 타다요시 부자의 연명連名으로 당시 조정의 마지막 관백이었던 니조 나리유키二條齊에게 조슈 토벌에 반대하는 백서가 제출되었다. 관대한 조서를 내려 조슈 토벌군을 해체함으로써 천하의 공의公議를 다해 바쿠후의 조직을 갱신하고 중흥의 공업을 이뤄야 한다는 정체 개혁政体改革 건의였다. 조슈와 손을 잡은 사쓰마가 이미 조슈 정벌에서 손을 떼고 있음을 알 수 있다.

9월 5일이 되면 규슈 북부 아카사카赤坂와 도리고에鳥越 전투에서 바쿠후군이 조슈 부대에 패하고, 9월 9일에는 고쿠라 번의 번성藩城인 고쿠라 성마저 함락되었다. 이렇게 정벌에 실패하자 고메이 왕은 9월 28일 이에모치 쇼군의 죽음을 핑계로 내세워 전쟁을 중단한다는 칙령을 슬그머니 내렸고, 10월 10일에는 바쿠후와 조슈가 전투를 중단하는 일에 합의했다. 다만 조슈 번에 영지를 빼앗긴 고쿠라 번만이 1867년 1월까지 단독으로 전투를 계속했다.

이 전쟁 당시 바쿠후군은 여전히 봉건제 군역제에 기초한 무사 집단으로 편성되어 있었다. 무기 성능도 조슈군에 뒤떨어졌고, 각 번에서 차출한 15만 연합군은 자신들이 왜 조슈를 정벌해야 하는지에 대해서도 납득할 이유를 갖지 못했다. 이오가사와라 나가미치가 전투에 소극적이었던 것도 아마 이런 딜레마 탓일 공산이 크다.

결과적으로 비쿠후연합군은 조슈군에 비해 정신 무장, 무기, 군사 편제 모든 것에서 뒤져 있었기 때문에 숫자가 세 배나 많았음에도 불구하고 패배가 필

1868년 후시미 전투를 시찰하고 있는 사이고 다카모리를 묘사한 그림

연적이라 할 수 있다. 이미 앞에서도 누누이 강조했지만 이때의 전투는 이미 숫자가 아닌 총과 대포의 화력이 지배하는 근대전으로 양상이 바뀌어 있었다. 바쿠후군이 구식 게베르 총으로 한 발을 쏠 때, 조슈군의 미니에 총은 수십 발을 쏠 수 있었다. 신식 총鐵砲도 없이, '무뎃포無鐵砲'[12]로 싸움에 나서는 것은 그야말로 무모한 불나방에 지나지 않았다.

1867년 1월 23일, 토벌군이 공식 해산되면서 제2차 조슈 정벌도 종결되었다. 형식은 휴전이었지만 실질적으로는 명확한 조슈 번의 승리였다. 필연적으로 바쿠후의 정치적 권위는 크게 몰락하고, 제2차 조슈 정벌은 거꾸로 에도 바

12 '무대포로 덤빈다'는 말은 여기에서 나왔다.

쿠후 지배 체제가 붕괴하는 결정적 역할을 했다. 고메이 왕은 전쟁 중단 칙령을 내림과 동시에 주요 다이묘들을 소집하여 천하의 공론으로 국사를 결정하겠다고 공표했지만 소집령을 내린 24개 번 가운데 교토로 상경한 번은 9개에 지나지 않았다. 조슈 정벌의 패배는 바쿠후는 물론이고, 이를 강하게 요구했던 고메이 왕의 패배이기도 했던 것이다.

조슈와 사쓰마는 더 이상 바쿠후 통제를 받지 않게 되었고, 주요 번들과의 열후회의로 정국을 주도했다. 6월이 되자 사쓰만 번 주도로 교토에서 '사후회의四侯會議'가 열렸다. '사후회의'는 원래 사쓰마 주도로 유력한 영주 경험자 3인과 웅번의 최고 권력자 1인으로 구성된 합의 체제로 요시노부 쇼군과 섭정 니조 나리유키에 대한 자문기관으로 설치되었다. 조정과 바쿠후의 공식기관은 아니었지만 거기에 준하는 것으로 간주되었다.

사쓰마는 '사후회의'를 계기로 정치 주도권을 바쿠후로부터 웅번연합으로 가져와 조정을 중심으로 한 공무합체의 정치 체제로 변혁을 꾀했지만 요시노부가 이를 돌파하는 묘수를 생각하고 실행함에 따라 그 시도가 짧은 기간에 좌절됐고, 결국은 무력에 의한 쿠데타로 방향을 돌리게 되었다.

6월의 '사후회의'에는 사쓰마 번주의 아버지 시마즈 히사미쓰, 전 에치젠 번주 마쓰다이라 요시나가, 전 우와지마 번주 다테 무네나리, 전 도사 번주 야마우치 요도 등이 모여 전후 처리 문제를 논의했다. 이 회의 결과에 따라 쇼군 요시노부는 고메이 왕에게 조슈 번에 대한 너그러운 처분을 요청해 승인을 받았고, 1868년 1월 2일 조슈는 관백 니조 나리유키가 주관한 조정회의에서 사면을 받아 번주 모리 부자의 관위도 회복되었다.

그런데 앞에서 말했듯 바쿠후가 완전히 항복한 것은 아니라서 여전히 부활

고메이 일왕

의 기회를 엿보고 있었다. 그 기회가 뜻하지 않게 찾아왔으니, 바로 고메이 일왕의 갑작스런 죽음이었다. 게이오 2년 12월 25일, 양력 1867년 1월 30일에 고메이 왕이 재위 21년 만에 사망했다. 향년 36세. 사인은 천연두로 진단되었으나 바쿠후 토벌파에 의해 독살되었다는 주장이 그 당시에도 강하게 제기되었고, 지금도 그렇게 보는 학설이 많다.

한 가지 주목할 사실은 1909년 10월 26일 이토 히로부미를 사살한 안중근安重根, 1879~1910 의사가 그 후 재판 과정에서 이토의 15개 죄목을 역설했는데, 15번째 항목이 바로 '메이지 일왕明治의 아버지 태황제를 죽인 죄'이다. 안중근 의사 역시 바쿠후 토벌파가 유신에 비협조적인 고메이 왕을 살해하고 어린 메이지 왕을 이용해 유신을 펼치려 했다고 본 것이다.

바쿠후 토벌파를 항상 탄압해오던 고메이의 죽음으로 당시 14세, 아무것도 모르는 소년이 메이지 왕으로 즉위한다. 그러자 궁정 세력은 이를 호기로 보고 지난 실패 경험을 발판 삼아 이번에는 확실히 성공하고자 11월 8일 사쓰마 번주와 11월 14일 조슈 번주에게 바쿠후를 토벌하리는 일왕의 비밀 명령, '토막의 밀칙討幕の密勅'을 내린다. 이 칙지에는 '역신 요시노부를 살육하라賊臣慶喜

を殄戮'는 글귀가 포함돼 있다. 그런데 이 칙지의 실제 여부에 대해서는 지금도 학자들 간에 의견이 엇갈린다. 제대로 과정을 거치지 않은 이례적인 형식으로, 위조된 문서였다는 학설도 많다.

아무튼 이렇게 급박한 상황에서 요시노부는 마지막 승부수를 던진다. 바로 게이오 3년 10월 14일[1867년 11월 9일]에 던진 '대정봉환'이다. 무력에 의한 바쿠후 토벌이 진행되고 있음을 눈치 챈 요시노부가 왕이 정권을 가진 것처럼 보이게 하고, 그 밑에서 자신이 실권을 계속 유지하겠다는 생각으로 정권을 왕에게 모두 바친다고 선언한 것이다.

'대정봉환'이 왜 승부수가 되느냐, 그렇게 되면 바쿠후를 토벌할 구실이 사라지기 때문이다. 전권이 모두 왕에게 있고, 바쿠후는 아무런 힘이 없으므로 굳이 이를 쳐야 할 명분이 없어지는 것이다. 재미있는 것은 요시노부가 이렇게 묘책을 던지자, 메이지 일왕도 바로 다음 날 이를 덥석 잡아 허락했다는 사실이다. 이제 당황한 것은 바쿠후 토벌파의 중심인물들이었다. 사이고 다카모리나 오쿠보 도시미치, 기도 다카요시 '유신 3걸'은 끝까지 무력으로 바쿠후를 타도하지 않으면 안정된 새로운 정권을 수립할 수 없다고 확신하고 있었기 때문에 바쿠후를 토벌하는 데 민심을 획득하려 애를 썼다.

이런 와중인 10월 하순 갑자기 교토와 오사카, 도카이도東海道와 에도에 걸쳐 이세신궁伊勢新宮 신사 이름이 적힌 신찰神札이 하늘에서 쏟아지고, 이를 줍는 사람들은 행복하게 된다는 말이 돌아 민중이 거리로 쏟아져 나오는 대소동이 벌어졌다. 이들은 또 이 신찰을 주운 다음에는 '에에자나이카, 에에자나이카ええじゃないか ええじゃないか, 좋지 않은가 좋지 않은가'라는 아무 의미도 없는 말을 되풀이하면서 서로 뒤얽혀 밤낮으로 미친 듯이 춤을 추었다. 서민들에게 좋은 일이

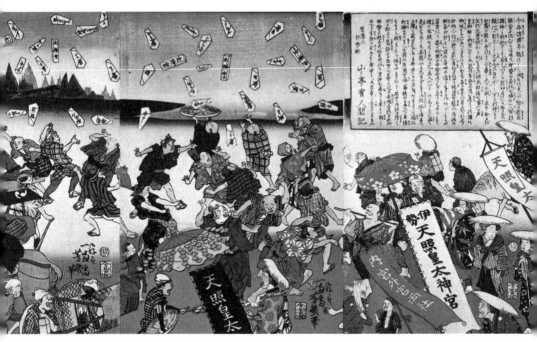

하늘에서 쏟아지는 이세신궁 이름이 적힌 신찰을 줍고 춤을 추는 모습을 묘사한 우키요에

일어날, 새 세상이 열린다는 일종의 대변혁을 암시하는 행위였다. 이런 기이한 일을 바쿠후 토벌파가 배후 조종했다는 확실한 증거는 없지만 실제로 하늘에서 신찰이 떨어질 일은 없기에 '삐라전단'를 이용한 현대 심리전의 효시로 보인다.

어쨌든 바쿠후 토벌파는 이를 최대한 조장하여 교토, 오사카, 에도, 요코하마, 나고야 등 당시 정지적으로 가상 중요한 지역에서 바쿠후의 군사와 경찰 기능을 완전히 마비시키고, 그 사이에 쿠데타 준비를 착착 진행시켰다. 이 무렵에는 농민으로 구성된 바쿠후의 보병부대에서 대량의 탈주병이 나오는 등 바쿠후의 통제력이 허물어지기 시작했다. 그리하여 난폭한 프랑스 군사 교관을 농민이 구금하자 외인 경호를 맡은 특별경찰이 그의 석방을 농민들에게 간청하는 일까지 벌어졌다.

이러한 정세 속에서 바쿠후 토벌파는 마침내 게이오 3년 12월 9일^{1868년 1월 3일} 쿠데타에 성공하여 쇼군제 폐지와 왕정복고를 선언하고 '모든 것을 새롭게 하다^{百事御一新}', '만민의 고통을 구제한다'고 포고했다.

조슈의 마지막 번주 모리 다카치카가 부임할 당시 조슈
는 사쓰마처럼 어마어마한 부채는 아니었지만 그래도 많은 채무가 있었다.
그럼에도 조슈는 글로버에게서 최신 총을 사들이고 군함을 들여왔다. 과연
다카치카는 만성적인 적자 상태에 있던 조슈 번을 구하기 위해 어떤 방책을
내놓았던 것일까?

**무라타 세이푸,
빚에 쪼들리는 하급무사를 구하다**

일단 다카치카는 '번의 현실'에 대해 정확한 상황 인식을 하고 있었던 것으로
보인다. 그의 힐아버지가 가독을 물려주고 은퇴한 나음에노 에노 십 근처의
바다를 매립하면서까지 도장 등의 시설을 짓는 등 낭비를 한 것과 달리, 그는

무라타 세이푸 초상

새 영주로 부임할 당시 기존의 화려한 행렬과 의식을 모두 취소하고 무명옷을 입고 말을 탄 채 에도에서 왔다. 그런 그를 보고 당시 조슈 영민들은 눈물을 흘리며 감격했다고 한다. 이전 영주들은 거창한 행렬 속에서 으레 가마를 타고 다녔기 때문에 얼굴을 볼 수도 없었는데 그런 구태를 깬 젊은 영주의 파격이 신선한 충격을 준 것이다.

다카치카는 부임하자마자 번사에 조슈 번의 재정 상황을 공개하고 에도 집과 영지에 대해서도 엄격한 절약을 실시했다. 또한 자신의 업무에 대해 의견을 말하지 않는 사람(생각이 없는 사람)은 명문가 출신이라도 파면을 하고, 우수한 인재라고 판단이 되면 신분이 낮은 사람이라도 발탁하는 인사 정책을 추구했다.

그렇게 해서 번의 재정 개혁을 위해 중용된 사람이 바로 무라타 세이푸였다.

다카치카는 번의 모든 번사들에게 '지금까지의 개혁은 왜 실패했고, 그것을 감안해 앞으로 어떻게 해야 하는지'에 대한 의견서를 내도록 했는데, 가장 잘 정리된 의견서가 세이푸의 것이었으므로 영주의 신임을 얻었다.

이에 따라 1843년 세이푸는 하급무사의 구제를 통해 우선적으로 번의 재건 방법을 실시한다. 당시 물가는 상승하고 있었음에도 대부분 번사의 녹봉은 동결된 상태였다. 오히려 번에서는 대접용 쌀이라는 뜻의 '고치소마이御馳走米'라는 명목으로, 녹봉의 절반 이상을 공제했다. 이는 번의 곳간을 채우는 아주 손쉬운 방책이었다. 이에 따라 하급무사들은 생활비도 없어서 도검, 창, 갑옷 심지어는 말까지도 전당을 잡혀 쌀을 구하는 지경까지 전락했다.

그에 반해 상급무사나 공적을 세운 무사들은 번에서 개간의 권리를 부여받거나 하급무사에게 대금업을 해 부자가 되었다. 조슈 번은 '증진기금撫育方'이라는 비밀회계를 가지고 있었다. 이 기금은 모리 시게타카毛利重就 번주 시절에 만들어진 것으로, 1761년에서 1764년까지 조슈 번에서 시행한 토지 측량에 의해 늘어난 세금을 따로 모아놓은 것이다. 평소 보유해두었다가 간척사업 등 개발을 위해 사용했고, 에도 말기에는 바쿠후를 쓰러뜨리기 위한 자금으로 사용했다. 이 기금만큼은 흑자 상태로 있었기 때문에 번사 상대로 돈을 대출해주는 대부 기능으로 기금을 늘렸다.

이렇게 일부 번사만 부유하고 나머지 대다수 번사들은 지원하지 않으면 안 될 정도로 곤궁한 상태에 대해 세이푸는 "동생의 물건을 형에게 가져가게 하는 서로 뜯어먹는 경제同土食い経済요 백성들을 죽이는 대부업四民貧殺"이라고 규탄했다. 이럴 경우 무사들이 전투에 나가 싸울 일이 생겼을 때 진흥기금에 아무리 돈이 쌓여 있어도 아무런 소용이 없다는 주장이었다.

하급무사들로 구성된 조슈 번 기병대

그래서 세이푸는 1843년 '37년 분담 상환 구제 방안三十七ケ年賦皆濟仕法'을 발령한다. 이 방법은 번사들이 번청에서 빌린 돈은 탕감하고 반환하지 않아도 된다, 그 대신 앞으로는 번에서 일체의 빚을 지어서는 안 된다, 또한 상인에게서 빌린 돈은 번이 대신 갚아주지만 번은 채권자에게 채무 원금이자가 붙지 않은 빌린 때의 금액의 3%를 37년 동안 지불하면 '상환 완료'로 하는 일방적 조처였다. 물론 37년 동안의 이자는 전혀 없는 방식이다. 이는 앞서 보았던 사쓰마 즈쇼 히로사토의 방안처럼 완전히 빚을 떼먹는 '잔혹한 정책ェグい政策'보다는 온전한 모라토리엄 선언이었지만 당연히 오사카와 번 내 금융업자는 위기를 맞았다. 그래서 그들은 세이푸의 반대파인 쓰보이 구에몬坪井九右衛門과 에도 번주의

438 - 439

여인들의 지원을 얻어 '37년 분담 상환 구제 방안' 철회를 요구했다. 이들의 요구는 성공해서 다음 해에 '공공채무처리법公內借捌法'이 재차 시행된다. 이는 공적 채무는 없는 것으로 하지만 증진기금을 담보로 해서 번이 오사카의 상인에게 5,000관貫[13]을 빌려 사적인 채무를 갚는다는 내용이었다. 5,000관은 한 해 번의 수입과 비슷한 액수였다.

그러나 이 방안을 실시한 결과, 부채 8만 관에서 모처럼 절반 가까이 줄어든 액수가 다시 늘어나면서 실패로 돌아갔다. 이에 따라 쓰보이를 따르는 파는 1846년에 처벌을 받는다. 그럼에도 이 방안 등에 의해 하급무사들이 상당히 숨을 돌릴 수 있었고, 번에 고마움을 표시했다. 바쿠후가 조슈 번을 적으로 삼고 정벌에 나섰던 때 에도에서 바쿠후와의 내통자가 나오지 않았던 것은 이때 번이 하급무사들을 도운 것을 잊지 않은 것도 한 요인이 되지 않았을까 싶다.

또한 사쓰마처럼 상인들의 채무를 완전히 떼먹은 것은 아니었다는 점이 조슈 번의 평가를 좋게 해주어, 나중 조슈 번사들이 교토나 오사카에서 활동할 때 큰 도움이 된 측면도 있다. 덴포 연간1831~1845 번정 개혁 당시 조슈 번이 의리로 번사나 상인과의 약속을 잘 지키고 있는 반면, 사쓰마는 번사와 농민을 착취하거나 상인과의 약속을 깨는 것을 아무렇지도 않게 생각하는 경향이 매우 강했다.

세이푸의 또 하나의 혁신 정책은 번 특산물에 대한 전매제를 폐지하고 상인에 의한 자유로운 거래를 허용한 것이다. 그 대신 상인에 대해 세금을 부과했

13 1관은 100냥이다.

다. 세이푸는 시모노세키 해협이 상업과 교통의 요충지라는 사실에 주목해 호상인 시라이시 쇼우이치로白石正一郎와 나카노 한자에몬中野半左衛門을 중용하여 시모노세키에 '월하방越荷方,코시니가타'을 설치했다.

'월하방'은 금융업과 창고업을 하는 일종의 무역회사다. 오사카에 물자를 전달할 배가 시모노세키에 반드시 기항해야 하는 사실을 이용한 것이다. 다른 번이 오사카로 옮기려고 하는 화물을 월하방이 먼저 매입하고 보관하고 있다가 오사카의 시세를 보고 최고 가격으로 오르면 오사카로 보내는 식이다. 또한 화물을 담보로 돈을 대출하는 업무도 했다. 이 사업은 크게 성공해 조슈 번 재정은 점차 안정을 찾아갔다. 세이푸는 교육 보급에도 주력해 1849년에는 명륜관明倫館을 확대해 서민층에게 교육을 추진했다. 그 밖에도 자신의 생가 미스미 산장三隅山莊에 사숙私塾 '손세이토尊聖堂'를 마련하여 인재 양성에 힘썼다.

그런 그가 남겨놓은 명언이 있다. '실기를 모르는 자는 이론을 말하지 말고實技のやれない者は理論を言うな, 이론에 밝지 않은 자는 실기를 논하지 말라理論に通ぜぬ者は實技を論ずるな'는 것이다. 곧 이론과 실기를 겸해야 한다는 뜻이다.

하지만 세이푸의 새로운 유통사업은 그리 오래 가지 못했다. '월하방'의 중계무역이 오사카 상품 유통의 감소를 초래했기 때문에 바쿠후로부터 거센 항의가 들어왔고, 이에 따라 그는 개혁 일선에서 퇴진할 수밖에 없었다. 따라서 그로 인해 조슈 번의 재정 상태가 건전해진 것은 분명하지만 최신 무기를 대량 구입할 정도로 부를 축적한 것으로 보는 것은 무리가 있다. 이토 히로부미기 무기상 글로버로부터 신식 게베르 소총 3,000자루, 미니에 소총 4,300자루를 구입할 당시 구입 대금은 총 9만 2,400냥이었다. 이 중 미니에 총 가격만한 자루당 18냥씩 7만 7,400냥이었다.[14] 게베르 총이 5냥이었던 것에 비해 세 배 이상 비쌌다.

그런데 조슈 번 역시 사가나 사쓰마 번과 마찬가지로 이러한 무기 대금의 정확한 출처는 알 길이 없다. 그러나 한 가지 확실한 사실은 조슈 번이 사가나 사쓰마와 마찬가지로 도자기로 엄청난 돈을 벌어들여, 동쪽의 여타 번들보다 재정적으로 부유하고 풍요로운 상황에 있었다는 점이다.

사무라이 부인을 탐하고
남편을 살해한 조선인 사기장

앞에서도 잠깐 이야기한 조슈 번 초대 번주 모리 데루모토는 도요토미 히데요시의 '고다이로' 중 한 명으로, 센노 리큐 제자이자 유명한 다인茶人이기도 해서 그가 임진왜란 당시 조선인 사기장을 끌고 온 것은 필연적인 전개라 할 수 있다. 그는 1593년 경남 진주성 근처의 유서 깊은 가마에서 이작광李勺光, 이경李敬, 1568~1643 형제를 납치해왔다.

이후 히데요시가 사망한 다음 모리 데루모토는 '세키가하라 전투'에서 서군 총대장으로 추대되었으나 도쿠가와 이에야스의 동군과 직접 맞서 싸우지는 않았고 그 대신 친지를 내보내는 성의만 보였다. 그리하여 서군이 패한 다음에도 가문 내부의 주전론을 거부하고 도쿠가와에게 더 이상 싸울 의사가 없음을 표시해 가문의 존속과 목숨을 보전 받고 대신 36만석으로 녹봉을 대거 삭감 받는 선에서 매듭지을 수 있었다.

---

14 『토마스·B·글로버 전말 메이지 건국의 양상(ト マス·B·グラバ 始末 明治建國の洋商)』, 나이토 하쓰오(内藤初穗), 아테네책방(アテネ書房), 2001, 114~117p

하기 성터와 모리 데루모토 동상

그리하여 그는 히로시마 성에서 쫓겨나 변방인 나가토와 스호周防 2개국의 영주로, 즉 지금 야마구치 현 서부의 하기萩로 옮기게 된다. 모리는 1603년 에도로 가서 도쿠가와에게 사죄하고, 다음 해에 하기 성을 축성하여 거성으로 삼았다. 이때 이작광과 이경 형제도 함께 데리고 갔다. 그들은 하기 성 밑에 있는 마쓰모토 마을松本村의 나카노쿠라中之倉, 현재의 진토나카노쿠라椿東中の倉에 가마를 세웠으니, 조선의 도자기 기술과 전통이 이곳 하기에 전해지게 되었다. 일본에서 최고의 명품 찻사발로 손꼽히는 '이치라쿠一樂, 니하기二萩, 산가라쓰三唐津'라 일컬어졌던 하기야키萩窯의 명성은 이렇게 시작했다.

이작광, 이경 형제는 도진야마唐人山라는 산의 나무를 베어 번요藩窯를 일으켰는데, 산 이름이 '도진야마'라는 사실이 주목할 만하다. 아마도 이 산의 원래 이름은 이렇지 않았을 것이나 도진唐人, 즉 한반도에서 온 사람이 가마에 불 피울 나무를 벤다 하여 이런 이름으로 불렸을 가능성이 높다.

아무튼 모리 데루모토는 형인 이작광에게 야마무라^{山村} 성을, 동생인 이경에게는 사카^坂 성을 하사해, 이들은 본격적인 어용 사기장으로 도자기를 구웠다. 그로부터 20여 년이 지난 1625년이 되면 2대 번주 모리 히데나리^{毛利秀就}가 이작광 아들 야마무라 미쓰마사^{山村光政}를 나카노쿠라 가마^{中之倉窯} 통솔 책임자로 임명한다. 또한 이경 아들 사카 스케하치^{坂助八}도 '고라이자에몬^{高麗左衛門}'이라는 무사 직함을 하사받았다. 형제 모두 부자 2대에 걸쳐 하기 도자기의 대표적 지위를 확립했던 것이다. 이들은 그 밖에도 몇 명의 조선인 사기장을 데리고 있었다.

1645년 하기 번 사료에 따르면 사카 고라이자에몬^{坂高麗左衛門}이 데리고 있던 사기장 이름으로 마쓰모토노 하치자에몬^{松本ノ八左衛門}과 마쓰모토노 스케자에몬^{松本ノ介左衛門}, 마쓰모토노 시우에몬^{松本ノ市右衛門}, 구라사키 고로자에몬^{藏崎五郎左衛門}, 마쓰모토노 간베에^{松本ノ勘兵衛}, 마쓰모토노 로쿠에몬^{松本ノ肋右衛門}, 야

나가토의
후카와 가마 마을을
알리는 표지판

마무라 쇼안山村松庵 등이 등장한다. 맨 뒤의 야마무라 쇼안은 사카 고라이자에몬의 조카형의아들인 야마무라 미쓰토시山村光俊를 말한다. '쇼안松庵'은 그가 불교에 출가한 다음의 법명이다.

그런데 야마무라 미쓰토시는 1657년 제자들과 함께 하기 바로 옆의 후가와유모토深川湯本, 즉 현재의 나가토로 이주했다. 아울러 하기에는 삼촌의 도움을 얻어 제2의 가마인 소노세야키모노쇼三之瀨燒物所를 또 열었다. 이 가마는 전적인 어용가마는 아니었고, '반관반민半官半民'의 형태였다.

이렇게 이작광 손자 야마무라 미쓰토시가 삼촌 밑에 잠시 있다가 독립해 나가토로 옮기게 된 것은 아버지인 미쓰마사光政가 큰 사고를 쳤기 때문이라는 이야기가 있다. 사기장 우두머리 '사쿠노조우作之允'에 임명된 미쓰마사가 너무 교만해져서 일본인 무사 부인을 탐하고 결국 그 무사를 살해하기에 이르렀다는 것이다. 아무리 영주로부터 사무라이 성씨를 내려 받은 어용 사기장이라고 하지만 바다 건너 끌려온 조선인이 일본인 무사를 죽였다는 것은 정말 엄청난 범죄임에 틀림없었다. 그럼에도 그가 도자기를 빚는 매우 중요한 인물이라서 중형을 받지 않고 근신을 하는 선에서 그냥 지나갔다고 한다. 당시 일본 다이묘들이 조선인 사기장을 어떻게 극진히 대우했고, 그들의 몸값이 얼마나 대단했는지 잘 알려주는 일화다.

세월이 흘러 미쓰마사에게 살해당한 일본인 무사 자식들이 그를 죽이고 원수를 갚았다고 한다. 이러한 연유로 해서 미쓰토시는 삼촌 밑에 피신해 있다가 하기를 떠난 것으로 보인다. 이렇게 나가토로 옮긴 미쓰토시가 도자기를 굽기 시작하니 이것이 후카와소노세야키深川三之瀨燒다. 보통은 후키외야키深川燒라고 한다.

그러나 이작광 가문은 5대에 이르러 그 맥이 단절되었고, 미쓰토시를 따라 같이 나가토로 이주한 세공인들의 후손들이 여전히 후카와야키를 굽고 있다. 전통을 지키며 명성을 이어가고 있는 이곳의 대표적인 가마는 사카타데이카 가마坂田泥華窯, 사카 구라신베에 가마坂倉新兵衛窯, 사카 구라젠우에몬 가마坂倉善右衛門窯, 다하라 도베에 가마田原陶兵衛窯, 신조 스케우에몬 가마新庄助右衛門窯의 5개다.

'이치라쿠, 니하기, 산가라쓰' 하기야키 명성의 시작

한편 사카 고라이자에몬이 주도하는 하기의 마쓰모토松本 어용가마는 1663년에 사에키 한로쿠佐伯半六, 1630~1682와 미와 규세츠三輪休雪를 세공인으로 고용한다. 이들은 나중에 독립해서 자신들의 가마를 새롭게 열었다. 조슈 3대 번주인 모리 쓰나히로이毛利綱弘, 1639~1689 때 하기 가마는 4개로 늘어나 생산 능력의 증대와 함께 질적인 발전을 이룩하면서 전성기를 맞이했고, 1676년이 되면 배 7척에 찻사발을 가득 실은 배가 오사카 등 전국 각지로 떠날 정도가 되었다.

특히 사카 가문 밑에서 일하다가 독립해 가문 습명을 '규세쓰休雪'로 삼은 미와 가마三輪窯의 미와 추베에三輪忠兵衛는 80세가 되는 1700년께 번의 명령으로 교토로 가서 라쿠 가마樂燒 기술을 습득해 이를 하기야키에 접목했다. 초기의 하기 찻사발이 고려다완이나 오리베織部풍의 활기찬 부정형不定形이었다면 그는 하기야키에 처음으로 교토풍을 도입한 명공이었다. 하기는 이후 바쿠후 말기에 이르기까지 센노 리큐의 한적하고 쓸쓸한 정취를 즐기는 와비侘び 풍

미와 가마의 '규세쓰바쿠(休雪白)'. 왜 당주 이름이 대대로 고요한 눈(休雪)을 나타내는 '규세쓰'인지 흰색의 유약이 잘 알려준다.

류와 어울리는 다양한 다기들을 생산했다.

미와 가마의 선조 역시 조선에서 끌려온 사기장이었다. 그는 모리 모토나리毛利元就의 외손자이자 모리 가문 중신인 시시도 모토쓰구■戸元續에게 끌려와 아카아나 우치구라노스케赤穴内藏之助라는 일본 이름을 얻었다. 그는 처음에 이와미 국石見國, 현재의 시마네 현에서 도자기를 빚다가 하기로 이주했다고 하는데 안타깝게노 소선 이름은 전해시시 않는다.

하기 도자기에 지명을 넣어 '하기야키'라고 부른 것은 메이지 이후부터다. 에

도시대에는 생산지 이름을 넣어 마쓰모토야키松本燒, 소노세야키모노쇼三之瀨燒, 후카와야키라고 세분해서 불렀다. 또한 마쓰모토야키는 사카坂, 미와三輪, 하야시林 세 개의 가마가 있다. 하기야키는 번의 어용가마로 극진한 보호를 받았지만 메이지 유신 이후 후원자를 잃고 곤경에 처해 한동안 쇠퇴기를 겪었다. 그런 가운데 메이지 후기에 일본 전통문화에 대한 재평가 운동이 거세게 일어났다.

이런 움직임의 하나로 다도 붐이 일었던 다이쇼大正시대에는 후카와야키의 12대 사카 구라신베에坂倉新兵衛가 센노 리큐 후손의 유명한 다도 가문인 교토 오모테센게表千家에 입문하여 자신 집안의 전래 명품과 다도와의 조화를 이루어내는 브랜드 이미지를 확립했다. 사카 구라신베에야말로 하기 찻사발을 쇠퇴의 질곡에서 구해낸 중흥의 선조라 할 수 있다. '니 하기'의 지명도가 다시 널리 알려지기 시작한 것도 이때부터다.

1912년 나고야名古屋에서 간사이부關西府의 현연합공진회縣連合共進會가 열렸는데 그 자리에서 사카와 미와 두 가마가 출품한 다구들이 인기를 얻었다. 마차 5대에 삼나무 껍질로 두른 상자에 가득 담아서 발송한 하기 찻사발은 순식간에 매진됐다.

이에 따라 9대 사카 고라이자에몬인 가라다케韓岳, 1849~1921와 미와 가마의 8대 당주인 미와 세쓰잔三輪雪山, 1840~1921은 반년 동안의 공진회 기간 중 두 번이나 가마에 불을 피워 제품들을 나고야에 급파해야 했고, 하기야키의 명성은 전국적으로 퍼져나갔다. 때마침 전국적으로 다도가 부흥 조짐을 보이기 시작하던 참이라 셕소 높은 하기 찻사발 판매고는 가파르게 올라갔다.

여기서 한 가지 특기할 점은 9대 고라이자에몬이 자신의 아호를 '가라다케韓

회령자기처럼 유약이 자연스레 흘러내리는 사카 고라이자에몬 가마의 찻사발들

土', 즉 '한국의 산'이라 지었다는 사실이다. 조선으로부터 끌려간 지 250년이 지난 이때에도 이들은 여전히 자신들의 뿌리를 잊지 않으려 노력한 것이다. 태평양 전쟁 이후 하기야키에 대한 본격적인 보호가 시작되었다. 하기야키 기술이 1957년 문화재보호법에 따른 무형문화재로 선정되었다. 또한 미와 가마 10대 규와休和, 1895~1981는 하기야키의 원류인 고려다완에 대한 연구를 심화시켜 일본풍을 접목한 자신만의 작풍을 수립하니, 이것을 세상에서는 '규세쓰바쿠'라 일컬었다. 이는 옛 것과 달리 백색 유약으로 독특한 기법을 나타낸 제품으로, 쇼와 45년1970년 미침내 히기야키를 중요무형 문화재로 지정하게 하고, 자신은 그 보유자로 인간문화재인간국보가 되었다. 하기야키는 2002년 경제

산업성 지정 전통공예품으로 선정되었다.

1972년에는 11대 미와 규세쓰, 후카와 가마의 사카 타데이카, 14대 사카 구라신베에가 야마구치 현 지정 무형문화재로 인정되었고, 1975년에는 11대 사카 고라이자에몬, 1982년에는 12대 다하라 도베에田原陶兵衛가 각각 인정되었다. 또한 같은 해에 백색하기유약白萩釉의 독특한 발색을 완성해 예술원 상을 받은 요시카 다이비吉賀大眉, 1915~1991가 예술원 회원으로 추대되고 1990년에는 문화공로자로 선정되었다.

한편 이경의 후손 사카 고라이자에몬 집안은 가문의 위세와는 달리 그동안 매우 위태위태하게 대를 이어왔다. 적자로 이어지는 실질적인 맥은 사실상 초대에서 끊긴 것이나 마찬가지다. 왜냐하면 2대 고라이자에몬인 사카 스게하치坂助八부터 양자였기 때문이다.

인간국보였던 11대 고라이자에몬1912~1981 역시 1948년 10대의 둘째딸과 결혼한 양자로 1958년에 습명襲名을 했다. 도쿄예술대학에서 회화를 전공한 12대1949~2004 또한 11대가 1981년 사망한 다음 해인 1982년 그의 딸과 결혼한 양자로, 1984년부터 뒤늦게 도자기를 만들기 시작했다. 그가 고라이자에몬 명칭을 계승한 것은 1987년이다. 그런데 불운하게도 12대는 2004년 교통사고로 54세의 젊은 나이에 사망하고 만다. 2대에 거쳐 이어온 양자 가계마저 끊어지고 만 것이다.

그리하여 13대는 11대의 넷째 딸인 사카 순코坂純子, 1952~2014 여사가 맡게 된다. 아마도 일본에서 여성이 권위 높은 도자기 가문의 당주를 맡은 것은 초유의 시간이 아닌가 싶다. 무사시노武藏野미술대학에서 일본화를 전공하고 졸업 후 12대 당주 아래서 그림 그리기를 배운 사카 순코 여사는 2004년에 형부인 12

대가 급사한 이후 본격적으로 도자기를 배우고 7년 후인 2011년에 13대 당주를 계승했다. 그러나 그녀 역시 2014년 11월에 62세의 나이에 폐렴으로 세상을 떠나니, 이제는 400여 년 사카 가마의 미래가 불확실한 지경에 놓이고 말았다.

아리타 속담에는 '화로의 불이 세 번 꺼지면 가마가 크게 망가진다三度不窯を出したら火鉢屋は身上つぶす'라는 말이 있다. 아리타에서는 제대로 가업을 잇지 못한 이삼평 가문을 언급할 때 이 말을 가끔 사용한다. 사카 가문도 한때는 하기 동쪽에서 사카 집안의 땅을 밟지 않고는 지나다니지 못할 정도의 권세를 누린 적도 있다. 사카 가마의 불은 이제 몇 번이나 꺼진 것일까.

그 어느 곳에서도 볼 수 없는 독특하고도 오묘한 질감과 색감을 나타낸 사카 가마의 접시

사카 고라이자에몬 집의 꽃꽂이

chapter 5

하기야키는 인기가 너무 좋아 만드는 족족 힘센 다이묘나 에도에 실려 갔다. 그래서 사무라이들이 일부러 도자기 밑 부분에 흠집을 내어 일부를 빼돌렸다. 요즘으로 말하자면 의도적으로 B급 작품을 만든 것이다. 그렇게 해서라도 시중에 팔아 주머니를 채우기 위해서였다. 이런 지명도를 누린 하기였으니, 번의 곳간을 풍족하게 만드는 데 엄청난 도움을 주었을 것으로 쉽게 유추할 수 있다.

그렇기 때문에 쌀농사 아니면 아무것도 없는 시골의 가난한 일개 번에서 '감히, 용감하고 노골적으로' 바쿠후에 반기를 들고 타도에 나설 수 있었을 것이다. 곳간에 넉넉하게 물자가 차 있어야 군대도 꾸리고, 권력을 찬탈할 야심도 가지기 마련이다. 조슈 번이 그 많은 빚을 갚고 최신 무기를 사들인 것도 도자기로 인한 건실한 재정이 아니었으면 아마 불가능했을 터이다. 그러니 이래저래 조선인 사기장에 의한 도자기는 이곳 조슈 번에서도 일본 세상을 뒤엎는 조력자가 된 것이다.

CHAPTER

6

메이지 유신이
조선에 묻다

2 메이지 유신 뒤에는
유럽 열강의 조종이 있었다

앞에서 본 것처럼 사쓰마와 조슈의 바쿠후 토벌파는
양이는커녕 도리어 적극적으로 영국과 매우 절친한 관계를 유지했다. 영국과
이들 두 번은 사실상 정치적 동맹이라고 볼 수 있다. 이 사실은 서구 열강의 득
실, 곧 수지 타산과 직접적인 연관관계에 의해 메이지 유신이 진행되었다는
점을 말해준다.

바쿠후 토벌 배후엔 영국,
바쿠후 배후엔 프랑스

초대 영국 주일 공사를 지낸 러드퍼드 올콕은 1863년에 출판된 그의 저서
『다이쿤大君의 도시 : 일본 체제 3년기』에서 일본에도 민중 혁명의 맹아萌芽가
존재하고 성장하고 있어 현 체제의 변혁을 막을 수 없다고 관측했다. 정확한

올콕의 요코하마 상륙을 보도한 「일러스트레이트 런던 뉴스(The Illustrated London News)」 삽화(좌)와
초대 영국 주일 공사 올콕(우)

예측이었다. 그러나 프롤레타리아 진출을 두려워하고 있던 구미 자본주의는
세계 어느 곳에서도 민중 혁명을 바라지 않았다. 그리하여 올콕 역시 민중 혁
명을 두려워하여 일본의 변혁은 위에서 아래로 점차 퍼져나가는 개혁이어야
한다는 방침을 세우고 있었다.

그는 무엇보다 여러 번이 갖고 있는 배외주의排外主義의 근원이 바쿠후의 무역
독점에 대한 질시 때문이라고 확신했다. 그는 영국, 미국, 프랑스, 네덜란드 연
합함대의 시모노세키 포격 이후 조슈 번에 보낸 각서에서도 '정당하고 유일
한 주권자로서 다이쿤大君을 지지할 의사는 전혀 없으며, 더군다나 현재와 같
은 다이쿤의 무역 독점을 지지할 생각은 조금도 없다. 오히려 이는 조약의 정
신과 목적을 위반하는 것이다. 외국은 다이묘, 농민 등 모든 사람들이 균등
하게 무역에 참가해줄 것을 바란다'고 강조했다.

'사쓰에이 전쟁' 이후 사쓰마의 '개종'에 자신을 얻은 그는 이제 조슈 번이 이를 배우기를 희망해서 평화 공세를 전개했다. 그는 일본에서 개국론이 힘을 얻기 위해서는 무엇보다 각 번의 다이묘들이 바쿠후 독점의 틀을 깨고 자유 무역을 할 수 있어야 한다고 믿었다.

그의 생각대로 시모노세키 전쟁에 패한 이후 이토 히로부미는 간몬 해협에 정박해 있는 영국 함선에 가서 영국 외교관으로 통역을 맡고 있는 어니스트 매슨 사토우 Earnest Mason Satow[01]를 만나 시모노세키에서는 조슈산 목면과 밀랍, 생사, 지물紙物 등 북부 지방과 오사카에서 산출되는 모든 산물을 수출할 수 있다고 말하고, 번주 역시 개항을 몹시 바라고 있다고 강조했다.

올콕의 웅번연합 구상은 바쿠후 독재를 부인하는 것이기는 하지만 바쿠후 를 타도하려는 것은 아니었으며 혁명이나 내란을 거치지 않고, 다만 바쿠후 독재를 웅번연합의 공화제로 전환시키려는 것이었다. 그의 이런 노선은 차기 공사인 파크스에게도 받아들여졌다. 파크스 역시 위로부터의 개혁을 위해 사쓰마와 조슈를 도와 새로운 일본의 통일정권을 세우고 이를 영국의 영향 아래 두려 했다.

반면 영국과 주도권 다툼을 하고 있던 프랑스 공사 레옹 로슈 Leon Roches, 1808~1901는 바쿠후를 도와 반대파를 타도하고 통일정권을 세우려 했다. 로슈 는 아편전쟁의 예를 들며 반영反英 기류를 조성하면서 '정의를 사랑하는 나 라'로서의 프랑스의 위대함을 강조했다. 이에 따라 바쿠후 내에서 친프랑스 기류가 형성되어 그들이 주도권을 장악하게 되었다.

01 일본어를 구사한 첫 서양 외교관으로 영국의 대일 정책 수립에 큰 기여를 했다. 이후 주모로코 공사, 주일 공사, 주청(淸) 공사를 역임했고, 회상록인 『일본 속 외교관(A Diplomat in Japan)』 등 많은 저서를 남겼다.

일본 무사 복장을 한 로슈 프랑스 주
일 공사의 초상화

시모노세키 전쟁을 전후로 바쿠후가 보인 친프랑스 경향은 영국에 대한 견제 및 억지 차원의 정책이었다. 바쿠후에서 대외 업무를 관장하던 외국대신 격인 다케모토 마사쓰네竹本正雅는 연합군의 시모노세키 포격에 앞서 로슈에게 "영국이 이 기회를 이용하여 일본의 전략적 요충지를 점령하지 않을까 염려하고 있다"면서 "만약 프랑스가 이 점에 대해 바쿠후를 안심시키는 언명을 해준다면 바쿠후는 조약을 체결한 나라들연합군의 시모노세키 원정 계획에 암묵적으로 동의하겠다"고까지 말했다.

바쿠후에서 메쓰케를 맡고 있던 구리모토 조운栗本 鯤雲도 요코하마에 있는 프랑스군 시설을 방문하고는 매우 감동적인 언사로 다음처럼 말했다.

"조슈 번이 받은 강렬한 보복 공격은 외국측이 받은 피해에 대한 공격이었을 뿐만 아니라 바쿠후측이 받은 피해에 대한 공격이었다고 믿고 있습니다. 이 고백이 나라를 사랑하는 일본인에게 매우 괴로운 일이 되더라도 우리 주군쇼군의 권위가 완전히 확립하는 그날까지 우리는 우리나라에 외국 군대가 출현한 것을 참고 견딜 뿐 아니라 계속해서 수는해술 것을 바라는 것입니다."

일본 자위대와의 연합 훈련을 위해 2008년 9월 25일 요코스카 항구에 내항한 미국 항공모함 조지 워싱턴 (George Washington) 호, 갑판에 늘어선 수병들이 자신들의 몸으로 '처음 뵙겠습니다(はじめまして)'라고 글자를 만들었다.

쇼군의 권위를 반대파로부터 지키기 위해서, 바쿠후의 권위를 유지하기 위해서 외국 군대에 의존해 국가의 독립을 희생할 수도 있다는 생각을 드러낸 것이다. 이는 구한말의 대한제국이 일본으로부터의 위협을 피하기 위해 러시아에 의존했던, 아관파천俄館播遷과도 거의 흡사한 일이었다. 당시 대한제국이 열강의 틈바구니 속에서 갈팡질팡 갈 곳을 몰라 했던 것처럼, 이때의 일본 바쿠후 역시 행보의 균형을 맞추기가 매우 어려웠던 것이다. 일본의 이러한 쓰라린 경험이 메이지 유신 이후 대한제국을 압박하고 유린하는 외교 정책에서 매우 유용하게 쓰였음은 자명한 일이다.

더구나 로슈는 영국이 자국 상공업의 확대와 무역 이익을 위해 외국 영토의 점령도 불사한다는 사실을 적극 강조함으로써 바쿠후의 불안감을 더욱 증폭시켰다. 실제로 영국은 요코하마에 1,000명이 넘는 병사를 가진 군대를 주둔시키고 있었다. 그러므로 구리모토는 바쿠후측에 유리한 균형을 유지하기 위해서 영국군과 같은 규모는 아닐지라도 프랑스군의 병력 증원을 희망한다고 로슈에게 말했다.

물질적으로도 바쿠후는 로슈와 프랑스에 크게 의존하여 1865년 프랑스 원조로 도쿄만東京灣의 항구 요코스카橫須賀에 제철소와 조선소의 건설을 시작했다. 이를 위해 중국 닝보寧波에서 조선 공장 설립과 포함砲艦을 건조하는 일에 종사하던 젊은 해군 기사 베르니François Verny가 왔다. 여기서 일하는 기술자와 간부 노동자들은 모두 프랑스인이었다.

프랑스가 일본에 제철소를 세우는 일을 적극 주도한 것은 그들의 생사 무역과 깊은 관계가 있다. 19세기 중엽부터 프랑스와 이탈리이를 포함한 유럽 잠업 지대에는 미립자병이라는 누에병이 유행해 프랑스 양잠업이 심각한 타격

1 일본 누에고치와
   견직물 상품
   (요코하마 실크박물관)

2 일본 실크 만드는 그림을
   표지로 내세운
   「포춘(Fortune)」1933년 7월호

을 입었다. 이를 회복하기 위해 중국과 벵골산 누에의 이식을 시도했지만 실패했는데 1864년에 시작한 일본 누에 이식은 예상 밖으로 성공을 거두었다. 이런 상황에서 프랑스의 아시아 정책이 적극적으로 추진되고, 아시아 무역의 중점 역시 생사의 직거래 확대에 맞춰지게 된 것은 필연적인 일이었다. 1864년 프랑스 농상부장관 아르망 베익Armand Behic은 중국에 있는 프랑스 상회를 통합해 조합을 결성하고 국내 모든 견직물 업자의 주문을 독점함으로써 생사 획득의 차원에서도 영국 상회에 대항해 단번에 우위를 차지하려는 계획을 세웠다.

바로 이런 차원에서 로슈는 제철소 건설비의 지불과 관련, 바쿠후에 생사를 현물로 거둬들여 직수출하는 방식을 제안했다. 이 방법은 생사의 집하와 수출에 대한 바쿠후의 독점권을 설정하는 것으로, 자유무역을 목표로 하는 영국의 정책과 첨예하게 대립할 수밖에 없었다.

1865년 3월 10일 「런던 & 차이나 익스프레스London & China Express」는 프랑스 견직물로 소비되는 중국과 일본산 생사 중 5분의 1만이 직접 마르세유에 수송되고, 나머지는 런던을 경유해 보내지므로 그 수수료와 손실을 줄이기 위해 프랑스 정부 관계자들이 생사 무역 거점을 마르세유로 옮기려고 한다고 보도했다.

소 잃고 외양간 고치는 격이었지만 제2차 조슈 정벌이 실패로 돌아간 다음에도 바쿠후는 로슈의 도움을 얻어 군제와 정무 직제 등 중대한 몇 가지 개혁을 단행했다. 조슈와의 휴전이 포고된 이후 8월 27일 쇼군 요시노부는 바쿠후의 근본을 상화하기 위해 솔선수범해 군세 개혁을 하기로 결정했나는 사실을 로슈에게 직접 알리고 도움을 요청했다. 먼저 군제는 프랑스로부터 군사

교관단을 초빙하여 근대적 상비군 건설에 착수했고, 프랑스로부터 600만 달러를 빌려 함선과 병기를 구입했다. 그 담보로 홋카이도北海道의 광산 이권을 주는 조건이었다. 600만 달러 차관의 주체는 지금도 활발히 영업 중인 소시에테 제네랄Société Générale은행이었다.

둘째로, 정무는 육군, 해군, 외국사무, 회계, 전국부의 5국으로 나눠 각 로주에게 일국을 담당하게 하고 수석로주가 전체를 총괄하는 중앙집권적 관료 정부기구를 수립하려 했다. 셋째로, 프랑스와 일본의 합병회사를 만들어 생사 무역을 독점케 하고, 철도 건설 등도 하게 했다. 만약 바쿠후의 이 계획과 프랑스의 속셈이 성공했더라면, 이후 일본은 프랑스의 반식민지가 되었을 것이다. 그러나 그렇게 되기 전에 바쿠후는 친영親英 하급무사들에 의해 타도되었다.

물론 바쿠후 토벌파 역시 영국으로부터 정치적 원조를 받고 있었다. 바쿠후 붕괴 후 새 정권의 구상을 세우는 데는 영국 공사의 지도도 있었다. 아울러 유신의 주역 사쓰마와 조슈는 본국의 조종을 받는 글로버 상회로부터 상업 차관의 형태로 무기 원조를 받고 있었다. 게다가 유신정권을 이끌고 나갈 면면에는 영국 유학파가 압도적이었다.

그러나 바쿠후 토벌파는 바쿠후가 프랑스에 이권을 제공해 군사, 재정적 이득을 얻은 것 같은 행위를 하지 않았다. 1867년 영국 외교관 사토우가 사이고 다카모리에게 "프랑스가 바쿠후를 도와주고 있으므로, 영국은 당신들 편을 원조해야 한다"고 말하자, 사이고는 다음처럼 말하면서 면박을 주었다고 한다. "일본이 정체 변혁을 해야 할 점들은 어떻게 해서든 우리가 힘을 다해야 할 뿐이고, 이를 외국인과 논의하는 낯 두꺼운 사람은 여기 없다." 사쓰마 사이고 다카모리의 이러한 태도는 조슈 다카스기 신사쿠가 1861년 상해에서

세포이의 민중 봉기를 무력으로 진압하는 영국군을 묘사한 삽화

청나라가 '태평천국의 난' 진압을 영국과 프랑스에게 맡겨 왕조의 멸망을 재촉한 사실을 보고 교훈으로 삼은 각성과 똑같은 것이었다. 다카스기의 1866년 논설을 보면 '양이'는 확실히 민족 독립 투쟁의 의미로 변하고 있다.

그럼에도 또 한 가지 강한 의문이 남는다. 영국은 과연 일본을 식민지로 삼을 계획이 없었을까? 만약 영국이 막강한 군사력을 앞세워 일본을 지배하려했다면 어땠을까? 무엇보다 올콕과 파크스는 영국의 중국 침략 외교를 담당했던 능수능란한 외교관들이었다. 따라서 일본 지배의 '큰 그림'을 그리지 않았다면 이상한 일이다. 당시 세력 관계로 보자면 규슈는 영국에, 혼슈와 홋카이도는 미국과 프랑스에, 시코쿠는 네덜란드 식민지가 되어 사지사방으로 찢길 가능성도 다분했다. 그러나 결과적으로 보자면 일본은 너무나 운이

좋았다.

메이지 유신 성공 시기 직전부터 아시아에서는 서양 열강의 침략에 맞서 매우 강한 민족주의 투쟁이 벌어지기 시작했다. 중국에서는 1850년부터 15년에 걸쳐 청나라와 외세에 반대하는 태평천국 농민대혁명이 전개되었다. 이는 구미 열강에 대한 최초의 전민족적 투쟁이었다. 또한 1856~1857년에는 이란의 대규모 반영反英 봉기가 있었고, 영국이 이를 진압하자마자 인도에서 세포이 Sepoy의 민족 항쟁이 이어졌다. 이렇게 사방으로 신경을 써야 했으므로 미처 일본을 집어삼킬 여력이 없었던 것이다. 이러한 아시아 민족들의 투쟁과 관련해 올콕 주일 공사는 다음처럼 진단을 내렸다.

'아시아의 어떠한 민족도 완강하고 결연한 저항을 하지 않고 유럽인에게 굴복한 일은 지금까지 단 한 번도 없었다. 그들의 투쟁은 최후의, 승리의 희망이 전혀 없다는 것을 알고 난 후에도 끈질기고 강하게 계속된다. … 싸움의 형태만 달라질 뿐이다.'

그의 판단은 계속 이어진다.

'만약 서양 제국이 일본을 군사적으로 압박하여 승리해도 결코 일본인을 복종시킬 수 없고, 정복자와 피정복자 관계 아래서는 일본인과 유럽인의 어떠한 융화도 불가능할 것이다.'

올콕 주일 공사의 냉정한 판단과 당시 서구 열강에 대한 아시아인의 민족주의적 투쟁 전개 양상은 영국으로 하여금 일본에 대한 정복에서 손 떼게 만들었다. 또한 미국 역시 내전남북전쟁으로 인해 일본에 큰 신경을 쓸 경황이 아니었다. 이렇게 식민 지배의 손아귀에서 운 좋게 벗어난 일본은 오히려 제국주의의 유혹에 빠져 아시아에 대한 무력 점령에 나섰다. 메이지 유신의 주역들이 올콕 공사의 책을 미리 읽고 교훈을 얻었더라면 어땠을까? 군국주의의 망령에 넘어간 일본에 의한 아시아 침략이 벌어지진 않았을지도.

폐번치현과
구미사절단 파견

바쿠후 토벌 세력이 1868년 1월 3일 쇼군제 폐지와 왕정복고를 선언함으로써 쿠데타에 성공했지만 이것이 지방 호족과 사족의 완벽한 항복을 의미하는 것은 아니었다. 새 정부 성립 초기에 그들은 독자적인 재원이 전혀 없어서 군자금이나 정부 조직 유지비도 매우 곤궁했다. 그에 따라 정부는 미쓰이三井나 고노이케鴻池 등 대상업자본가에게 강제적으로 돈을 빌리고, 4,900만 냥의 불환지폐[02]를 발행했다. 이 불환지폐가 강제성을 띠었더라도 어쨌든 통용되었던 것은 미쓰이 등의 자본이 새 정부를 지지했기 때문이다. 그들은 누가 정권을 잡든지 간에 하루 빨리 영업의 자유와 안전 보장을 해주기를 바랐고, 내전 당시에도 그들의 빠른 정보망으로 바쿠후 토벌파에 승산이 있다고 보고 우호적인 입장을 취함으로써 새 정부의 재정과 통상 정책에 깊이 관여하면서 세력을 키웠다.

02 정화(금이나 은 등 본위화폐)와 바꿀 수 없는 화폐

1876년 하기의 사족 반란을 그린 하야카와 마쓰야마(早川松山)의 우키요에 '하기일전록(萩一戰錄)'

그럼에도 세금의 경감과 불환지폐를 정화로 교환해줄 것을 요구하는 전국 각지의 소요 사태가 매우 광범위하게 일어났다. 이런 민중 봉기와 병행해 기존 양이론을 여전히 고집하는 사족과 3품 이상의 고관들의 반정부 투쟁도 활발해졌다. 1869년 1월 초에는 구마모토 번 출신으로 '유신 10걸'에 속하는 '산요參與,참여'03 요코이 쇼난橫井小楠이 살해되었고, 이를 계기로 양이파에 의한 개화파 고관에 대한 암살 사건과 반란 계획이 계속 발생했다.

03 메이지 정부에서 신설된 새 관직. 유력 무사들로 구성된 일종의 하원의원 비슷하다. 유신 정부의 실질적인 지도부는 여기에 있었다.

특히 판적봉환 이후 사족 정리 정책의 희생자인 하급무사들이 민중 봉기와 결합하는 것은 정부에게 중대한 위협이 되었다. 실제로 1869년과 1870년에 걸쳐 조슈 번이 기병대 등 제대를 해산했을 때 병사들은 혹독하게 사역만 시킨 후 만족스런 보상도 하지 않고 내팽개친 번청에 대해 반란을 일으켰다. 그런데 이 반란이 부담 경감을 요구하는 농민 봉기와 결합하자 번청만으로는 진압할 수 없어, 중앙정부에서 제대 출신인 이노우에 가오루가 파견되어 겨우 진압했다.

조슈 제대의 내란을 진정시킨 이노우에는 조슈 번사의 3분의 2는 농공업에 종사케 하고, 3분의 1도 차차로 녹봉을 폐지하는 개혁 조처를 단행했다. 조슈가 바쿠후와 전쟁을 벌일 때 선봉에 나서 조슈를 구한 제대였지만 이제는 새 정부에 위협이 되는 세력이 되어 전형적인 '토사구팽'의 길을 가게 된 것이다. 조슈 번 제대의 내란 이후에도 불만을 가진 사족과 연계한 봉기는 끊이지 않았다. 1870년 가을부터 1871년 초까지 규슈 북부의 광범위한 번에서 반란이 발생하자, 정부는 규슈와 시코쿠의 42개 번에 동원령을 내렸지만 모든 번이 정부의 명령에 따르지는 않았다.

이러한 사족 봉기의 여파로 경제적으로나 정치적으로나 더 이상 지탱할 수 없는 번들이 생겨났다. 몇몇 조그만 번들은 1870년 이래 파산하고 말거나 번을 폐해줄 것을 정부에 청원하는 상태에 이르렀다. 중앙정부 입장에서는 한 지방을 뒤덮는 대반란이 일어나는 상황에서 권력 집중을 위해 폐번하는 것이 지상 과제가 되었다. 국토와 국민을 정부가 직접 지배하지 않으면 매일같이 확대되는 정부 기구를 유지힐 재원조차 얻을 수 없었다.

그리하여 정부는 1871년메이지 4년부터 번을 폐지할 준비를 진행했다. 폐번을

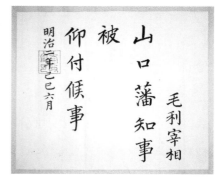

조슈 번의 마지막(14대) 번주였던 모리 모노토리(毛利元德)를 야마구치 번 지사 직위에서 해제한다는 공문서. 모리의 성 다음에 재상(宰相)이라고 쓰인 것은, 당시 참의 관직을 가진 영주는 모두 '재상'이라 통칭했기 때문이다.

단행하기 위해선 만일의 저항을 진압할 병력이 준비되지 않으면 안 되었으므로, 사쓰마, 조슈, 도사의 세 개 번으로 구성된 일왕의 신병新兵, 나중의 근위대를 8,000명으로 구성했다.

드디어 정부는 8월 29일 전국의 번 지사知事를 일제히 면직시키고 261개 모든 번을 폐하여 도쿄와 교토 그리고 오사카를 3부府로 잡고 그 아래로 302현縣을 설치하고 중앙정부가 자유롭게 임면하는 관리가 지방관이 되어 관리하게 했다. 이후 3부 302현은 같은 해 12월의 1차 통합으로 홋카이도를 제외하고 3부 72현이 되었다가 1889년에 최종적으로 3부 43현으로 정비되었다. 새롭게 화족에 편입시킨 기존 번 지사들에게는 도쿄 이주를 명하고 각 번의 무기와 성곽 등을 접수했다. 당시 각 번들은 보신전쟁 등을 거치면서 이미 재정적으로 어려운 상황에 놓여 있었고, 폐번치현은 신정부가 그 부채를 떠안는 것을 의미했으므로 큰 저항 없이 성공할 수 있었다.

이 정책에 반항할 만한 힘을 가진 번주는 한 사람도 없었다. 사쓰마의 시마즈 히사미쓰 영주는 자신의 가신이었던 오쿠보 도시미치와 사이고 다카모리에게 계속 속아왔다고 격분하며 투덜거렸지만 이미 때는 늦었고 어쩔 도리가 없었다. 그래도 그는 메이지 정부의 초대 내각 고문과 좌대신을 지냈으니 다른 번주들보다 월등히 융숭한 대접을 받은 편이었다. 이로써 바쿠후와 번의 유지 체제는 완전히 해제되고 근대 일본의 중앙집권적 국가 체제 건설의 기초가 마련되었다.

폐번치현으로 중앙집권 국가 수립에 성공한 유신정권은 그 직후인 11월 대대적인 사절단을 미국과 유럽에 파견한다. 우대신右大臣 이와쿠라 도모미岩倉具視, 1825~1883年를 전권대사로 하고 참의參議 기도 다카요시와 대장경大藏卿 오쿠보 도시미치, 공부대보工部大輔 이토 히로부미 등을 전권부사로 하는 정부 주요직만 총 48명으로 당시 정부 관료의 절반에 달하는 인원이었다. 수행단까지 합치면 100여 명의 대규모 사절단이었다. 이들의 목적은 두 가지였다. 하나는 구미국가와 조약 개정의 예비 교섭을 하는 것이고, 또 하나는 서양 선진문명을 현지에서 시찰하고 새로운 일본 건설에 참고하는 것이었다.

그러나 조약 개정 교섭은 처음부터 완전한 실패였다. 미국 정부는 사절단을 성대히 환영하고 대접했지만 교섭에서는 어린아이 취급하면서 일본의 어떤 요구도 들어주지 않았다. 이에 따라 사절단은 1872년 2월 대미 교섭을 중지하고 이후의 여행은 오직 친선과 시찰에 중심을 두었다. 일행은 미국에서 유

---

04 고메이 일왕의 시종 출신으로 원래 공무합체파였으나 나중 바쿠후 토벌파로 변신하여 1867년 10월 사쓰마와 조슈 번에 바쿠후 토벌의 밀칙을 내리는 주역이 되었다. 이후 신정부의 중심인물로 폐번치현 후에는 외무경에 이어 행정기관의 수장인 우대신이 되었다. 11월에는 특명진권대사로 이와쿠라 사절단을 이끌고 구미 각국을 방문해 조약 개정을 위한 예비교섭을 행한 뒤 1873년 귀국하였다. 귀국 후 정한론 대립에서는 정벌을 반대하는 오쿠보 도시미치를 지지했다.

|1

|2

1 폐번치현 이후 도쿄로 거처를 옮기는 메이지 일왕의 행렬을 그린 쓰키오카 요시토시
   (月岡芳年)의 우키요에 '무주육향선도도(武州六郷船渡図)'

2 이와쿠라 사절단 사진. 왼쪽부터 기도 다카요시, 야마구치 마스카(山口尚芳), 이와쿠
   라 도모미, 이토 히로부미, 오구보 도시미치. 1871년 8월 단발령 이후에도 이와쿠라는
   상투가 일본인의 영혼이라고 생각해 미국에 건너갈 때도 이를 거부했다. 그러나 미국
   에 유학하고 있던 아들이 설득해 시카고에서 상투를 잘랐다.

서울 절두산에 남아 있는 척화비

립으로 건너가 영국, 프랑스, 벨기에, 네덜란드, 독일, 러시아, 덴마크, 스웨덴, 이탈리아, 오스트리아, 스위스 순서로 돌면서 일 년 10개월 동안 여행하고 1873년 5월부터 9월에 걸쳐 귀국했다. 당시 이들 사절단의 경비는 약 1백만 엔, 1965년의 화폐 가치로 적어도 10억 엔을 넘었으니 지금 가치로 따지면 훨씬 더 어마어마한 액수였다. 이 프로젝트를 위해 당시 정부 한 해 재정 수입의 2%를 이에 사용한 것이다. 이는 당시 일본이 서구 문명을 배우기에 얼마나 주도적이고 적극적이었는지 단적으로 보여주는 대목이다.

귀국 후의 사절단은 무려 100여 권에 달하는 시찰 실록을 남겼다. 이토록 대대적인 외국 시찰단 파견은 세계적으로 전례가 없는 일이다. 그만큼 일본은 서구 문물 배우기에 절실했다. 그러나 바로 그때의 조선은 서양을 철저히 배척하겠다며 대원군의 지시로 전국 곳곳에 척화비斥和碑를 세우고 있었다. 이것들은 상당수 아직 남아 있다. 지금은 중앙박물관으로 이전되었지만 종로 1가 보신각 옆에도 척화비가 있었다.

'양이침범 비전즉화 주화매국洋夷侵犯 非戰則和 主和賣國.' 시양 오랑캐가 침입하는데 싸우지 않으면 화해를 하는 것이니, 화해를 주장하면 나라를 파는 것이 된다. 척화비에 쓰여 있는 문장이다. 오랑캐가 침입할 때 싸워야 하는 것은 백 번 지당한 말이지만 세상사는 나아갈 때와 물러날 때가 있는 법. 유학儒學의 가르침처럼 한 가지 교리에 대한 고집불통의 엄격함 대신 보다 유연한 눈으로 '오랑캐'에 대처하지 못한 미숙함은 두고두고 안타까운 점이다.

메이지 정부에서 가장 진보파라고 자타가 공인했던 기도 다카요시는 여행 중 끊임없이 고국의 '경솔한 진보'에 반대하는 서신을 썼다. 그들의 생각은 이랬다.

> '미국과 영국, 프랑스 등은 일본보다 월등히 개화하여 일본이 흉내 내려고 해도 결코 미칠 수 없다.'
>
> — 기도 다카요시

> '프러시아와 러시아에서는 (일본이) 반드시 표준으로 삼아야 할 것이 많다.'
>
> '어느 곳을 살펴도 석탄과 철을 제외하고 땅에서 직접 생산하는 것은 없다. 제작품은 모두 다른 나라로부터 원료를(수입하여 그것을 가공하여) 다른 나라에 수출하는 것뿐이다. 제작 공장은 들은 것보다 훨씬 발달했고, 가는 곳마다 검은 연기가 하늘에 가득하여 영국이 부강한 까닭을 알기에 족하다.'
>
> — 오쿠보 도시미치

이와쿠라 도모미 역시 산조 사네토미에게 보낸 편지에서 '어쩌면 이렇게 은

지금은 없어진 일본 500엔 지폐에 들어갔던 이와쿠라 도모미의 초상

성殷盛하고 부를 이루었는가, 라는 경탄밖에 할 수 없었다'라면서 그 핵심이
철도에 있으니 '일본의 번영도 철도에 달려 있으며 일본의 동서를 연결하는
철도의 설치가 시급하다'고 강조했다. 이와쿠라가 귀국 후 일본철도회사 설
립에 적극 참여한 것도 그 때문이다.

이러한 그들의 생각에서 메이지 정권의 목표가 정해졌다. 봉건제를 고집하
는 않지만 그렇다고 부르주아 민주주의 형태의 영국, 미국, 프랑스가 아닌 황
제의 권한이 강대하고, 문무 관료가 지배하는 독일프러시아과 러시아, 특히 일
본과 직접 이해 대립이 없고 공업화도 진전돼 있으며 욱일승천旭日昇天의 기세
를 지닌 독일이 일본의 모범이 되었다. 일본의 독일 따라 하기는 이때 결정된
것이다.

폐번지현을 단행했을 때 신정부의 실력자들은 모두 젊었다. 최연장자인 이와
쿠라 도모미가 46세, 사이고 다카모리가 43세, 오쿠보 도시미치가 41세, 기도

다카요시가 38세, 이타가키 다이스케板垣退助, 1837~1919[05]와 태정대신 산조 사네토미가 35세, 이토 히로부미는 겨우 30세였다. 그렇게 혈기왕성한 그들에게 프러시아의 활발한 대외 팽창은 매우 매력적으로 다가왔을 것이다.

다카치카가 살린 요시다 쇼인이
조선과 일본의 운명을 바꿨다

조슈 번의 마지막 번주 모리 다카치카는 영주의 신분이면서도 자신보다 11살이나 어린, 더구나 하급무사의 아들인 요시다 쇼인에게 사사를 받았다. 두 사람의 첫 만남은 쇼인이 11살 때인 것으로 알려져 있다. 다카치카는 당시 야마가류山鹿流[06] 병학兵學의 교수 견습이 된 쇼인을 성에 불러 중역 가신들을 모아 병학 강의를 시켰다. 당시 쇼인은『무교전서武教全書』의 전법戰法 편을 거침없이 강의해서 다카치카는 물론 중신들을 놀라게 했다고 한다. 또한 쇼인이 15살 때는 강의 중에 다카치카가 갑자기 "손자孫子 이야기를 해보라"고 주문했는데, 역시 이를 자연스럽게 설파해 좌중을 경악시킨 일화도 전해진다.

이렇게 다카치카가 평소 쇼인에게 눈독을 들이고 있었기 때문에 쇼인이 번을 벗어나는 범죄[07]를 저지르고 떠돌이 생활을 했음에도 사형에 처하지 않고 10개월의 유학으로 대신했다. 쇼인은 그 덕분에 에도에서 사쿠마 쇼잔佐久間象山,

---

05 도사 번 무사로 사이고 다카모리와 바쿠후 타도를 결의해 보신전쟁에서 신정부군의 중심적 존재로 활약했다. 신정부의 참의로 정부 요인의 다수가 이와쿠라 사절단으로 유럽에 있을 때 사이고 다카모리와 함께 신정부의 책임자가 되었다. 1873년 정한론 논쟁에서 패배하며 정부에서 물러난 이후 자유민권운동의 대표적 지도자가 되었다.

06 야마가 소코(山鹿素行)에 의해 저술된 병법의 한 유파

07 당시 번사가 번을 벗어나는 탈번(脫藩)은 엄격한 중죄에 해당한다.

1937년 아리타에서 제작한 백자 요시다 쇼인 상
(규슈 현립도자문화관 소장)

1811~1864[08]에게 학문을 배워 '쇼몬의 두 호랑이象門の二虎'로 불릴 정도가 되었다. 이러한 다카치카의 배려에 쇼인 역시 매우 고마워했고, 나중 다카스기 신사쿠에게 보낸 편지에서 '분수에 넘치는 대우를 받았다'고 적고 있다.

나중에 쇼인은 밀항을 시도하다가 미수에 그쳐 옥에 갇히게 되는데, 그런 근신의 몸에도 불구하고 징계를 무릅쓰고 자신의 의견서를 번에 보낸다. 이 사실을 알게 된 다카치카는 "그의 마음을 알아야 한다. 그의 생각을 다 기록하여 내게 보이도록 하라"고 지시를 내렸다. 그는 또 "유학자의 강의는 진부한 말이 많아 졸음이 오지만 쇼인의 이야기를 듣고 있으면 자연스럽게 무릎을 치게 된다"라고 말해 쇼인을 높게 평가했다. 이렇게 다카치카가 신분에 관계없이 유능한 인재를 중용하는 자세는 유신의 지사들로부터도 존경을 받아 유신 이후 조슈번에는 그를 기리는 비석이 많이 세워졌다. 시바 료타로는 다카치카에 대해 다음처럼 평가했다.

08 에도시대 사상가로 초기 한학과 유학에 전념했으나 청나라의 아편선생을 통해 서양 문불을 연구해 서양 문화를 어떻게 수용할 것인가에 대한 논리를 제시한 사람이다. 양학과 병학, 포술의 전문가였기도 했다. 훗날 존왕양이파에게 암살당한다.

'그는 그 누군가와 함께 도모할 사람 없이 그 자신이 홀로 판단했지만 사람을 보는 눈도 사물에 대한 이해력도 풍부한 사람이었고, 게다가 무서울 정도로 관대했다…. 어떤 의미에서는 그만큼 영리한 인물은 없었을지도 모른다. 그는 어리석은 사람이나 아첨꾼을 멀리하고, 번 내의 현자들을 가까이 했다.'

-『세상에 사는 날들^{世に棲む日日}』에서

만약 다카치카가 쇼인을 사형에 처했으면 일본의 역사는 물론, 조선의 역사도 크게 뒤바뀌었을 것이다. 다시 말해 다카치카가 탈번한 쇼인을 진작에 죽였더라면, 조선이 일본의 침략을 받는 일은 없었을 수도 있었을 것이란 얘기다.

메이지 유신의 정신적 지도자이자 이론가인 요시다 쇼인은 페리 호의 내항 이후 서양 열강을 배척한다는 사상을 버리고 서양 문물을 받아들여야 한다는 사고의 일대 전환을 한다. 이후 옥에 갇혀 쓴 『유수록幽囚錄』을 통해 정한론과 대동아공영론大東亞共榮論을 주창하여 일본 제국주의 팽창에 절대적인 영향을 미쳤다.

이 책에서 그는 '무력 준비를 서둘러 군함과 포대를 갖추고 즉시 홋카이도를 개척하여 제후諸侯를 봉건封建하여 캄차카 반도와 오호츠크해를 빼앗고, 류큐와 조선을 정벌하여 북으로는 만주를 점령하고, 남으로는 타이완과 필리핀 루손 일대의 섬들을 노획하여 옛날의 영화를 되찾기 위한 진취적인 기세를 드러내야 한다'고 밝혔다.

그는 1855년 출옥했으나 영지에 유폐幽閉 처분을 받아 1857년 숙부가 운영하던 글방塾의 이름을 물려받아 원래 조슈 번의 중심이었던 하기에 쇼카손주

조슈 번 출신 메이지 유신 주역들의 사진이 걸려 있는 쇼카손주쿠

쿠를 열었다. 바로 여기에서 이토 히로부미, 다카스기 신사쿠, 구사카 겐즈이久坂玄瑞, 1840~1864[09] 등 훗날 메이지 유신의 주역들이 다수 배출되었던 것이다. 이로써 하기는 메이지 유신을 성공시킨 주역들이 즐비하게 태어난 본고장으로, 조선 침공을 통해 대한제국을 강제로 병합한 정한론의 중심지가 된다. 쇼인은 바쿠후 반대 세력을 대대적으로 탄압한 '안세이 대옥' 때 다시 투옥되어 1859년 에도에서 처형되었다.

뒤에서 자세히 보겠지만 조선의 사기장들이 도요토미 히데요시는 물론 전국

---

09 조슈 번 무사로 존왕양이파의 선두에 섰다. 다카스기 신사쿠, 요시다 도시마루(吉田稔麿)와 함께 쇼카손주쿠의 세 명의 수재(三秀)라고 일컬어졌다. 쇼인은 구사카를 조슈 제일의 준재라고 생각해 여동생 후미(文)와 결혼시켰으나 바쿠후군과의 전투에서 패하고 25세의 나이로 자결했다.

의 다이묘들이 소장하기를 열렬히 소망해 마지않았던, 일본에서 으뜸가는 찻사발들을 만들어낸 하기에서 정한론이 일어난 것은 그야말로 비극적인 역사적 아이러니의 극치라 할 수 있다.

쇼인의 『유수록』은 '지금 시급히 군비를 정비하여 함선과 대포가 갖추어지면 바로 … 조선을 공략하여 인질과 조공을 바치게 하여 옛날과 같은 성시盛時를…'이라고 분명히 기록하고 있거니와 과거 도요토미 히데요시의 생각과 한 치도 다르지 않다는 사실을 알 수 있다.

만약 다카치카가 이런 쇼인을 사형에 처했더라면, 그래서 쇼카손주쿠도 열리지 않았더라면, 그래서 다카스기 신사쿠나 기도 다카요시, 이토 히로부미가 이곳에서 공부하지 않았더라면, 그래서 유신 지사들이 성공할 밑바탕도 존재하지 않고 정한론도 이어지지 않았더라면…. 역사는 어떻게 바뀌었을까.

일본은 정한론을
아직도 버리지 않았다

1868년 세이난 전쟁이 끝난 직후인 12월 14일 기도 다카요시는 조선 원정의 의견을 내놓고 오무라 마스지로 등과 구체적인 계획을 가다듬었다. 전쟁이 끝나자 정부에게 벅차게 된 각 번의 병사들을 외국 정벌에 이용하여 그 힘을 약화시키고 정부를 강화하려 한 것이다. 이는 도요토미 히데요시가 천하를 통일하고 난 후에 조선 침략으로 각 영주들의 병력을 무력화시키려 한 것과 똑같았다.

대부분의 일본 책에서는 일본 정부가 왕정복고의 일을 조선에 알리고 우호를 구하는 국서를 보냈는데 조선이 화답하지 않고 일본을 모욕했기 때문에 정한론이 일어났다고 하지만 실제로 위의 국서가 조선 부산의 대일 관계 관청에 도착한 것은 12월 19일이었고, 기도 다카요시의 정한론은 그 이전에 이미 시작된 것이다.

정한 계획은 1869년과 1870년 계속하여 기도 다카요시 주도로 가다듬어졌다. 1871년 일본 정부는 청나라와 수호통상조약을 체결하는데, 그 목적의 하나는 조선에게 '상국上國'의 위치에 있는 청나라와 대등한 조약을 맺음으로써 일본도 조선의 상위에 있다고 주장하기 위해서였다. 더욱이 이 조약 교섭 때 청나라는 청일 양국이 동맹하여 서양의 침략에 대항하자고 제의했지만 일본은 이를 받아들이지 않았다. 이보다 앞선 1870년 3월 영국과 프랑스가 청나라에 새로운 침략전쟁을 시작했을 때 오쿠보 도시미치는 영국과 프랑스 군대에 식량과 연료 등 일본이 할 수 있는 원조를 제공해 '외국에 신의를 세울 수 있는 기회'로 삼아야 한다고 주장해 이를 실행에 옮겼다. 현재 일본에 대한 중국의 심한 적대 의식은 중국 침략 이전에 이미 이때부터 심화되기 시작했다.

1871년 8월 29일 폐번치현이 단행된 이후 각 번 사무라이 병력의 해산을 비롯해 사족을 무시하는 정책이 계속 실시되었기 때문에 사족들의 불만이 들끓었고 근위부대의 반란도 언제 일어날지 모르는 상황이 되었다. 이리하여 사이고 다카모리도 이제는 '내란을 간절히 바라는 마음을 밖으로 돌리고 나라를 흥하게 하는 원략遠略'으로서 조선이나 대만을 침략하려 했다.

폐번치현과 뒤이은 징병제, 토지세 개정, 기본교육 의무제 등 부담 증대에 반대하는 대규모의 민중 봉기는 1871년부터 1874년까지 끊이지 않고 일어났다. 이 4년 동안 전국에서 90건의 폭동이 기록되었는데, 그중 1만 명 이상이 가담한 봉기가 11건이나 되었고, 그중에서도 6건이 1873년에 집중돼 있다. 한

정한론을 둘러싼 메이지 유신 주역들의 논쟁을 그린 스즈키 토시모토(鈴木年基)의 1877년 우키요에 '정한론지도(征韓議論図)'. 오른쪽에서 네 번째가 사이고 다카모리, 왼쪽 첫 번째가 이와쿠라 도모미다.

예로 1873년 6월 후쿠오카 현 가마嘉麻와 호나미穂波 지역에서 일어난 봉기에서는 30여 만 명이 9일 동안 쌀가게, 술집, 고리대부업 가게, 관리와 부호 집 4,000여 채를 부수거나 불을 질렀고, 현청을 포함해 수십 개의 관공서를 불태웠다. 이런 극심한 내부 불안 요인을 항상 외부 침략으로 모면하려는 책략은 도요토미 히데요시 이후 계속 반복되었고, 메이지 정부도 마찬가지였다. 일본의 고질적인 근성이자 정신적으로 열등한 지 들의 병적인 간책奸策이다.

그러던 때인 1873년 5월 부산의 지방관이 일본인의 밀무역을 금지하는 포고령을 내렸다. 그런데 그 가운데 일본을 모욕하는 문구가 있다고 하여 정한론이 갑자기 비등했다. 밀무역 금지령에서 국내의 잇따른 민중 봉기를 잠재울 타개책을 억지로 만들어낸 것이다.

사이고 다카모리가 8월 3일 조슈 번 가로 출신으로 태정대신이 된 산조 사네토미에게 보낸 편지에는 '지금 조선이 일본을 업신여긴다는 모일侮日 사건이 벌어졌다. 지금까지 참고 있었던 것도 오늘의 시비를 기다리고 있었던 것'이라고 쓰여 있다. 사이고는 우선 조선에 문책 사절을 보낸다, 그러면 조선이 이 사절을 틀림없이 '폭살爆殺'할 것이므로 그때를 기다려 조선에 원정군을 보낸다, 그리고 그 사절에는 자신을 보내달라, 그러면 반드시 전쟁에 말려들 것이라고 사네토미에게 역설했다. 실제로 당시 내각회의는 사이고의 의견을 받아들여 그를 방한 사절로 보낼 것을 결정하고 왕의 재가를 얻었다.

사실 사이고는 1869년부터 1871년 사이 기도 다카요시 등이 정한론을 검토하던 당시에는 정한론에 반대했다. 외국 정벌보다 내치가 더 시급하다고 주장했던 인물이었다. 그런데 이제 태도를 완전히 바꾸어 자신의 목숨을 걸면서까지 정한론을 주장한 것이다. 그가 이렇게 마음을 바꾼 것은 유신 이후 각종 정책이 그의 의도와는 다르게 진행됐기 때문이다. 그는 원래 관료 위주의 중앙집권 체제가 아니라 사족 중심의 군사정권 수립을 이루고자 했다. 그러나 정황이 점점 더 사족에게 불리해지자 조선 침략으로 회생의 길을 열고 기회를 보아 다시 사족이 집권할 수 있는 유일한 방책을 찾아내려고 한 것이다.

그런데 원래 정한론을 꺼냈던 당사자들인 기도 다카요시와 오쿠보 도시미치 등이 외국에 사질로 나가 있다가 사례로 귀국하여 시금은 내치가 시급하나는 이유로 정한론에 맹렬히 반대하고 나섰다. 그들은 사족이 다시 부활해 현 체제가 위험에 처하게 되는 길을 가만히 보고 있을 수 없었다. 결국 그들의 격렬한 반대로 사이고의 사절 파견은 번복되었고, 10월에는 내각에서도 정한파를 모두 사직시켰다. 유신 3걸 중에서 기도 다카요시와 오쿠보 도시미치는 정한 반대로, 사이고 다카모리는 정한으로 대립하게 된 것이다. 이런 대립의 핵심은 결국 권력 투쟁이었다.

사실 도시미치는 5월에 일찌감치 들어와 다카요시 등 사절 전원이 돌아올 유리한 때를 기다렸다. 그러면서 그때까지 사이고가 하고 싶은 말을 다하도록 하여 돌이킬 수 없는 지경으로 끌어감으로써 '항복시키든가, 항복하든가'의 결전으로 몰고 간 것이다. 사이고가 정한론으로 인해 다시는 정부에 설 수 없도록 하는 계책이었다. 조선은 이렇게 하여 유신 승리자들 권력 항쟁의 도구가 되어버렸다.

이 다음의 수순은 앞에서 이미 보았다. 정한론이 수포로 돌아가자 사쓰마로 돌아간 사이고는 무장봉기를 통해 '세이난 전쟁'을 일으켰고, 그 결과는 패배였다. '세이난 전쟁' 이후는 오쿠보 도시미치의 세상이었다. 외부 침략보다 내정 우선을 부르짖었던 그는 권력 투쟁의 승리로 자신 중심의 정부가 성립되자 다시 태도를 바꾸어 1874년 7월, 그전부터 만들어놓았던 계획에 의거하여 대만 침략을 감행한다.

도시미치 정권은 조선에 대해서도 강압적이었다. 도시미치가 대만 원정의 뒤처리를 위해 베이징에 갔을 때, 그는 영국의 베이징 주재 공사로부터 일본이 대만으로 향하지 않고 조선으로 진출하면 영국이 일본을 지원하겠다는 확약을 받았다. 영국은 극동에서 최대의 적 리시이를 견제히기 위혜 일본을 이용하려고 했다. 그리하여 1875년 9월 일본 군함은 불법으로 조선 영해에 들

조선, 청나라, 일본의 담판을 그린 그림(韓淸日談判之図)

어가 강화도 포대를 도발하여 발포하게 만들고, 그 죄를 문책한다는 구실로 조선을 무력으로 겁박하여 1876년 2월 '한일수호조약강화도조약'을 강요했다.

강화도조약의 제1조는 '조선은 자유국으로서 일본과 평등한 권리를 가진다'라고 돼 있지만 그것은 조선이 청나라의 속국이 아니라는 점을 명확히 하여 일본이 조선을 속국으로 만들려는 저의가 도사리고 있는 문구였다. 이 조약으로 일본은 조선에서 치외법권을 가지게 되었고, 무역에 관한 부속 문서에서는 조선에 대한 수출 관세를 없앴으며, 더구나 조약의 유효 기간도 정하지 않았다. 이는 곧 조선 종속화 조약이었다.

일본 정부는 이렇게 일찍부터 구미의 압박으로부터 민족독립이라고 하는 과제를 인접국인 조신, 중국에 대한 침략과 결부시켰다. 구미에게는 신의를 지킨다는 명목으로 종속하면서, 조선과 중국 침략을 지향한다는 것은 요시다 쇼인이 이미 강조했던 전략이다. 일본과 미국, 러시아와의 화친조약이 체결된 후인 1855년 쇼인이 옥중에서 형에게 보낸 편지인 '옥시장獄是帳'에서 다음처럼 강조하고 있다.

> '러시아, 미국과 강화가 일단 정해지면 우리 쪽에서 이를 어겨 오랑캐에게 신의를 잃는 일이 없어야 한다. 다만 규정章程을 엄격히 하고 신의를 두텁게 하여 그 사이 국력을 배양하여 취하기 쉬운 조선, 만주, 인도차이나를 취함으로써 교역에서 러시아와 미국에게 잃은 바를 토지로써 조선과 만주에게 보상받아야 한다.'

참 어이없고, 황당한 논리요 정책이다. 미국이나 러시아에게는 비굴한 저자세로 일관하여 교역에서 손해보더라도 이를 감내하면서 신의를 잃지 않도록 하고, 대신 그쪽에서 얻은 피해는 조선과 만주를 정복하여 영토로 보상받는다는 것이니 황당무계의 극치라 할 수 있다. 더더욱 기막힌 것은 이러한 논리를 쇼인의 제자인 기도 다카요시가 그대로 받아들여 스승의 가르침에 매우 충실했고, 오쿠보 도시미치 역시 이를 그대로 따랐다는 사실이다.

그런데 미국과 영국 입장에서 보면 일본의 이런 저자세가 그들의 이익에 충실히 부합했기에 결코 싫을 리 없었다. 1910년 경술국치 당시 미국이 일본의 조선 점령을 묵인하고, 일본에 천문학적인 재정 지원을 한 사실도 이런 맥락에서 보아야 한다.

일본은 1904년 러일전쟁을 앞두고 당시 루스벨트 대통령 주선으로 카네기 철강회사, 제이피 모건 금융회사 등 대기업을 통해 전쟁 비용 약 7억 엔현재14조

1957년 수상에 취임할 때의
기시 노부스케(중앙)와
아베 신조(오른쪽 꼬마)

원상당을 조달했다.[10] 1905년 러일전쟁 처리를 위한 포츠머스조약 체결 직전 일본을 방문한 미 육군장관 태프트William Howard Taft, 1857~1930와 일본 총리 가쓰라 타로桂太郎, 1848~1913가 필리핀과 조선을 양국이 나누어 갖자는 약속태프트-가쓰라 밀약을 한 것도 마찬가지다. 가쓰라 역시 조슈 번 나가토 출신이다.

국가의 기본 방침이 이러했기 때문에 필연적으로 군 수뇌부는 국정에 막중한 영향력을 행사했다. 대만 원정도 정부가 아직 출병을 결정하지 않았을 때에 군사령관 사이고 쓰구미치西鄉從道, 1843~1902[11]가 독단으로 출병하고 정부에게 추인하게 했다. 강화도 사건도 해군이 정부보다 앞서 일으키고, 정부는 그것을 나중에 추인하면서 이런 상황을 이용했다. 이렇게 보면 요시다 쇼인에게

---

10 『외세에 의한 한국 독립의 파괴(The Foreign Destruction of Korean Independence)』, 카메룬 쇼(Carole Cameron Shaw), 서울대출판부, 2015
11 사이고 다가모리의 등생. 메이지유신 2년 뒤인 1069년 유럽으로 건너가 군사 조직을 공부하고 돌아와 1874년 육군 중장으로 대만 침략을 지휘했다. 이토 히로부미 내각에서 해군대신과 내무 대신을 지냈다.

사숙을 열어 후학을 가르칠 기회를 준 모리 다카치카야말로 그의 10대 할아버지 모리 테루모토가 조선에 쳐들어와 수많은 사기장들을 끌고 가 조슈 번 번성의 기틀을 만든 것처럼, 메이지 유신을 배후에서 성공시킨 최대 공로자라고 할 수 있을 것이다. 너무나 씁쓸한 역사의 전개다.

이리하여 도요토미 히데요시에서 요시다 쇼인, 쇼인에서 기도 다카요시와 이토 히로부미, 기도와 이토에서 기시 노부스케岸信介로 이어지는 한반도에 대한 저들의 생각은 아베 신조 현 일본 총리에 이르러서도 한 치의 어김없이 그대로 계승된다. 아베는 그의 진면목과 너무도 어울리지 않는 제목을 붙인 그의 책 『아름다운 나라로』에서 그의 외할아버지 기시 노부스케 전 총리에 대해 '세간의 평가가 좋지 않았지만 개의치 않는다, 할아버지처럼 확신을 갖는 인생은 가치가 있다'고 강조했다. 쇼와시대에 전성기를 맞이해 '쇼와의 요괴昭和の妖怪'라는 별명을 가진 기시 노부스케는 조선인 징용을 주도한 A급 전범으로 총리 시절에 미일안보조약을 체결하고, 전후에 일본의 교전권을 불법으로 규정한 평화조약을 개정해서 일본의 군사력을 증강하려고 획책했던 장본인이다.

따라서 아베 신조의 정치 노선은 외할아버지의 그것과 조금도 다르지 않다. "일본의 조선 식민지 통치가 한국 국민에게 불행한 일이 아니었다"고 강조한 외할아버지의 생각을 손자인 아베 역시 충실히 뒤따르고 있는 것이다. 더구나 아베가 태어난 곳은 도쿄 신주쿠新宿이지만 본적지는 야마구치 현의 나가토 시, 옛 조슈 번이었음은 너무도 상징적인 대목이다. 그의 선거구도 시모노세키아 나가토다. 아베가 처음 입가하자마자 요시다 쇼인 묘소를 찬배한 행동의 뿌리가 무엇인지 너무 분명하다.

요시다 쇼인의 쇼카손주쿠가 있는 쇼인 신사 (松陰神社) 내부에 있는 '메이지유신태동지 (明治維新胎動之地)' 기념 비석

역사의 면면이 알려주는 진실이 이럴진대, 수구 친일 세력을 바탕으로 하는 이 땅의 매국노 정치인들과 관료들은 그런 아베에게 동조해서 밀실 협약을 맺어 과거 문제를 백지화하려 했다. 참으로 얼빠진 짓거리요, 나라를 팔아먹는 한심하고 추악한 작태다. 자신들 재산만 불리고 기득권을 지키면 나라 따위는 어떻게 돼도 상관없다는 철면피 반민족적 행위가 버젓이 자행되는 친일 수구파 세력의 행태는 지금도 여전하다. 제2차 세계대전이 끝난 후 독일 부역자들을 철저히 청산한 프랑스와 달리 우리는 해방 이후 친일 세력 청산에 실패했기에, 나라를 팔아 챙긴 기득권을 유지하려는 매국 집단의 끈질긴 저항과 시도는 지금도 계속되는 현재 진행형의 싸움이다.

하기에는 이토 히로부미가 살았던 집은 물론 공부를 했던 쇼카손주쿠, 기타 유신 핵심 인사 관련 사적들이 그대로 잘 보존돼 있어서 가는 곳곳마다 메이지 유신 역사의 학습장들을 마치 현재의 일인 것처럼 생생하게 마주칠 수 있다. 멀쩡히 살아 있는 항일 역사의 교훈마저 감추거나 생략하고, 심지어 역사 교과서에서마저 그 지취를 지우려 하는 우리나라 매국노 학자들이나 관료들의 망국적이고 파렴치한 저술이나 정책과는 너무나 대비된다.

이러한 전통의 계승에 힘쓰고 있기에 야마구치 현은 역대 총리 62명 가운데 무려 9명을 배출할 수 있었을 것이다. 일본 전체에서 번으로 보자면 170여 개 중의 하나, 현으로 따져도 43개 중의 하나에 불과한 시골에서 말이다.

야마구치 현이 배출한 총리의 대표적 인물은 이토 히로부미다. 그는 무사 지위도 얻지 못한 하급 신분이었지만 무기상 글로버의 전격적인 도움으로 영국 유학을 하는 데 성공하고 바쿠후 토벌파에 편승함으로써 45세에 일본의 초대 총리대신 자리까지 올랐다. 정계의 중심에서 물러난 후엔 조선통감부 초대 통감으로 아시아 침략에 앞장서면서 조선에 을사늑약乙巳勒約을 강요하고 헤이그특사사건을 빌미로 고종을 강제로 퇴위시켜 한일합방의 기초를 구축했다. 그의 조선 침략이 멀리는 도요토미 히데요시로부터, 바로 위로는 스승인 요시다 쇼인의 유지를 받든 것임은 너무도 자명하다.

이도 히로부미(왼쪽)와
야마가타 아리토모.
둘 다 조선인 부락 출신이다.

현재 일본 정치인 가운데 야마구치 현 출신이 30%, 사쓰마의 가고시마 현 출신이 30% 정도로 절반을 넘게 차지하고 있다고 한다. 이 사실은 1866년 삿초 동맹이 낳은 메이지 유신 성공에 따른 '권력 장악'이 지금까지 이어지고 있다는 사실을 극명하게 말해준다.

사쓰마가 조슈와 마찬가지로 성 아래의 70여 호 남짓한 하급무사 마을에서 사이고 다카모리를 위시한 수십 명의 지도자가 쏟아져 나온 사실은 앞에서 본 바 있다.

야마구치현 출신 총리

이름	생몰년	비고
이토 히로부미	1841~1909	1·5·7·10대 총리, 초대 귀족원의장
야마가타 아리토모(山縣有朋)	1838~1922	3·9대 총리
가쓰라 타로(桂太郎)	1848~1913	11·13·15대 총리
데라우치 마사다케(寺內正毅)	1852~1919	18대 총리
다나카 기이치(田中義一)	1864~1929	26대 총리
기시 노부스케	1896~1987	56·57대 자민당 초대 간사장
사토 에이사쿠(佐藤榮作)	1901~1975	61·62·63대 국무총리
간 나오토(菅直人)	1946~	94대 총리
아베 신타로	1954~	90·96·97대 총리

　　　　앞에서 본 바와 같이 '8월 18일의 정변' 이후 사쓰마와
조슈 두 번은 견원지간의 적대적 관계를 유지해왔다. 게다™ 밑바닥에 '사쓰
마는 적이다'라고 적어 밟고 다녔을 정도로, 조슈 번에서 보는 사쓰마는 불공
대천의 원수와 다를 바 없었다. 그런데 어느 날 갑자기 이 두 번이 손을 잡고
일본 역사상 가장 중요한 사건의 하나인 '삿초동맹'을 맺었다. 과연 무슨 일이
벌어진 것일까?

앞에서 말했던 것처럼 표면적인 서술로는 조슈 번 무기를 사쓰마 번 이름으
로 구입하게끔 사카모토 료마가 중재를 했고, 이 '기가 막힌 아이디어'가 실
제로 이루어져 '삿초동맹'으로까지 연결되는 가장 중요한 계기가 되었다고 대
부분이 저술들은 말하고 있다. 사카모토 료마야말로 시대를 앞서는 혜안으
로 메이지 유신 성공에 가장 큰 공헌을 한 '난세의 영웅'이라는 것이다. 과연

그런 것일까? 이에 대한 의문들을 풀어보기 전에 그럼 과연 사카모토 료마는 어떤 인물인가를 알아보는 것이 순서겠다.

사카모토 료마는
누구인가

료마는 덴포 6년 11월 15일, 양력으로 1836년 1월 3일 도사 국 도사 군 가미가모토마치上街本町, 현재 고치 현高知縣 고치시 가미마치上町에서 5남매형과 누나 셋의 막내로 태어났다. 그의 집안은 전당포와 양조장, 포목상을 하는 호상인 세이타야才谷屋에서 분가해 번의 '향사鄕士'가 되어 사카모토 성을 하사받았다. '향사'는 하급무사보다 더 밑의 계급으로 평소에는 논밭을 경작하는 등 생업에 종사하다가 부름이 있을 때만 맨발로 전장에 뛰쳐나가는 가장 밑의 무사다. 다만 료마의 집안은 분가할 당시 상당한 재산도 나눠 받아 매우 유복한 가정

사카모토 료마의 제일 유명한 사진.
1866~/년 사이 나가사키 우에노 히코마(上野彦馬)
사진관에서 이노우에 슌주(井上俊三)가 찍은
흑백사진을 컬러로 보정한 것이다.

이었다고 한다.

료마가 태어나기 전에 어머니가 용이 하늘을 나는 꿈을 꾸어 료마라고 이름을 붙였는데, 어린 시절 료마의 등 뒤에는 한 웅큼의 기이한 털이 나 있었다고 한다. 어린 시절 료마는 유약하고 소심해서 왕따를 당했고, 밤에 이부자리에 실례를 하는 버릇도 있었다고 알려져 있지만 확실하지는 않다. 다만 성년 때의 왜소한 체격을 보아도 건강한 편은 아니었던 듯하다.

그의 인격 형성에 큰 영향을 준 곳은 묘하게도 계모 이요伊与의 전 남편인 가와시마가川島家의 '시모타야下田屋'였다고 한다. 료마와 누나들은 배를 타고 번 소속의 배를 정박시켜놓는 도사 번 어선장이었던 가와시마 집을 종종 놀러가 나가사키와 시모노세키 등지의 특별한 여행 이야기를 들었다고 한다. 이곳에서 세계 지도와 많은 수입품을 보면서 외부 세계에 대한 동경을 꿈꾸었다는 것은 쉽게 짐작할 수 있는데, 다만 어떤 연유로 계모의 남편 집에 드나들었는지는 알려져 있지 않다.

료마는 1848년 히네노벤지日根野弁治의 도장에 들어가 오구리류小栗流 검술을 열심히 익혀 5년의 수련을 마치고 1853년에『오구리류 일본 병법사 목록小栗流和兵法事目錄』을 상으로 받았다. 이 비전서는 중요문화재로 현재 교토국립박물관에서 소장하고 있다.

이 상을 받아 고무된 료마는 에도에서 검술 수행을 더 하기로 작정하고 번에 자비 유학을 탄원해 허가를 받았다. 에도에선 번 소유의 별저에 머무르면서 호쿠진이쓰토류北辰一刀流의 오케마치치바桶町千葉 도장에 나갔다. 병학은 구보타 스가네窪田淸音의 제자인 와카야마 부스토若山勿堂에게서 야마가류山鹿流를 습득했는데, 이 병학을 전쟁에 활용한 제자는 바로 가쓰 가이슈다.

가쓰 가이슈

료마가 에도에서 검술 수행을 시작한 직후인 6월 3일, 페리 제독이 이끄는 미국 함대가 우라가에 내항하는 일이 벌어져, 자비 유학의 료마도 임시 소집되어 시나가와의 도사 번 별저인 시모야시키下屋敷 수비 임무를 맡았다. 당시 료마가 가족에게 보낸 편지에는 '전투가 벌어지면 외국인의 목을 가지고 귀향하겠다'는 내용이 있다.

같은 해 12월, 료마는 당대의 사상가인 사쿠마 쇼잔의 사숙에 입학해 포술과 한학, 난학 등을 배웠지만 쇼잔이 요시다 쇼인의 미국 군함 밀항 기도 사건에 관련되어 이듬해 4월 투옥되는 바람에 쇼잔에게서 배운 기간은 매우 짧았다.

안세이 원년1854 6월, 료마는 15개월의 에도 수행을 마치고 도사 번에 귀국했다. 이후 료마는 히네노 도장의 대리 사범을 맡으면서 서양화가 가와다 쇼료河田小龍12 집에서 서양 문물과 국제 정세에 대한 이야기를 많이 들었다. 아울러 해운의 중요성에 대해서도 깨우쳤는데, 이곳에서 나중의 동지가 되는 곤도 초지로近藤長次郎, 1838~1866와 나카오카 겐기치長岡謙吉 등을 만났다. 또한 이 시기

---

12   가와다 쇼료는 나카하마 만지로(中浜万次郎 혹은 ジョン万次郎)의 표류 체험늘 듣고 식접 그림을 넣어가며 엮은 책인 『표선기락(漂巽記略)』으로 세상에 알려졌고, 료마에게 여러 조언을 해준 것으로도 유명하다.

그는 도쿠히로 코조德弘孝藏에게서 포술과 네덜란드어를 배웠다.

그 다음 해 아버지가 사망하자 료마는 번의 허가를 얻어 다시 일 년간의 에도 검술 수행을 떠났다. 9월 에도에 도착한 그는 먼 친척으로 나중 도사근왕당 土佐勤王党을 결성하는 다케치 즈이잔武市瑞山, 1829~1865과 함께 도사 번 숙소에 머무르면서 전에 다녔던 오케마치치바 도장에 다시 나갔다. 이후 일 년간의 귀국 연장을 허가받아 1587년 9월에 도사로 돌아왔다.

당시 도사 번은 바쿠후로부터 흑선 문제에 대해 각 번에 자문해줄 것을 요청받은 것을 계기로 15대 번주 야마우치 요도山內豊信, 1848~1872가 요시다 도요吉田東洋를 참정参政에 기용하고, 의욕적인 번정 개혁을 추진하고 있었다. 그러던 와중에 '안세이 대옥'과 '사쿠라다 문 밖의 변'이 잇따라 일어나고 이 사실이 도사 번에도 전해지면서 도사 하급무사들 사이에서는 존왕양이론이 주류가 되었다.

그동안 각지를 다니면서 미토, 조슈, 사쓰마 등 여러 번의 번사들과 교류를 가지면서 도사의 근왕운동이 다른 번보다 뒤지고 있다고 판단한 다케치 즈이잔은 1861년 4월 조슈의 구사카 겐즈이, 사쓰마의 카바야마 산엔樺山三円 등과 각 번의 힘으로 조정의 권위를 강화하고 조정을 도와 바쿠후에 대항하자는 맹약을 맺고, 8월에는 에도에서 비밀리에 도사근왕당을 결성했다. 처음 192명이 모인 근왕당에 료마는 전체 9번째, 도사 번에서는 첫째로 가입했다.

근왕당 결성 이후 다케치는 번에 조슈와 사쓰마 두 번의 정황을 설명하면서, 이에 따라 도사도 존왕운동을 벌여야 한다고 주장했으나 당시 도사 번의 정책은 공무합체론이었으므로 지지를 받지 못했다.

그럼에도 다케치는 다른 번의 동향 파악을 위해 동지들을 각지로 파견했고,

시코쿠 고치 역 앞의 도사 번 지사들 동상. 왼쪽부터 다케치 즈이잔, 사카모토 료마, 나카오카 신타로

료마도 그중의 한 명이었다. 1862년 2월 료마는 임무를 마치고 귀국했는데, 그 즈음 사쓰마의 시마즈 히사미쓰 영주가 근왕의거勤王義擧를 일으켜 군사를 이끌고 교토로 들어갔다는 소식이 도사에도 전해졌다. 그러자 도사 번의 미적거리는 행태에 실망한 근왕당 동지 중에는 탈번을 하고 교토로 가서 사쓰마 번 의거에 동참하려는 사람들이 나왔다. 사실 히사미쓰는 바쿠후의 정치 개혁을 위해 출병한 것이었는데 존왕양이파에선 이를 바쿠후를 타도하기 위한 행동이라고 착각한 것이었다.

하여튼 이런 기류에 따라 요시무라 코타로吉村虎太郎에 이어 사와무라 소노조て澤村惣之丞가 탈번을 하자, 그들의 권유를 받은 료마도 탈번을 결심하게 된다. 료마가 번을 벗어나 유랑무사의 신세가 된 것은 분큐 2년1862 3월 24일의 일이었다. 그런데 정작 다케치는 번의 권유에 따라 탈번에 찬동하지 않았다. 앞에서도 얘기했지만 당시 번사가 번을 무단으로 벗어나는 것, 즉 탈번은 주종 관계의 구속을 스스로 끊은 것으로 간주되어 목숨을 잃을 수도 있는 중대 범죄였다. 가족이나 친구들도 공모 혐의로 기소된다. 따라서 료마의 형은 동생의 낌새를 눈치 채고 그의 거동에 특별히 주의할 것을 가족에 알리면서 료마의 칼을 모두 감추었다. 그러자 료마와 가장 친했던 누이가 창고에 몰래 들어가 가문 비장의 히젠 다다히로肥前忠廣의 칼을 꺼내와 료마에게 전해주었다고 한다.

료마는 1862년 8월 에도에 도착하여 오케마치치바 도장에서 기숙하면서 조슈의 구사카 겐즈이, 다카스기 신사쿠와 교류했다. 12월이 되면 료마는 마사키 데쓰마間崎哲馬, 곤도 초지로와 함께 바쿠후 정사총재政事總裁로 있는 전 후쿠이 번주 마쓰다이라 슌가쿠松平春嶽를 배알하고, 그의 소개장으로 12월 9일 바쿠후 군함 부교인 가쓰 가이슈를 만나게 된다.

이 대목에서 가장 널리 알려져 거의 정설처럼 굳어진 이야기는 료마와 마사키 데쓰마가 개국론자인 가쓰를 처단하기 위해 그를 찾았지만 세계정세와 해군의 필요성을 역설하는 그에게 감복하고 자신을 부끄러워하면서 그 자리에서 가쓰의 제자가 되었다는 일화다. 그러나 이는 료마 신격화의 한 현상으로 만들어진 이야기로 보는 것이 전문가들의 공통적인 시각이다. 어쨌든 이 시기의 료마는 누이 오토메乙女에게 보낸 편지에서 가쓰 가이슈를 '일본 제일의 인물'로 칭찬하고 있다.

가쓰 가이슈는 도사 번주 야마우치 요도에게 부탁히여 1863년 2월 료마의 탈번 죄를 사면 받고 또한 도사 번사들이 자신의 사숙에 입문하는 것을 추인

받았다. 이에 따라 료마는 가쓰가 추진하는 해군조련소 설립을 위해 동분서
주했고, 도사 번 출신의 상당수 낭인들이 가쓰의 문하생으로 참여했다.

또한 료마는 도사근왕당의 오카다 이조岡田以藏를 가쓰의 교토호위역으로 붙
였는데, 얼마 후에 실제로 가쓰가 세 명의 낭인들에게 습격을 받는 일이 벌어
졌을 때 이조가 이들을 베어버리고 가쓰를 구출함으로써 료마에 대한 신임
이 더 두터워지는 계기가 되었다.

4월 23일 쇼군 도쿠가와 이에모치가 군함 '준토마루順動丸'에 직접 올라가는
경험을 한 이후 가쓰는 고베 해군훈련소 설립 허가도 받고, 자신의 사숙인 고
베해운숙神戸海軍塾의 설립도 인정받았다. 바쿠후로부터 연 3,000냥의 경비 지
급을 얻어냈지만 이 정도 자금으로는 해군훈련소 운영이 불가능하여 가쓰
는 5월에 료마를 후쿠이 번에 파견해 마쓰다이라 슌가쿠에게서 1,000냥을
차입한다. 이에 고무된 료마는 5월 17일 누이 오토메에게 보낸 편지에서 '요
즘은 가쓰 가이슈 선생님의 제자가 되어 유달리 귀여움을 받나이다. 에헴, 에
헴…'이라고 자랑하면서 응석을 부리고 있다.

8월 18일 교토에서 지배적인 조슈 번 세력을 일망타진하기 위해 바쿠후와 사
쓰마, 아이즈가 손을 잡은 '8월 18일의 정변'이 일어났다. 교토의 정세는 급변
하고 사쓰마와 바쿠후가 다시 실권을 잡으면서 도사 번의 탈번 지사들도 많
이 살해당했다. 도사 번에서는 9월에 도사근왕당을 만든 다케치 즈이잔도
투옥되어 집단 자체가 괴멸 상태가 되었고, 다케치는 일 년 반 후에 할복자살
을 해야 했다.

이린 싱황에서 료마는 10월 고베 해군조련소의 사삼식을 받았다. 다음 해인
겐지 원년1864 2월 전년에 신청한 귀국 연기 신청이 거부되자 료마는 해군조련

고베 해군조련소 터에
세워진 기념물

소를 설립하는 일을 계속 하기 위해 번의 명령을 무시하고 다시 탈번 상태가 되었다. 2월 9일 가쓰 가이슈는 전년도 5월부터 상황이 지속되는 조슈 번 시모노세키 해협 봉쇄의 조정을 위하여 나가사키 출장 명령을 받고 료마도 이에 동행했다.

5월에 료마는 평생의 동반자가 되는 오료ぉ龍를 만나, 그녀를 평소 친분이 있던 교토 데라다야寺田屋의 여주인 오토세ぉ登勢에게 맡긴다. 5월 14일 가쓰가 군함 부교로 승진하면서 고베 해군조련소가 정식 발족했다.

하지만 6월 5일의 이케다야 사건으로 교토 정세는 다시 크게 요동치고 있었다. 이 사건으로 많은 존왕양이파 지사가 목숨을 잃거나 체포되었는데 그중에는 고베 해군조련소 학원생도 있었다.

'8월 18일의 징변'과 '이케다야 사건'으로 교토에 있던 조슈 번 세력은 사쓰마와 아이즈 번사들에 의해 거의 전멸되었다. 이에 7월 19일 정치 무대를 교토

료마의 여인 오료

로 복귀하기 위해 조슈군 3,000여 명이 황궁 점령을 목표로 진군했지만 바쿠후 세력에 패배금문의 변, 禁門の変 하고, 8월 5일이 되면 영국, 미국, 프랑스, 네덜란드 4개국 연합함대에 의한 시모노세키 포격으로 큰 타격을 입었다시모노세키 전쟁. 이어 제1차 조슈 정벌과 조슈 번의 항복이 이어졌다.

8월 중순 무렵 료마는 가쓰의 소개를 받아 사쓰마의 사이고 다카모리를 만났는데, 그의 인상에 대해 료마는 가쓰에게 "적게 두드리면 적게 울리고, 크게 두드리면 크게 울리는 인물"이라고 만난 소감을 말했다.

그러나 '금문의 변' 당시 해군조련소 학생이 조슈 세력에 합류한 일이 바쿠후에서 문제가 되었고, 더구나 가쓰가 로주 아베 마사토阿部正外의 역정을 산 일도 있어 가쓰는 10월 22일에도 소환 명령을 받고 11월 10일에는 군함부교 자리에서도 파면되었다. 고베 해군조련소 역시 문을 닫을 가능성이 높아지자, 가쓰는 에도로 떠나기 전 사쓰마의 가로 고마쓰 다테와키에게 료마와 그 일행의 보호를 부탁했다. 게이오慶応 원년1865 3월 18일 고베 해군조련소는 폐지되었다.

시쓰미의 고마쓰 다테와키는 료마와 학원생들의 항해술과 전문성을 중시해 5월 무렵, 료마 일행에게 출자를 해 '가메야마사추亀山社中'를 설립한다. 이는 지금의 회사와 유사한 성격을 가진 상업 활동 조직이다. 나가사키의 코조네 겐도小曾根乾堂가 가메야마 도자기龜山燒를 굽던 가마터를 가메야마사추의 본거지로 제공했고, 시모노세키의 이토 스게다유伊藤助太夫가 교토의 스노酢屋에 사무실을 설치했다.

그 이전 조슈 번은 다카스기 신사쿠의 거병으로 바쿠후 공순파 정권을 무너뜨리고 다시 존왕파가 정권을 장악하는데, 가메야마사추는 장사로 돈벌이를 해야 했으므로, 그러기 위해서는 당시 물과 불의 관계였던 사쓰마와 조슈를 화해시키는 일이 매우 중요한 목적이 되었다.

그러나 '8월 18일의 정변'과 '금문의 난' 등 일련의 사건에서 번번이 사쓰마와 아이즈 번의 개입으로 뜻을 이루지 못한 조슈 번은 두 번에 대한 반감이 극에 달하고 있었다. 이런 분위기에서도 도사 번의 떠돌이 무사 나카오카 신타로中岡愼太郎, 1838~1867와 그 동지로 나중 메이지 일왕의 궁내대신 등이 되는 히지카타 히사모토土方久元는 사쓰마와 조슈 같은 웅번의 결맹을 촉진하고, 이로써 무력에 의한 바쿠후 토벌을 추진하고 있었다.

한편 료마는 오무라 번 지사인 와타나베 노보루渡辺昇를 만나 사쓰마와 조슈가 힘을 합칠 필요성을 역설하는데, 와타나베는 원래 연병관練兵館 사감으로 조슈 번 기도 다카요시 등과 절친한 사이였으므로, 료마가 다카요시와 만날 수 있도록 주선했다.

1865년 5월 우선 히사모토와 료마가 협력하여 다카요시를 설득하여 시모노세키에서 사이고 다카모리와의 만나는 것까지 답을 얻어내는 동안, 나카오카 신타로는 사쓰마에 가서 사이고에게 다카요시를 만나두록 설득했다. 그리하여 5월 21일, 료마와 다카요시는 시모노세키에서 사이고가 오기를 기다렸지만 망연자실한 신타로만 어선을 타고 나타났다. 사이고가 원래는 시모노세키를 향하고 있었지만 도중에 조정 회의가 바쿠후 주장대로 조슈를 다시 정복해야 한다는 쪽으로 쏠리는 것을 막기 위해 서둘러 교토로 갔다는 것이다. 당시 사쓰마는 조슈가 교토에서 세력을 확산하는 것을 원치 않았지만 그렇다고 조슈 번 자체를 공격하는 것은 여러모로 무리가 있다고 판단하여 조슈 정벌 자체에는 소극적이었다. 이렇게 약속이 깨지고 다카요시가 격노함으로써 화해의 만남은 불가능해진 것처럼 보였지만 료마와 신타로는 화해 추진을 포기하지 않았다.

한편 당시 상황을 보자면 바쿠후 토벌파 선봉장의 입장에 있는 조슈 번은 바쿠후의 무기 밀매금지령에 의해 무기 도입이 어려웠고, 사쓰마는 군량미 조달에 매우 곤란을 겪고 있었다. 이에 따라 가메야마사추는 사쓰마 이름으로

기도 다카요시 사진. 의자에 앉아 찍은 것으로 당시로서는 매우 혁신적이다.

무기를 조달하여 이를 조슈에 재판매하고, 대신 조슈에서는 사쓰마가 원하는 쌀을 구입하여 제공하는 방안을 짜냈다. 거래의 실행과 화물 운송은 모두 가메야마사추가 담당한다는 것이었다. 이 계획은 두 번의 당면 과제를 모두 해결하는 것이었으므로, 두 번 모두 이에 수긍했다.

이로써 가메야마사추이 첫 거래가 성공하게 되었다. 가메야마사추

가메야마사추를 꾸렸던 집. 방 2칸의 매우 협소한 공간이다.

는 8월에 나가사키 글로버 상회에서 최신 미니에 총 4,300자루와 게베르 총 3,000자루를 구입하고, 곤도 초지로가 이 무기들을 실어 나를 배로 영국 상선 유니온 호를 상하이에서 사쓰마 명의로 구입하는 데 성공했다. 사쓰마와 조슈, 사추는 우여곡절 끝에 10월과 12월에 사쿠라지마櫻島 조약을 맺고, 이 배의 운항을 사추에 맡겼다.

9월이 되면 조슈 번을 다시 정복하라는 칙명에 사쓰마는 따르지 않겠다는 취지로 '의롭지 않은 칙명은 칙명이 아니다非義勅命は勅命にあらず'라는 오쿠보 도시미치의 서한이 조슈 번 중역이자 유신 10걸의 한 명인 히로사와 사네오미廣澤

眞臣, 1834~1871에게 전달되었다. 10월에는 사이고 다카모리가 고마쓰 다테와키와 함께 사쓰마군 수백 명을 이끌고 교토로 진군했다. 바쿠후에 시위를 한 것이었다. 사쓰마에서 출병하면서 사이고는 군량을 시모노세키에서 구하는 것이 편리하다고 생각하고, 이의 주선을 료마에게 부탁했다. 사쓰마 번 명의로 조슈 번 무기를 구입한 것이 두 번 제휴의 첫 번째 단계였다면 조슈의 사쓰마 군량 보급은 그 두 번째 단계였다.

사이고와 고마쓰는 교토에 도착한 직후 정세가 급박하게 돌아가는 것을 느끼고 조슈와 제휴를 굳힐 시점이라고 판단했다. 그래서 조슈의 기도 다카요시를 교토에 초대했다. 기도는 병사들 사이에 반사쓰마 감정이 아직 강하게 남아 있어서 주저했지만 다카스기와 이노우에가 분발을 촉구했으므로 드디어 행동을 개시해 제대 병사를 이끌고 다음 해인 게이오 2년¹⁸⁶⁶ 1월 7일 교토의 사쓰마 번저에 도착했다.

1월 8일 고마쓰 다테와키의 교토 저택에서 기도 다카요시와 사이고 다카모리의 회담이 열렸다. 하지만 논의는 쉽게 타결되지 못하고 난항을 거듭했다. 양쪽 모두 체면을 세우느라 연맹을 먼저 제안하지 않았기 때문이다. 료마는 회담 시작 후 열흘이 더 지난 1월 20일 시모노세키에서 교토에 도착했는데 그때까지도 아직 맹약이 성립되지 않아, 그 이유를 물어보니 기도는 "조슈는 더 이상 고개를 숙일 수 없다"고 답했다.

그런데 기도가 단념하고 조슈 번으로 돌아가려고 하자 사쓰마측도 체면 때문에 더 이상 대의를 거스를 수 없다고 판단해 그의 복귀를 중지시키고 1월 22일 6개 항목의 조문을 제시했다. 그 자리에서 이를 검토한 기도는 이를 승낙했다. 이것이 바로 메이지 유신 성공과 그 이후의 역사를 바꾼 삿초동맹이다. 이 맹약은 '황국을 위해 황실의 위광威光을 빛내며 황실을 회복'하기 위해서라는 표면적인 목적을 내세웠지만 실상은 바쿠후와 조슈 번의 전투가 벌어질 경우 사쓰마가 교토와 오사카 지방에 출병하는 것을 위시해서 조슈 번의 패배와 바쿠후 병력의 에도 회군 등 가능한 모든 경우를 상정한 군사적 상호 원조 협약이었다.

역사에 따르면 료마도 이 장소에 참석했다고 한다. 다카요시가 사쓰마의 제안에 난색을 표명한 이후 료마가 사이고를 설득하여 타협이 이루어졌다는 이야기도 있지만 사이고와 고마쓰는 사쓰마 번의 지시를 받아 움직이고 있었다는 반론도 만만치 않다. 삿초동맹의 성립이 과연 료마가 주도한 것이냐 하는 논란은 뒤에서 보도록 하자. 맹약이 성립한 다음 날인 1월 23일, 료마는 자신을 호위하는 조후 번사 미요시 신조三吉愼藏와 투숙하고 있던 후시미의 데라다야로 돌아와 축배를 들었다. 그러나 이때 후시미 부교는 그의 포박을 준비하고 있었다. 새벽 2시쯤 1층에서 목욕하고 있던 료마의 연인 오료가 창밖의 이상을 감지하고 알몸으로 윗층으로 뛰어 올라가 료마와 신조에게 알렸다. 곧 다수의 무사들이 실내에 침입했고, 료마는 다카스기 신사쿠가 보내온 권총으로, 미요시는 장창을 가지고 응전하지만 료마는 양손 손가락을 베이고 두 사람은 가까스로 야외로 탈출했다. 부상당한 료마는 목재 창고에 숨어들어가 잠복하고 미요시는 바로 후시미의 사쓰마 영주 저택으로 도망가서 도움을 청해 료마도 구출될 수 있었다.

데라다야 습격 사건 이후 료마는 사이고의 권유로 칼 상처 치료를 위해 사쓰마 기미리마霧島 온천에서 요양하기로 결정했다. 료마는 2월 29일 사쓰마의 배 삼포마루三邦丸를 타고 3월 10일에 사쓰마에 도착, 이후 83일 동안 머물렀다. 료마와 오료 두 사람은 온천 여행을 다니며 기리시마 산과 히나타 산日■山의 온천, 시오히타시 온천塩浸温泉 등 가고시마를 두루 여행했다. 이 치료 여행은 오료와의 밀월여행이기도 해서, 일본 최초의 신혼여행으로 이야기된다.

5월 1일 사쓰마의 요청에 따라 조슈에서 군량미 500가마를 실은 유니온 호가 가고시마 항에 들어왔다. 그러나 이때는 바쿠후의 조슈 정벌이 다시 시작될 때여서, 사쓰마는 감사하지만 국난에 처한 조슈에게 군량미는 받을 수 없다고 하여 유니온 호는 다시 조슈로 돌아갔다. 6월이 되자 바쿠후는 10만이 넘는 병력을 투입해 제2차 조슈 정벌을 시작했다. 6월 16일에 유니온 호를 타고 시모노세키에 입항한 료마는 조슈 번의 요구에 따라 참전하여, 6월 17일 다카스기 신사쿠가 지휘하는 고쿠라 번小倉藩 도해渡海 작전에서 처음이자 마지막인 실전을 경험했다.

앞에서 본 것처럼 제2차 조슈 정벌은 바쿠후군의 계속되는 패퇴로 흐지부지되었다. 쇼군 도쿠가와 이에모치도 사망함에 따라 가쓰 가이슈가 조슈 번과 담판을 짓고 9월 19일 바쿠후군은 철수를 시작했다. 한편 존왕파의 근왕당을 탄압 숙청했던 도사 번은 시세 변화에 따라 군비 강화를 서두르면서 참정 고토 쇼지로後藤象二郎가 책임자가 되어 나가사키에서 무기와 탄약을 의욕적으로 구입하려 했다. 그리하여 항해 기술과 통상 경험이 있고, 사쓰마나 조슈와도 관계가 깊은 료마를 주목한 고토 쇼지로는 1867년 1월 13일 료마를 만났다. 이것이 세우후데이 회담清風亭会談이다.

그 결과 도사는 료마의 탈번 죄를 사면하고, 가메야마사추를 도사의 외곽단체 조직으로 변경해 4월 상순 사추는 '해원내海援隊'로 이름을 바꾸었다.

해원대 규약에 따르면 조직의 주요 목적은 도사 번이 도사 번사와 탈번 무사

시오히타시 온천의 료마와 오료 동상. '신혼탕치(新婚湯治碑)'라 쓰여 있는 것이 흥미롭다.

를 지원하는 것으로, 사업에 뜻을 가진 사람들을 모아 운수, 교역, 개척, 투기, 번에 대한 지원 등을 하는 해군과 회사를 겸한 조직이었다. 이에 따라 도사번사에다 다른 번 출신들을 더해 50여 명의 인원이 모였다. 같은 시기에 나카오카 신타로는 조슈 번 기병대를 본따서 '육원대陸援隊'를 만들었다.

이 당시 료마는 해운 무역 활동 이외에도 홋카이도 개척도 구상하고 있었는데, 훗날 그의 처 오료는 "나도 함께 갈 생각으로, 홋카이도 사투리를 연습했다"고 회고하고 있다. 그러나 해원대의 경제 상황은 좋지 않아서, 훗날 미쓰비시를 창업하는 카이세이칸開成館13 나가사키 상회 지배인 이와사키 야타로岩崎

13　고토 쇼지로가 만든 도사 번의 무역회사

료마(왼쪽에서 세 번째)와
해원대(海援隊) 동료들

弥太郎는 '돈에 무지한 상태로 자꾸 오는 해원대 대원은 골칫덩어리'라고 일기
에 적고 있다.

료마와 고토 쇼지로는 1867년 6월 9일 유가오마루夕顔丸를 타고 나가사키를
떠나 효고兵庫로 향했다. 이때 교토에서는 쇼군 도쿠가와 요시노부를 비롯해
사쓰마 번주 시마즈 히사미쓰, 우와지마 번주 다테 무네나리, 후쿠이 번주 마
쓰다이라 슌가쿠, 도사 번주 야마우치 요도에 의한 '사후회의'가 열리고 있어
서 쇼지로는 야마우치 영주의 부름에 따라 가는 길이었다. 이 배에서 료마는
소위 '선중팔책船中八策'이라 불리는 여덟 항목의 정치 강령을 쇼지로에게 제시
한다.

이 여덟 항목은 대정봉환, 의회 개설, 관제 개혁, 조약 개정, 헌법 제정, 해군 창
설, 육군 창설, 통화 정책이다. 후세 사가들은 '선중팔책'이 엄청 대단한 제갈
량의 비책이라도 되는 양 말하고 있지만 위에서 보듯 너무 당연하고 상식적인
내용들이다. 대다수는 사쓰마와 조슈에서 이미 오래전부터 시행해오고 있는

것들이다. 앞에서 자세히 보았듯 쇼군 요시노부가 바쿠후 토벌 세력에게 날리는 '회심의 카드'라고 불리는 '대정봉환'도 일부에서는 첫 기획자인 료마가 이를 마쓰다이라 영주에게 전하도록 하고, 마쓰다이라가 다시 요시노부에게 제시했다고 부풀리고 있지만 사실은 이미 오래전에 여러 명이 생각하고 주장했던 아이디어였다. 바쿠후 신하인 오쿠보 이치오大久保一翁도 이를 이미 요시노부에게 제시했지만 당시 요시노부가 이를 거부했다.

한편 이런 료마와 쇼지로의 움직임과 별개로, 교토에서는 이미 나카오카 신타로의 중개로 도사 번의 이타가키 다이스케, 조슈의 모리 기요스케毛利恭助, 사쓰마의 사이고 다카모리와 고마쓰 다테와키, 요시이 도모자네吉井友實 등이 모여 '삿도薩土' 바쿠후 토벌 밀약의 밑그림을 그리고 있었다. 다음 날에는 야마우치 요도 번주가 이를 승인하고, 이타가키에게 오사카에서 신식 총 300자루의 매입을 지시한 다음 도사 번으로 돌아갔다.

이의 후속 조치로 고토 쇼지로가 6월 22일 다시 사쓰마의 사이고 다카모리, 고마쓰 다테와키, 오쿠보 도시미치를 만나 '삿도맹약薩土盟約'이 정식으로 성립되었다. 이 자리에는 나카오카 신타로와 료마도 배석했다. 이후 고토 쇼지로는 도사 번에 돌아와 야마우치 영주에게 히로시마 번의 다른 이름인 게이슈芸州 번

도사 번의 개혁을 주도한 고토 쇼지로

도 이에 가담시키자고 제안해, 6월 26일이 되면 게이슈 번이 동참하는 삿도게 맹약薩土芸盟約이 성립된다.

이후 료마는 9월 23일 신식 소총 1,000여 자루를 배에 싣고 5년 반 만에 고향 땅을 밟고 가족과 재회했다. 10월 9일 료마는 다시 교토로 돌아가고, 그 전에 야마우치 영주의 동의 아래 고토 쇼지로가 10월 3일 쇼군의 교토 거처인 니조 성二條城에 들어가 로주 이타쿠라 가쓰키요板倉勝靜에게 대정봉환 건백서를 제출, 바쿠후가 시세의 흐름에 따라 정권을 조정王에게 봉환할 것을 제안했다.

당시 요시노부가 이를 받아들이지 말지의 여부는 불명확했는데, 료마가 고토 쇼지로에게 10월 13일에 보낸 서한에는 '만약 건백서가 받아들여지지 않는다면 고토 님은 그 자리에서 할복자살할 각오이실 터이니 만약 선생님이 집으로 돌아가시지 못하게 된다면 저는 후일 해원대 동지들과 함께 요시노부를 노상에서 기다려 원수를 갚겠습니다. 지하에서 만나겠습니다"라는 매우 강경한 내용이 들어 있다.[14]

만약 료마의 편지처럼 요시노부가 대정봉환을 받아들이지 않았다면 일본의 운명은 또 어떻게 바뀌었을까. 그러나 쇼군 요시노부는 10월 13일 니조 성에서 고토를 포함 제번 중신에게 대정봉환을 자문하고, 다음 날 메이지 일왕에 이를 올려 15일에 허가 칙령이 떨어졌다. 이렇게 대정봉환이 왕에게 올라가기 직전인 14일, 왕에 의한 바쿠후 토벌의 밀칙密勅이 이미 사쓰마와 조슈에 내려져 있었는데, 대정봉환이 성립됨으로써 바쿠후 토벌의 명분이 손실되었으므

---

14 『료마의 수기(龍馬の手紙)』, 미야지 사이치로(宮地佐一郎), 고단샤학술문고(講談社學術文庫), 2003

료마가 피살된
교토 오미야 자리의 기념비

로, 21일 바쿠후 토벌의 결행은 연기되었다. 참으로 아슬아슬한 줄타기의 순간이었다.

11월 15일 료마는 교토 가와라마치河原町 간장가게인 오미야近江屋의 이구 친스케井口新助 집 안채 2층에 있었다. 그날 그의 처소에는 육원대의 나카오카 신타로와 도사 번사인 오카모토 겐자부로岡本健三郎, 화가인 오미 카이도淡海槐堂 등이 놀러와 있었다.

오후 8시쯤 료마와 신타로가 담소를 나누고 있던 중 도스카와十津川 부락의 향사라고 하는 남자들 몇 명이 찾아와 료마를 만나고자 했다. 이에 하인이 이를 전하려고 하는 동안, 방문자들은 그대로 위층에 올라가 하인을 베고 료마 일행이 있는 방을 습격했다. 그러나 료마 등은 칼을 들고 있지 않았고, 료마는 이마와 여러 곳을 깊게 베여 거의 즉사에 가깝게 살해되었다. 향년 33세. 공교롭게도 그가 사망한 날은 그가 태어난 날이었다. 생일이 기일이 된 것이다. 같이 있던 신타로 역시 중상을 입고 이틀 후에 사망했다. 향년 30세.

처음에는 신센구미가 료마를 죽인 범인으로 강한 의심을 받았다. 해원대 대원들은 료마 살해가 이로하마루 사건에 대한 보복이라고 의심하여 사건 협상 당시 기슈 번 대표였던 미우라 규타로三浦休太郎를 12월 6일에 습격하여 호위를 맡고 있던 신센구미 대원을 죽였다. 또한 이듬해1868년 4월에는 도사 번의 강력한 요구에 의해 신센구미 국장인 곤도 이사미近藤勇가 참수되었다. 또한 신센구미 대원이었던 오이시 쿠와지로大石鍬次郎가 료마 살해 혐의로 체포되어 고문 끝에 스스로 료마를 살해했다고 자백했지만 나중에 이를 철회하는 일도 있었다.

그 후 한참 시간이 지난 메이지 3년1870. 하코다테 전쟁에서 포로가 된 교토 미마와리구미見廻組 15의 이마이 노부오今井信郎가 취조 도중, 조장인 사사키 타다사부로佐々木只三郎只三郎가 그의 부하 6명과 함께 료마를 습격해 살해했다고 진술했고, 이 내용이 현재 정설로 돼 있다. 료마를 벤 것은 가쓰라 하야노스케桂早之助의 와키자시脇差 16였다.

글로버, 무기 밀무역으로
조슈 번의 숨구멍을 뚫어주다

시모노세키 전쟁이 조슈 번의 일방적인 패배로 끝난 이후 연합 4개국의 공동 각서는 조슈 번의 밀무역을 금지시켰다. 1865년 4월부터 대규모의 군제 개혁

---

15 에도 밀기 교토의 치안유시 조직. 겐시 원년, 아이스 번수 마쓰다이라 가타모리가 교토수호직을 맡음에 따라 그의 번사들로 구성됐다.
16 허리에 차는 호신용의 작은 칼(약 50cm)

을 추진하고, 이를 위해서 1만 정의 소총을 구입해야 하는 조슈 번으로서는 숨통이 끊길지도 모를 실로 중차대한 걸림돌이었다.

그리하여 당시 조슈의 정무를 책임지면서 무비공순의 실현을 위해 군제 개혁에 온 힘을 쏟고 있던 기도 다카요시는 밀무역 금지에 대한 대책을 무기상 글로버에게 묻고 있다. 바로 이 사실이 매우 중요하다. 왜 많고 많은 인물 가운데 글로버에게 그 대책을 구했을까? 기도 다카요시는 당시 상황에서 무기상 글로버가 아니면 조슈 번이 처한 진퇴양난의 상황을 해결해줄 사람이 없다고 판단한 것이다. 그럼 글로버는 어떤 처방을 내놓았을까? 글로버가 다카요시에게 말한 바는 다음과 같았다.

> "바쿠후가 영국에게 이 문제밀무역에 대해 매우 강하게 부탁을 한 것 같으며, 그 진의는 결국 조슈 번을 방해하는 것이 주목적이다. 어쨌든 바쿠후는 조약을 체결한 상태이므로 어찌할 도리가 없다. 이 때문에 조슈 번은 무기를 구할 수단이 전혀 없어졌다. 대단히 유감스럽지만 어찌할 도리가 없다. 그러나 조슈 번주의 선박으로 상하이에 가서 구입한다면 아무런 지장이 없다. 만약 배가 없다면 한두 사람이 상하이로 밀항하여 기선을 구입하고, 그 배에 소총을 몰래 실은 다음 수송하는 일은 어떠한 수단방법을 써서라도 협력해주겠다."

앞에서도 말했지만 글로버는 자딘 매디슨 상회의 상하이 지사 출신이다. 그런 그기 상히이에서 못할 일은 거의 없었다. 그렇기에 일단 상하이에 오면 무기 밀수가 가능하다고 호언장담한 것이다. 글로버의 이런 회답을 받은 다카

무기상 토마스 글로버는 일본에서는 되도록 감추고 싶은 이름이지만 영국에서는 '근대 일본을 만든' 영웅으로 취급된다. 그의 고향 애버딘(Aberdeen)에 있는 애버딘해양박물관에선 그를 '스코틀랜드의 사무라이(Scottish Samurai)'로 소개하고 있다.

요시는 글로버가 가르쳐준 '상하이 밀항론'을 최후의 방책으로 삼고, 우선은 이토 히로부미와 이노우에 가오루 두 사람을 나가사키에 파견하기로 결정했다.

그런데 이에 앞서 사카모토 료마와 나카오카 신타로가 시모노세키로 와서 다카요시를 만난다. 앞에서도 언급했지만 이들이 조슈 번에 와서 당시 실력자 다카요시를 만난 것은 사쓰마와 조슈의 동맹 추진 전 단계로써 다카요시를 먼저 설득하기 위해서라고, 대부분의 역사서는 말하고 있다. 그런데 정말 그리할까?

여기서 나카오카 신타로라는 인물에 대해 잠시 살펴보자. 본명이 미치마사道

ㅍ인 나카오카 신타로는 료마와 같이 도사 출신으로 1861년 도사근왕당에 가입하여 본격적으로 지사 활동을 시작했다. 1863년 교토의 '8월 18일의 정변' 이후 도사 번 내에서도 존왕양이 활동에 대한 탄압이 시작되자 즉시 번을 벗어나 낭인이 되었고, 같은 해 9월 조슈 번으로 망명한다.

메이지 유신 이후 태정대신이 되는 조슈 번 가로 산조 사네토미의 호위무사가 되어, 그와 같은 처지로 번을 벗어나 떠도는 지사들을 돕는 촉진자가 되었다. 이후 금문의 변, 시모노세키 전쟁에서 조슈 번을 위해 싸우다 부상당한다.

이 과정에서 그는 웅번끼리의 백해무익한 대립, 지사들에 대한 탄압을 목격하고, 활동 방침을 단순히 존왕양이에서 웅번연합의 무력에 의한 바쿠후 타도로 바꾸었다. 그리고 조슈 번 기도 다카요시와 사쓰마 번 사이고 다카모리와의 회동을 통한 두 번의 화해를 최우선 목표로 활동하기 시작했고, 이 일에 각 지사들 사이를 돌아다니며 연락을 하고 있는 사카모토 료마를 설득하여 끌어들였다는 것이다. 그러니 삿초동맹의 최초 추진자가 대부분 사람들이 믿고 있는 것처럼 사카모토 료마인지, 아니면 나카오카 신타로인지 아리송해진다.

그런데 매우 흥미롭고도 중요한 대목이 또 있다. 그런 료마와 신타로가 기도 다카요시를 만나러 갔을 때, 다카요시가 먼저 료마에게 사쓰마 번 명의로 조슈 번의 무기와 함선 구입을 의뢰했다는 사실이다. 다시 말해 료마가 삿초동맹을 위해 사쓰마 이름으로 조슈 번을 위한 무기 구입을 먼저 제안한 것이 아니고, 처음부터 조슈 번에서 이를 들고 나왔다는 것이다.[17]

---

17 『메이지 유신의 무대 뒤(明治維新の舞台裏)』, 이시이 다카시(石井孝), 이와나미신서(岩波新書), 1975

나카오카 신타로. 일본 최초로 웃는 얼굴의 사무라이 사진이다. 료마와 함께 살해되기 일 년 전인 1866년 11월 24일 촬영했다.

그런데 한 걸음 더 들어가서 깊이 생각해보자. 다카요시가 처음 만난 료마를 뭘 믿고 이런 얘기를 꺼냈을까? 당시 정국은 가장 가까이 있는 사람도 믿지 못하고, 배반과 암투가 극에 달한 혼돈 그 자체의 무질서 상태였다. 그런 와중에 처음 얼굴을 보는 일개 떠돌이 무사, 그것도 가장 밑의 향사 출신으로 근본이 뭔지도 잘 모르는 작자에게 자신의 심중을 드러내고 번의 운명이 달린 중대사에 대한 부탁을 한다? 이는 여러모로 가당치도 않은 일이다. 아무리 조슈 번 개혁파 중신 산조 사네토미의 호위무사인 나카오카 신타로와 같이 왔어도 그렇다. 당시 상황에서 있을 수 없는 일이란 얘기다.

이 대목은 이렇게 정리해야 합리적으로 풀린다. 첫째, 사쓰마 이름으로 조슈 번 무기를 구입하는 것은 이미 사전에 다카요시와 누군가 사이에 다 정리가 돼 있었다. 둘째, 사카모토 료마는 단지 이를 전달하고 실행하는 연락책이자 중간상이다. 셋째, 나카오카 신타로는 도사 번 출신으로, 지금은 조슈 번 중신의 호위무사이니 조슈 번 입장을 료마와 그 뒤의 누군가에게 전달하는 데 제격의 인물이다.

그러니 료마는 일본의 수많은 책이나 드라마와 애니메이션, 이야기들이 떠받들고 있는 것처럼 사쓰마와 조슈가 손을 잡게 만든 장본인이 아니라 무기를 매개로 해서 그 둘 사이를 이어주는 글로버의 심부름꾼이자 거간꾼으로 보는 것이 보다 정확하다.

앞에서 글로버가 다카요시에게 상하이를 통한 밀수 제안을 했다는 사실을 기억할 것이다. 그런데 글로버가 아무런 복안도 없이 무턱대고 다카요시에게 상하이 밀수 방법을 꺼냈을까? 글로버와 다카요시 사이에 '상하이 밀수론'이 나온 것은 그 전에 다카요시 명령을 받은 아오키 군페이靑木群平가 나가사키에 가서 소총 1,000자루를 구입하는 데 실패한 다음이었다. 이에 다카요시가 글로버에게 왜 소총을 팔지 않았느냐고 질의하자, 글로버는 바쿠후가 영국 본국에 조슈 번에 무기를 팔지 못하도록 항의를 했고, 영국 본국에서도 그와 같은 지시가 내려왔으므로 무기 판매는 불가능하다는 답신을 보냈다.

그러므로 다카요시와 글로버의 '상하이 밀수론'은 바쿠후와 영국에 의한 무기 밀수 금지령을 타개할 방법을 모색하는 과정에서 등장한 것이고, 구체적인 실행 계획을 논의하다 보니 바쿠후의 주적이 된 조슈 번 이름이 아니라 사쓰마 번 이름으로 구입하는 방안이 나왔다고 보는 것이 타당하다.

다시 말해 다카요시와 글로버 사이에 이미 이런 계획의 약조가 되어 있는 상태에서, 실제로 상하이에서 배를 사들여 무기를 실어 나를 주체가 필요했는데, 그게 바로 사카모토 료마의 해운 무역회사였던 가메야마사추였던 것이다. 그러므로 가메야마사추는 말이 무역회사지 실제로는 밀수 목적의 밀수선단으로 출발한 것이었다. 료마가 다카요시를 만나러 시모노세키로 간 것 역시 어떤 제안을 하러 간 것이 아니라 이리이리한 상황이 돼 있으니 그렇게 실행하라고 글로버가 보낸 것으로 보는 것이 더 합리적인 추론이다.

나가사키 시내가 내려다보이는 높은 언덕에
있는 '료마의 장화'

앞의 사쓰마 번 단원에서 글로버가 사쓰마 번에 대한 무기 판매를 통해 얼마나 막강한 영향력을 행사하고 있는지 우리는 이미 본 적이 있다. 1865년 사쓰마 번의 함선 구입액 37만 9,000달러 가운데 20만 4,000달러는 글로버와 맺은 계약으로 지불된 금액이었다. 그만큼 사쓰마에서 글로버의 위치는 독보적이었고 매우 중요했다. 그러니 그의 손을 거치면서 조슈 무기를 사쓰마 이름으로 사는 사전 정리도 사실상 매듭지어졌다고 볼 수 있다.

아무리 혼란한 바쿠후 말기 상황이었다고 해도, 이런 중차대한 중재를 일개 탈번 하급무사가 할 수는 없다. 생각해보라. 사쓰마 영주 히사미쓰가 "이런 아이디어를 낸 사람이 누구인가?"라고 사이고 다카모리에게 물어보았을 때, 그 답이 "도사 번의 탈번 무사 아무개"라고 답했다면, 히사미쓰의 반응이 어땠을까? 필시 사이고를 미친놈이라고 하면서 목을 베라고 노발대발했을 것이다. 그러니 사이고 역시 조금이라도 생각이 있다면 배경에 아무도 없는 료마의 제안을 받아들일 가능성은 없다.

또한 사이고가 하위무사 출신이라고 해도, 료마와는 격이 다르다. 사이고는 영주의 신임을 받는 번의 핵심 실력자인 반면, 료마는 아무런 끈이 없는 떠돌이다. 사이고와 친밀한 관계였던 가쓰 가이슈의 추천이 있었다고 해도, 사이고와 대등한 관계로 무언가 제안하고 흥정을 나누고 그럴 위치는 아니다.

대정봉환 이후 신정부의 직제안인 '신관제의정서新官制擬定書'에 사이고 이름은 올라가 있는 반면, 료마의 이름은 올라가 있지 않은 점에서도 이들의 차이는 분명하게 드러난다. 료마의 이름이 없는 것에 대해 사이고가 "신정부에 들어오면 어떻겠느냐"고 권하자 료마가 "독수리는 세계를 다니는 해원대를 합니다"라고 답했다는 유명한 일화가 있지만 이는 료마와 같은 도사 번 출신으로 내무부 장관을 지냈던 치카미 키요미千頭淸臣가 1914년에 출간한『사카모토 료마전坂本竜馬伝』이 그 출처로 지어낸 이야기일 가능성이 농후하다. 료마가 다른 근왕운동가 27명과 함께 정4위正四位에 추증追贈, 사후 관위나 시호 등을 내리는 것된 것은 한참 세월이 흐른 메이지 24년1891의 일이다.

한편, 무기 계약의 중대 임무를 부여받은 이토 히로부미와 이노우에 가오루 두 사람은 7월 16일 시모노세키를 출발해 21일에 나가사키에 도착했는데, 이들이 글로버와 계약을 맺은 장소는 바로 나가사키에 있는 사쓰마 번주의 저택이었다. 이들은 사쓰마 번의 가로로 바쿠후 토벌파 중심인물인 고마쓰 다테와키 안내로 그곳에 은신해 있다가 밤에 몰래 이곳에 온 글로버와 만나 계약서에 사인을 한 것이다. 이 역시 글로버와 사쓰마 사이에 긴밀한 사전 정리가 돼 있었다는 사실을 말해준다.

이토와 이노우에 두 사람과 글로버 사이의 막역한 관계는 더 이상 말할 것도 없다. 두 사람 모두 글로버로 인해 영국으로 유학갈 수 있었고, 무엇보다 이들은 통역의 도움 없이 영어로 서로 긴밀한 대화가 가능하다는 이점이 있었다. 이날 계약을 마친 다음 글로버는 그들에게 "두 사람이 나와 거래를 시작하면

조슈 번에서 밀항으로 영국 유학을 떠난 '조슈 5걸'. 왼쪽 아래 이노우에 가오루(28), 왼쪽 위 엔도 긴스케(27), 중앙 노무라 야키치(野村弥吉, 20), 오른쪽 아래 야마오 요조(26), 오른쪽 위 이토 히로부미(22). 이름 옆 숫자는 유학 떠날 당시 나이다.

100만 달러 정도의 금액은 언제든지 마련할 수 있으므로 걱정할 것 없다"고 큰 소리를 치면서 격려했다. 이미 사쓰마라는 최고의 웅번을 최대 고객으로 잡고 있는 글로버 입장에서는 조슈를 사쓰마에 이은 제2의 고객으로 삼아야겠다고 작정한 듯했다. 그러기 위해서는 서로 틀어져 있는 둘 사이를 잘 맺어주는 일이 무엇보다 급선무였다. 그러니 사쓰마 명의로 조슈의 소총 구입이 완료되었을 때 조슈 인사들보다 글로버가 제일 뛸 듯이 기뻐한 것도 무리는 아니다.

료마가 나가사키를 떠나 자리를 비운 사이에 가메야마사추의 곤도 초지로가 싱하이에서 조슈 번이 사용할 함신 '유니온 호'를 사쓰마 번 명의로 구입한 것도 글로버 주도를 뒷받침하는 대목이다. 이 배는 1854년 영국 로서하이드

Rotherhithe 조선소에서 건조된 '피 앤 오 크루즈P&O Cruises' 소속의 기선으로 당시 상하이에 계류 중이었다.

곤도 초지로는 이 배를 오로지 자신의 힘으로 구입했을까? 당연히 아니다. 이 배를 실제로 구입한 사람은 글로버였다. 글로버는 상하이에서 3만 7,500냥에 배를 사들여 조슈 번에는 5만 냥에 팔았다. 그러니 유니온 호 구입 기획은 모두 글로버가 한 것이고, 곤도 초지로는 단지 가메야마사추의 대표로 이 배를 들여오는 주체 역할만 했다. 바쿠후와 영국 본국의 감시를 받는 입장에서 글로버는 자신이 직접 표면에 나설 수 없었던 상황이었기 때문이다.

항간에서는 사쓰마와 조슈 사이가 견원지간인 상태에서 곤도 초지로가 가장 힘든 배역을 맡았으며, 당연히 그 과정이 매우 지난해서 힘든 과정을 여러 번 거쳤다고 이야기하지만 실상은 글로버를 매개로 해서 조슈와 사쓰마 번 사이에도 배의 구입과 무기 수송에 대해 이미 교통정리가 끝난 다음에 곤도가 심부름만 한 것이라고 볼 수 있다.

물론 이 함선과 관련해서는 조슈, 사쓰마, 가메야마사추 이렇게 3자의 이해관계가 부딪쳤으므로 그 운용이 쉽지는 않았다. 이 배의 승조원선원들은 모두 가메야마사추 소속이었고, 배에는 사쓰마의 문장紋章을 달았지만 실제로는 조슈 소속의 물자를 수송하는 매우 복잡한 상황이었다. 함선 이름도 사쓰마 번은 자신들 땅에 있는 화산섬으로 사쓰마의 상징과도 같은 '사쿠라지마'를 따서 '사쿠라지마마루櫻島丸'라고 붙였으므로, 조슈 번에서는 이를 당연히 싫어할 수밖에 없었고 '이쓰추마루乙丑丸'라고 다른 이름으로 불렀다.

이에 따라 최종적으로 3자간에 협의된 사항은 이렇다. 문장은 사쓰마의 것을 사용하고, 사무는 가메야마사추 사람이 보고, 중요한 사항은 조슈 번 해

군 총관과 협의하고, 조슈 번 월하방 소속원이 승선해 무역 관련 사무를 처리하고, 사추 사람은 이에 관여하지 않지만 화물의 적하 출입에 대해서는 사추 사람과 협의하고, 조슈 번이 사용하지 않을 때는 사쓰마 번 경비로 물자수송에 사용하는 것 등으로 매우 혼란스러웠다.

사카모토 료마는 무기상 글로버의
'얼굴마담' 이자 행동대원이었다

료마는 1864년 10월 가쓰 가이슈의 고베 해군조련소가 해산되면서 갈 곳이 없었다. 탈번한 신세라 고향 도사 번으로 갈 수도 없는 그를 눈여겨본 것이 사쓰마 번이었다. 가쓰 가이슈의 부탁을 받은 번의 중신 고마쓰 다테와키가 사이고 다카모리와 함께 료마를 비롯한 해군조련소 인물들을 항해 업무에 투입시기고자 오사카 빈저에 머무르게 해주었던 것이나. 고마쓰 나테와키가 낭시 그의 밑에 있던 오쿠보 도시미치에게 보낸 편지에는 이런 내용이 있다.

'고베에서 가쓰로부터 사카모토 료마라는 도사의 인물을 소개받았네. 유
랑 무사이지만 항해술을 잘 알고 있기 때문에 도움이 될 인물이라는 언질
을 받았네. 그래서 사이고 다카모리와도 의논해서 오사카 번저에서 지내
도록 허락했네.'

그렇게 오사카에서 할 일 없이 지내던 그를 고마쓰가 1865년 5월에 나가사키
로 데려가 해운무역회사를 설립하게 하니 그게 바로 가메야마사추였다. 따
라서 료마의 유연한 사고력과 개혁적 의지를 대표하는 업적으로 흔히 내세워
지는 가메야마사추의 설립 역시 그 스스로 한 것이 아니었고, 솔직히 료마는
'얼굴마담'에 불과했다.

이는 료마를 포함해 가메야마사추에 가담한 인물들^{회사원}이 사쓰마 번으로
부터 매달 석 냥 두 푼의 급료^{월급}를 받았다는 사실에서도 증명된다.[18] 만약 이
회사가 실제로 료마가 주도해서 만들어 그들의 영업 이익으로 운영되었다면
사쓰마 번의 돈을 받는 일은 없었을 것이다. 그러니 현재 가고시마 현에서 "료
마는 사쓰마가 고용한 하수인이었다"라고 공공연히 말하는 것도 전혀 무리
가 아니다.

가메야마사추의 설립 시점이 1865년 5월이라는 사실도 매우 중요하다. 앞에
서 본 것처럼 이 시기는 조슈 번이 무기를 구입하려 본격적으로 노력하던 시
점이다. 마침 때를 맞춰서 고마쓰가 주도해 회사를 세운 것을 보면 그 설립 배
경을 짐작할 수 있다. 그 배후에 모두 글로버의 '보이지 않는 손'이 작용하고

---

18 『사카모토 료마의 인간학(坂本龍馬の人間學)』, 도몬 후유지(童門冬二), 고단샤문고(講談社文
庫), 1986

있었다고 해도 무리는 아니다. 글로버는 자신을 대신해 밀수 업무를 대행해 줄 혹은 무기를 날라줄 대리인이 매우 필요했다.

이 추론은 료마를 나가사키에 데려간 인물이 고마쓰였기에 더욱 힘을 얻는다. 고마쓰는 '사쓰에이 전쟁' 이후 사쓰마와 영국의 우호 증진에 힘을 쓰고, 고다이 도모아쓰 등 15명의 번사를 비밀리에 영국에 유학시킨 주모자였다. 이 일행은 1865년 3월 22일 가고시마에서 십리 정도 떨어진 구시키노串木野의 포구마을 하시마羽島에서 글로버 상회의 기선을 타고 바쿠후 몰래 밀항을 했다. 이들의 밀항 유학을 위해 고마쓰가 글로버와 긴밀히 연락하면서 교분을 다질 필요가 있었다는 것은 두말할 필요가 없다.

고마쓰는 나중에 영국 공사 해리 파크스를 사쓰마에 초청해 시마즈 히사미쓰와 만나게 한다. 또한 효고 항이 개항되면 '야마토 교역大和交易'이라는 회사를 설립하고 무역 확대에도 노력했다. 게다가 메이지 원년1868 12월에는 글로버, 고다이 도모아쓰와 함께 손을 잡고 일본 최초로 서양식 도크를 갖춘 '코스게 수선장小菅修船場'을 건설했다.

이 도크는 이듬해 메이지 정부가 인수해 나가사키 제철소의 부속 시설이 되었고, 1884년 미쓰비시 소유가 되어, 현재 미쓰비시중공업 나가사키 조선소의 초석이 된다. 1969년에 국가 사적으로 지정되었고, 2015년 '메이지 일본의 산업혁명 유산 : 제철 제강 조선 석탄 산업'의 구성 자산으로 유네스코 세계 유산에 등록되었다. 그러니 이런 고마쓰가 삿초동맹의 핵심을 이루는 무기 구입 추진 과정에서 글로버와 긴밀히 손을 맞추지 않았다고 본다면 그게 더 이상한 일이다. 다시 말해 글로비에서 고마쓰, 고마쓰에서 료마로 이어지는 무기 밀매 사슬이 있었던 것이다.

1 　나가사키의 가메야마사추는 계단을 백여 개 이상 올라가야 하는 언덕 외진 곳 협소한
　　장소에 있었다. 글로버의 위장회사로 요즘 말로 '페이퍼 컴패니(paper company)' 비슷
　　했으므로 교통이 좋은 곳에 있어야 할 이유도, 규모가 클 이유도 없었다.

2 　글로버와 그의 사업 파트너들. 글로버(왼쪽에서 두 번째) 옆 중앙의 인물이 오늘날 미쓰
　　비시 재벌 이와사키 야노스케(岩崎彌之助)다. 미쓰비시는 그의 형 이와사키 야타로가
　　창업했지만 글로버와의 협력을 기반으로 오늘날 대기업으로 만든 것은 야노스케다.

고마쓰 다테와키

고마쓰는 제2차 조슈 정벌에 반대하고 1867년에는 사쓰마와 도사번의 맹약, 사후회의 등 제번과의 협상에 주도적으로 참여했지만 복부 종양으로 36세에 사망한다.

가메야마사추의 핵심인물로 유니온 호의 구입 실무를 맡았던 곤도 초지로의 비극적인 죽음도 수상쩍은 구석이 많다. 초지로는 도사번 고치성高知城 밑의 만두가게 오구로야大黑屋의 자식으로, 성이 없었기 때문에 어린 시절에는 '만두가게 초지로'로 불렸고, 나중 성을 하사받은 다음에도 계속 '만두가게'를 뜻하는 '만쥬야'라고 불렸다.

그렇지만 어려서부터 똑똑하고 향학열이 높아 에도에 가서 유학과 양학, 포술 등을 배웠다. 가쓰 가이슈의 문하생으로 고베 해군조련소에서 항해술을 배웠고, 이곳에서 료마와 친해지면서 가메야마사추에도 가담하게 됐다. 일을 매우 잘해서 평소 료마가 "만두가게만 있으면 안심이다"라고 말할 정도였다고 한다.

그런데 그의 최대 공적이었던 유니온 호 구입이 오히려 그를 죽음으로 몰고가는 사건이 되었다. 그는 배의 구입 과정에서 영국 유학을 다녀온 이토 히로부미 등을 만나면서 유학을 가고 싶다는 희망을 품었던 것으로 보인다. 그리하여 그는 유니온 호 구입 성공에 따른 보상금을 조슈 번으로부터 받은 사실을 가메야마사추 동료들에게 숨기고, 글로버의 주선에 따라 비밀리 영국 유학을 떠나려 했다.

그러나 출발하기로 한 당일 기상 악화에 따라 배가 출항하지 못하자 그는 글로버 집에 갔는데, 그곳에서 사추의 사와무라 소노조澤村惣之丞, 1843~1868 등에게 발각되어 힐문 끝에 비밀리 유학을 떠나기로 한 사실이 밝혀졌고, 결국 사추맹약서社中盟約書의 규정에 따라 할복자살을 하고 만다. 향년 29세.

그런데 그의 자살은 석연치 않은 구석이 많다. 우선 료마가 나가사키를 떠나 교토에 머물고 있는 동안 매우 급박하게 일이 진행됐다. 나중 료마가 그의 죽음을 알고 "내가 있었더라면 죽는 일까지는 없었을 것"이라고 비통해할 정도로, 료마가 미처 사건의 진위를 알기도 전에 사추에서 그를 너무 빨리 죽음으로 몰고 간 것이다.

유니온 호의 운용과 관련해 초지로와 조슈 번이 너무 심하게 대립했던 사실도 그의 죽음과 연관지어볼 수 있다. 그와 조슈 번의 알력이 심해지면서 조슈 번에서는 협상에 방해가 되는 그를 매우 껄끄러워했고, 함선 판매 당사자인 글로버 역시 매우 골치가 아팠다고 한다. 그래서 영국으로의 밀항 역시 초지로 본인이 말을 꺼낸 것이 아니라 글로버가 먼저 초지로에게 손을 내밀었다는 얘기도 있다. 그렇게 글로버가 영국 유학을 제안했고, 하필이면 출항 당일 배가 못 떠나게 되어 초지로가 사추 관계자들에게 글로버 집에서 발각되었다는 것은 뭔가 시나리오대로 일이 착착 진행되었다는 의심을 품게 한다.

그럼 곤도 초지로를 죽게 만든 사추맹약서 규정의 내용은 무엇일까. 이는 '무릇 일의 크고 작음에 싱관없이 서로 상의하고 일을 행해야 한다. 이를 배반하는 자는 할복으로써 죄를 대신한다'는 것이다. 이 맹약서 규정은 료마 혼

나가사키 '료마의 길'에 있는
사와무라 소노조 인물 안내판

자서 만든 것이었다. 그러므로 곤도의 죽음에 료마의 책임이 없다고도 할 수 없다. 그런데 이 맹약서 규정은 매우 애매하고, 또 너무 과격하다. 일을 사전에 상의하지 않았다고 해서 자결하라는 것은 납득할 만한 상식에서 한참 벗어나 있다.

그럼에도 이 규정을 들고 나와 곤도 초지로를 가장 거세게 몰아붙였던 사와무라 소노조는 당시 나이 겨우 23세였다. 봉건제 신분사회에서 아무리 철이 일찍 들었다고 해도 여러모로 치기가 넘치는 나이일 수밖에 없다. 또한 노련하고 교활한 장사꾼에게 충분히 농락당할 수 있는 젊은 혈기의 나이이기도 하다. 23세 젊은이가 자신보다 다섯 살 위의 선배에게, 왜 말도 하지 않고 유학을 가려 했느냐고 힐문하면서 자결하라고 종용했고, 그 선배는 그 사실이 수치스러웠는지 어쨌는지 그대로 자결한 것이 겉으로 드러난 이 사건의 전말이다. 참 어처구니없는 일이다.

그런데 사와무라 소노조 역시 2년 뒤에 징밀 허망한 사결을 해야 했다. 그는 도사근왕당 출신으로 번을 벗어나 떠돌이 생활을 하다가 역시 가쓰 가이슈의 문하생으로 해군조련소에서 공부했던 인연으로 사추에 들어왔다.

1868년 메이지 유신의 혼란에서 나가사키 부교소가 무인 상태가 되자, 사와무라 등 사추 소속원이 중심이 되어 경비에 나섰다. 그러던 1월 14일 경비 중에 그는 사쓰마 번사인 가와바타 헤이스케川端平助를 바쿠후측 인물로 오인해서 죽이고 만다. 그러자 사추와 사쓰마 번 사이에 갈등이 생길까 두려워 한 그는 사쓰마 관계자의 제지에도 불구하고 할복했다. 향년 26세. 곤도 초지로를 엄격하게 추궁했던 사실이 자신의 실책에 대해서도 똑같은 무게로 다가왔던 것일까?

료마 살해의
진짜 배후는 누구일까?

사카모토 료마의 죽음도 석연치 않은 구석이 많기는 마찬가지다. 그를 살해했다는 미마와리구미는 바쿠후에 가장 협조적이었던 아이즈 번 무사들을 주축으로 교토 수호를 맡았기 때문에 누구보다 바쿠후의 붕괴에 비분강개했을 것이지만 그런 식으로 따지자면 살해 대상이 되었을 핵심 인사는 료마 이외에도 수십 명이 넘는다. 물론 특별한 직책이 없어 호위무사들이 따라붙지 않는 료마가 살해 대상으로 가장 손쉬웠을 것이라고 생각할 수 있지만 당시 무사들은 습격할 때의 유불리有不利를 계산해서 공격하고 말고를 결정하지 않았다. 복수해야 할 원수라고 생각하면 설혹 바위에 계란 던지기의 단신으로라도 부딪치는 것이 그 시대 사무라이들의 일반적인 기개였다.

이와 관련해 주목되는 것은 바구후 타도의 신봉징으로 나선 조슈와 사쓰마 사이를 오가면서 많은 역할을 했던 료마가 막판에 '대정봉환론'을 제안

료마 암살의 최대 수혜자는 오늘날 미쓰비시 재벌을 만든 이와사키 야타로였다. 그의 고향 고치 현 아키시 생가에 세워진 동상

하는 등 공무합체론으로 급속히 기울었다는 사실이다. 공무합체론은 바쿠후의 존속을 전제로, 왕실과 바쿠후가 사이좋게 나란히 손잡고 개혁을 하자는 논리다. 바쿠후를 없애야만 하는 삿초동맹 입장에서는 어림도 없는 주장이다. 그러니 이 대목에서 심각한 논리의 모순이 발생한다. 료마는 바쿠후 타도의 주인공들을 도왔으면서 왜 바쿠후의 존속을 꾀하는 쪽으로 돌아선 것일까?

그것은 첫째, 그의 출생지가 도사 번이라는 사실과 무관할 수 없다. 료마가 아무리 시내한 공헌을 했나 치더라노 사쓰마와 소슈 입장에서 볼 때 그는 여전히 국외자國外者요, 제3자다. 더구나 사쓰마와 조슈는 그를 단순 조력자 혹은 영업 이익을 위한 거간꾼에서 심부름꾼 이상으로 생각하지 않는 경향이 강했다. 그가 처음부터 야마우치 요도 번주의 신임을 얻어 도사 번 대표자로 나섰더라면 상황은 완전히 달라졌겠지만 료마의 처지는 전혀 그렇지 않았다. 글로버 입장에서 보더라도 삿초동맹으로 인해 조슈 번이라는 무기 판매처가 확고히 보장된 이상, 료마의 효용가치는 사라져버린 셈이었다. 료마는 삿초동맹이 성립된 그때부터 사실상 '토끼 사냥이 끝나면 사냥개를 삶아먹는' 토사구팽兎死狗烹의 운명이라 할 수 있었다. 게다가 사쓰마와 도사 사이의 '삿도동맹'은 그보다 나카오카 신타로의 역할이 훨씬 컸다.

그러므로 사쓰마와 조슈에서 더 이상 할 일이 없어진 료마는 싫으나 좋으나 자신의 고향 도사 번에서 뭔가 새 일을 도모할 수밖에 없었다. 그가 고토 쇼지로에게 '선중팔책'을 제시한 것도 도사 번에서 새 사업을 해보겠다는 취지에서 출발한 것이고, 그 결과물이 해원대였다. 그러니 사쓰마와 글로버를 등에 업은 가메야마사추를 사실상 해산하고, 도사를 새롭게 업어 차린 사업체가 해원대였던 셈이다. 그런데 료마는 해원대를 결성한 이후 반년도 되지 않아 살해된다. 그러면 그의 죽음 이후 해원대는 어떤 변화를 거쳤을까? 이 점이 참으로 흥미로운 대목이고, 주목해야 할 사실이다.

료마가 살해된 이후 고토 쇼지로는 해원대를 자신의 것으로 만들어 '도사 상회土佐商會'로 명칭을 바꾸고 실제 운영은 이와사키 야타로에게 맡긴다. 앞에서 말했던 대로 이와사키 야타로는 도사 번이 만든 무역회사인 카이세이칸의 나가사키 상회 지배인이었다. 이와사키는 지금의 고치 현 아키 시에서 지하낭인地下浪人의 아들로 태어났다. '지하닝인'이란 하급무사인 향사가 기난 때문에 향사의 권리를 상인이나 농민에게 넘긴 사람들을 말한다. 이런 경우 번청에서 역할도 주어지지 않고 당연히 녹봉도 없지만 향사로서의 신분만큼은 유지되었고 칼을 차는 행위도 용서되었다. 이들은 무사 신분이지만 농사를 짓거나 상업 활동으로 생계를 잇기도 했다.

집이 매우 가난했기 때문인지 어려서부터 도둑질을 하는 등 이와사키의 행실은 매우 나빴고, 그로 인해 여러 차례 형무소를 들락거렸다. 이때 형무소에서 산술과 상법을 배운 것이 나중 상업의 길로 나가게 되는 기연이 되었다.

그러다 25세 때 운 좋게 당시 칩거 중이던 요시다 도요 吉田東洋, 1816~1862[19]의 문하생이 되어 고토 쇼지로와 친하게 되었다. 요시다 도요가 참정이 되자, 그도 기회를 얻어 청나라의 동향을 살피는 목적으로 나가사키에 파견되었지만 영국인과 네덜란드인 등 외국인의 통역을 하다가 유곽에서 난봉을 피우며 번의 공금을 낭비하고 사사로이 사용하다가 그나마도 떨어지자 무단으로 귀국함으로써 파면되어 관직을 잃었다. 그러나 형무소에 여러 번 갔다 온 그에게 그 정도는 경력이 약간 긁히는 정도의 일밖에 되지 않았다.

1862년 요시다 도요가 도사근왕당 무리에게 암살되어 범인을 잡기 위해 영주의 참근교대에 동행하는 형태로 오사카로 가지만 존왕양이파가 득세한 당시 게이한京阪에서 체포 업무가 어려워지자 임무를 포기하고 다시 무단 귀국했다. 1867년 요시다 문하에서 같이 공부했던 후쿠오카 다카치카福岡孝弟, 1835~1919가 야마우치 영주의 명령으로 카이세이칸 업무를 위해 나가사키로 갈 때, 다카치카의 요청으로 이와사키도 나가사키를 가는 행운을 또 잡았다. 당시 도사 번은 카이세이칸 나가사키 상회를 통해 선박과 무기를 수입하거나

---

19 도사 번의 참정으로 문벌 타파, 식산흥업, 군제 개편, 개국 무역 등 부국강병을 목적으로 한 여러 혁신적인 개혁을 수행했다.

녹나무^{화약 원료}와 가쓰오부시 등 번의 물산을 판매하고 있었다. 그러다가 요시다 도요의 조카인 고토 쇼지로가 이와사키를 상회 지배인으로 임명하고, 이와사키는 이를 통해 무기상 글로버와 협력하면서 친교를 쌓게 되었다. 이후 그는 1868년 오사카 상회로 전근을 간다.

료마의 암살 이후 고토 쇼지로는 해원대를 자신의 것으로 만들고, 그 운영 책임도 이와사키에게 맡겼다. 어려서부터 손버릇이 나쁜 이와사키는 인생 최대의 행운을 잡게 된 것이다. 유신 성공 이후 고토 쇼지로와 이와사키 두 사람은 공사 혼동과 내부자 거래를 반복하며 번의 회사를 개인적인 이익을 채우는 데 적극 활용했다. 당연히 평판이 나빴지만 자본의 힘은 으레 그런 약점을 덮어주었다.

메이지 정부가 전국을 통일하는 화폐 개혁에 나섰을 때, 각 번에서만 발행하고 유통되었던 지폐인 번찰藩札을 신정부가 매점한다는 사실을 사전에 파악한 이와사키는 10만 냥의 자금으로 대량의 번찰을 미리 사들여 그것을 신정부가 매입하게 하여 막대한 이익을 얻었다. 이 정보를 그에게 흘려 이익을 나눠 가진 사람 역시 고토 쇼지로였다. 이처럼 돈과 정보를 손에 쥐게 된 이와사키는 결국 해원대도 자신의 것으로 만들었다. 또한 유신 이후 각 번이 무기 대금을 갚을 능력이 없어지면서 파산하게 된 글로버가 소유한 다카시마 탄광역시 처음에는 고토가 먼저 넘겨받아 '봉래사蓬莱社'로 이름을 바꿨지만 나중에는 훔치는 기술에 능한 이와사키에게 관영사업 매각의 형태로 또 넘어갔다. 이와사키의 미쓰비시 재벌이 바로 이렇게 해서 탄생하는 것이다.

다카시마 탄광은 1695년에 처음 석탄이 발견되었고, 글로버는 1869년부터 외국인 기술자를 고용하여 석탄을 채굴했다. 미쓰비시는 1881년 이 탄광을 인수해 본래 3개의 작은 섬이었던 다카시마의 물길을 메워서 둘레 6.4km의 큰 섬으로 만들어 근대적 탄광으로 개발했다. 다카시마 탄광에서 채굴된 양질의 석탄은 태평양 전쟁 당시 일본 군수물자를 만드는 각종 무기 공장과 군함 등의 원료로 사용되었다. 다카시마 탄광은 인근에 있는 악명 높은 일명 군함도, 하시마端島보다 더 큰 해저 탄광으로 전성기에는 약 1만 8,000여 명이 거주했다고 한다.

일본이 패망하기 직전 나가사키 현에는 강제 징용으로 끌려온 사람을 포함해 약 7만 5,000여 명의 한국인이 거주하고 있던 것으로 추정되는데, 나가사

글로버가 소유했던 다카시마 탄광은 미쓰비시 재벌에게 넘어가 태평양 전쟁 당시 한국인 강제징용과 노동력 수탈의 악명 높은 현장이 되었다.

키 시에만 2만여 명이 있었고, 그중 절반 정도가 미쓰비시에서 일했다.

고토 쇼지로와 이와사키 야타로는 자신의 이익을 위해서라면 무슨 짓을 저질러도 이상하지 않을 사람들이었다. 더구나 고토는 사쓰마와 조슈 두 번과 연계된 료마가 화려하게 두드러지는 사실 자체를 별로 달가워하지 않았다. 그런데 료마는 이런 고토 쇼지로에게 의탁해 새로운 사업을 시작하려 했다.

게다가 료마가 공무합체파 쪽으로 기울어지면서 반드시 바쿠후를 타도해야 할 사쓰마와 글로버에게 걸림돌이 되었다. 게다가 료마는 글로버의 무기 밀무역의 많은 부분을 알고 있다. 그런 존재가 바쿠후 존속 쪽으로 입장을 바꾼다는 것이니 장차 위험 요소로 발전할 수 있다고 충분히 생각할 만하다. 사쓰마 번은 자신들이 주도해 만든 가메야마사추의 얼굴마담 료마가 그 경험을 발판 삼아 이번에는 도사 번에서 수출 담당 회사를 맡아 경쟁 상대의 이익을 도모하려는 것이 마뜩잖을 수밖에 없었다. 하나의 파이에서 도사 번 몫이 늘어나면, 이는 곧 사쓰마의 이익이 줄어든다는 뜻이다. 결국 료마는 정치적으로나 경제적으로나 사쓰마와 글로버의 이익에 해가 되는 존재가 돼버렸다.

이 모든 대목을 종합해볼 때, 료마가 사라지면 이익을 얻을 수 있는 존재들이 너무 많다. 우선 사쓰마와 조슈, 글로버와 그 뒤의 자딘 매디슨 상회 그리고 고토와 이와사키가 그들이다. 따라서 이들이 료마를 해치우기 위한 음모에 가담했다고 해도 전혀 이상하지 않다. 물론 이들 모두의 공동 기획은 아니었겠지만 말이다. 료마가 암살당한 후에 글로버는 이와사키와 매우 밀접한 비즈니스 파트너가 되었고, 글로버 상회가 파산한 다음에는 미쓰비시의 고문으로 들어간다. 이 모든 게 단순한 우연일까?

료마로부터 물려받은 해원대의 해운 사업과 무기 거래는 '세이난 전쟁'과 청일전쟁, 러일전쟁에서 미쓰비시의 '달러 박스 사업'이 되었다. 이와사키의 미쓰비시는 료마의 업적에 단물을 빨아먹을 빨대를 꽂았다. 미쓰비시는 미쓰이三#나 스미토모住友와 같은 전통의 재벌과 달리, 메이지 유신의 혼잡한 과정에 정치 및 군사 산업과 밀착하여 생긴 엉터리 재벌이었다. 분명한 점은 사카모토 료마가 살해되지 않았더라면 오늘날 미쓰비시 재벌은 없었을 것이란 사실이다.

일본 최초의 맥주 제조 공장은 노르웨이계 미국인 양조기술자 윌리엄 코플랜드William Copeland, 1834~1902가 1869년 요코하마 외국인 거류지에 설립한 '스프링 밸리 양조장'이다. 이 공장은 나중 파산하여 미쓰비시 고문 글로버가 자본금 5만 달러에 인수하여, '재팬 브루어리 컴패니Japan Brewery Company'를 설립했고, 이것이 지금의 '기린맥주'다. 하필이면 회사의 심볼 마크가 왜 기린일까? 기린은 중국 고대 상상 속 영험한 동물로 재수를 가져준다는 속설이 있다. 따라서 이름을 지을 당시 해외의 맥주회사들이 동물 이름을 많이 차용했던 사실을

용의 얼굴과
말의 다리를 가진
기린맥주 로고

본떠 일본인들이 받아들이기 쉬운 명칭으로 도입했다는 설이 있다. 원래 기린은 사슴 몸에 소의 꼬리, 말의 발굽과 갈기, 용의 얼굴을 갖고 있다.

그런데 기린맥주의 로고는 말의 몸통에 용의 얼굴을 가진 그림이다. 필시 지나친 확대 해석이겠지만 이 맥주회사를 만든 글로버가 용과 말을 뜻하는 료마와의 추억의 한 자락을 회사 로고로 형상화한 것은 혹시 아닐까? 그에게 사죄하는 마음을 담아서 말이다.

료마는 무슨 돈으로
그 많은 편지를 보냈을까?

료마는 바쁜 와중에도, 더구나 떠돌이 신세였음에도 많은 편지를 남겼다. 현존하는 편지의 수는 모두 128통이지만 사실은 훨씬 더 많았을 것이다. 평소 교류가 깊었던 나카오카 신타로나 가쓰 가이슈, 사이고 다카모리 등에게도 꽤 많은 편지를 썼을 테지만 그것들은 전부 소멸됐다. 그것들을 다 합치면 아마도 300통 이하로는 내려가지 않을 것이다.

료마가 이렇게 많은 편지를 보냈다는 사실부터가 수상한 대목이다. 당시 편지는 '히캬쿠飛脚'라 불리던 파발꾼이 전달했다. 그런데 히캬쿠 요금은 에도에서 오사카 사이가 대개 7냥에서 은 3푼이다. 요금이 다른 것은 배달 일수 때문이다. 요금 체계가 세밀하게 나눠져 있어 사흘 후에 도착하는 특급 요금도 있고 열흘 후에 도착하는 일반 요금도 있다. 물론 교토나 오사카 같은 대도시 지역이 아닌 지방이라면 더 비싸진다.

료마는 에도, 오사카, 고베, 교토, 시모노세키, 나가사키 등 가는 곳마다 편지를 보내고 있다. 탈번한 료마가 번 소속 보발에게 부탁할 수 있는 가능성은 전무하므로, 모두 거리의 보발에게 부탁했을 것이다. 그렇다면 현재 남아 있는 편지 128통을 기준으로 잡아, 편지 한 통당 평균 1냥만 들어갔다고 쳐도 모두 128냥이다.

그러면 128냥은 현재 화폐 가치로 얼마나 될까? 우선 1냥의 가치를 알아보자. 그런데 유감스럽게도 에도 바쿠후 말기 1냥의 현재 가치를 정확히 말하기가 어렵다. 당시 엄청난 인플레가 진행되고 있어서 환산이 불가능하다는 학자도 있고, 40만 엔부터 6~7천 엔이었다고 하는 극단적 학자까지 있어 그 격차가 크다. 그럼에도 쌀값이라든가 품삯으로 따져보니 대략 '1냥 = 10만 엔'이라는 설이 유력하다. 그렇게 하면 료마의 편지 전달 비용은 1,280만 엔이 된다. 물론 이는 최저로 생각한 비용이다. 먼 거리일 경우도 있고, 빠른 속달이 필요했을 경우도 있으므로 2,000만 엔은 훨씬 넘어갔을 것이다.

이 비용은 곤궁한 하급무사, 게다가 탈번해서 자신의 몸 하나 의탁하기가 여의치 않은 낭인에게는 전혀 어울리지 않은 엄청난 금액이다. 보통 먹는 둥 마는 둥 거리의 구석에서 조용히 있는 것이 탈번 낭인의 일상적인 생활이다. 앞에서 보았지만 료마가 가메야마사추를 설립했을 때 사쓰마 번에서 받은 월급이 3냥 2푼이었다. 이 돈으로는 편지 한 통도 부치기 쉽지 않다.

누나에게 보낸 편지도 마찬가지다. 누나에게 보낸 편지는 지금 12통이 남아 있다. 시코쿠 고치는 바다를 건너야 하기 때문에 보발 비용이 더 비싸서 한 통은 평균 4냥 정도다. 그러니 전부 합치면 480만 엔이다. 이런 거금을 료마는 누나에게 보내는 편지에 사용했다. 게다가 누나에게 보낸 편지는 그렇게 중요하지 않은 자기 자랑인 내용이 대부분이다. 그런 편지에 이런 거금을 사용한 료마의 상태는 다음의 두 가지 중 하나에 해당할 것이다.

첫째, 그런 비용쯤은 문제가 안 될 정도로 재정 상태가 매우 좋았다. 둘째, 누나가 사실은 편지를 전달하는 중간 연락책이었다. 존왕양이파 무사들의 거처는 종잡을 수 없다. 한곳에 오래 머무를 수가 없다. 편지를 전하고 싶어도 항상 움직이고, 료마 자신도 어디론가 이동 중이다. 그러므로 상대에게 어떻게든 확실하게 연락을 하기 위해서 움직이지 않는 '중계 기지'가 필요하다.

누이 오토메가 편지의 중계점이었다면 어떨까? 료마는 은밀한 정보를 개인적인 편지와 함께 동봉해 오토메에게 보낸다. 편지를 받은 누이는 자신에게 보낸 편지를 빼고 남은 편지는 상대에게 전한다. 이렇게 하면 누나에게 보내는 편지는 무료다. 누이에게 가는 편지이므로 그만큼 주목을 덜 받을 수도 있

료마의 고향인 고치 시 료마박물관에 세워진 '바다를 바라보는 료마'. 료마는 '왕비의 꿈' 이후 '해군의 수호신'으로 추앙받기 시작했다.

다. 이런 시스템이라면 빚쟁이 료마가 중요하지도 않는 편지를 누나에게 많이 보낸 것에 대한 미스터리도 풀린다. 다만 이 경우에도 보발 비용의 출처는 여전히 알 수 없다.

게다가 료마는 많은 여행을 다녔다. 에도에서 오사카로, 사쓰마로, 나가사키로, 시모노세키로 수시로 다녔다. 그럼 도대체 그 경비는 어디에서 충당할 수 있었을까? 그러니 어디에선가, 누구에겐가 비밀리 받고 있는 '공작금'이 있었다고 생각할 수밖에 없다. 그게 정상적인 추론이다. 그런 료마에게 거금의 보발 비용과 여행 경비를 충분히 지원해주는 사람은 료마를 통해 그 이상의 이익을 거두는 사람이다. 그렇지 않다면 혜택을 베풀어주었을 까닭이 없다. 그러면 그 사람이 누구인지 위의 내용을 읽어본 사람은 대충 짐작이 갈 것이다.

료마의 라이벌 나카오카 신타로와 '왕비의 꿈' 이야기

료마와 함께 있다가 피살당한 나카오카 신타로는 사추 일원은 아니지만 도사 번에게는 매우 중요한 인물이었다. 앞에서 보았듯 그는 '삿초동맹'처럼 '삿도동맹'에서도 중요한 활약을 했다. 번을 무단으로 이탈한 죄에 대해 1867년 3월 료마와 함께 사면 받고 난 다음의 일이다. 그리하여 6월 23일 도사의 이타가키 다이스케, 사쓰마의 고마쓰 다테와키와 사이고 다카모리 사이에 무력에 의한 바쿠후 토벌 밀약이 체결된다.

이 밀약은 7월 23일 교토 산본기三本木의 요정 요시다야吉田屋에 모인 사쓰마-도사 주요 인사들의 회동에서 다시 한 번 재확인된다. 이날 회동에는 사쓰마에서 고마쓰 다테와키, 사이고 다카모리, 오쿠보 도시미치가, 도사에서 데라

무라 미치나리寺村道成, 고토 쇼지로, 후쿠오카 다카치카가 모였고, 나카오카 신타로와 료마 역시 실무자로 함께 참석했다.

비록 도사 번은 이후 보신전쟁에서 별다른 기여를 하지 못했지만 이 밀약에 의해 도사 번은 구태의연한 징병제를 개혁하고 자신들의 위치를 사쓰마, 조슈, 히젠사가과 대등한 바쿠후 토벌 주요 세력으로 올려놓았다. 이에 따라 바쿠후와 번 체제를 어떻게 바꿔 나가야 하느냐는 의식 개혁 및 번정 개혁을 다른 번보다 빨리 진행할 수 있었고, 사가 번과 마찬가지로 도사 출신 인사를 메이지 정부의 주요 자리에 앉힘으로써 정치 세력으로 성장할 수 있었다.

이런 과정에서 큰 역할을 한 것은 료마가 아니라 나카오카 신타로였고, 그 유명세에 있어서도 료마보다 신타로가 앞서고 있었다. 그랬던 료마가 갑자기 유명해진 것은 러일전쟁 직전 그가 메이지 왕비의 꿈에 나타났다는 사건 이후다. 『메이지천황기明治天皇紀』에 따르면 러일전쟁이 벌어지기 직전 메이지 왕비의 꿈에 료마가 나타났다는 이야기가 등장한다. 당시 왕비는 하야마葉山의 왕실 별장에 머무르고 있었는데, 2월 6일 꿈에 한 장사가 나타나 왕비에게 "신臣은 사카모토 료마라고 하며 제가 우리 해군을 수호할 것이니 안심하시길 바랍니다"라고 말했다고 한다. 이에 잠에서 깬 왕비가 그 다음 날 체신대신 오우라 가네타케大浦兼武, 1850~1918를 불러 1백만 엔을 주면서, 사카모토 료마를 정4위正四位에 수여하고 그의 제사를 지내도록 했다는 것이다.

그 이전까지는 어떤 사료에도 나오지 않다가 『메이지천황기明治天皇紀』에서 처음으로 등장한 이 꿈 이야기는 시바 료타로가 1966년에 완성한 장편소설 『료마가 간다龍馬がゆく』에 인용되면시 료마를 영웅화히는 절대적 기제로 작용하기 시작한다. 시바 료타료야말로 료마를 '일본 최고의 영웅'으로 만드는 데 가장 결정적인 기여를 한 인물이다.

이 이야기는 '황후의 기이한 꿈皇后の奇夢'이라는 제목으로 도하의 많은 신문에 실려서 모르는 사람이 없을 정도의 이야기가 되었다. 그런데 이 이야기가 정말 사실이었을까? 1904년 2월 6일은 일본이 러시아와의 전쟁을 결의하고 연합함대에 출격을 명령한 다음 날이며, 러시아에 국교 단절을 통고한 날이다. 따라서 국민 사이에는 '막강한 러시아를 과연 이길 수 있을까?' 하는 불안감이 퍼져 있었다. 그 누구라도 초월적인 존재에게 매달릴 수밖에 없는 위기의식이 있었을 것이다.

그러니 '왕비의 꿈'은 국민의 공포감을 지우고 사기를 올리기 위해 만들어낸 일종의 프로퍼갠더propaganda[20]였다는 의구심을 지울 수 없다. 한편으로, 당시 왕실에는 도사 번 사람들도 많이 있었지만 역시 메이지 유신을 주도한 사쓰마와 조슈 번 인사들에게 푸대접을 받고 있었다. 그래서 도사 번의 위치를 고양시키기 위해 그러한 이야기를 지어냈다고 볼 수 있는 개연성도 있다. 또 이와 함께 거론되는 것은, 료마가 나카오카 신타로보다 덜 주목받고 있는 현실을 질투하는 료마 신봉자들이 료마에게 관심이 더 쏠리도록 지어냈다는 이야기다.

물론 1904년 이전에도 료마가 전혀 알려지지 않은 것은 아니다. 1904년 이전 일본에서 간행된 것으로 료마가 언급되고 있는 책은 20여 권 정도가 된다. 그 중에는 『사카모토 료마坂本龍馬[21]』처럼 료마의 이름을 직접 제목으로 삼고 있

---

20 매체를 통해 대중의 마음을 움직여 일정한 방향으로 움직이고자 하는 활동
21 히로마쓰 노부에(弘松宣枝), 민우샤(民友社), 1896

는 책도 있다. 아마 그의 이름을 제목으로 내건 최초의 책일 것이다. 그러니 그 때도 료마의 지명도는 어느 정도 있었다고 봐야 한다.

그러나 당시에는 마치 료마가 없었으면 메이지 유신이 성공하지 못했을 것처럼 떠받들고 칭송하는 지금과 같은 현상은 없었다. 료마가 지금처럼 '난세의 인물'이자 '구국의 영웅'으로 각인되기 시작한 것은 역시 1904년 '황후의 기이한 꿈' 사건 이후부터라고 할 수 있다. 이후 '해군의 수호신'으로 떠받든 '료마 신드롬'을 시바 료타로가 그의 소설에서 다시 한 번 부각시킴으로써 「아사히신문」 독자 선정 '일본 천년의 리더 1위'와 같은 현재의 지명도가 본격 점화되었다고 할 수 있다. 따라서 '황후의 기이한 꿈'을 만든 세력이 그 어느 쪽이든, 그 의도가 어느 것이었든 '료마의 꿈'은 메이지 이후 일본의 군국주의적 야심과 잘 부합되면서 더욱 부추겨지고 확산되었다고 할 수 있다.

유신의 인물들을 찍은 사진사

지금까지 이 책을 유심히 본 분들이라면 유신 활동을 했던 개혁적 인사들의 인물사진이 많이 있다는 사실에 약간은 놀랐을 것이다. 료마를 비롯해 이들의 사진이 많이 남아 있는 것은 전적으로 일본 초창기 사진사인 우에노 히코마上野彦馬, 1838~1904 덕택이다. 그는 나가사키 시내 긴야마치銀屋町에서 난학자인 우에노 슌노조上野俊之丞의 둘째아들로 태어났는데, 그의 아버지는 1843년 네덜란드 상인에 의해 일본 최초로 나가사키에 들어온 사진 장비를 스케치했다. 비록 기재 자체는 구입할 수 없었더라도, 일본에서 처음으로 사진기를 직접 보고 그린 사람이었다.

은판銀板 사진이 처음 발명된 1839년으로부터 10년이 지난 1848년 사쓰마 영주 시마즈 나리아키라가 은판 사진 장비를 입수해, 이치키 시로市来四郎 등에게 연구를 지시했지만 은판 사진은 약 조제가 어려워서 이치키와 우스키 겐쇼쿠우에몬宇宿彦植右衛門이 사진 촬영에 성공한 것은 1857년 9월 17일로 알려져 있다.

우에노 히코마는 1858년 네덜란드 군의軍醫 요하네스Johannes Lijdius Catharinus Pompe van Meerdervoort가 강의하는 의학전습소에 신설된 화학시험소에 들어가 화학을 배웠다. 이때 네덜란드 책에서 습판濕板 사진 기술을 알고 매우 관심을 가지고 동료 호리에 쿠와지로堀江鍬次郎와 함께 네덜란드 설명서를 의지해 그 기술을 습득하고, 감광제에 사용하는 화학 약품을 만드는 데 성공하는 등 화학 관점에서 사진술 연구를 심화시켰다. 또한 일본을 방문한 스위스의 사진작가 피에르 조셉 로시에Pierre Joseph Rossier에게 사진술을 배웠다. 이후 그는 호리에와 함께 에도에 나와 수많은 사진을 촬영해 이목을 받고, 1862년에는 호리에와 공동으로 화학해설서 『화학핸드북舎密

1　나가사키 우에노 사진촬영국. 1892년에 촬영한 것이다.
2　나가사키 우에노 사진촬영국 스튜디오

나가사키 시내가 내려다보이는
카자가시라 공원(風頭公園)
인근 외국인 묘역에 있는
우에노 히코마의 묘지

局必携』을 집필했다.

같은 해 고향 나가사키로 돌아가 나카지마中島 강변에서 우에노 사진촬영국을 개업했다. 일본 최초의 상업 사진가인 우카이 교쿠센鵜飼玉川이 에도에 일본 최초의 사진관을 낸 것보다 조금 늦은 시기다. 히코마와 비슷한 시기에 시모오카 렌조下岡蓮杖도 요코하마에 사진관을 열었다.

당시 나가사키는 바쿠후 말기에 활약한 젊은 지사들이 집결하는 장소였기에, 히코마의 사진관은 이들로 인해 문전성시를 이루면서 사카모토 료마, 다카스기 신사쿠 등 많은 지사들 이외에 메이지시대의 고관과 명사들의 인물사진을 촬영했다.

1877년에는 세이난 전쟁을 촬영해 일본 최초의 종군작가로 이름을 남겼으며, 같은 해에 개최된 제1회 내국권업박람회에서 봉문포상鳳紋褒賞을 수상하는 등 그의 사진은 역사적, 문화적으로 높게 평가되고 있다. 블라디보스토크, 상하이, 홍콩 등 해외에도 지점을 내고 후진 양성에 기여했다.

미우라 요시마사三浦芳聖라는 인물이 있다. 1904년에 태어나 1971년에 사망했다. 그는 죽기 일 년 전인 1970년에 『철저하게 일본의 오류를 바로잡는다徹底的に日本歷史の誤謬を糺す』라는 책을 출간했다. 쇼와昭和 4년 1929 12월 미우라는 궁중고문관 야마구치 에이노스케山口銳之助, 1862~1945에게 미우라 가문 가계도의 감정을 의뢰했다. 야마구치 에이노스케는 교토제국 대학 이공과 대학교수로 학습원 원장을 지냈다가 궁내성에 들어가 왕실 장서를 관리하는 책임자인 즈쇼노카미図書頭와 왕실 묘지를 관리하는 책임자인 쇼료노카미諸陵頭를 거쳐 고문관이 된 사람이다.

메이지 유신은 남북조시대에서 멸망한 남조가
476년 후에 성공한 쿠데타였다?

야마구치는 이 건을 즉시 전 궁내대신 다나카 미쓰아키田中光顯, 1843~1939 백작에게 상담했다. 다나카 백작은 도사 번사 출신으로 도사근왕당에도 참여했다가 다카스기 신사쿠의 제자가 되어 조슈 번을 위해 일했고, 나카오카 신타로의 육원대에도 가담했다. 나카오카 피살 이후 부대장이 되어 보신전쟁과 세이난 전쟁에서 활약한 공적을 인정받아 육군 소장, 내각 서기장관, 경시총감, 학습원 원장 등의 요직을 거쳐 궁내대신이 되었다. 메이지 유신 이후 도사 번 출신으로 궁정에서 가장 큰 세력을 형성했던 핵심인물이다. 야마구치의 질의를 받은 다나카 백작은 오랜 침묵 끝에 이렇게 말을 꺼냈다.

> "나는 지난 60년간 어떤 사람에게도 단 한 번도 이야기하지 않았던 일을,
> 당신에게 말씀드리지요. 현재 이 일을 아는 사람은 저 말고는 사이온지 긴
> 모치西園寺公望, 1849~1940 한 명이 생존해 있고, 나머지는 모두 고인이 되었습
> 니다."

사이온지 긴모치는 교토 도쿠다이지德大寺 가문 당주의 차남으로 태어나 사이온지 가문의 양자로 들어가 가독을 상속했다. 일찍부터 고메이 일왕이 설립한 학습원에 들어가 공부했고, 11세 때부터 궁궐에 출사해 나중 메이지 일왕明治天皇, 어릴 적 통칭인 사치노미야祐宮의 긴주近習22가 되었다. 메이지 이후

---

22 군주나 영주를 가까이서 보좌하는 신하로 여기서는 말동무처럼 같이 놀아주는 역할을 말한다.

궁내대신 시절의
다나카 미쓰아키(좌)와
도사 번사 시절의
다나카 미쓰아키 (우)

처음으로 머리를 깎고 양복을 입은 고관으로 오무라 마스지로의 추천을 받아 프랑스 유학을 떠났다. 일본인 최초로 소르본느대학교에 다녔고, 10여 년간 파리에서 수학했다.

유학에서 돌아와 신문사 사장을 지내다 참사원參事院 의관보議官補가 되면서 이토 히로부미의 심복이 되었다. 이후 주 베를린 공사, 상훈국賞勳局 총재를 거쳐 교육부와 외무부 장관을 지냈다. 이토가 병에 걸렸을 때 총리 임시대리를 맡았고, 결국 이토의 지원으로 자신의 내각까지 꾸리는 총리가 되었다. 다음은 미우라 요시마사의 책에서 인용한 내용이다. 조금 길지만 매우 중요한 문헌이다. 인용 대목에서는 '일왕'을 '천황'으로 표기하겠다.

'사실 메이지 천황은 고메이 천황의 아들이 아니다. 고메이 천황은 드디어 대정봉환과 메이지 유신을 말할 때 갑자기 승하했다. 메이지 천황을 고메이 천황의 아들로 만들기 위해, 그 어머니를 다이나곤大納言을 지낸 나카야마 타다야스中山忠能의 딸 나카야마 요시코中山慶子, 1836~1907로 하여, 태어난 다음에는 나카야마 타다야스의 집에서 잘 자라고 있던 것으로 말하게 하고, 이를 천하에 공표하여 어명을 무쓰히토睦仁라고 알렸다. 고메이 천황의 붕어와 동시에 바로 대통을 이어받은 것으로 되어 있지만 사실 메이지 천황은 고다이고 천황後醍醐天皇, 재위 1318~1339의 11번째 아들 미쓰나가 친왕滿良親王의 자손이다. 모리 가문毛利家의 조상인 오에大江씨가 이 사실을 감추고, 오우치大內씨에게 부탁한 다음 조슈로 피했다. 이윽고 오우치씨가 망한 다음에는 오에씨의 자손 모리 가문이 조슈를 차지하고, 조슈의 하기에서 대대로 이 왕손을 잘 보호해왔다. 이것이 요시다 쇼인 이하, 조슈의 왕정복고 유신을 떠받친 근왕勤王[23] 운동이다.'

그러나 이렇게만 말하면 이게 무슨 뜻인지 잘 모를 사람이 대부분일 것이다. 그래서 고다이고 왕 당시의 자세한 부연 설명이 필요하다. 가마쿠라 바쿠후 시절이던 1318년 고다이고 왕이 즉위했지만 그는 사실 '중간 계투繼投 용도'의 왕이었다. 그는 형 고니조後二條 왕의 어린 아들인 쿠니요시 왕자邦良親王가 성인이 될 때까지만 자리를 유지하는 조건부 왕이었던 것이다. 그리하여 그는 이런 조건을 지지하는 바쿠후를 타도하기 위해 1324년과 1331년의 두 차례 바쿠후 타도 계획을 세웠는데, 사전에 바쿠후에 발각되어 실패로 끝나고 고다이고 왕은 현재 시마네 현 북쪽에 있는 오키시마隱岐島로 유배된다.
그 다음으로는 바쿠후의 후광에 힘입어 고곤光嚴 왕이 즉위했지만 고다이고

---

23 임금을 위해 충성을 다함

고다이고 왕

왕과 그 아들 모리요시護良 친왕의 주도로 바쿠후 타도 운동은 계속되었다. 여기에 바쿠후에 불만을 품고 있던 가신 아시카가 다카우지足利尊氏와 닛타 요시사다新田義貞 등이 가세했고, 1333년 이들이 이끄는 바쿠후 토벌군이 가마쿠라를 공격하여 호조 다카토키北條高時를 비롯한 호조씨 일족을 멸망시킴으로써 결국 가마쿠라 바쿠후의 시대가 끝이 난다.

그러나 가마쿠라 바쿠후가 종식되었다고 해서 고다이고 왕의 바람대로 자신이 다시 왕이 된 것은 아니었다. 아시카가 다카우지가 1336년 고다이고 왕과 화의를 맺고, 왕을 상징하는 왕실 전래의 '삼종신기三種の神器'²⁴를 건네받아 고묘光明 왕을 옹립하여 정식으로 무로마치 바쿠후室町幕府를 연다.

그러자 고다이고 왕은 교토를 탈출하여 요시노吉野로 달아나 "북조에 넘긴 신기는 가짜이며 고묘 천황의 왕위는 정통성이 없다"고 주장하며 요시노에 남쪽 조정, 즉 남조南朝를 열어, 호쿠리쿠北陸와 규슈 등 각 지방에 자신의 왕자를 파견해 후위를 도모한다. 이렇게 해서 60여 년 동안 남쪽과 북쪽에 각기 변칙적인 두 개의 조정, 즉 '무신武家의 북조'와 '문신公家의 남조'가 양립하는

---

24 삼종신기는 초치검(草薙劍), 야타노의 거울인 팔지경(八咫鏡), 야사카니의 굽은 구슬 팔척경옥곡(八尺瓊曲玉)이다.

'남북조시대'가 열리게 되었다.

이후 바쿠후가 지지하는 북조와 남조 사이에는 교토를 쟁취하기 위한 치열한 전투가 계속되었다. 남조도 교토를 4번이나 점령하는 전과를 이루었다. 그러던 1392년 무로마치 바쿠후 3대 쇼군 아시카가 요시미쓰足利義滿가 남조에 대해 평화적 통일 방안을 제의했다. 남조의 고카메야마後亀山 왕이 교토로 상경해 삼종신기를 양도하고 퇴위하는 대신, 고카메야마 왕의 아들을 왕세자로 삼는다는 조건이었다. 이는 왕통을 북조와 남조가 번갈아가면서 계승하자는 의미였다.

이에 북조와의 대결에서 수세에 몰리면서 쇠퇴하고 있었던 남조는 이 제안을 수락하고, 고카메야마 왕이 상경해 삼종신기를 건네줌으로써 60년에 이르는 남북조 내란은 종결되었으며, 북조가 정통성을 확보하게 되었다.

그러나 북조는 곧 남조와의 약속을 파기하고 고코마쓰後小松 왕의 아들에게 왕위를 물려주었다. 이에 불만을 품은 고카메야마 왕이 요시노에서 다시 남조를 부활하려 하였으나 실패했다.

이상이 고다이고 왕과 그 후손들이 얽힌 남북조 내란의 전말이다. 그러니 위에서 다나카 미쓰아키 백작이 말한 대로라면 남조가 멸망한 다음에도 고다이고 왕의 적통이 끊어지지 않고 조슈의 하기에서 모리 가문에 의해 그 혈맥이 몰래 이어져 왔다는 설명이다. 아울러 조슈의 요시다 쇼인 이하 유신 지사들의 근왕운동은 이렇게 몰래 이어져 온 남조의 왕맥을 다시 왕天皇으로 복원시키기 위한 참으로 기나긴 세월 동안 충정의 결과이고, 그것이 바로 메이지유신이라고 말하고 있는 것이다. 소름이 돋을 수밖에 없는 충격적 이야기다.

이 이야기를 다시 해석하면 남북조 내란이 1392년에 끝난 것이 아니라 역사의 커튼 뒤에서는 476년 동안 계속 이어져서 1868년 메이지 유신 성공과 함께 드디어 남조 정권이 다시 복권되었다는 것이다. 기막힌 스토리다. 다시 말해 에도 말기부터 메이지 유신까지 일본 전국을 격랑에 싸이게 만든 내부 분열은 476년 동안 지속된 남조의 쿠데타요, 남조가 북조에서 정권을 찬탈한 것이다!

이와 관련해 도쿄 왕궁외원皇居外苑에 구스노키 마사시게楠木正成,?~1336의 동상이 서 있는 것도 참 수상한 일이다. 구스노키 마사시게는 가마쿠라 바쿠후로부터 악당이라 불리며, 고다이고 왕 편에 섰던 남북조시대 무신이다. 그는 고다이고 왕을 도와 바쿠후 타도에 동참했던 아시카가 다카우지가 왕을 등지고 다시 바쿠후를 세우려 하자 아시카가와 대립해 끝까지 고다이고 왕을 지키다 미나토湊 강 싸움에서 패하고 자결했다.

그런 '남조의 고래적 인물'을 메이지 유신 후에 재평가해서 1880년 정1위에

도쿄 왕궁의 구스노키 마사시게 동상.
주목받는 왕궁에 이를 만들어놓은
배경이 굉장히 수상쩍다.

추증한 것도 너무 이상하고, 다른 곳도 아닌 왕궁에 동상을 떡하니 세워놓은 것을 뚱딴지같다고 하고 그냥 넘어가기는 참 껄끄럽다. 여러모로 "이 왕실은 남조의 후예요"라고 강조하는 대목으로 읽히는 것이다. 참고로 말하자면, 왕궁의 구스노키 동상은 '벳시悌子 구리 광산 시작 200년 기념사업'으로 스미토모 재벌이 메이지 23년[1891] 도쿄미술학교에 제작을 의뢰해 벳시 광산의 구리를 사용해 10년에 걸쳐 완성해 헌납한 것이다.

메이지 왕은 조슈 번 조선인 부락 출신 기병대원을 바꿔치기했다

그런데 경악할 만한 반전이 또 있다. 『철저하게 일본의 오류를 바로잡는다』의 저자 미우라 요시마사는 다나카 백작이 말하는 이 이야기가 완전 엉터리라고 주장한다.

"이 비사에 대해 알고 있는 사람이 생존해 있는 사람 가운데는 자신 말고 사이온지 긴모치밖에 없다는 다나카 미쓰아키의 말은 정확하다. 사이온지 긴모치는 고메이 천황의 실제 아들인 무쓰히토 친왕睦仁親王의 유년기를 지켜보았다. 당연히 조슈 기병대 출신의 '大室寅之祐'[25]가 실제 무쓰히토를 대신하고 있음을 알고 있었을 것이다. 그의 형인 도쿠다이지 사네쓰네德大寺實則, 1840~1919도 조슈군 군문에서 그와 함께 복무했다.

25 '대실연지우'라는 이름의 일본어 발음은 어느 문헌에서도 등장하지 않는다. 보통이라면 '오무로 도라노스케'라고 할 수도 있지만 실제 그런지는 알 수 없다. 그래서 인용한 책에서도 모두 '대실연지우'라고 써놓았다. 다만 오무로(大室) 성씨인 것만은 확실하므로 이 책에서는 '대실연지우'를 '오무로'라고 통칭하겠다.

그런데 다나카 미쓰아키가 말하는 大室寅之祐가 '고다이고 천황의 제11
번째 황자 미쓰나가 친왕의 어자손'이라는 것은 완전 엉터리다. 나는 많은
자료를 수집했다. 大室寅之祐는 야마구치 현 구마게 군熊毛郡 다부세초田
布施町라고 하는 조선계 부락민이다. 그리고 이곳과 가까운 부락 출신인 이
토 히로부미가 쇼타이의 리키시타이力士隊, 씨름꾼들로 구성한 민병대를 조직했을
때 참가한 병졸 중 한 명이었다. 이 기병대에는 도사근왕당 출신으로 도사
를 탈번한 히지카다 히사모토土方久元와 다나카 미쓰아키田中光顯가 있었다.
메이지시대가 되고 천황인 '大室寅之祐'의 자유를 빼앗고 인형처럼 조종
하기 위해서였다."

실로 엄청난 이야기다. 메이지 일왕이 사실은 다부세초라고 하는 조선인 부락
출신 '대실연지우'라니! 게다가 왕실과는 한줌의 피도 섞이지 않은, 이토 히로
부미가 조직한 민병대에서 천민을 차출해 왕으로 둔갑시켰다는 것이다.
그렇다면 바로 앞에서 보았던 왕궁의 구스노키 동상과 그의 재평가는 어떻
게 된 것일까? 실제로 메이지 일왕이 남조 후예와 아무런 관련이 없다면 이렇
게까지 할 필요는 없지 않았을까? 그런데 이는 이렇게 볼 수도 있다. 사람들로
하여금 메이지 일왕이 남조 왕실의 후손이라는 사실을 믿도록 하기 위해 일
부로 그런 장치들을 만들었다면 어떨까? 바로 그래서 되도록 많은 사람들의
눈에 띄고 이야기가 회자되도록, 누가 봐도 남조 관련설을 떠올리도록 왕궁
에다 구스노키의 동상을 일부러 만들도록 한 것은 아니었을까? 무쓰히토 왕
자를 조슈 기병대 출신의 천민으로 바꿔치기 했다는 이 이야기를 믿도록 만
드는 정황들은 참으로 많다.

첫째, 앞에서 나온 것처럼 히로부미, 히사모토 그리고 미쓰아키 세 명이 잇따라 궁내대신을 맡은 것부터가 정말 수상쩍기 그지없다. 무엇인가 단단히 비밀을 지켜야 했기에 오무로大室가 민병대에서 있던 시절 그의 직속상관이었을 인물들로 그를 둘러싸고 있었던 것이란 해석이 매우 설득력이 있다.

히사모토의 경우에는 1887년 히로부미로부터 궁내대신을 물려받아 1898년까지 무려 11년 동안 자리를 지키다가, 이를 미쓰아키에게 '바톤 패스'한다. 그런데 미쓰아키 역시 1898년부터 1909년까지 또 11년 동안 궁내대신 자리를 지킨다. 즉 두 사람만 무려 22년 동안 궁내대신을 지냈다. 이들만 유신에서 공을 세운 것도 아니고, 도저히 상식적인 인사가 아니다. 그러니 메이지 일왕, 오무로의 일거수일투족을 감시하기 위해 그토록 오래 궁내대신에 있었다고밖에 해석이 안 된다.

둘째, 무쓰히토 왕자의 어린 시절을 곁에서 지켜본 사이온지 긴모치의 친형 도쿠다이지 사네쓰네가 메이지 왕이 죽을 때까지 시종장을 지냈다는 사실도 남다른 대목이다. 위에서 미우라 요시마사는 도쿠다이지가 오무로와 같은 조슈 부대에서 복무했다고 얘기했다. 그러니 도쿠다이지 또한 히로부미, 히사모토, 미쓰아키 세 명만큼이나 오무로에 대해 잘 알고 있다고 보아야 한다. 그가 왕실 업무를 전담하는 궁내성에 들어가 시종장과 궁내경을 겸임한 것이 1871년이다. 1891년에는 내대신 겸 시종장이 되어 1912년 메이지 왕의 사망 때까지 최측근에서 있었다. 무려 41년의 세월이다.

그러니 오무로는 자신을 잘 아는 사람들에 둘러싸여 평생 엄중한 감시 속에서 꼼짝도 할 수 없었다. 그가 무엇을 하든지 도쿠다이지 시종장의 눈과 귀를 벗어날 수는 없었을 것이다. 저널리스트이자 평론가인 오야 소이치大宅壯一,

1900~1970가 남긴 글을 모은 『오야 소이치 선집大宅壯一選集』[26]의 제11권은 '종교와 황실' 편인데 거기에 다음과 같은 대목이 있다.

'메이지 정부가 생기고 얼마 후 16세의 소년 천황이 제멋대로 해서 '원훈 元勳'[27]들이 말하는 것을 듣지 않으면, 사이고 다카모리는 "그렇게 하면은 다시 예전 신분으로 되돌릴 겁니다"라고 말하며 엄하게 꾸짖었다. 그러자 천황은 금세 얌전해졌다는 이야기가 전해지고 있다.'

도쿠다이지는 평소 메이지 왕의 정치 참여에 강력하게 반대했는데, 지극히 당연한 일이라 할 수 있다. 메이지 11년 오쿠보 도시미치가 암살당하자, 이를 기회로 여긴 메이지 왕의 시보侍補[28] 모토다 나가자네元田永孚가 왕의 친정 체제를 강화하는 운동을 벌이자 도쿠다이지는 궁내에서 이를 강력히 저지했다. 또 하나, 진짜 무쓰히토 왕자와 어린 시절을 함께 보낸 사이온지 긴모치는 왜 프랑스 유학 생활을 10년 동안이나 해야 했을까? 당시 상황에서 조정의 고관이 정부의 녹으로 10년이나 유학을 한다는 것은 이례적이어도 너무 이례적이다. 아니, 그런 경우가 없다. 사이온지는 당시 공비유학생으로 일본 정부에서 연간 1,400달러를 지급받았다. 이는 일반 공비유학생보다 400달러가 더 많은 금액이었다. 1878년부터 2년 동안은 메이지 왕이 자신의 용돈에서 매년 300파운드를 보내주기도 했다.

26 모두 12권으로 카이죠샤(改造社)가 1982년에 출간했다
27 나라에 큰 공이 있어 임금이 사랑하고 믿어 가까이 하는 노신(老臣)
28 왕에게 학문을 가르치는 신하

사이온지 긴모치(좌)와
친형 도쿠다이지 사네쓰네(우)

그러니 이 역시 사이온지가 안 들어온 것이 아니라 못 들어온 것으로 봐야 한다. 메이지 정부 입장에서는 진짜 무쓰히토를 너무 잘 아는 사이온지가 국내에 들어와 이런저런 이야기를 할까 봐 입을 막아놓을 필요성이 있었을 것이다. 그가 오랜 시간 유학을 마치고 돌아와 이토 히로부미의 심복으로 승승장구해서 결국 총리까지 올라가는 것도 이와 무관치 않은 것으로 추론된다.

셋째, 메이지 왕가는 메이지 왕의 생모인 나카야마 요시코의 무덤에 참배를 간 적이 없다.

메이지 왕은 후궁 요시코에게서 태어났지만 고메이 왕의 정실이 아들을 낳지 못하자 메이지 유신 전인 1860년 8월 26일 칙령에 의해 에이조英照 왕비, 구조 아사코九條夙子의 친자식이 되어 그해 9월 28일 왕세자 칭호를 받은 이름으로 '무쓰히토'라고 붙여졌다.

논픽션 작가 오니즈카 히데이기鬼塚英昭, 1938~2016의 책 『일본의 가장 추악한 날 日本のいちばん醜い日』에도 매우 흥미로운 대목이 등장한다. 메이지 왕 생모인 나카야마 요시코의 무덤이 도쿄 분쿄 구文京區의 토요시마게오카豊島ヶ岡 묘소에 있는데, 메이지 왕 때부터 그 이후까지 어느 왕족도 이 무덤을 찾아 참배한 적이 없다는 것이다. 현재 나카야마 가문의 당주는 오니즈카 씨의 문의에 대해 "생모에 관해서는 함구령이 되어 있어 일절 답할 수 없다"고 답했다고 한다.

이 사실은 무엇을 말하고 있는가. 이는 곧 메이지 왕이 고메이 왕과 나카야마 요시코 사이의 아이가 아니라는 사실을 말해준다. 메이지 왕은 생전에 '자신의 생모라는 사람'을 만난 적도 없는 것이다. 비록 생모가 아니더라도, 명목상으로는 자신이 그녀의 자식으로 돼 있는 만큼 한 번쯤은 요시코의 무덤을 찾았을 수도 있다. 그런데 그렇게 하지 않았다. 무덤을 찾는 일이 메이지 정부 입장에서도 훨씬 유리했을 텐데 말이다.

사실이 그렇다. 쇼와 왕은 물론 현재의 왕도, 그밖에 어느 왕족도 자신들을 고메이 왕의 자손으로 생각한다면, 나카야마 요시코의 무덤을 결코 소홀히 할 리가 없다. '이러한 인간관계의 차가운 성품이 일본의 어두움을 더 심화시켜, 일본을 태평양 전쟁으로 돌진하게 만들었지 않았나 싶다'라고 오니즈카는 쓰고 있다.

넷째, 얼굴과 체격, 분위기 등에서 왕으로 즉위하기 전과 즉위한 다음의 무쓰히토가 너무 다르다. 즉위 전의 무쓰히토는 체격도 왜소했고 내성적으로 외부 출입을 잘하지 않았고, 궁녀들에 둘러싸여 '유희'에 열중했다. 이런 성격 탓인지 승마도 저속하다고 생각해 말을 타지 못했다. 1864년당시 13세 '금문의 변' 당시 포성과 궁녀들의 비명에 놀라 실신했다고 한다. 또한 엄격한 교육을 받은 탓에 오른손잡이였지만 징무에 무관심했고 글사를 쓰는 것도 매우 서툴렀다. 어렸을 때 종두 주사를 맞았으므로 얼굴이 매끈하고 곰보 자국은 당연히 없다.

그런데 16살 때 왕에 즉위한 다음의 무쓰히토는 상당히 다르다. 우선 체격이 매우 건장한 편이었고, 야외 활동을 즐겨서 승마와 씨름을 아주 좋아했다. 이토 히로부미가 스모 선수들로 민병대를 조직했던 것을 감안하면 씨름을 좋아했다는 점도 의미 있는 대목이다. 또한 왼손잡이였

성장한 메이지 왕

고, 집이 가난해서 2살 때 천연두에 걸렸기 때문에 입 주변에 곰보 자국이 남아 있다.

그 때문에 메이지 왕은 사진 찍히는 것을 좋아하지 않고 일부러 키요소네 Edoardo Chiossone, 1833~1998[29]에게 그리게 했고, 그는 초상화를 사진으로 찍어 '어진영御眞影'[30]으로 올렸다. 메이지 왕은 또 곰보 자국을 숨기기 위해 수염을 길렀다고 한다. 또 네 살 때 어머니가 이혼해 집에서 제대로 가르침을 받지 않아 왼손잡이가 되었고, 체중은 90Kg가 넘어 측근과 씨름을 하면 상대방을 휙 집어던질 정도였다고 한다. 왕이 된 다음부터는 학문에도 열심이었고 교양도 풍부해서 글씨 또한 달필이었다고 하니 많이 바뀌긴 바뀌었다.

---

29 메이지시대 일본에서 초청한 이탈리아의 판화가이자 화가. 지폐국을 지도해 일본 인지 및 정부 증권, 지폐와 우표 인쇄의 기초를 마련했다.

30 폐하의 초상화나 사진

그러므로 왕에 즉위할 당시 내성적이고 왜소하며 나약하기만 했던 진짜 친왕은 온데간데없고, 키가 170cm이 넘는 우람한 젊은 왕이 도쿄 지요다 성千代田城에 나타난 것이니, 진짜 왕자를 아는 고관들이 보면 깜짝 놀랄 일이었다.

그래서 오무로를 무쓰히토로 바꿔치기 한 조슈 번사들은, 이런 사실을 숨기기 위해서라도 조정을 교토에서 도쿄로 서둘러 옮기고, 교토의 궁녀를 거의 데려가지 않고 현지도쿄에서 조달해야만 했다.

『철저하게 일본의 오류를 바로잡는다』에 따르면 삿초연합에 대해서도 다나카 미쓰아키는 다음과 같이 말하고 있다.

> '삿초연합으로 이끈 주역인 기도 다카요시가 사이고 다카모리에게 "우리는 남조의 정통을 확립하고 왕정을 복구하는 것이다"라고 털어놓았을 때 사이고는 충심으로 깊은 감명을 받았다. 사이고는 남조의 대충신인 기쿠치菊池씨[31]의 후손이었기 때문에 이에 찬동하고 마침내 사쓰마 번도 왕을 받들고 바쿠후를 토벌하는 일에 동의함으로써 삿초연합이 성공했다.
>
> 존왕양이파의 산조 사네토미, 히지카다 히사모토가 계획하고, 나카오카 신타로와 사카모토 료마가 조슈의 기도 다카요시와 사쓰마의 사이고 다카모리의 중간에서 움직인 삿초연합은, '오무라'라는 자를 천황으로 해서 신정부를 수립한다는 밀약이기도 했다. 그들은 하위 계급의 무사인 향사라서 무가 사회에서 활개를 치면서 살아가는 신분은 아니었다. 사이고 난

---

31 규슈의 히고 국 기쿠치 군 중심의 일족. 사이고 다카모리의 아호인 난쥬(南州)는 남조(南朝)에서 온 것이라 한다.

쥬西鄕南洲, 오쿠보 도시미치, 가바야마 스케노리樺山資紀, 1837~1922[32], 오야마 이와오 등은 가고시마 가지야초鍛冶屋町라는 부락 출신인데, 이 부락은 오물 처리라든가 청소, 화장장을 생업으로 했다. 무사라는 이름만의 최하층에 가까운 사람들이었다.

삿초연합은 그런 그들이 조슈, 사쓰마, 도사의 영주들과는 다른 행동을 취한 쿠데타 계획이었다. 사쓰마 영주 시마즈 히사미쓰는 사이고와 오쿠보가 '오무라'를 데리고 와서 "이 남자가 천황이 됩니다"라고 말했을 때 그를 칼로 베려고 했다. 그러나 사이고가 "무쓰히토는 이미 죽었습니다"라고 하자 칼을 내려놓았다.

이 일화는 가고시마의 향토사가로부터 내가 직접 가서 들은 이야기이다. 사실이라고 생각한다. 이 삿초연합 그리고 사쓰마와 도사의 비밀연합이 쿠데타를 일으키고 메이지 정부가 완성됐다. '오무라'는 조슈 번주 모리 다카치카도 모르는 채 천황이 되었다. 이른바 사후승낙이란 것이다. 삿초연합을 결정한 기도 다카요시는 천황을 만들어낸 것에 대해 "구슬놀이를 했다"고 말했다. 구슬玉은 천황을 말하는 것이다.'

메이지 유신은 이렇게 두 주춧돌인 사쓰마와 조슈의 다이묘조차도 모르는 사이에 진행되었다. 나중 페번치현이 되었을 때 사쓰마 영주 히사미쓰가 사이고와 오쿠보에게 "내가 네놈들에게 놀아났다"고 펄펄 뛰었다는 일화는 이미

---

32 사쓰에이 전쟁과 보신전쟁 등에 참여했고, 육군 소좌 계급으로 세이닌 전쟁에 참여헤 시이고 군대로부터 구마모토 성을 지켜냈다. 이후 소장까지 승진하고 도쿄 경시총감도 지냈다. 이후 해군으로 전속해 청일전쟁 때는 해군대장으로 참여했다. 초대 타이완 총독을 지냈다.

앞에서 얘기한 바 있다. 하긴 천민에 가까운 조선계 부락 출신의 일개 병졸을 천황으로 내세운다는데 이에 찬성할 영주는 한 명도 없을 것이었다. 그것은 상급무사들도 마찬가지였다. 그래서 이들은 더욱더 철저히 하위계급의 무사들로 똘똘 뭉쳤다.

그러면 바꿔치기 한 '오무로'는 진짜 누구인가. 위에서 인용한『일본의 가장 추악한 날』과 가지마 노보루鹿島昇, 1926~2001의 책『배신당한 세 명의 천황 - 메이지 유신의 수수께끼裏切られた三人の天皇—明治維新の謎』에 따르면 오무로 가문은 오무로의 증조부 때부터 시작된다. 그런데 할아버지 오무로 분우에몬大室文右衛門 때 오무로 집안이 촌장집大庄屋이 된 분세文政 시절부터 남조의 후예라고 자칭했다고 한다.

2대 오무로 분우에몬은 아들이 일찍 사망해서 어쩔 수 없이 딸 하나ハナ를 오무로 마타베大室又兵衛의 아들 24살 오무로 야헤大室弥兵衛와 결혼시키고 양자로 들였다. 이들 사이에는 두 명의 자녀가 있었지만 모두 요절함으로서 바쿠후 말기 오무로 집안은 오무로 야헤 대에서 단절되고 만다.

한편 치카地家 가문의 치카 사쿠조地家作藏가 21세에 사이엔지西円寺33의 15세 딸 스헤スヘ와 결혼을 해서 3남 1녀를 낳았다. 이들은 사이가 매우 안 좋아 1854년에 이혼을 하는데, 사쿠조가 셋째 도모히라朝平와 장녀 타케タケ를 맡고, 스헤가 장남 도라키치寅吉와 차남 쇼치庄吉을 맡았다. 도라키치는 스헤가 18세에 낳은 아들이다. 스헤는 이혼한 다음 해인 1855년 1월 당시 31세인 오무로 야헤와 바로 재혼한다. 그래서 장남 도라키치가 오무라 도라키치가 되

---

33 전국적으로 매우 많은 '사이엔지' 이름의 절이 있지만 여기서는 야마구치 현 구마게 군 다부세초에 있는 정토진종(淨土眞宗) 혼간지 파(本願寺派)의 절을 말한다.

고, 차남 쇼치는 오무라 쇼치가 된다. 스헤는 야헤와 재혼하고 일 년 후에 오무라 도라스케大室寅助를 낳지만 폐결핵으로 바로 사망한다. 그러자 스헤도 사이엔지 연못에 투신자살하고 말았다. 이렇게 사쿠조의 장남 도라키치가 메이지 1868년 1월 15일 진짜 메이지 왕과 바꿔치기 되는 것이다.

치카 사쿠조가 1887년 사망했을 때, 메이지 왕의 후궁이자 다이쇼大正 왕의 생모인 야나기하라 아이코柳原愛子, 1859~1943는 도쿄에서 직접 다부세초 오코존麻鄉村까지 와서 사이엔지에서 그의 위패를 가지고 갔다고 한다. 사쿠조가 메이지 왕의 친아버지이기 때문에 그 증거를 없애기 위한 것이라고 볼 수 있다. 그래서 현재 사이엔지에는 사쿠조의 위패도 없다. 물론 사찰 과거 장부에 사쿠조 이름 자체가 없다. 스헤의 위패도 아이코가 가져가려고 했지만 그녀 위패는 화재로 소실되었던 상태였다. 그러나 그녀의 이름은 장부에 기록돼 있다. 고쇼지興正寺 장부에 따르면 스헤의 법호法諡는 '겸덕원전예인기대매거사謙德院殿叡仁基大姉居士'로, 최고의 법호라 할 수 있다.

그러므로 오무로는 고다이고 왕의 11번째 왕자 미쓰나가 친왕의 후예가 아니라 평민 치카 사쿠조의 아들이다. 게다가 치카 집안의 후손인 치카 야스오地家康雄도 증언을 통해 "오무로 집안이 미쓰나가 친왕의 후예로 500년 이상 계속되었고, 오무라 집안의 24대손이라는 주장은 거짓말이다"라고 강조했다고 한다.

더구나 오무로 집에는 이토 히로부미가 자주 놀러왔는데, 난데없이 도라키치가 사라져서 온 마을이 난리가 나서 그를 찾고자 했고, 나중에서야 "도라키치는 필시 옥玉이 된 거야"라고 시로 은밀하게 말했다고 한다. 다부세초에서 오래 살았던 사람들은 누구나 그 사실을 알고 있다는 것이다.

이와쿠라 도모미,
고메이 왕에 이어 무쓰히토 왕자도 독살하다?

그럼 진짜 무쓰히토 왕자는 어떻게 되었을까? 안타깝게도 그는 이와쿠라 도모미가 고용한 의사에 의해 독살되었다고 한다. 당시 이와쿠라는 국내 행정 전반과 궁중의 서무를 감독하는 직책인 보상輔相으로, 실질적인 수반이었으므로 최고의 권력자였다.

그런데 이와쿠라는 진짜 무쓰히토 왕자의 아버지인 고메이 왕도 독살했다는 강력한 의심을 받고 있는 작자다. 홋카이도대학의 역사학자인 다나카 아키라田中彰, 1928~2011 교수는 "고메이 왕은 자신의 누이동생 가즈노미야 지카코和宮親子를 바쿠후 쇼군 도쿠가와 이에모치에게 5,000냥을 받고 시집보냈기팔았기 때문에 바쿠후 타도 자체에는 반대했고, 평소 이를 주장한 이와쿠라를 내쫓자 이와쿠라가 고메이를 짐독鴆毒으로 독살했다"고 주장했다. 또한 저명한 산부인과 의사이자 의사학 학자였던 사에키 스지이치로佐伯理一郎, 1862~1953가 1940년 7월 일본의사학회 간사이지부 학술대회에서 고메이 왕의 전의典醫였던 이라코 코존伊良子光尊의 병중일기病症日記를 검토한 결과를 밝히면서 "이와쿠라 도모미가 그의 조카딸을 시켜 고메이 천황을 독살했다"며 다음처럼 말했다.

> "고메이 천황의 증세가 12월 22일~23일께 순조로운 경과를 이루고 있다는 대목에서 일기 기록이 툭 끊어져 있다…. 천황이 두창천연두에 걸린 것을 기회로 삼아 이와쿠라 도모미는 천황궁에 궁녀로 있던 소카발을 시켜 천황에게 독약을 한 모금 먹인 것이다…. 일기는 이와쿠라의 독살을 입증

하는 하나의 귀중한 방증이라고 생각한다."[34]

이와쿠라 도모미는 고메이 왕에 이어 아들도 독살한 일본 역사 희대의 살인 마로서, 살인으로 일본 최고의 권력자가 된 것이라고 강력하게 추정된다. 그가 메이지 왕의 에도 천도를 앞두고 갑자기 스스로 사임한 것도 무쓰히토 왕자의 독살과 관련이 있을 것으로 보인다. 그러나 이와쿠라의 이 지독한 역천逆天 행각을 최초로 밝힌 사에키 박사의 발언은 당시 일반에 공표되거나 출판물 등으로 알려지지 못했다. 당시 군국주의 황국신도국가皇國神道國家의 살벌한 분위기에서 어느 누구도 메이지 정부의 '최고의 치부이자 최대 아킬레스건'을 드러내놓고 말할 수 없었기 때문이다.

이 강연 내용이 활자화돼 알려진 것은 일본이 태평양 전쟁에서 패전하고 8년이 지난 1953년 6월의 일이었다. 역시 의사였던 나카노 조中野操, 1897~1986가 설립한 행림온고회杏林溫古會의 의사학회 간사이지부 기관지 『의담醫譚』이 '사에키 선생의 중요한 일佐伯先生の事ども'이라는 글로 이를 처음 알렸다.

고메이 왕의 독살 사실은 영국 공사관의 어니스트 사토우 회고록에도 등장한다. 그의 책 『일본의 한 외교관A Diplomat in Japan』[35]에서 사토우는 고메이 왕의 죽음 이후 얼마 지나지 않은 1867년 2월 효고 항에서의 경험을 이렇게 썼다.

'소문에 의하면 미카도천황는 천연두에 걸려 죽었다는데, 몇 년 뒤 소식에

---

34 『외담』, '사에키 선생이 중유한 일', 나카노 조, 1953
35 1921년 런던 실리 사가 처음 출판한 것을 2002년 터틀 사가 다시 출판했다(first published by Seeley, Service & Co., London, 1921, reprinted in paperback by Tuttle, 2002).

정통한 한 일본인이 내게 확인시켜준 바에 의하면 독살된 것이라고 한다. 미카도는 개국에 단호하게 반대해왔다. 향후 바쿠후의 붕괴로 어쩔 도리 없이 조정이 서양 제국과 교섭을 말하지 않으면 안 될 처지에 놓였고, 이를 예견한 일부 사람들에 의해 살해되었다는 것이다. 이 보수적인 미카도를 모시고서는 전쟁 이외에는 아무것도 기대할 수 없었을 것이다. 중요한 인물의 사인을 독살로 짐작하는 것은 동양제국에서는 아주 흔한 일이다. 쇼군 이에모치도 독살되었다는 설이 나돌았다. 미카도가 겨우 열대여섯 살 된 소년메이지 왕을 후계자로 남겨두고 정치 무대에서 사라졌다는 점이 이런 소문이 나돌게 하는 데 한몫 거들었다는 점은 부정하기 어렵다.'

사토우가 지적했듯, 겨우 16살 된 소년이 왕이 되어야만 하기에, 그 선왕의 갑작스런 죽음은 더더욱 수상쩍기만 한 것이다. 사토우의 이 책은 일본에서도 번역돼 출판됐는데, 독살설을 언급한 이 대목은 삭제된 채 출간되었다.

총리를 2명이나 배출한
조선인 부락, 다부세초

이제 이 미스터리의 마지막, 하이라이트 부분을 파헤쳐볼 때가 되었다. 그것은 이 흑막의 시작 장소, 다부세초에 대한 것이다. 앞에서 여러 차례 다부세초가 조선계 부락이라는 사실이 언급되었다. 그러면 메이지 왕이 되었던 '오무로'도 조선인의 후예라고 볼 수도 있지 않은가!

일본 천황들 거의가 백제의 직접 후손이거나 밀접한 관련이 있다는 사실은 이미 잘 알려진 사실이다. 일본 왕실의 계보가 한 번도 끊어지지 않고 존속되었다고 주장하는 의미로 만세일계萬世一系라는 말이 있지만 이는 사실상 불가능한 일로 날조된 과장이라고 할 수 있다. 그런데 메이지 왕도 조선계 부락 출신이라면, 지금의 아키히토明仁, 1933~ 왕 역시 조선인 후손이라는 말이 된다. 물론 오무로가 조선계 부락 출신이라고 해서 완벽히 조선인이라고 단정하기는 어렵지만 말이다.

그런데 한 가지 흥미로운 사실은 이토 히로부미가 오무로가 태어난 다부세초 오코존의 생가로부터 걸어서 두 시간 정도의 거리에 있는 쓰가리존束荷村에서 태어났다는 점이다. 쓰가리존 역시 하층민 마을이었고, 오무로 집에 이토가 자주 놀러왔다는 얘긴 위에서 했다. 또 흥미로운 것은 오코존이나 쓰가리존이나 모두 뒤의 촌村을 '무라'라고 읽지 않고, 한국어와 발음이 비슷한 '존'으로 읽는다는 사실이다. 조선계 부락이라서 오코존으로 읽혔다면, 쓰가리존 역시 비슷한 이유라고 추정할 수 있다. 그러니 이토 히로부미 역시 조선계 부락 출신일 가능성이 상존한다.

이토 히로부미뿐만 아니다. 요시다 쇼인도 그렇다. 그는 『쇼카손주쿠의 기록 松下村塾記』에서 '내가 마쓰시타 읍松下邑 … 타이라씨平氏36의 유민들이 일찍이 은닉한 곳이다. 그 동북 쪽의 도진야마는 조선 포로가 도자기를 만든 곳이다. 이 지역의 큰 인물들은 마쓰시타 읍부터 시작되는 것인가'라고 쓰고 있다. 앞에서 보았듯 요시다 쇼인이 태어난 하기는 모리 데루모토 영주가 이작광과 이경 형제를 납치해 도자기를 만들게 하고 일군 곳이다. 이들이 도자기를 구

---

36 타이라(平) 성을 갖는 씨족의 총칭. 겐지(源)·후지와라(藤原)·타치바나(橘)와 함께 일본 4대 성씨(四姓)의 히나로 오랜 역사를 지닌다. 11~12세기 미나모토씨(源氏)와 타이라씨(平氏) 간의 결전은, 한반도 출신 세력 집단 간의 대결로 '겐페이노 갓센'(源平の合)이라 하는데, 이것이 편 가르기즉, '겐페이'의 어원이 됐다.

하기에 있는 이토 히로부미 집. 오른쪽으로 영친왕과 함께 찍은 사진이 붙어 있다.

운 곳이 '도진야마'였고, 그 도자기를 '마쓰시타야키松下燒'라 했다.

그러니 요시다 쇼인이 스스로 자신이 태어난 곳이라 밝힌 마쓰시타는 조선인 부락일 가능성이 높으며, 그 자신도 조선 부락민이라는 사실을 암시한다. 이 토 히로부미와 함께 메이지 정부를 주도하며 총리대신을 지낸 야마가타 아리토모山縣有朋 역시 하급무사보다도 더 못한 신분의 조선 부락민이었다. 물론 그들이 조선인 부락 출신이라고 해서, 그들이 조선인이라고 단언할 수는 없지만 말이다.

또한 이들의 배경에는 뿌리 깊은 신분 차별의 위화감이 있다. 야마구치 현의 주오周防와 나가토長門는 1551년 모리씨에 의해 점령당하기 전까지 오우치大內

씨가 세력을 구축하고 있던 거점이었다. 오우치씨는 백제 임성태자琳聖太子의 후예를 자처했던 일족으로, 무로마치 중기 이후 명나라와 조선, 류큐 등 동아시아 무역으로 국내 최고의 경제 기초를 닦았다. 포르투갈 예수회 신부 프란치스코 하비에르가 체류할 당시는 기독교 포교도 허용하는 등 독특한 문화권을 형성하고 있었다.

그러나 모리씨에 의해 멸망될 때 이 지역의 많은 오우치씨 무사들은 그들을 점령한 모리 가문의 하인이나 하층 주민이 되었고, 조슈 번에서 차별을 받으며 생계를 이었다. 그리하여 그들의 불만을 이용한 것이 요시다 쇼인이며, 그들에게 남조 정통론을 기반으로 한 존왕양이 사상을 부추겨 사족으로 끌어올리고자 다카스키 신사쿠는 기병대를 만들었다고 하는 시각이 있다. 어쨌든 그렇게 조선인 부락에서 요시다 쇼인에게 가르침을 받은 사람들이 메이지 유신의 주역들이 됐다. 그들이 오랜 핍박에서 벗어나 신분 해방을 꿈꾸면서 쇼인의 사상을 따라간 것은 당연했다.

바로 그래서 오니즈카 히데아키는 『일본의 가장 추악한 날』에서 '지금 일본 국가의 진상은 조슈 번 다부세 일당이 메이지 유신으로 국가를 점령한 것日本國家の眞相は,明治維新で長州藩田布施一味に國家を乗っ取られたということであることが解る'이라 규정하고 있다.

그도 그럴 것이 일단 메이지 왕大室寅之祐을 비롯해 이토 히로부미와 야마가타 아리토모를 이어 기시 노부스케와 사토 에이사쿠까지 다부세초에서 총리들이 줄줄이 나왔으니 그런 말이 나오는 것은 당연하다. 이런 곳은 일본 전역에서 다부세초 말고는 없다.

또한 오무로의 생가 근처에는 기시 노부스케 일족의 생가가 있고 이 땅에서 중의원 구니미쓰 고로國光五郎, 1880~1951, 난바 사쿠노스케難波作之助도 나온다. 종전 내각의 마지막 내무대신 아베 겐키安倍源基, 1894~1989 역시 오무라 생가 근처 출신이며, 전 외상 마쓰오카 요스케松岡洋右도 기시 노부스케의 일족이다.

아베 긴키와 아베 신조 현 총리의 정확한 관계는 불분명하지만 가문은 같다. 그는 내무대신 이전에 경찰 권력을 한손에 쥔 남자로 경시총감을 지내며 특고경찰特高警察에서 군림했다. 특고경찰은 비밀경찰로, 현재 CIA나 KGB와 같은 조직이다. 그러니 권력자에게 너무 중요한 자리인데, 이 역시 다부세 출신이 맡은 것이다.

영국에서는 이처럼 일본의 피차별부락被差別部落, 즉 조선인 마을 출신들이 정권의 핵심으로 등장하는 것에 대해 일찍부터 주목을 하고 이를 조사했다고 한다. 오니즈카 히데아키는 그의 책에서, 영국 공사 해리 파크스가 일본의 약점을 찾기 위해 외교관 어니스트 사토우에게 피차별부락에 대한 조사를 시켰다고 말하고 있다.

**고이즈미 총리를 배출한
가고시마의 조선계 부락 다부세초**

기이하게 가고시마에도 다부세라는 마을이 있다. 지금의 미나미사쓰마 시南薩摩市 긴포초金峰町다. 이 역시 조선인 부락이고, 고이즈미 준이치로小泉純一郎, 1942~ 전 수상의 아버지 고이즈미 준야小泉純也, 1904~1969가 이 마을 출신이다. 고이즈미 준야는 중의원과 방위청장관 등을 지냈다.

그런데 준야는 가난으로 형제들이 뿔뿔이 흩어져 도쿄로 상경해 고이즈미 마타지로小泉又次郎의 데릴사위가 되면서 고이즈미小泉 성과 일본 국적을 취득

했다. 고이즈미 마타지로는 야쿠자 출신으로 중의원과 체신장관 등을 지냈는데, 온몸에 문신이 있어 '문신장관'으로 불렸다. 준야는 마타지로의 딸 요시에芳江와 사랑에 빠져 '사랑의 도피'를 해서 동거에 들어갔는데, 마타지로는 이 결혼을 반대하며 준야를 죽일 것까지도 고려했지만 자식을 이기는 부모 없듯 결국 수그러들어 의원에 당선되는 것을 전제조건으로 결혼을 승낙했다.

고이즈미 준이치로는 21세기 최초로 장기 집권을 한 수상으로, 임기 만료에 의한 퇴임은 1987년 나카소네 야스히로中曾根康弘, 1918~ 정권에 이어 두 번째였는데 그에게 자민당 총재 바톤을 이어받은 사람이 바로 아베 신조다. 그러니 조선인 부락 다부세초와 긴밀한 인연을 가진 두 사람이 정권을 주고받은 것이다.

앞에서 이야기한 바 있는 조선인 사기장 박평의 직계 후손인 외무장관 도고 시게노리의 경우도 조선인 부락 출신이기 때문에 쇼와 왕이 태평양 전쟁이 끝나가는 중요한 시기에 기용한 것이라는 이야기가 있다. 같은 조선인 핏줄인 그를 믿고, 그의 외교 루트를 통해 자신의 몸 보전과 가문 축재 은폐를 지시했다는 것이다. 똑같은 A급 전범이었어도 다른 사람들은 풀려나서 사면된 것과 달리 그가 복역 중 병사한 것도 이런 진상을 알고 있기 때문에 의도적으로 '지워진' 것이라고 한다.

종전 내각에서 아나미 고레치카阿南惟幾 육군장관[37], 우메즈 요시지로梅津美治郎 육군 참모장, 도요타 소에무豊田副武 해군 군령부장, 시게미쓰 마모루重光葵 외무장관 등 오히타 현大分縣 출신이 많은 것도 도고 시게노리와 비슷한 맥락이라는 것이 오니즈카 히데아키의 주장이다. 오히타 현은 세토내해로 야마구치 현의 다부세와 바로 연결되기 때문에, 어민들의 활동 범위가 겹치고 옛날부터 다부세와 혼인 관계가 자주 연결되어 있었다고 한다. 다시 말해 쇼와 왕은 그 같은 조선인 혈맥에게 패전 처리를 맡긴 것이다. 오니즈카 히데아키의 주장은 여기서 한 걸음 더 나아간다.

'이렇게 보면 왜 메이지 권력이 조선 반도에 침범했거나 게다가 한반도를 이른바 식민지화 과정 없이 '국내화內地化'하고, 인프라 정비를 철저히 실시해서 '내선일치內鮮一致'로 밀고 나갔는지 알 수 있다. 즉, 일본이 벌어들인 부를 조국 조선 반도에 부지런히 주입한 것이다.'

'현재의 천황가는 오무로에 의한 메이지 천황의 혈통이 끊겼지만 다부세 출신의 일족과 가신들이 나라의 권력을 쥐고 있는 것에는 변함이 없다.

---

37 전쟁 지속과 본토 결전을 주장했던 그는 1945년 8월 15일 일본 항복에 반대해 육군대신 관저에서 할복자살했다. 그의 스토리는 수많은 영화와 드라마로 만들어졌다.

육군 시찰에 나선
쇼와 왕 히로히토

아베 신조가 총리를 그만두지 않는다(못한다?)고 하는 오만함도 그가 메이지 이후 일본을 주름잡던 권력을 이어받았기 때문일 것이다.'

그렇다면 현재 메이지 왕에 의한 오무로 혈통이 단절됐다는 것은 또 무슨 말인가? 그것은 메이지 왕의 자식인 다이쇼 왕 요시히토嘉仁, 1879~1926의 후사가 이어지지 못했다는 말이다.

대를 이을 능력이 없는 다이쇼 왕, 아버지를 닮지 않은 네 명의 왕자

메이시 왕이 바꿔지기 된 것이라는 얘기는 거의 확실한 사실인 듯한데, 그에게는 또 하나의 소문이 따라다닌다. 즉 매독 감염설이다. 매독은 에도시대 개항과 함께 유럽 상인에게서 일본에 들어왔다. 메이지 왕이 매독에 걸렸다고 하는 이유는, 그에게 5명의 친왕親王과 10명의 공주가 있었지만 거의 어린 나이에 사망했기 때문이다. 첫째아들과 첫째딸은 둘 다 사산死産이었고, 둘째아들과 둘째딸 또한 요절했다. 궁녀 야나기하라 아이코柳原愛子 사이에서 태어난 셋째아들 요시히토는 이런 '난관'을 뚫고 가까스로 태어나서 유일하게 살아난 '기적의 아이'였다. 그 다음의 왕자와 공주들도 모조리 요절했다.

그런데 결정적으로, 그 또한 어려서부터 너무 병약했는데, 선천성매독이 그 원인이었다. 선천성매독은 부모 중 어느 한쪽이 매독에 걸려 자식에게도 이어진 것인데, 그 시대에 궁녀가 매독에 걸려 있을 확률은 거의 없다고 할 수 있으니, 메이지 왕이 병에 걸려 옮겼다고 볼 수밖에 없다.

다이쇼 왕은 21세가 되던 1900년 15세의 구조 사다코九條節子, 1884~1951와 결혼하는데, 선천성매독으로 병약했던 그가 후사를 볼 수 없음 또한 당연하다. 그러면 그의 아이들은 어떻게 태어난 것일까? 미리 말하자면, 쇼와 왕 히로히토裕仁, 1901~1989는 구조 사다코, 즉 데이메이 왕비貞明皇后와 요시히토 사이에서 태어난 것이 아니라 사이온지 하치로西園寺八郎, 1881~1946가 아버지라는 것이 거의 정설로 굳어져 있다.

그 사정을 『일본의 가장 추악한 날』은 상세히 기술하고 있다. 사이온지 하치로는 조슈의 마지막 번주 모리 모토노리의 여덟째 아들로 태어나 9살 때 조정의 사이온지 긴모치에게 입양된 인물이다. 그런데 그 중개를 이토 히로부미와 이노우에 가오루가 하고 있다. 하치로는 독일 유학을 다녀온 다음에는 가쓰라 타로桂太郎 총리의 비서관으로 일하다가 궁내성으로 자리를 옮겨 줄곧 궁내성에서 쇼와 왕 히로히토의 측근으로 있었다.

사이온지 하치로(西園寺八郎)와
쇼와 왕 히로히토.
사이온지가 히로히토의
친아버지라는 설이 강력하다.

그런데 메이지 왕과 이토 히로부미도 다이쇼 왕 요시히토가 아이를 만들 수
없다는 사실을 알고 있어서 사이온지 하치로를 데이메이 왕비의 침소에 들어
가게 만들었다는 것이다. 그렇다면 지금의 일본 왕실은 사실상 사이온지 왕
조이고, 사이온지가 모리 가문의 양자인 만큼, 다시 조슈 번 모리 가문의 왕
조라고 볼 수도 있는 것이다. 참으로 끈질기고 끈질긴 조슈 번이다. 이토 히로
부미가 굳이 모리 가문 출신을 왕비 침실에 넣은 이유가 무엇이겠는가?

혼맥까지 좌지우지하면서 일본 왕실을 장악한 이토 히로부미는 조선 왕실
혼맥에도 깊이 관여했다. 그리하여 대한제국 마지막 황태자였던 영친왕 이
은李垠, 1897~1970의 결혼도 그가 결정했다. 고종의 일곱 번째 아들이자 순종의
이복동생인 영친왕은 10살 때인 1907년 황태자로 책봉됐지만 이토 히로부
미의 손에 이끌려 강제로 일본 유학을 떠났다. 영친왕에게는 성균관대사성
과 비서원승秘書院丞을 지낸 민영돈閔永敦의 딸 민갑완이라는 정혼자가 있었지
만 이토 히로부미에 의해 일본 왕족 나시모토노미야 마사코梨本宮方子, 즉 이방

자 여사와 정략결혼을 해야만 했다. 그런데 이방자 여사의 어머니가 마지막 사가 번주 나베시마 나오마사의 딸인 나베시마 이즈코鍋島伊都子다. 임진왜란 때 시작된 조선과 사가 번 나베시마 가문과의 악연은 이렇게 또 한 차례, 조선의 마지막까지 얽혀졌다.

**쇼와 왕 히로히토 생모도
조선계?**

데이메이 왕비 역시 명망가의 하나인 구조 가문의 딸로 돼 있지만 사실은 조선계인 사다아키朱貞明라고 하는 설이 있다. 메이지 정부는 도쿠가와 바쿠후로부터 접수한 왕궁 지요다 성을 고급 유곽으로 삼았다. 유신으로 인해 가계가 기울어진 사무라이 자식 중에서 얼굴이 반반한 딸들을 뽑아 데려다가 메이지 왕 오무로와 이토 히로부미 등 '친우親友'들이 놀았던 놀이터였던 것이다. 사다아키도 조슈 번 무사에게 속아 '지요다 유곽'에 들어갔고, 이후 사내구실을 못하는 요시히토에게 시집을 갔다고 하는 스토리다.

이토 히로부미가 호색광好色狂이라는 사실은 일본 전체가 다 알 정도로 유명해서, 각종 매체의 만평에도 단골 메뉴로 올랐다. '헌정의 수호신'이라는 칭호를 얻으며 당선 25회, 의원 근속 63년이라는 대기록을 수립한 오자키 유키오尾崎行雄, 1858~1954가 평가한 이토는 이러했다.

> '그는 여색을 좋아한다. 늙은 기생, 어린 기생 가리지 않는다. 그러나 일단 싫증이 나면 곧 잊어버리고, 자신이 관계한 여사에 대해 다른 사람들에게 기탄없이 이야기했다.'

이토 자신도 자신의 호색성에 대해 솔직했다.

> "크고 좋은 집에서 산다는 것도 별로 생각해본 일이 없고 축재도 바라지
> 않는다. 다만 국사를 돌보며 틈틈이 시간이 있을 때마다 기생을 상대하는
> 것이 제일 좋다."

이토는 조선총독부 통감으로 부임하면서 7가지 물건을 챙겨왔는데, 그중 필
수적인 것이 정력 강화제, 성병과 매독약, 춘화도春畫圖였다. 그러니 그가 '메이
지호색일대남明治好色一大男'으로 불리는 것도 무리가 아니었다.

요시히토의 아들 쇼와 왕, 지치부노미야秩父宮, 다카마쓰노미야高松宮, 미카사
노미야三笠宮 네 명은 모두 아버지를 닮지 않았다. 그리고 형제간의 얼굴도 닮
지 않았다. 이건 또 무슨 곡절일까?

아버지가 모두 다른 것일까?

어쨌든 무슨 연유인지 몰라도 데이메
이 왕비는 첫째 히로히토보다는 둘째
지치부노미야에 대한 애정이 강했다.
왕 자리도 첫째보다 둘째가 오르기
를 원했다. 또한 그녀는 조슈 번을 매
우 싫어해서 첫째 며느리, 즉 쇼와 왕
의 아내로 사쓰마계인 나카코良子를
늘었다. 둘째 며느리, 지치부노미야의
아내 역시 조슈와 거의 원수지간이라

쇼와 왕 히로히토의 생모 데이메이 왕비

할 수 있는 아이즈 번 마쓰다이라 가문의 세스코勢津子로 선택했다. 그녀가 이렇게 하나같이 조슈와 사이가 좋지 않은 지역의 규수를 며느리로 맞은 것은, 자신을 지요다 유곽에 강제로 끌고 온 조슈 번에 대한 감정 때문으로 본다.

지난 2001년 한일 월드컵 개최를 앞두고 현재의 아키히토明仁 왕은 인터뷰에서 이렇게 말한 바 있다.

"한국과 일본 사람들 사이에는 오래 전부터 깊은 교류가 있었던 것은『일본서기日本書紀』등에 자세히 기록되어 있습니다. 한국에서 이주한 사람들과 초청된 사람들에 의해 다양한 문화와 기술이 전해졌습니다. 궁내청 악부樂部의 악사樂師 중에는 당시 이민자의 후손 대대로 악사를 맡아 지금도 그때 아악을 연주하는 사람이 있습니다. 이러한 문화와 기술이 일본 사람들의 열정과 한국 사람들의 친절한 태도에 의해 일본에 소개된 것은 다행스러운 일이었다고 생각합니다. 일본의 후속 발전에 크게 기여한 것으로 생각하고 있습니다. 나 자신으로는 간무천황桓武天皇의 생모가 백제 무령왕武寧王의 자손으로『속일본기續日本紀』에 기록되어 있어 한국과의 인연을 느끼고 있습니다. 무령왕은 일본과의 관계가 깊고, 이때부터 일본에 오경박사五経博士가 대대로 초빙되었습니다. 또한 무령왕의 아들 성명왕聖明王은 일본에 불교를 전한 것으로 알려져 있습니다. 그러나 불행히도, 한국과의 교류는 이러한 교류뿐만이 아니었습니다. 이것을, 우리는 잊어서는 안 된다고 생각합니다."

일본 왕가의 선조가 백제에서 온 것임을 공식적인 자리에서 처음으로 말했던 이 기자회견, 더구나 '한국과의 인연을 느끼고 있다'는 발언은 매우 큰 파장을 불러일으켰는데, 이는 간무천황의 생모보다 아키히토 왕의 할머니인 데이메이 왕비가 조선계임을 말했던 것으로 해석되었다.

어쨌든 위에서 죽 봐왔듯, 일본의 상층부는 중세시대 봉건주의에 의한 지역적 원한이나 패권을 놓고 지금도 암투를 계속하는 것이어서, 현재의 자민당과 민주당 등 정당 싸움이나 도쿄의 관청가인 가스미가세키霞ヶ關 관료들의 싸움도 이런 배경을 모르면 잘 이해가 안 되는 것이다.

일본 천황이 된
조선인 소년에 대한 추억

마스다 카스미益田勝實, 1923~2010는 야마구치 현 시모노세키 출신 국문학자로 호세이대학法政大學 문학부 교수를 지냈다. 그는 조슈 번 가로였던 마스다 가문의 후손이었기에, 메이지 유신 전개 과정에 대한 이해도가 깊었다. 한 예로, 그의 집안에는 고메이 왕이 사용하던 도자기 그릇이 있었는데, 어렸을 때 한 번 그가 이를 깨끗이 닦아버려 부모님에게서 호된 꾸중을 들었다고 한다. 고메이 왕이 사용한 것이었기에 손대지 않고 그대로 보관했던 것이다. 그는 잡지「종말에서終末から」[38]에 실린 그의 논문 '천황사의 일면天皇史の一面'에서 다음처럼 말하고 있다.

'(메이지) 천황을 만든 것은 우리들이라고, 메이지 이전에 태어난 조슈 번

---

38 1974년 8월호, 치쿠마쇼보(筑摩書房)

의 노인들로부터 익히 들어왔다. 근대 천황제 이전에 교토에 천황가는 있었지만 천황의 국가는 없었다.'

'존황파가 구상하고 있던 '천황의 국가'는 오로지 생각으로 획득된 것으로, 현실의 교토에 있는 천황과 실제 사람에 맞게 만들어진 것이 아니었다. 그들이 추구하는 이상의 천황과 현실의 천황이 융화되지 않고 모순이 격화되자 … 천황을 바꾸어버리는 수밖에 없었다.'

'고메이 천황이 사용했던 접시는 (태평양 전쟁) 공습 때까지 있었다. 그 접시는 아마도 조슈와 천황의 사이가 원만하던 밀월시대에 만들어진 것이다. 기병대 거병 이듬해 1866년^{게이오 2년} 말에 고메이 천황은 모살^{謀殺}되고 말았다. 물론 계획한 것은 에도 바쿠후가 아니라 (유신) 지사^{志士} 측이다. 천황이 바쿠후를 타도함에 장애가 되기 때문이다. 이제 이 사실은 공공연한 비밀이 되었다.'

'내 어린 시절 낮 목욕탕에는 이토 히로부미가 처음으로 대신 히로부미가 된 때를 기억하는 노인들이 모여 있었다.'

'하나의 대^代에서 벼락출세한 메이지 천황을 훌륭하다고 칭찬하고 아들인 다이쇼 천황의 정신 이상 일화를 다양하게 공언하는 노인들의 모임은 몇 년 후에 목욕탕에서도 사라졌다. 안세^{安政}, 만엔^{万延}, 분큐^{文久} 출생자들이 빠르게 없어졌기 때문이다.'

1907년(메이지 40년) 대한제국을 방문한 요시히토 왕자 일행. 앞줄 오른쪽부터 영친왕 이근(英親王, 李垠), 요시히토 왕자, 대한제국 황제 순종(純宗), 아리스가와노미야 다케히토 왕자(有栖川宮威仁親王), 뒷줄 맨 왼쪽이 이토 히로부미

따뜻한 탕 안에 몸을 푹 담그면 노인들은 가볍게 입을 열어 진실을 이야기하고 싶었을 것이다. 그리하여 자신들의 이웃에 살고 있던 곰보 소년 한 명이 어느 날 갑자기 왕이 되어버린 경천동지의 사건에 대해 뭔가 이야기를 보태고, 탕에서 올라오는 안개처럼 아스라한 추억에 젖어들었을 것이다. 일본에서는 메이지 유신이 이제 그러한 이야기가 되고 있는지 모르겠으나 바다 건너 한국의 입장은 전혀 다르다. 이제부터 더욱더 듣고 또 듣고 새겨야 할 이야기이기 때문이다.

총과 피
그리고 눈물

지금까지 이 책을 다 읽으신 분이라면, 왜 우리가 메이지 유신을 정말 열심히 공부해야 하는지 잘 이해했을 것이라 생각한다. 영국 빅토리아시대의 작가 체스터턴G.K. Chesterton은 "영국 내에 로마의 유적이 있는 것이 아니라 영국은 로마의 유적이다"라고 말했다. 이 말을 빌리자면 '일본 열도는 한반도의 유적'이다. 따라서 일본 열도에서 벌어진 역사 역시 그들만의 역사가 아니라 우리의 운명과 너무 밀접한 우리의 역사이기도 하다.

두 가지 예만 더 들도록 하자. 1863년 다카스기 신사쿠는 '시모노세키 전쟁' 전몰자의 영혼을 위로하고, 또한 앞으로의 전투에 침가힐 자신들의 생전에 이미 만들어놓은 무덤인 '생분生墳'이 필요하다고 문제를 제기하고, 기병대의 찬성을 얻어 대원 공동의 쇼콘조招魂場를 만들기로 했다. 이렇게 해서 전몰자를 추모하는 일본 최초 쇼콘샤招魂社인 사쿠라야마쇼콘조櫻山招魂場가 1865년 5월 야마구치 현 시모노세키에 세워졌다. 신전은 이듬해 8월에 완성되었는데, 이것이 지금의 사쿠라야마 신사櫻山神社다. 여기에는 현재 제2차 조슈 정벌인 사경전쟁四境戰爭, 보신전쟁의 전몰자들과 요시다 쇼인, 구사카 겐즈이 등 바쿠후 토벌과 유신을 위해 진력한 사람들을 합사해놓고 있다.

생전의 신분에 관계없이 개별 전몰자를 함께 기리는 '쇼콘샤 발상'은 이후 전국으로 퍼져나갔다. 그리하여 도쿄 쇼콘샤도 만들어졌는데, 이것이 1879년메이지 12년 메이지 왕에 의해 야스쿠니 신사로 이름이 바뀌었다. 해마다 몇 번씩 우리 뉴스에 단골 메뉴로 오르는 그 야스쿠니 신사다. 아울러 지방의 주요 쇼콘샤들은 1939년쇼와 14년 고코쿠 신사護国神社로 개칭되었다.

따라서 야스쿠니 신사에는 우리가 알고 있는 것처럼 태평양 전쟁 당시의 전몰자 위패만 있는 것이 아니다. 이 신사에는 1875년 강화도 운요호雲揚号 포격 사건, 1882년 임오군란壬午軍乱, 1884년 갑신정변甲申政変 당시 전사자들의 위패도 있다. 우리 근대사와 떼려야 뗄 수 없는 악연의 장소가 바로 이 신사인 것이다. 그런데 이 신사가 처음 세워질 때 맨 윗자리에 안치된 인물은 바로 요시다 쇼인과 그의 제자 다카스기 신사쿠였다. 따라서 야스쿠니 신사는 원래 '조슈 신사長州神社'라고 해도 무방하고, 지금 일본 중추 세력의 뿌리가 거의 모두 조슈번의 메이지 유신 일파와 닿아 있다고 해도 과언이 아니다. 따라서 이 신사는 현재 일본의 아베 총리는 물론 대표적인 우익 인사들이 모두 요시다 쇼인의 유지遺志인, 정한론을 여전히 신봉하고 있다는 대표적 증표이기도 하다. 그러나 우리 역사 교과서는 이런 이야기를 전혀 가르쳐주지 않는다. 몰라서 그러

야스쿠니 신사는 메이지 유신의 핵심 세력에서도 조슈 번이 주도한 '조슈 신사'나 마찬가지다. 그런데 이 신사의 기원을 거슬러 올라가면 우리 민속신앙인 '초혼제'와 만나게 된다.

는 것인지, 알면서도 일부러 감추는 것인지 도대체 모를 일이다.

그런데 여기서 한 걸음만 더 들어가 보자. 쇼콘조와 쇼콘샤, 이 모두 어디서 많이 들어본 것 같지 않은가. 한자를 한글로 풀이하면 바로 우리의 초혼제招魂祭다. 김소월의 시 '초혼招魂'도 묘사하고 있듯 초혼제는 죽은 자의 혼을 불러들여 위로하는 제사로, 한반도에서 오래전부터 내려온 우리 민속신앙이자 제의祭儀다.

고려의 유신 야은冶隱 길재吉再가 조선 건국 후인 1394년태조 3년 공주 동학사東鶴寺 서쪽에서 고려이 왕과 스승을 위한 초혼제를 지냈고, 1399년정종 1년 유씨성의 한 인물도 단을 만들어 고려 왕과 포은圃隱 정몽주鄭夢周 그리고 목은牧隱

이색李穡의 초혼제를 지냈다는 기록이 있다.

또한 1456년세조 2년에는 김시습이 노량진 강변에 버려진 사육신死六臣 시신을 수습하여 장례를 지낸 뒤 동학사에서 초혼제를 지냈는데, 2년 뒤에는 세조가 친히 이곳에 와서 단종을 비롯해 정순왕후, 안평대군, 금성대군, 김종서, 황보인, 정분 등과 사육신 그리고 세조 찬위로 억울하게 죽은 280여 명의 이름을 비단에 싸서 초혼제를 지내게 했다. 세조는 동학사에 초혼각招魂閣을 짓게 하고 토지 등을 내렸으며 동학사 현판을 사액賜額한 다음 승려와 유생들이 함께 제사를 받게 하였다. 이것이 지금도 거행되고 있는 동학사 '숙모전 대제肅慕殿大祭'다.

결과적으로 우리의 초혼 문화가 일본으로 건너가 조슈 번 인물들에 의해 '야스쿠니 신사'의 기원이 된 것이다. 이 얼마나 기막힌 일인가! 1905년 부산과 시모노세키를 잇는 '부관연락선釜關連絡船'이 개설된 사실에서도 알 수 있듯 조슈 번은 조선과 가까워 한반도의 문화를 가장 빨리 흡수하던 지역이다.

1876년고종 13년 2월 27일 강화도에서 조선과 일본이 체결한 '조일수호조규朝日修好條規', 즉 병자수호조약강화도조약만 해도 그렇다. 이 조약으로 조선은 부산, 인천, 원산 항구 개항, 개항장에서의 일본인 치외법권, 일본의 조선연안 자유로운 측량, 일본 화폐의 통용과 무관세 무역을 허가했다. 세 번째와 네 번째 항목과 관련해, 아마 당시 조선은 이게 정확히 무엇을 겨냥하고 있는지도 잘 몰랐을 것이다.

이 조약의 체결은 그 전해 9월에 일본이 운요호를 보내 강화도에서 의도적으로 도발한 것이 직접적인 계기를 만들어주었다. 그런데 당시 조선 조정은 이 배가 일본 함선이라는 것도 몰랐다고 한다. 배에 대한 포격을 유도하고 꼬투

운요호 포격 사건을 묘사한 '운양함병사조선강화도입도(雲揚艦兵士朝鮮江華島立圖)'

리를 잡기 위해 일부러 식별기를 달지 않았다는 것이다. 운요호는 강화도를
침투하기 직전에 부산 초량 왜관에 들러 내항 목적을 묻는 조선 관리를 승선
시켜 함포 사격 훈련까지 보여주었다. 그렇게 '친절하게' 시범까지 보여준 다
음 강화도에 올라와 사건을 저질렀다. 당시 조정이 이 배의 동태를 전혀 알지
못하고 있었던 것은 물론이다.

그런데 운요호는 1870년 조슈 번이 무기상 글로비의 고향 영국 애버딘에서
구입하여 사용하다가 1871년 메이지 정부에 헌납한 300톤급 감시선이었다.

조슈 번과의 질기고도 질긴 악연은 도대체 이 나라 역사 곳곳에 끼어들지 않은 곳이 없다.

° ° °

이 책을 쓰면서 필자는 가급적 쉽게 쓰려 노력했다. 하지만 생소하고도 발음하기 어려운 인명과 지명이 곳곳에서 읽는 호흡을 방해했으리라는 것은 쉽게 짐작할 수 있다. 특히 한문을 모르는 요즘 세대는 매우 곤혹스러울 수 있다. 그럼에도 필자는 이 책이 어른들보다, 우리 미래 세대인 젊은이들과 학생들이 많이 읽어주었으면 하는 강력한 바람을 갖고 있다. 우리와 너무 가까워 익숙하지만 항상 긴장과 경계의 대상이 되는 일본을 모르고서는 그들과 경쟁할 수 없기 때문이고, 그들의 속내를 제대로 파악하기 위해서는 메이지 유신의 시작과 전개 과정을 반드시 알아야 하기 때문이다. 부디 청소년들에게 교과서와 같은 책이 되기를 빌고 또 빌어본다.

° ° °

2018년은 기록적으로 무더웠던 해였다. 곳곳에서 몇 십 년 만에 수은주가 최고치를 경신했다는 보도가 나왔다. 그러나 필자는 하나도 덥지 않았다. 아마, 원고의 중압감과 마감의 부담감에 치여 더위를 못 느꼈을 것이다. 원고 속 내용이 너무 어마어마한 사실이어서 '납량 특집'의 한기를 느꼈던 것도 사실이다. 조선이 선조들의 고향이라서, 늘 조선 땅을 다시 정복하고 싶은 인사들이 일으킨 쿠데타가 메이지 유신이고, 그렇게 정권을 잡은 이들의 후예가 지금도 일본 땅을 쥐락펴락한다는 데 등골이 서늘하지 않고 배길 수 있으랴.

메이지 유신의 주역들

일부 자료 조사에 기꺼이 도움을 준 김은호 군에게 감사한다. 아울러 메이지 유신을 전후한 일본 역사에 대한 필자의 기본적인 접근은 기존의 일본사와 다른 시각과 인식을 바탕으로 서술한 이노우에 기요시井上淸, 1913~2001의 『일본의 역사日本の歷史01』에 힘입은 바 크다. 교토대학교 교수를 지낸 그는 1963년에 출간한 위의 책에서 '일본제국주의의 부흥에 의해 예전 대일본제국시대의 역사상이 새로운 치장을 하여 급속히 부활'하고 있음을 심각히 우려하면서 "낡은 제국주의적 역사상은 민중 속에도 남아 있기 때문에, 그 역사상을 형성하고 있는 여러 가지 사건과 인물에 대해서도 그것을 새로운 역사상 속에서 과학적으로 바르게 자리매김해주고 '정말 그것은 이러한 것이었구나'하고 납득시킬 때, 비로소 낡은 역사상은 내부로부터 극복되고 새로운 역사상이

01 『일본의 역사』 전 3권, 이와나미 신서(岩波新書), 1963~1966

국민의 역사로서 정착할 것"이라 강조하고 있다.

'메이지'는 원래 중국 『역경易經』의 한 구절에서 취한 것이다. '성인남면이청천하향명이치聖人南面而廳天下嚮明而治.' 여기서 '남면南面'이란 군주가 정사를 볼 때 신하들이 앉아 있는 남쪽으로 얼굴을 향한다고 해서 만들어진 말이다. 그러므로 위 구절의 뜻은 '성인이 정사를 펼 때에는 천하의 소리를 듣고 밝게 다스린다'는 말이다.

그런데 이 연호는 메이지 왕이 스스로 짓거나 신하들의 통일된 의견이 집약되어 만들어진 것이 아니다. 새 연호가 공표되기 전날인 1868년 9월 8일음력 왕은 학자들이 만들어놓은 연호들 가운데 제비뽑기로 이 연호를 골랐다. 이처럼 성의 없이 '거의 아무렇게나' 뽑은 연호였기에, 메이지시대가 '밝게 다스린다'는 연호 본래의 의미와는 정반대로, 백성의 희생을 기반으로 남의 나라를 짓밟기 위한 군국의 길로 가도 아무도 신경 쓰지 않았을 것이다.

역사는 내 실존 그 자체다. 인간은 누구나 역사 속에서 살고 있고, 역사를 만들어간다. 우리의 과거 역사는 오늘날 내 실존의 바탕이다. 그러니 정확한 과거를 모르고서야 어찌 나 자신, 우리, 국가의 미래를 도모한다고 말할 수 있으랴. 메이지 유신 성립으로부터 150년이나 지난 지금이라도, 서둘러 깊은 연구가 이루어진다면 아예 늦지는 않았다고 할 수 있다. 에필로그의 소제목을 필자도 좋아하는 방탄소년단 노래 제목에 빗대어 '총과 피, 눈물'로 지었다. 그것이 미래를 대비하지 않았던 우리의 역사다.

2018. 9. 3 대구 호일암好日庵에서

조용준

참고 문헌

『日本の歴史』, 井上淸, 岩波新書, 1963~1966

『日本の本当の黑幕』, 鬼塚英昭, 成甲書房, 2013

『龍馬の黑幕』, 加治將一, 祥伝社文庫, 2009

『アムストロング砲』, 司馬遼太郎, 講談社文庫, 2004

『德川家康のスペイン外交— 向井將監と三浦按針』, 鈴木かほる, 新人物往來社, 2010

「幕末期佐賀藩 富国策の 展開と国内外市場」, 山形万里子, 『社會經濟史學』, 2003

「幕末「近代化のトップランナー」は佐賀藩だった!」, 浦川和也,
『歴史街道』, 2016年 3月号

「若きリーダー・鍋島直正が幕末佐賀で起こした'近代化の奇跡'」,
植松三十里, 『歴史街道』, 2016年 3月号

「新視点からの龍馬論」, 福田賢治, 『Electric Journal』, 2010. 10. 4

『龍馬伝説の虚実／勝者が書いた維新の歴史』, 榊原英資, 朝日新聞, 2010

「幕末期輸入船とその主機」, 坂本賢三, 『Journal of the M.E.S.J』, 1984 Vol 18, No. 6

「幕末の薩摩藩の財源について」, 池田眞里, 『古仁屋紀要』, 2016 第13号研究

『偽金づくりと明治維新』, 徳永和喜, 新人物往来社, 2010

『トマス・B・グラバ 始末 明治建國の洋商』, 内藤初穂, アテネ書房, 2001

『龍馬の手紙』, 宮地佐一郎, 講談社學術文庫, 2003

『坂本龍馬の人間學』, 童門冬二, 講談社文庫, 1986

『明治維新の舞台裏』, 石井孝, 岩波新書, 1975

『島原の亂―キリシタン信仰と武裝蜂起―』, 神田千里, 中央公論新社, 2005

『Porcelain and the Dutch East India Company : As Recorded in the Dagh-Registers of Batavia Castle, Those of Hirado and Deshima and Other Contemporary Papers,1602-1682』, T. Volker, Brill Archive, 1954

「日本の中の朝鮮文化 9-肥前ほか肥後 長崎縣, 佐賀縣, 熊本縣」, 金達壽, 自由社, 1988

『조용한 혁명 : 메이지유신과 일본의 건국』, 성희엽, 소명출판, 2016

『메이지라는 시대 1』, 도널드 킨, 서커스, 2017

『임진왜란은 문화전쟁이다』, 김문길, 도서출판 혜안, 1995

『임진왜란과 히라도 미카와치 사기장』, 황정덕, 도진순, 이윤상 공저, 동북아역사재단, 2010

「임진왜란에 납치된 조선인의 일본생활 : 왜 납치되었고 어떻게 살았을까」, 민덕기, 『역사와 담론 제6집』, 2003

DODO
HUMAN
HISTORY

메이지
유신이
조선에
묻 다

일본이 감추고 싶은
비밀들

초판 1쇄 인쇄 2018년 10월 15일
초판 2쇄 발행 2019년 3월 28일

지은이 조용준

발행인 이웅현
발행처 (주)도서출판 도도

전무 최명희
편집 홍진희
디자인 김진희
홍보 · 마케팅 이인택
제작 퍼시픽북스

출판등록 제 300-2012-212호
주소 서울 중구 충무로 29 아시아미디어타워 503호
전자우편 dodo7788@hanmail.net
내용 및 판매문의 02-739-7656~9

ISBN 979-11-85330-54-9 (03910)
정가 26,000 원

이 도서의 국립중앙도서관 출판예정도서목록(CIP)은 서지정보유통지원시스템 홈페이지(http://seoji.nl.go.kr)와
국가자료공동목록시스템(http://www.nl.go.kr/kolisnet)에서 이용하실 수 있습니다. (CIP제어번호 : CIP2018032501)